Cyrus Dominik Khazaeli

Systemisches Design

IMPRESSUM

rororo computer
Herausgegeben von Ludwig Moos

Deutsche Erstausgabe
Veröffentlicht im Rowohlt Taschenbuch
Verlag, Reinbek bei Hamburg, Juli 2005
Copyright © 2005 by Rowohlt Verlag GmbH,
Reinbek bei Hamburg

Layout & Satz: Cyrus Dominik Khazaeli
Umschlaggestaltung: Cyrus Dominik Khazaeli
Umschlagmotiv: pReview design, Berlin
Herstellung: Birgit Meyer

Gesetzt aus der Garamond Simoncini und
der Trade Gothic Condensed
Druck und Bindung: Clausen & Bosse, Leck
Printed in Germany
3 499 60078 1

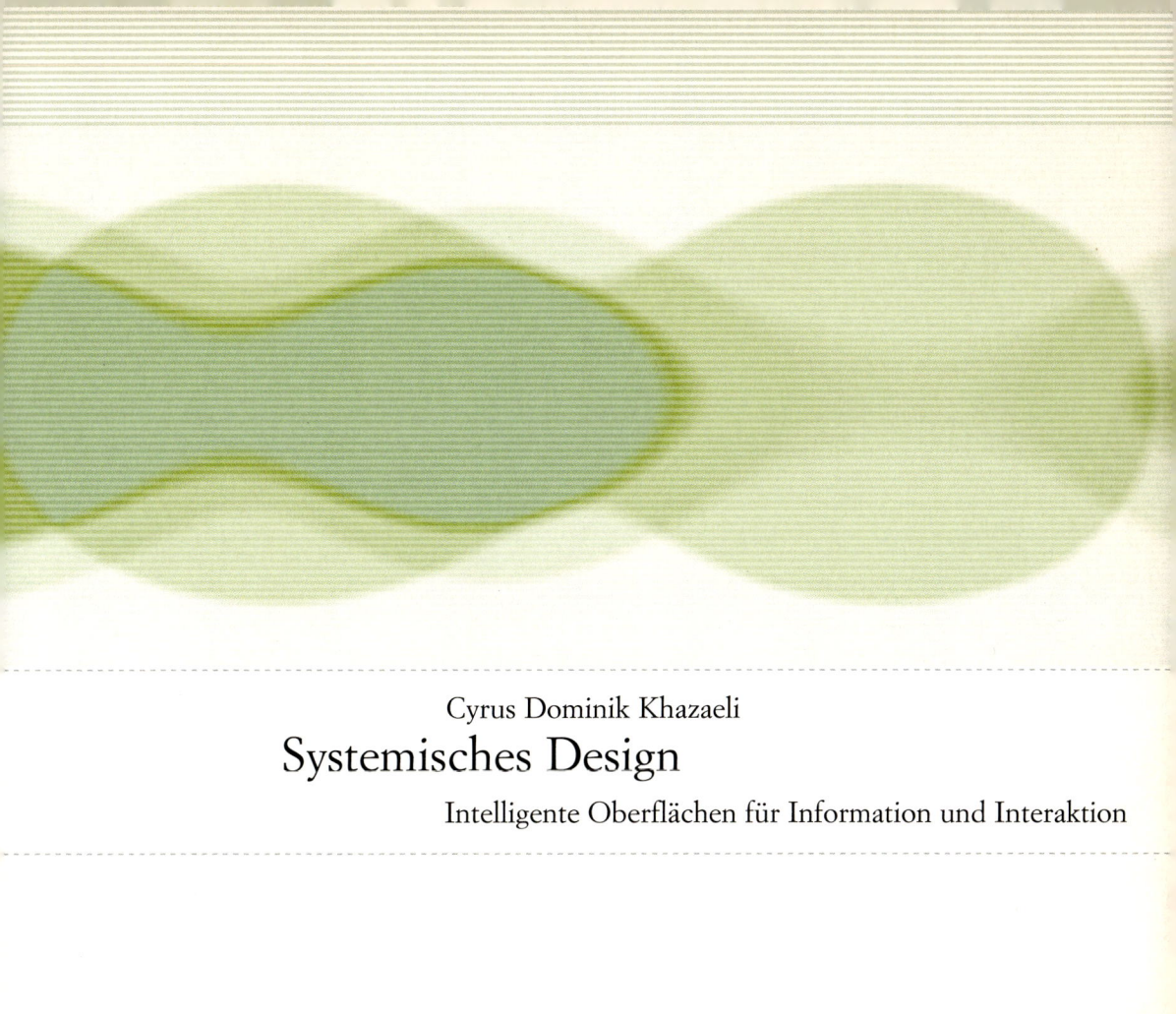

Cyrus Dominik Khazaeli

Systemisches Design

Intelligente Oberflächen für Information und Interaktion

Rowohlt Taschenbuch Verlag

VIELEN DANK ...

für die vielen hilfreichen Infos und Materialien an Jannik Sültz und Björne Vernunft (Neteye), an Florian Ristig, Christophe Stoll und Arne Kittler (Fork Unstable Media), an Prof. Dr. Dieter Daniels (Uni Leipzig), Rudolf Frieling (ZKM Karlsruhe) und Mario Röhrle, an Prof. Tanja Diezmann (pReview design, Berlin, Dessau Department of Design, HS Anhalt), an Prof. Boris Müller (FH Potsdam), an Christian Jung und Gunnar Schmidt (SinnerSchrader), an Petra Zeljko und Prof. Joachim Sauter (ART+COM, UdK Berlin), an Dr. Steffen Egner und Dr. Christian Scheier (MediaAnalyzer), an Thomas Klein, Astrid Ramge und Merel Wouters (MetaDesign), an Kristjan Kristjansson (IBM e-business innovation center), an Stefan Schulz (BBDO Interone), an Matthias Godenrath (DDD-Systems) und an Prof. Dr. Joachim Hasebrook (ISNM). Besonderen Dank an Prof. Stefan Kim (FH Brandenburg) und an Lauritz Lipp (Uni Wuppertal) für ihre Beiträge in diesem Buch. Ein besonderer Dank gilt auch den Studenten (FH Wedel und BTK Berlin), die durch ihre Projekt-, Seminar- und Diplomarbeiten viel zum Zustandekommen dieses Buches beigetragen haben. Dabei vor allem an André Knörig, Thomas Reisenweber, Martin Salzburg, Dominik Willers, Till Nagel, Björn Koth, Matthias Krappitz und Martin von Allesch für ihre Inspiration und ihre Tipps. Zuletzt auch vielen Dank an Jette Lopacz und Rabea Huthman für ihre Korrekturen am Manuskript und an meinen ehemaligen Lehrer Prof. Hans André.

2___WAHRNEHMEN

3___DENKEN

1__INTRO

4__HANDELN

5__FAZIT

1__INTRO

_1.1

Information, Design, Usability

Mit welchen neuen Herausforderungen werden Designer und Konzeptioner konfrontiert. Welche neuen Berufsfelder haben sich daraus entwickelt. Weshalb Psychologie wichtig ist und ein „Exkurs in drei Grafiken" über die Bedeutung des Visuellen.

VON KLICK-MULTIMEDIA ZU AGENTEN__ In einem Artikel im *Scientific American* beschreibt Tim Berners-Lee – der offizielle Erfinder des Internets –, wie wir in naher Zukunft zu unseren Informationen gelangen könnten: „Web-Agenten" werden uns diese Arbeit abnehmen. Werden wir beispielsweise krank, so könnten diese für uns nach einem passenden Arzt in einem definierten Umkreis suchen. Sie machen dann mit den Agenten des Arztes einen Termin und tauschen zuvor zur besseren Synchronisation die Daten aus beiden Terminkalendern aus. Sie berücksichtigen ungünstige Verkehrsaufkommen und die Länge der Anfahrtswege in ihrer Terminplanung. In dieser Fiktion von Berners-Lee verwendet der Protagonist einen kleinen, mobilen Webbrowser, um seinen Agenten loszuschicken und die gesammelten Daten und den erstellten Handlungsplan im Browser einzusehen. Die Information müsste aber nicht nicht mehr nur auf diesem Gerät erscheinen. Vielleicht erscheint sie an der Wand. An der Stelle, an welcher sich früher mal ein Kalender aus Papier befand. Und Manipulationen lassen sich dort auch nicht mehr mit einer Tastatur, sondern durch Sprache, Blicke und Gesten vornehmen. Das Web und der Computer sind allgegenwärtig geworden. Die Information ist allgegenwärtig geworden. Das Interface, über das wir zu den Informationen gelangen, hat sich über die Dinge ausgebreitet, die uns alltäglich umgeben. Wenn Information die – marktwirtschafltlich gesehen – wichtigste Ressource ist und wenn Design hilft, diese zu ordnen und zu gestalten, wie wird dann in Zukunft dieses Tätigkeitsfeld aussehen?

Die Entwicklung, die vielleicht einmal zu den beschriebenen Szenen führen wird und durch die sich heute schon vieles verändert hat, nahm vor einigen Jahren ihren Anfang. Es begann mit „Klick-Multimedia". Programme wie Hypercard, Director und die Auszeichnungssprache HTML machten es möglich, dass man sich nonlinear durch Texte klicken konnte und neben Bildern auch Filme und Musik angeboten bekam. In wenigen Jahren haben sich die Möglichkeiten der Informationspräsentation und -interaktion erstaunlich erweitert. Heute erscheint Information als intelligent vernetztes Kontinuum unterschiedlichster Daten, aus dem auf Anfragen Antworten generiert werden. Die angezeigten Informationen können oftmals erweitert, neu verbunden und organisiert werden.

Agenten

allgegenwärtiges Interface

Klick-Multimedia

Dies ist eine ganz andere Situation als im Printdesign. Dort hat man es mit statischen Informationen zu tun. Diese sind in ihrem Umfang und ihrer Anordnung definiert, und es ist die Aufgabe des Gestalters, dafür eine brauchbare Form zu finden, die auch noch in vielen Jahren, wenn man die Publikation wieder einmal hervorholt, genauso aussieht, wie sie einmal entworfen wurde. `Printdesign`

In den neuen Medien ist die Informationspräsentation dynamisch. Sie ändert sich aufgrund sehr vieler Parameter. Dies kann beispielsweise von der Anfrage, dem Medium oder den aktivierten Darstellungseigenschaften des Mediums abhängen. Wie soll man heute designstrategisch vorgehen, wenn man bei aller Veränderbarkeit und Flüchtigkeit der Information dennoch zu einem einigermaßen überschaubaren und konsistenten Ergebnis gelangen möchte? Es müssen mehr Dinge beachtet werden und komplexere Zusammenhänge miteinander in Relation gesetzt werden. Dies lässt sich von zwei Seiten betrachten: Auf der einen Seite – der Systemseite – sind die Möglichkeiten der Aufbereitung und Darstellung der Information komplexer geworden. Auf der anderen Seite – der Anwenderseite – sind die Möglichkeiten, mit dieser Information zu „interagieren", komplexer geworden. Dies hat auf beiden Seiten zwei neue Disziplinen oder Berufsfelder hervorgebracht. Für die Systemseite hat sich vor allem in den amerikanischen Staaten als neues Studienfach *Informationsarchitektur* oder Informationsdesign etabliert. Mit den Anwendern und deren Problemen in komplexen und interaktiven Systemen beschäftigt sich seit den siebziger Jahren die *Softwareergonomie*. Wenn man softwareergonomische Einsichten und Methoden auf die Gestaltung von Interfaces anwendet, versucht man dessen Usability oder Brauchbarkeit zu verbessern. Von daher hat sich auch der Begriff *Usability-Experte* eingebürgert. Wenn man Einsichten und Methoden aus den Informationswissenschaften auf Interfaces anwendet, versucht man vor allem die Zugänglichkeit zur Information oder die *Accessibility* zu verbessern. Wenn man sich fragt, woher beide Disziplinen ihre Einsichten beziehen, stößt man auf Psychologie. Informationsarchitektur bezieht sich vor allem auf kognitions- und wahrnehmungspsychologische Grundlagen, Ergonomie bezieht zusätzlich handlungspsychologische Grundlagen mit ein. Auf die Rolle der Psychologie wird in den folgenden Abschnitten noch näher eingegangen werden. `neue Medien` `Informationsarchitekten` `Usability-Experten`

In vielen Agenturen werden für anspruchsvolle Projekte im interaktiven Informations- und Interfacedesign Informationsarchitekten oder Usability-Spezialisten eingesetzt. Dies sind oft keine Designer mehr. Designer sind für den Rest zuständig. So darf das Corporate Design nicht vernachlässigt werden, oder Elemente müssen farblich und formal aufeinander abgestimmt werden. Aber die Konzepte und die formalen Entwürfe, welche Art und Verteilung der Interface-Elemente

Informationsarchitekten
Von einem Informationsarchitekten werden konzeptionelle und textorientierte Fähigkeiten verlangt. Er muss Inhalte gliedern, benennen und zugänglich machen. Für die Zugänglichkeit, d.h. die „Accessibility" von Informationen ist es vor allem wichtig, dass er die Inhalte aussagekräftig verschlagwortet. Deshalb kommen Informationsarchitekten häufig aus dem Bibliothekswesen. Aber auch viele Betriebswirtschaftler finden sich unter ihnen. Diese bringen von Haus aus die Fähigkeit mit, Informationen strategisch und marktorientiert zusammenzustellen.

Usability-Experten
Von Usability-Spezialisten wird erwartet, dass sie in der Lage sind, Handlungsabläufe zu optimieren und den Gebrauchswert, d.h die „Usability" von Informationsangeboten zu steigern. Die Grundlagen von Usability kommen aus der Softwareergonomie und Psychologie. So ist es nicht verwunderlich, dass vor allem Psychologen und Informatiker in diesem Berufszweig vertreten sind.

festlegen, stehen schon fest. Dabei ist die Konzeption der Information und der Interaktion in weiten Teilen eine Visualisierungsaufgabe. Als Designer muss man dabei gar nicht zum Informations- oder Usability-Experten werden, um Lösungen zu entwickeln, die den Problemen gerecht werden. Ein grundlegendes Verständnis dafür, wie die potenziellen Rezipienten wahrnehmen, denken und handeln reicht in vielen Fällen schon aus. Vor allem ist man als Designer immer noch ein Spezialist für Visualisierung. Dies ist der Punkt, wo die Experten für Information und Interaktion Defizite haben. Denn bereits in einer frühen Phase der Konzeption ist es wichtig, die Möglichkeiten des Visuellen zu bedenken, um nicht zu starren und konventionellen Lösungen zu kommen. Ein solche Visualisierung kann gemeinhin eher jemand leisten, der ausreichend gestalterische Kompetenz und visuelle Intelligenz mitbringt. Ein solcherart intelligent und transparent gestaltetes Interface könnte beispielswiese den Umfang und die Bedeutung der Inhalte zu Darstellung bringen. Es könnte thematische Querverbindungen, Systemstrukturen und Bedienungsabläufe sichtbar machen. Es kann die Zugänglichkeit („Accessibility") und den Gebrauchswert („Usability") eines Informationssystems steigern. Es hat eben nicht nur die Funktion, eine Stimmung oder ein Firmenerscheinungsbild zu kommunizieren.

Dazu muss es sich allerdings an den veränderten Rahmenbedingungen und Herausforderungen orientieren und dabei sich selbst verändern. Ein Informationsdesign für umfangreiche, veränderliche Informationssysteme ist nicht eine Reihe von unabhängigen und originären Entwürfen, sondern es entsteht langsam und benötigt mehrere Rekursionen. Dazu gehört vor allem die Entwicklung einer Formsprache, die nachvollziehbar und plausibel werden muss. Einzelne Design-Elemente müssen festgelegt werden, Regeln ihrer Zusammensetzung müssen definiert werden. Dies alles muss aufeinander abgestimmt werden. Am Ende gibt es nicht nur ein paar gute Layouts, es gibt ein „visuelles System", das in sich logisch und konsistent ist. Ein System, das in der Lage ist, die dahinter liegenden inhaltlichen und technischen Modelle sichtbar zu machen.

Wenn in diesem Buch von Informationsdesign gesprochen wird, so ist vor allem diese am Visuellen orientierte Form der Informationsgestaltung gemeint. Das Buch handelt vom Informationsdesign unter dem Aspekt der Visualisierung komplexer Systeme. Dabei kann es sich auch um eine Zeitung oder eine Zeitschrift handeln. Die meisten Beispiele in diesem Buch stammen allerdings aus den interaktiven Medien.

Seitenrandnotizen:
Visualisierung von System- und Informationsstrukturen

Design als iterativer Prozess

INFORMATIONS-, NAVIGATIONS-, INTERAKTIONS- UND INTERFACEDESIGN__Häufig werden in diesem Buch Begriffe verwendet, die sich im Allgemeinen um dasselbe Phänomen drehen, nämlich um komplexe interaktive

Informationssysteme. Manchmal wird von dem Interfacedesign, Navigationsdesign oder Informationsdesign dieser Systeme gesprochen. In diesem Zusammenhang ist die übersichtliche Untergliederung von *Jesse James Garrett* sehr aufschlussreich. Sein Modell beruht auf einer hilfreichen Unterscheidung zwischen Systemen, die eine hohe Funktionalität besitzen, die also eher an eine Software erinnern, und solchen Systemen, bei denen die Information selbst im Vordergrund steht. Natürlich gibt es zwischen beiden Extremen alle Spielarten, aber die Unterscheidung ist methodisch hilfreich. Bei softwareähnlichen Systemen würde er von *Interfacedesign* sprechen, bei hypertextähnlichen Systemen eher von *Navigationsdesign*.

Interface- und Navigationsdesign

Accessibility & Usability
Im Interfacedesign steht die „Usability" im Vordergrund, im informationsorientierten Navigationsdesign die „Accessibility", um nochmal die beiden zuvor eingeführten Begriffe zu verwenden.

Diese beiden interaktiven Bereiche verlaufen bei ihm parallel zum Informationsdesign, welches zugleich geleistet werden muss, wobei er den Begriff in der Definition von *Edward Tufte* verwendet. Tufte versteht allerdings unter Informationsdesigns auch *Infografik*. Dieser Unterbereich des Informationsdesign wird in diesem Buch nicht behandelt. Dieser ist aber insofern interessant, als einige Techniken der Infografik auch für das Informationsdesign interessant sein könnten. Im Unterschied zum Informationsdesign beziehen sich Infografiken auf einen bestimmten, fest umrissenen Inhalt.

Infografik

Sitemaps und Infografik
Einige Darstellungstechniken, wie Flussdiagramme oder Sitemaps, welche versuchen, diese Informationen in ein einzelnes Schaubild zu bringen, können auch als Infografiken bezeichnet werden.

Bei dem diesem Buch zugrunde liegenden Verständnis von Informationsdesign handelt es sich um die Visualisierung komplexerer, interaktiver und heterogener Inhalte. Im weitesten Sinne umfasst dieser Begriff deshalb auch die Gestaltung der Navigation und Interaktion. Beides ist ja Teil eines interaktiven Informationsdesigns. Zuletzt sei noch erwähnt, dass der Begriff *Visualisierung* bzw. *Informationsvisualisierung* manchmal noch in einem anderen Zusammenhang verwendet wird. Im Rahmen der Computergrafik wird Informationsvisualisierung als ein programmiertechnisches und deshalb automatisierbares Verfahren verstanden, bei dem es darum geht, Informationen dreidimensional zu visualisieren. Bei diesem Verfahren werden mehrere Stufen wie das Filtern, Mapping und Rendern der Information mit *OpenGL*, *VRML* oder *Java 3D* durchlaufen. Das Ziel besteht meistens darin, einen dreidimensionalen Datenraum zu erzeugen, in dem die Relevanz und Beziehung der Informationen sichtbar wird. Meistens können in diesen automatisch generierten Datenräumen grafische Manipulationen, wie Rotation der Informationsobjekte oder Festlegung eines Kamerastandpunkte vorgenommen werden.

Visualisierung und Computergrafik

In dem Verständnis von Jesse James Garrett ist „Surface" bzw. das „Screendesign" die letzte Stufe bei der Entwicklung interaktiver Systeme. Nach meinem Verständnis sollte das visuelle Design, um es mal an Garretts eigener Infografik zu veranschaulichen (Seite 15), bereits zwei Ebenen tiefer beginnen, beim Interaktionsdesign und bei der Informationsarchitektur.

assoziierte Begriffe für
Visualisierung

Dass die visuelle Kreativität in seinem Modell zu isoliert betrachtet wird, verdeutlicht auch eine originelle Erweiterung von *George Olsen*. Dieser hat versucht, den immersiven Aspekt von einigen „multimedialen" Anwendungen zu berücksichtigen, wobei seine Begriffe wie „Choreography", „Mis-en-Scene" oder „Sensory Design" nicht immer selbsterklärend sind. Visualisierung geht über Gestaltung hinaus. Wenn man etwas visualisiert, dann erschafft man auch etwas neu und gibt ihm nicht nur eine Form. Visualisierung bedeutet deshalb das Entwickeln von zweckmäßigen Formen und ihre Optimierung durch eine entsprechende Gestaltung. Allerdings werden in diesem Buch noch einige andere Begriffe verwendet, wie Design, Layout, Bildfindung, Formgebung etc., um den ein oder anderen Aspekt der Visualisierung stärker zu betonen und um eine allzu große Monotonie bei der Begriffswahl zu vermeiden.

Wenn jemand mit einem Informationssystem konfrontiert wird, kann er diesem gegenüber verschiedene Rollen annehmen, und es kann unter verschiedenen Aspekten betrachtet werden. In diesem Buch wird deshalb manchmal vom Rezipienten, dem Anwender oder der Zielgruppe gesprochen, wobei im Grunde immer dasselbe gemeint ist: der Mensch auf der anderen Seite der Schnittstelle.

PSYCHOLOGIE UND DESIGN__ Wenn Visualisierung schon viel früher beginnt, nämlich beim Interaktionsdesign und der Informationsarchitektur, dann muss man mitbedenken, wie man mit Hilfe von Visualisierung die Arbeit mit Systemen erleichtern kann.

Dazu muss man verstehen, wie Menschen wahrnehmen, denken und handeln, wenn sie mit Informationssystemen konfrontiert werden. Wahrscheinlich tut man das im Prozess der Designfindung nicht immer bewusst, d.h. man sagt sich nicht jedes Mal sehr konkret: Menschen handeln so und so, also verwende ich dieses oder jenes Design. Es ist wohl eher ein unbewusstes, zugleich wissendes Erspüren, welche Visualisierung angemessen sein könnte. Im Grund geht es darum, den Visualisierungsprozess bewusster und sensibler zu gestalten, ohne den Fluss der Imagination durch Regeln zu verbauen.

Wahrnehmen

In diesem Buch wird deshalb versucht, die wesentlichen psychologischen Aspekte im Umgang mit Informationssystemen zu beleuchten, die in das Designdenken bewusst, aber auch unbewusst mit einbezogen werden könnten. Die relevanten psychologischen Kontextinformationen kommen aus den Bereichen Wahrnehmen, Denken und Handeln. In dieser Reihenfolge sind auch die drei zentralen Kapitel dieses Buches aufgebaut. Die *Wahrnehmungspsychologie* beschreibt zum Beispiel, wie die auf unsere Netzhaut einfallenden Reize sich erst in unserem Bewusstsein zu einer Welt formieren. Die Prinzipien, nach denen wir das noch Ungeformte als Gestalt wahrnehmen, legt sie offen. Diese Gestalt-Prinzipien oder Gesetze kommen als konkrete Hilfe in Gestaltungsprozessen zur Anwendung.

Software oder Hypertext
Ursprünglich wurde das Web für mehr oder weniger einfache Informationsseiten konzipiert. Heute ähneln einige Internetauftritte mit ihren vielen Konfigurations- und Bearbeitungsmöglichkeiten teilweise Programmoberflächen. Jesse James Garrett differenziert zwischen diesen beiden Extremen, und dadurch gelingt ihm eine einigermaßen plausible Taxonomie der vielen Begriffe, die umgangssprachlich häufig dieselbe Bedeutung zu haben scheinen. Weiterhin lässt sich der Produktionsprozess in fünf Stufen unterteilen, wobei die Gestaltung lediglich auf der Oberfläche (surface) angesiedelt ist.

VON DER STRATEGIE ZUR VISUALISIERUNG IN DER LETZTEN PHASE

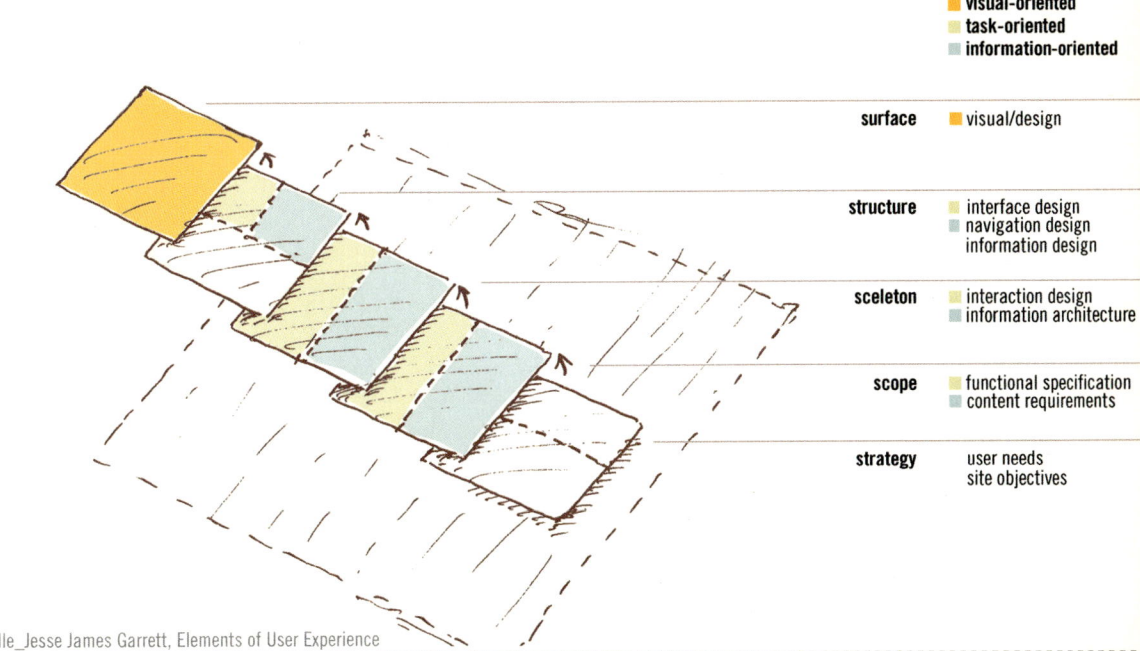

■ visual-oriented
■ task-oriented
■ information-oriented

surface ■ visual/design

structure ■ interface design
■ navigation design
information design

sceleton ■ interaction design
■ information architecture

scope ■ functional specification
■ content requirements

strategy user needs
site objectives

Quelle_Jesse James Garrett, Elements of User Experience

Strategy
Auf dieser Ebene fallen die grundsätzlichen Entscheidungen hinsichtlich Zielsetzung und Inhalt der Site.

User Needs_Liste extern recherchierter Zielgruppeninteressen und Nutzungsabsichten.

Site Objectives_Intern recherchierte Informationsziele auf Unternehmensseite.

Scope
Der Handlungsspielraum bzw. die auf den strategischen Entscheidungen resultierenden Vorgaben für die weitere Konzeption.

Functional Specifications_Die grundsätzlichen technischen Anforderungen, die an eine Site gestellt werden.

Content Requirement_Strukturierung und Vernetzung der Informationsknoten. Festlegung der Informationsflüsse und des Informationsbedarfes.

Sceleton
Genaue Strukturierung der Informations- und der Benutzerführung.

Interaction Design_Recherche und Konzeption von Nutzungsszenarien. Definition von Interaktions- und Handlungsabläufen.

Information Architecture_Strukturierung und Vernetzung der Informationsknoten. Erfassung der Informationsflüsse und des jeweiligen Informationsbedarfes.

Structure
Die noch abstrakte Informationsstruktur wird in ein sichtbares Gerüst überführt.

Interface Design_An den Nutzungsszenarien und Kriterien der Softwareergonomie orientierte Auswahl, Kombination und Gestaltung der Interaktionselemente.

Navigation Design_Gestaltung vor allem der Elemente, die der Navigation dienen.

Information Design_Strukturierung und Labeling der Information, um diese zugänglicher zu machen.

Surface
Konkrete Gestaltung und Verdeutlichung aller Inhalte und Funktionalitäten. Gestaltung einer einheitlichen, unverwechselbaren Optik.

Visual Design_Bei vorwiegend funktionalen Sites vor allem die Kreation des „Look and feel" durch Form und Farbe. Bei informationsorientierten Sites auch das Design der Texte und Navigationselemente.

DRAMATURGIE UND KREATIVITÄT ALS WEITERE IMMERSIVE KOMPONENTEN

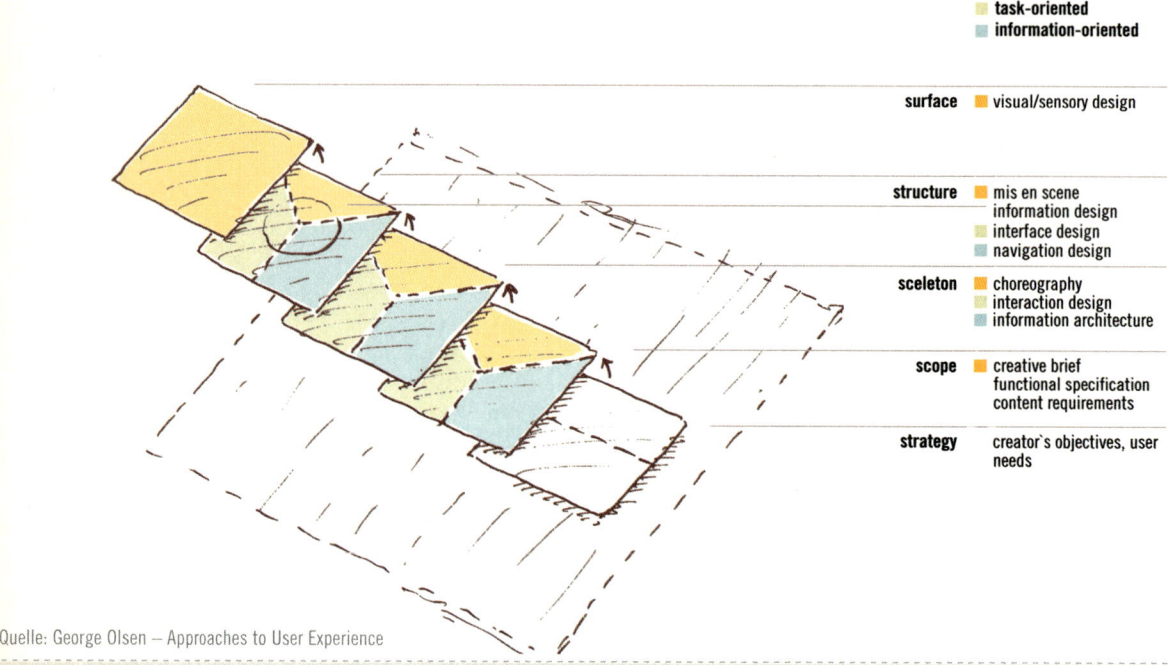

■ immersion-oriented
■ task-oriented
■ information-oriented

surface ■ visual/sensory design

structure ■ mis en scene
information design
■ interface design
■ navigation design

sceleton ■ choreography
■ interaction design
■ information architecture

scope ■ creative brief
functional specification
content requirements

strategy creator's objectives, user
needs

Quelle: George Olsen – Approaches to User Experience

Informationsdesign als Schnittmenge
Die bereits eingeführten Begriffe bleiben in der Bedeutung, wie sie von Jesse James Garrett definiert wurden, erhalten.
Das Informationsdesign wird in Olsens Grafik auf der Ebene Structure als Schnittpunkt zwischen den drei Bereichen Navigationsdesign, Interfacedesign und Mis en Scene betrachtet. Sein Verständnis von Informationsdesign geht aber weiterhin mit dem von Garrett konform.

Creative Brief_Dies ist ein Briefing, das die beabsichtigten emotionalen Wirkungen beschreibt. Es kann außerdem die ästhetischen Zielsetzungen enthalten. Dort kann auch festgeschrieben sein, dass die Arbeit einen grundsätzlich experimentellen Charakter haben kann.

Choreography_Die Choreografie beschreibt die grundsätzliche Vorstellung von dem Zusammenwirken der verschiedenen Medien. Es werden allgemeine Vorstellungen von Bildfolgen, Effekten und Stilmerkmalen etc. skizziert oder schriftlich festgehalten.

Mis en Scene_Ähnlich wie im Theater beschreibt Mis en Scene die weitere konkrete Ausgestaltung und Inszenierung der Elemente, um die beabsichtigten emotionalen, ästhetischen Wirkungen zu erreichen.

Sensory Design_Diese Ebene wird bei Olsen mit „Treatment of sensory components (graphics, audio, video etc.)" beschrieben. Die Grenzen zu Mis en Scene sind eher fließend, was auch einem realen Produktionsablauf entspricht.

Immersion als dritte Dimension Für G. Olsen bleibt die Unterscheidung zwischen Software- und Hypertextdesign weiterhin gültig. Auch die Einteilung in fünf Ebenen ist für ihn nachvollziehbar. Allerdings ist ein wesentliche Qualität einiger, vor allem multimedialer Systeme, dass sie den Anwender in das Geschehen mit einbeziehen möchten. Gerade für Systeme, in denen Video, Animation und Spiel einen Schwerpunkt bilden, muss sehr früh die kreative Umsetzung choreografisch und szenisch geplant werden.

Die Einsichten unserer visuellen Intelligenz hinsichtlich der Gestalt- und Objektwahrnehmung sind zugleich konstruktive Hinweise für visuelle und konzeptionelle Entscheidungen, deren Ziel es ist, solche Erkenntnisleistungen zu fördern. Die Aufmerksamkeitsforschung macht die Möglichkeiten der Aufmerksamkeitssteuerung deutlich, verweist aber auch auf die engen Grenzen, die unserer bewussten und aufmerksamen Wahrnehmung gesetzt sind.

In der *Denkpsychologie* sind Konzepte, die menschliches Denken als ein „informationsverarbeitendes System" betrachten, nicht nur hilfreich, um softwareergonomische Kriterien besser nachzuvollziehen. Ein solches informationsverarbeitendes System, auf welches sich unser Denken methodisch verkürzt darstellen läßt, muss sich innerer Speicher (Gedächtnis) wie äußerer Speicher (Umwelt) bedienen, um zu Entscheidungen und Einsichten zu gelangen. Es wird an späterer Stelle in diesem Buch noch deutlich werden, wie sehr beide Speichersysteme korrelieren müssen, um ein reibungsloses Funktionieren kognitiver Prozesse zu ermöglichen. Erst wenn wir ein inneres Modell bzw. eine klare Vorstellung von einem sich vor uns befindenden Gegenstand haben, wie beispielsweise einem Interface, sind wir auch in der Lage, mit diesem zu interagieren. In diesem Zusammenhang spielen beispielsweise auch folgende Fragen eine zentrale Rolle: Wie kann durch eine bestimmte Darstellung latent vorhandenes Wissen reaktiviert werden? Wie lassen sich auf der anderen Seite neue Informationen in vorhandene Wissensstrukturen wirkungsvoll integrieren? *Denken*

Nach der *Handlungspsychologie* sind nicht nur Denken und Handeln eng miteinander verbunden, denn Handeln ist zumeist nichts anderes als ein sich ausagierendes Denken. Eine Handlung stellt sich aus psychologischer Sicht als ein komplexes Gebilde dar, welches sich in verschiedene Ebenen zerlegen lässt. Sie besteht aus *bewussten* handlungsrelevanten Entscheidungen auf einer planerisch-strategischen Ebene, wie aus mehr oder weniger *automatisierten* Operationen, wie dem Bedienen der Tastatur. Ein Interface muss beides bedienen. Es kann Handlungsverläufe planbar und sichtbar machen, es muss aber auch den reibungslosen Ablauf einfacher Handlungsroutinen ermöglichen. Auch benötigt menschliches Handeln als kontrollierter Prozess immer Rückmeldung über den aktuellen Status des bedienten Systems, um sich über den eigenen Fortschritt zu vergewissern. In jedem Fall helfen entsprechende Formen der Visualisierung dabei, die Zugänglichkeit zur Information und das Verständnis in der Bedienung zu erhöhen. Die Techniken der Visualisierung sind dabei zugleich ein integrativer Teil der Informationsarchitektur und der Softwareergonomie. Sie sind auch eine Designaufgabe und bestimmen nicht selten das Aussehen des fertigen Systems. Sie können deshalb auch nicht von diesen beiden Disziplinen getrennt betrachtet werden. *Handeln*

VISUALISIERUNG BEGINNT NICHT ZUM SCHLUSS

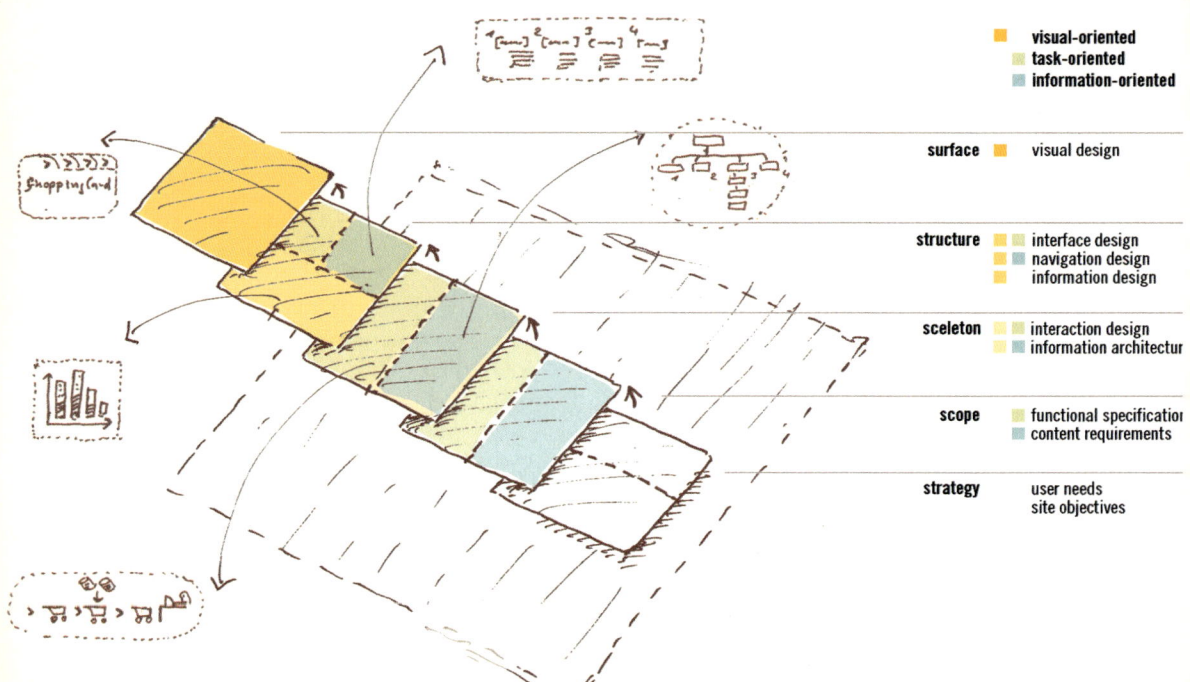

Information Architecture_Der Informationsaufbau bestimmt das Design und umgekehrt.
So lassen beispielsweise flache Hierarchien auch
eine bessere Veranschaulichung von Zusammenhängen zu.

Interaction Design_Die Systembedienung blieb
lange textorientiert, weil sich die verantwortlichen Konzeptioner nichts anderes vorstellen
konnten.

Information Design_Viele Informationen lassen sich visualisieren, und heutige Formen
der Visualisierung gehen oft über die zweite
Dimension hinaus.

Navigation Design_Navigationsinstrumente sind
heute aus guten Gründen standardisiert worden,
doch lassen sie sich immer noch visuell optimieren und erweitern.

Interface Design_Die Konsistenz eines
Interfaces gelingt nicht nur über die Einhaltung
aller möglichen softwareergonomischen Regeln,
sondern durch eine genaue Wahrnehmung einer
feinoptischen Intelligenz, die alle Dinge aufeinander bezieht.

Der wesentliche Unterschied bei dem hier vorgestellten Ansatz zu der Vorstellung von Garrett
und Olsen besteht darin, dass das visuell-
kreative Denken von den anderen Bereichen nicht
getrennt werden kann. Und dass ein kreatives
Briefing nicht nur in animations- und spielorien-
tierten Projekten eine Berechtigung hat.

1. Die Konzeption der Information und Interaktion beinhaltet immer auch schon bestimmte
Vorentscheidungen hinsichtlich des Designs.
So wird beispielsweise mit dem Aufbau eines
Flussdiagramms bereits eine bestimmte, sichtbare Menüstruktur in der Konzeption vorgegeben.
Oder mit der Einteilung der Arbeitsschritte in
einem Bestellprozess wird die Anzahl der Reiter
in einer sogenannten „Shopping Card" definiert.

2. Was man sich nicht vorstellen kann, das
kann man auch nicht denken: Konzeptionelle
Überlegungen können zu Ergebnissen führen, die
konventionell sind, weil andere und visuellere
Lösungsmöglichkeiten nicht bedacht oder nicht
gesehen wurden. Wenn visuelle Ideen verstärkt
in einem frühen Stadium der Konzeption mit ein-

fließen, können Verteilungen der Information und
Abläufe in der Interaktion von vornherein origi-
neller und insgesamt homogener gelöst werden.

3. Frühe visuelle und ästhetische Entscheidungen können in einigen Fällen auch dem
konzeptionellen Denken Richtung und Inspiration
geben. Dieser Ansatz gilt nicht nur für sehr
designlastige Projekte. In den meisten Fällen
wird der Anteil des Visuellen im konzeptionellen
Prozess zum Ende hin immer größer.

Das Material zur Visualisierung hat sich radikal verändert. Es lässt sich anders und viel virtuoser bespielen. Wenn man beispielsweise in Flash einen Kreis aufzieht, ist dies etwas völlig anderes, als noch zu Zeiten, als man einen Kreis mit einem Zirkel zeichnen musste. Ein solches Kreisobjekt in Flash lässt sich schnell „beleben", es kann Eigenschaften annehmen und mit anderen in dynamische Beziehungen eintreten. Dahinter steht die Intelligenz programminterner, aber auch selbst programmierbarer Codes. Zudem ist jedes Objekt Teil eines einzigen „Datenkontinuums" (Lev Manovich). Jedes Objekt kann aufgrund seiner binären Speicherung in Nullen und Einsen mit jedem anderen Objekt prinzipiell ausgetauscht, verbunden oder vereint werden. Es gibt keine Grenzen mehr als die, die man sich selber gibt. Auch deshalb ist es wichtig, während des Visualisierungsprozesses ein System zu entwickeln, das auf Regeln beruht. Digitales Design erzeugt visuelle Systeme, in welchen die Stellung und das Verhalten der Objekte zueinander festgelegt wird. Zugleich soll durch Betrachtung und Gebrauch die dahinter liegende Anwendungs- und Informationsstruktur sichtbar werden. Dass dieses digitale Design in seinen wesentlichen Eigenschaften und Kriterien ein völlig anderes geworden ist als die Varianten des Printdesigns, wie Typografie, Zeitschriften- oder Anzeigengestaltung, dies wird im letzten Abschnitt ausführlicher beschrieben.

2__WAHRNEHMEN

TEXT | BILD |

_2.1

Von Gestalten zu Objekten

Außerhalb unserer Wahrnehmung ist die Welt gestaltlos. Wie sich daraus Prinzipien für gutes Design ableiten lassen. Ihre Mobilmachung in Form von Modulen und Objekten und weshalb unsere visuell-analytische Intelligenz dabei wichtig ist.

EINSICHTEN DER GESTALTPSYCHOLOGIE__ Nach Ansicht der Gestaltpsychologen ist Wahrnehmung die Wahrnehmung von Gestalten. Die Gestalten sind aber weniger Bestandteil der Wahrnehmungsbilder, die wir sehen, als vielmehr unsere eigene Interpretation. Die Bilder, welche die Umwelt auf unsere Netzhaut wirft, bestehen lediglich aus einer noch losen Anhäufung unterschiedlicher Farben und Graustufen. Erst aufgrund unserer sehr schnell und unbewusst ablaufenden Analyse dieses noch ungeordneten Mosaiks erkennen wir, dass einige dieser Elementarreize sich in ihrer Farbigkeit und Helligkeit ähneln. Diese interpretieren wir als Bestandteile einer zusammenhängenden Gestalt. Dieser Vorgang ist uns nicht bewusst.

Figur und Grund Ein von den Gestaltpsychologen beschriebenes Phänomen, das diese gestaltpsychologischen Annahmen bestätigte, ist die so genannte Figur- und Grundwahrnehmung. Bestimmte Regionen eines Bildes werden von uns als Figur oder Grund wahrgenommen. Wir versuchen Bilder sehr schnell danach zu entschlüsseln, was sich vorne und was sich hinten befindet, bzw. was figurativ ist und was zu einem durchgehenden Hintergrund gehört. Die Region, die von uns als Figur interpretiert wird, erscheint uns körperhafter. Sie tritt räumlich nach vorne. Man kann die so genannten „Kippbilder" als einen *Kippbilder* interessanten Beleg für diese projizierte Figur-Grund-Wahrnehmung betrachten. Diese sind so angelegt, dass beide Interpretationen möglich sind. Der Grund dafür kann sein, dass das betreffende Bild aufgrund fehlender Überschneidungen und unterschiedlicher inhaltlicher Interpretationsmöglichkeiten keine eindeutige Entscheidung darüber zulässt, was sich vorne und was sich hinten befindet. In solchen Bildern erscheint die eine oder andere Region abwechselnd als Figur oder Grund. Die Bildwahrnehmung selbst „kippt" von der einen zur anderen Interpretation. Entscheidend für die Annahmen der Gestaltpsychologen war dabei, dass die Organisation von Figur und Grund nicht im Bild existiert, sondern dass sie von uns konstruiert wird. Diese Erfahrung veranlasste Max Wertheimer zu der bekannten Aussage, dass das Ganze mehr als die Summe seiner Teile sei. Aus diesem soeben beschriebenen Wahrnehmungsphänomen wurde eines der ersten Gestaltgesetze abgeleitet, das den sehr sprechenden Titel *Gesetz von Figur und Grund* trägt.

Es ist wahrscheinlich, dass man die helle Fläche zuerst als Figur wahrnimmt. Da es aber keine genauen Anhaltspunkte gibt, kann in diesem Fall auch ein Kippeffekt auftreten und die dunkle Fläche wird als Figur gesehen.

DIE WICHTIGSTEN GESTALTGESETZE

Wichtige Gestaltgesetze

Für die gestalterische Organisation von Information kommt einer Reihe weiterer Gestaltgesetze eine große Bedeutung zu. Die fünf wichtigsten Gestaltphänomene sollen kurz beschrieben werden.

Gesetz der Nähe

In der ersten Abbildung sieht man Elemente, die näher beieinander liegen. Diese werden von uns nach dem Gesetz der Nähe gruppiert. Die Elemente, welche voneinander entfernt sind, werden hingegen als voneinander getrennt wahrgenommen.

Gesetz der Ähnlichkeit

Elemente, welche eine Gemeinsamkeit aufweisen, werden gruppiert. Elemente, welche keine Gemeinsamkeiten aufweisen, werden auch nicht als zusammengehörig wahrgenommen.

Gesetz der Geschlossenheit

Wenn durch eine Anordnung ein Raum eingeschlossen wird, so sehen wir diese Gruppierung als eine Gestalt nach dem Gesetz der Geschlossenheit. Elemente, die von einer Form getrennt oder eingeschlossen werden, werden ebenfalls gruppiert. In diesem Sinne sind Trennlinien oder flächige Hinterlegungen ein gutes Hilfsmittel, um Elemente zu differenzieren und zu gruppieren. Dieses Mittel ist besonders für die Fälle interessant, in denen die Gesetze der Nähe und der Ähnlichkeit nicht mehr ausreichen, um Ordnung zu stiften. Dies ist bei besonders komplexen Informationssystemen der Fall.

Gesetz der guten Gestalt

Nach diesem Gesetz wird jede Reizstruktur von uns so gruppiert, dass wir die sich daraus ergebende Gestalt als so einfach wie möglich wahrnehmen. In unserer Wahrnehmung suchen wir nach größtmöglicher Einfachheit und Regularität. Deshalb machen wir von der Möglichkeit auch keinen Gebrauch, die zwei Quadrate (zweite Abbildung von unten) als drei Gestalten wahrzunehmen.

Gesetz der guten Fortsetzung

Wenn sich Elemente in einer bestimmten Richtung wiederholen, dann werden diese ebenfalls gruppiert. Diese Gestalt setzt sich auch dann fort, wenn sie von einer anderen Gestalt gekreuzt wird. D. D. Hoffman macht dafür die „visuelle Intelligenz" unserer Wahrnehmung verantwortlich. Diese führt von uns nicht bewusst kontrollierbare und schnelle Wahrscheinlichkeitsberechnungen durch. Eine lineare Reihung von Elementarreizen erscheint unserer visuellen Intelligenz so unwahrscheinlich, dass dahinter mehr als nur ein Zufallsprinzip vermutet wird. Wir sehen darin ein fortgesetzte Gestalt. Dieses Prinzip der guten Fortsetzung ist nicht ganz unbedeutend, wenn es um die Gestaltung von Informationen geht. Sehr konkret zeigt sich dies in den Einzügen einer Inhaltsangabe oder eines Auswahlmenüs. Die Einzüge, die sich auf derselben horizontalen Position befinden, nehmen wir als eine fortlaufende Gestalt wahr, die eine bestimmte Ebene innerhalb eines Informationssystems bezeichnet.

DAS GESETZ DER GUTEN GESTALT UND DIE ANDEREN GESTALTGESETZE__ Unser Wahrnehmungssystem will sich nicht unnötig belasten und bevorzugt einfache, ökonomische Lösungen. Aufgrund dieses Ökonomieprinzips werden auch einfache Gestalten von unserer Wahrnehmung bevorzugt wahrgenommen. Geometrische und symmetrische Formen fallen uns beispielsweise schneller ins Auge. Sie erzeugen mehr Aufmerksamkeit. Sie wirken „prägnanter". Beim Design von Piktogrammen oder Marken ist das Gesetz der guten Gestalt von großer Bedeutung. Denn eine prägnante Form erzeugt Aufmerksamkeit.

Auch in der Anzeigengestaltung spielen prägnante Gestalten eine große Rolle. Anzeigen sind oft im Sinne dieses Gestaltgesetzes „einfache Gestalten", mit einer klaren und schnell erkennbaren Text-Bild-Kongruenz. Sie haben manchmal eine geradezu ikonische Wirkung. Wenn Sie sich einige Anzeigen stark verkleinert vorstellen, bleibt doch aufgrund einfacher und markanter Farb-Form-Konstellationen meistens erkennbar, um welche Werbekampagne bzw. Markenkommunikation es sich handelt.

Rückbezug auf Gestaltgesetze

Relativierend muss gesagt werden, dass das Verwenden sehr einfacher oder wenig komplexer Formen auch ein Nachlassen des Interesses zur Folge haben kann. Der Informationstheoretiker Max Bense nimmt beispielsweise an, dass wir vor allem ein Interesse an „ausreichend" komplexen Formen besitzen. Anders als in der Marken- und Anzeigengestaltung hat ein Informationsdesigner nicht in erster Linie die Aufgabe, markante und ins Auge springende Formen zu kreieren. Allerdings sollte er die Informationen in gebotener Einfachheit präsentieren. Ein weniger effizienter Umgang, mit den zur Verfügung stehenden Gestaltgesetzen, führt häufig zu einer visuellen Überfrachtung mit grafischen Mitteln im Informationsdesign. Das Gesetz der guten Gestalt lässt sich grundsätzlich auch auf die anderen Gestaltgesetze zurückbeziehen. Und dann besagt es, dass die anderen Gesetze, gerade wegen ihrer Effizienz, so sparsam wie möglich eingesetzt werden sollten, um zu einer möglichst einfachen und klaren Lösung in der Informationsgestaltung zu kommen. Grundlegende Operationen bei der visuellen Gliederung und Ordnung von Informationen werden durch die Gestaltgesetze beschrieben. Da diese sehr effizient sind, sollte man sie möglichst bewusst und sparsam anwenden, um zu einfachen, aber überzeugenden Lösungen zu kommen.

DAS GESTALTSEHEN INNERHALB DES WAHRNEHMUNGSPROZESSES__ Wahrnehmung ist ein in mehreren Phasen ablaufender Vorgang. Die Gestaltgesetze kommen in einer wenig bewussten Phase der Wahrnehmung zum Einsatz, und dies ist für die Gestaltung von Informationen nicht ganz unbedeutend. Ein vereinfachtes Modell des Phasenverlaufs der Wahrnehmung sieht folgendermaßen aus:

Phase1: Noch vor der Gestaltwahrnehmung müssen von unserem Wahrnehmungssystem einfache Merkmalsunterschiede registriert werden. Denn um die einströmenden Reize gestalthaft gruppieren zu können, müssen wir Merkmalsgruppen zuvor als voneinander unterschieden oder als miteinander identisch identifiziert haben. Für dieses primitive Unterscheiden sind spezialisierte Zellen, so genannte Merkmalsdetektoren zuständig. Diese Zellen haben sich auf die Wahrnehmung ganz bestimmter Merkmale, wie z.B. horizontale oder schräge Lage eines Objektes, spezialisiert.

Phase der Merkmalserkennung

Phase2: Durch die Wahrnehmung einfacher Merkmalsunterschiede sind perzeptuelle Trennungen in verschiedene Textur- bzw. Bildbereiche möglich. Die soeben beschriebenen Gestaltgesetze beschreiben, wie wir diese unterschiedlichen Muster aufgrund auftretender Ähnlichkeiten zu Gestalten gruppieren.

Phase der Gestaltwahrnehmung

In dieser Phase ist die Wahrnehmung noch ungerichtet und nicht auf bestimmte Details fokussiert. Dieser gestalthafte Eindruck entzieht sich unserer bewussten Kontrolle. Deshalb ist es wichtig, mit Ähnlichkeiten, Näheverhältnissen oder trennenden Elementen nicht spielerisch und zum Selbstzweck umzugehen.

Phase3: In der bereits gestalthaft organisierten Welt können wir unsere Aufmerksamkeit auf etwas Bestimmtes richten, um es zu erkennen. Dies ist die dritte Phase der fokussierten oder auch attentativen Wahrnehmung. In dieser späteren Phase des Wahrnehmungsprozesses wird angenommen, dass zudem eine Objekterkennung stattfindet, indem man Einzelmerkmale in einer bestimmten Konstellation erfasst und beispielsweise als Buchstaben identifiziert. Eine andere Theorie versucht die fokussierte Wahrnehmung als Vorgang zu verstehen, in welchem wir Objekte mit Hilfe von gespeicherten Schablonen identifizieren.

Phase der Objektwahrnehmung

Identifikation des Zeichens anhand seiner Merkmale

Identifikation des Zeichens anhand einer gespeicherten Schablone

ERKENNEN VON MERKMALEN, GESTALTEN UND SYMBOLEN

Die Merkmalsdetektoren in unserem Wahrnehmungsapparat sind für das Erfassen von Merkmalsunterschieden zuständig. Wenn in einigen Bereichen unseres Wahrnehmungsfeldes Merkmale gehäuft vorkommen, so werden diese zu Gestalten gruppiert. Dies zeigt die untere Abbildung. Erkennen wir in den Merkmalen oder Merkmalsanordnungen bestimmte bekannte

Zeichen oder Formen, so ist dafür eine aufmerksame Wahrnehmung nötig. Der Vorgang des Erkennens kann dabei unterschiedlich beschrieben werden: Entweder identifizieren wir das Wahrgenommene über ein Gedächtnisbild, oder wir schließen aus den einzelnen Merkmalen, um was es sich handelt.

Objekt und
Merkmalserkennung

Für den *Schablonenabgleich* spricht, dass wir Objekte schneller erfassen, wenn sie einem inneren Schema entsprechen. Allerdings erklärt das *Merkmalsmodell* besser, dass wir Objekte auch bei ungewöhnlicher Darstellung oder Perspektive aufgrund bestimmter Merkmale identifizieren können, wie z.B. bei folgenden Buchstabenformen:
Der Wirkung der Gestaltgesetze kann man sich nicht entziehen, da diese noch vor einer bewussten Kontrolle wirksam sind. Versuche deshalb in der visuellen Gestaltung, Informationen immer in Kongruenz zu deren inhaltlichen Bezügen zu ordnen.

TYPOGRAFIE UND DAS GESETZ DER NÄHE UND DER ÄHNLICHKEIT__Experimentiert man mit dem *Gesetz der Nähe*, so wird man feststellen, dass bereits eine kleine Verringerung der Entfernung von Reizen zueinander, im Verhältnis zu den umliegenden Reizen, ausreicht, um diese als Gruppe oder Gestalt wahrzunehmen.
Die verschiedenen Distanzen können ebenfalls Hinweise auf die verschiedenen Aggregatzustände der Information geben, d.h. sie drücken graduell aus, wie sehr etwas miteinander inhaltlich zusammenhängt.

Gesetz der Nähe

Viele typografische Regeln lassen sich von dem Gesetz der Nähe ableiten. Die Laufweite bzw. die Buchstabenabstände orientieren sich ungefähr an der Breite der Buchstabeninnenräume. Dadurch entsteht ein gleichmäßiger Rhythmus in der Abfolge der Abstriche, da sich dieselben Abstände immer wiederholen. Durch einen zusätzlichen Abstand werden mehrere Buchstaben zu Wörtern gruppiert. Der Zeilenabstand sollte noch etwas größer gewählt werden als der Wortabstand, damit sich die Zeilen als Gestalten vom Wortabstand optisch differenzieren. Absatzabstände sollten wiederum größer als die Zeilenabstände gewählt werden. Oft genügt schon eine auslaufende Zeile am vorhergehenden Absatzende. Größere Sinneinheiten verlangen nach einer entsprechend stärkeren räumlichen Differenzierung. Dies alles kann über das Gesetz der Nähe gestalterisch gelöst werden. Das *Gesetz der Nähe* ist in der Typografie also besonders dafür geeignet, Differenzierungen innerhalb des Lesetextes bzw. des Satzspiegels sichtbar zu machen. Aber was ist mit der Darstellung unterschiedlicher Texttypen, wie Marginalien oder Fußnoten? Auch in diesem Falle wäre das Gesetz der Nähe ein brauchbares Mittel.

Gesetz der Ähnlichkeit

Es wäre allerdings einfacher und effektiver, ließen sich diese verschiedenen Texttypen durch das *Gesetz der Ähnlichkeit* voneinander differenzieren, indem man Marginalien, Fußnoten oder Zwischenüberschriften ein eigenes Aussehen gibt. Dies erreicht man beispielsweise durch fette oder kursive Auszeichnung. Dadurch grenzt man diese Texttypen optisch vom Haupttext ab, ohne dass man einen zusätzlichen Abstand einfügen muss.

TYPOGRAFIE UND GESTALTGESETZE

In ihrem Zusammenspiel ermöglichen die typografischen Regeln, die auf dem Gesetz der Nähe aufbauen, dass wir einen Satzspiegel als eine in sich zusammenhängende Gestalt wahrnehmen. Diese Gestalt wird durch minimale Unterschiede in deren internen Abstandsverhältnissen wiederum zu kleineren Gestalten, nämlich Absätzen, Zeilen und Wörtern gruppiert.

NAVIGATION UND DAS GESTALTGESETZ DER NÄHE

Wenn genug Fläche vorhanden ist, so können Abstände zum Gruppieren von inhaltlich und funktional zusammengehörenden Elementen verwendet werden.
Ein Menü lässt sich dadurch einfach und übersichtlich in Sinnabschnitte gliedern.
Bei der Gestaltung der rechts abgebildeten Menüauswahl werden Menüeinträge, die im selben Maße eingezogen worden sind, über das Gesetz der guten Fortsetzung zu einer vertikal fortlaufenden Gestalt gruppiert.

START
NEUIGKEITEN
TERMINE
PERSONEN
GRUPPEN
FOREN
HILFE
KONTAKT
DRUCKEN

PERSONENWAGEN
MODELLE
FAKTEN
SICHERHEIT
VARIABILITÄT
KOMFORT
LANGVERSION
DESIGN
INDIVIDUALISIERUNG
KONFIGURATION
ZUBEHÖR
FINANZIERUNG
LASTWAGEN
MODELLE
FAKTEN
DESIGN
CLASSIC
ELEGANZE
AVANTGARDE
INDIVIDUALISIERUNG
KONFIGURATION
ZUBEHÖR
FINANZIERUNG
SPORTWAGEN
MODELLE
FAKTEN
DESIGN
INDIVIDUALISIERUNG
KONFIGURATION
ZUBEHÖR
FINANZIERUNG

START   NEUIGKEITEN TERMINE PERSONEN GRUPPEN FOREN   HILFE KONTAKT DRUCKEN

Schlüsselreize und Schemabilder

Weitere, psychologisch gut erforschte Techniken bestehen in dem Aktivieren innerer Vorstellungsbilder. Werbliche Bilder, die diesen inneren Vorstellungsmustern entsprechen, können wesentlich schneller dekodiert und aufgenommen werden. Wichtiger ist aber, dass diese in der Werbung eingesetzten Schlüssel- oder Schemabilder in uns Assoziationen, Sehnsüchte, Wünsche und Bedürfnisse wachrufen können, die an diese Bilder gekoppelt sind.

Kroeber-Riel nennt diese von der Werbung eingesetzten Schlüsselmotive deshalb auch „emotionale Schemabilder". Er unterscheidet kulturübergreifende, kulturspezifische und gruppenspezifische Schemabilder.

Schemabilder sind mit Wünschen und Emotionen gekoppelt.

„Die stärksten emotionalen Wirkungen entfalten Schemabilder, die im Empfänger auf biologisch vorprogrammierte Wirkungsmuster stoßen[1]". Zu diesen genetisch festgelegten Schemata gehört z.B. das Kindchenschema.

Gruppenspezifische Schemabilder Aber auch einzelne gesellschaftliche Gruppierungen können spezifische und emotional besetzte Vorstellungsbilder haben. Über Afrolook, Dreadlocks, Glatze, in Verbindung mit weiteren Ausstattungselementen sowie durch eine unverwechselbaren Darstellungsstil, entwickelt jede Subkultur ihre ganze eigenen, schnell dekodierbaren und emotional besetzten Erkennungsmuster.

[1] *Werner Kroeber Riel, Bildkommunikation, Imagerystrategien für die Werbung, Vahlen-Verlag, 1996*

INFORMATIONSSYSTEME UND DAS GESETZ DER GESCHLOSSENHEIT__ Nun geht es bei der Informationsgestaltung nicht nur um typografische *trennende Elemente* Ordnungen. Neben Texten müssen auch Bilder und Grafiken in ihren unterschiedlichen inhaltlichen Bezügen visualisiert werden. Besonders bei vielen unterschiedlichen Texten, die sich gedrängt auf einer Seite befinden, reichen Abstände, Unterschiede und Ähnlichkeiten nicht mehr aus, um Getrenntes und Zusammenhängendes zu verdeutlichen. In Zeitschriften werden die unterschiedlichen Artikel und Kurznachrichten zu diesem Zweck mit Trennlinien oder verschiedenen Hintergrundfarben separiert, die auf dem *Gesetz der Geschlossenheit* aufbauen. Auf Internetseiten wird die Navigation häufig vom inhaltlichen Bereich durch zusätzliche Linien, Farben oder Formen separiert. Auch die unterschiedlichen Verweisformen innerhalb der Navigation werden voneinander häufig durch zusätzliche Formelemente getrennt. Nicht immer haben Gestaltungselemente ausschließlich ordnungsstiftende Funktion. Das Prinzip größtmöglicher Ökonomie gilt für die Gestaltungsabsicht, die der Information *Gestaltgesetze und* zugrunde liegende Struktur und Ordnung sichtbar zu machen. Eine *Aufmerksamkeit* weitere Gestaltungsabsicht ist es, *Aufmerksamkeit* zu erzeugen und durch eine interessante Aufbereitung Interesse für einen Inhalt zu wecken. In diesem Fall kann es natürlich sinnvoll sein, verstärkt auf unterschiedliche und interessante Formen zurückzugreifen. Dies sind *zwei unterschiedliche* allerdings zwei unterschiedliche Gestaltungsebenen, und es macht *Gestaltungsebenen* Sinn, beide zuerst einmal methodisch auseinander zu halten, um die Gestaltungsmittel auf der jeweiligen Ebene bewusster und gezielter einzusetzen. Auf die Erzeugung von Aufmerksamkeit wird in einem dritten Abschnitt dieses Kapitels noch genauer eingegangen werden.

STIMMIGKEIT VON SYSTEMELEMENTEN UNTER GESTALTKRITERIEN__ In Corporate-Design-Manuals ist es meistens augenfällig. Dort wird genau beschrieben, welche Elemente zum visuellen Firmenauftritt gehören und wie sie eingesetzt und kombiniert werden dürfen. Um einen möglichst einheitlichen und geschlossenen Eindruck zu erzielen, sind dort die einmal definierten Elemente sehr genau aufeinander abgestimmt. *Automatisierung von* Diese Tendenz zu genau definierten Ordnungselementen wird in *Layouts* den modernen Informationssystemen immer mehr offensichtlich. Dies hängt mit ihrer zunehmenden Komplexität zusammen, aber auch mit der Möglichkeit, verschiedene Anordnungsmöglichkeiten von Informationen programmiertechnisch im Voraus zu bestimmen. Besonders der letzte Aspekt führt dazu, dass die einzelnen ordnenden Elemente besser aufeinander abgestimmt und kompatibel sein müssen, da niemand im Nachhinein manuelle Korrekturen durchführen möchte. Die Menge der ordnenden Elemente sollte dazu auf eine überschaubare Anzahl begrenzt bleiben. Dem Rezipienten sollte also nach kurzer Zeit klar sein, welche Ordnungselemente es gibt und welche Funktion ihnen zugewiesen wurde. Deshalb sollte man in komplexen Informationssystemen Gestaltungselemente entwickeln, die überschaubar sind, die aufeinander abgestimmt sind und die sich nach bestimmten Regeln kombinieren lassen. Dies trifft vor allem auf Systeme zu, in denen nicht mehr alles „von Hand" gemacht wird, sondern deren Gestaltung zumindestens teilweise automatisiert werden soll.

Automatisierung

INTERFACE MIT OBJEKTORIENTIERTEM UND MODULAREM AUFBAU

Die Spielsite Fontosgames ist aus größeren und kleineren Bausteinen aufgebaut, die in ihren verschiedenen Anordnungen immer wieder zusammenpassen

www.fontosgames.de

Es gibt einen engen Zusammenhang zwischen modularem Design und modularen Konzepten in der Programmierung, die solchen visuellen Systemen zugrunde liegt. Programmierung ist heute wesentlich modularer aufgebaut, einzelne Programmierabschnitte sind in sich eigenständige, abgeschlossene Module, und ebensolche Züge zeigen sich auch im Interfacedesign und in der Informationsgestaltung.

ZUM MODUL- UND OBJEKTCHARAKTER VON GESTALTEN__ Setzt sich eine Fläche von einer anderen ab, handelt es sich bereits um eine Gestalt. Nun gibt es immer wiederkehrende, zusammengesetzte Gestalten, die teilweise an verschiedenen Stellen eines Dokumentes oder einer Anwendung auftauchen können. Informationsfelder mit Kurznachrichten oder tabellarischen Angaben sind ein Beispiel dafür. Sie werden schnell wegen ihres spezifischen und in sich abgeschlossenen Aufbaus erkannt, unabhängig davon, wo sie sich befinden.

Man kann sie deshalb auch als *modular* bezeichnen. Ein Modul ist dabei eine sich aus mehreren Elementen zusammensetzende Einheit innerhalb eines Gesamtsystems, welches jederzeit aus- und eingetauscht werden kann.

Module

Diese modularen Systemelemente können auch als *Objekte* aufgefasst werden. Mit einem Objekt verbindet man zuerst einmal ein körperhaftes oder gegenständliches Aussehen. Ein weiterer wichtiger Aspekt des Objekthaften ist deren Eigenständigkeit. Diese wird deutlich, wenn sich ein Design- oder Informationsobjekt anders verhält als deren Umgebung. So lassen sich einige Objekte verändern, erweitern, verschieben oder löschen, andere wiederum nicht.

Objekte

GESTALTPSYCHOLOGISCHE GRUPPIERUNG ÜBER FLÄCHEN UND TRENNENDE ELEMENTE

01

MONATSZEITUNG

MAY 2002. EUR 2.80
Schweiz: SFR 5.50

DE:Bug 59
ELEKTRONISCHE LEBENSASPEKTE

MUSIK
MEDIEN KULTUR
SELBSTBEHERRSCHUNG

DE:BUG

KEVIN KELLEY
Zukunftsmusik.

Kevin Kelley, Wired-Mitgründer und kalifornischer New Economy-Vordenker, gibt Überlebenshilfetipps, wie man die Internet-Community und sein Portemonnaie retten kann. Wie lässt sich Musik im Netz mit Gewinn teilen? I have a Service Dream.

PRADA
Flagshipstorestyle.

In New York hat der erste Prada Flagshipstore eröffnet. Ein Prototyp, der Interieur-Design als IT-Funktionen koppelt und das klassische Boutiquenmodell ersetzt. Ein Interview mit dem verantwortlichen Industriedesigner Clemens Weisshaar.

RECLOOSE
Broken Beats statt Bush.

Von Detroit nach Neuseeland, von Techno zu Jazz. Matt Chicoine aka Recloose kehrt Bushs Amerika den Rücken, reist durch die Welt und die Stile und zurrt die Broken Beats zwischen Carl Craig und dem West London-Sound fest.

AKUFEN
Gelassen in die Microsample-Schlacht.

In Kanada gibt es reitende Ranger in roten Joppen. Und "Final Scratch"-Präsentatoren. Damit hören die Attraktionen des Landes auch schon auf. Bis vor kurzem eine Bewegung elektronischer Musik aus den Redwoods, genauer Montreal, hallte, die blitzschnell zum Bezugspunkt für alles und jeden wurde. Mitten drin und ganz vorne Marc Leclair als Akufen. Niemand kann wie er den Sampler ans Radio halten und die Schnipsel zu buntfarbigen, höllisch dynamischen "Microsampling", so sagt er, ineinanderfalzen. Sampler, Radiostimmen, Surrealismus, Groove-geordnetes Chaos unter dem Mikroskop, Filme von Jacques Tati, Cut Up und Readymade und Familienfrühstück, aus diesen Koordinaten speist sich Akufens Musikproduktion. Akufen ist die gefüllte Zerschmelzmaschine der Housemusik, keine blutleere Konzeptfratze, die kalkulierte Sprachzersetzung betreibt. Es ist diese von Ihm erzwungene, historische Tiefenwirkung surrealistischer Moduli in Musik, die sich in die Gegenwart einschreibt, aus ihrer Historisierung gerissen wird, um sich den Weg zu machen, "neue Kleider" zu entwerfen. Wie man diese neuen Kleider am Sampler schneidert, sie der Welt und den Hörern umhängt, dabei genauso viel über sich erfährt wie die Hörer mit ungeahntem Tragekomfort zu überraschen, debattiert Marc Leclair mit Waltz & Weskott über den Äther. Sample-Material für den nächsten Akufen-Hit?

Aber zunächst eröffnen Waltz & Weskott ihren Text mit einem Cut Up zur Akufen-Forschung. Entlang an den Stichworten aus Akufens Munde fragen sie nach den Effekten, den Verwandten und den historischen Bezügen. Welche medienhistorische Wahrheiten beweist Akufens Arbeit, was haben Matthew Herbert und Henry Mancini mit seiner Musik gemein und welche Parallelen liegen zwischen dem pr3-frankistischen Barcelona und dem Montreal von heute? Ein begeisterter aufgeregtes Fragen-Geplänkel, dessen Auflösungen sich ganz gelassen im Interview finden. Akufen macht Musik, die das Radio vom Kopf auf die Füße stellt, Weskott & Waltz machen einen Text, der den Argumentationsablauf von den Füßen auf den Kopf stellt. So gerät wieder alles ins Lot.

WIRELESS. DIE ANTI-GLOBALISIERUNG DER NETZE
Als das Internet laufen lernte.

Vor langer, langer Zeit, da war das Netz mal ein Ort, an dem man ständig über die neue Freiheit gegrübelt hat. Es ließ sich einfach soviel machen und - abgesehen mal vom Zugang, der dann auch das Hauptproblem schien - war alles irgendwie umsonst. Dass Kabel nicht umsonst sind und schon gar nicht von jedem gelegt werden dürfen, wie sie sich über reale Territorien schlängeln (Territorien im Netz, igitt), wusste meist vergabbiniert. Wie das energische Aufbauamen von Pay-for-Content-Strukturen als Krisenbewältigungsstrategie überall zeigt, ist das Netz längst ein Ort geworden, in dem man ohne Kreditkarte schon mal Umwege über das Archiv von Google nehmen muss, wenn man etwas wissen will. Und so erscheint die Ankunft ziemlich erschwinglicher Funk-LANs mit der Fortsetzung der Versprechen der "ursprünglichen" Freiheit im Netz auf lokaler Ebene, egal ob "lokal" so groß werden kann wie eine Inselgruppe oder ein ganzes Land. Radiowellen gehören jedem, zumindest dieses kleine Band für Wireless-Funkverkehr, das in fast keinem Land dieser Erde reguliert und deshalb immer massiver mit Basisstationen und Wi-Fi Laas vollgefunkt wird. Die guten alten Qualitäten des Netzes sind wieder da (Freiheit, Gleichheit, Many-to-Many), die es damals schon zum Sammelpunkt neuer Technologie, Theorie und vor allem der Utopie gemacht hatten. Es ist kein Wunder, dass man im neuen Wireless-Universum Hacker, Aktivisten, Sozialrevolutionäre, Splittergruppen, Marketing Entrepreneure, Indianer, Insulaner, Antiglobalisten, Künstler und mehr wieder trifft, die schon lange nicht mehr an die revolutionäre Struktur des Netzes geglaubt hatten.

Man sollte sich endgültig von dem Gedanken trennen, dass Wireless irgendetwas mit Handys zu tun hat. Man muss sich von dem Paradigma des Fernsehens verabschieden, so wie man sich von dem des Fernsehens verabschieden musste. Wireless ist vor allem eine neue, amorphere Topologie des Netzes.

HOLGER MEINS
Von der Kunst in den Untergrund.

Ein Dokumentarfilm über das künstlerische Leben des RAF-Mannes, dessen Hungertod in der Isolationshaft Stammheim zum Symbol wurde. Gerd Conradts persönlicher Blick auf den Künstler Holger Meins zwischen Filmakademie und Untergrund.

ANTIDEPRI-SOFTWARE
K10K & Moodstats.

Fütter dein Ego mit "Moodstats". Die Software der dänischen Designgruppe k10k erstellt dein Stimmungsbarometer und wertet es aus. Soviel Beachtung hebt die Laune. Großes Design für die kleine Therapie zwischendurch.

DIGITAL
Godzilla des Drum and Bass.

Steve Carr aka Digital gehört zur der Drum and Bass-Posse, die das Genre aus der 2 Step-Tristesse geführt haben. Mit Reggae-Gespür, knallenden Basslines und Oldschool-Anleihen gibt es Drum und Bass den Spaß zurück.

Ohne Farbfelder →

Das Layout von De:Bug wirkt schlicht und ästhetisch. Es beruht auf einem klaren und konsequent umgesetzten visuellen Konzept, das mit vielen farbigen Feldern arbeitet.

Die teilweise angeteaserten Texte in den Farbfeldern erinnern an das visuelle Erscheinungsbild von informationsorientierten Webportalen.

Die Arbeit mit flächigen Hinterlegungen ist bei De:Bug ästhetisches Mittel, hat aber auch eine zusätzliche und notwendige Ordnungsfunktion.

Im unteren Bereich der nebenstehenden Abbildung[01] wurden die farbigen Hintergründe bei den Überschriften „Antidepri-Software" und „Digital" gelöscht. Die Texte wirken zwar immer noch räumlich gruppiert, aber erst durch die Farbhinterlegung wird klar, dass es sich um abgeschlossene Infoboxen mit Teasertexten handelt.

Nicht ganz konsequent – was ja auch nicht sein muss – aber doch im Großen und Ganzen weist die farbliche Flächengestaltung eine Systematik auf, die einem dabei hilft abzuschätzen, welche Information sich an welcher Stelle befindet.

In der mittleren Abbildung[02] wurde zwischen den Feldern Autoreninfo und Einlauftext ein Bildmotiv eingeschoben.

Beim Vergleich der beiden Layouts[02, 03] erkennt man, dass die Infoboxen, wie Servicepoint und HTTP, an verschiedenen Positionen erscheinen können. Durch die definierte Farbgebung sind sie identifizierbar.

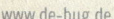

EXTREMES EINSATZGEBIET FÜR DIE GESTALTGESETZE

In Anwendungssystemen mit hoher Funktionalität muss verstärkt mit Trennungen, Unterlegungen und voneinander abgegrenzten Ebenen gearbeitet werden. Die Gesetze der Nähe und der Ähnlichkeit reichen da nicht mehr aus.

Das dazu abgebildete Interface von Dreamweaver beruht auf einem modularen Konzept und lässt sich individuell einrichten. Für jemanden, der noch nie mit einer Software gearbeitet hat, wäre die untere Abbildung dennoch völlig unverständlich, da er keinen Transfer zu bereits bekannten Systemumgebungen leisten kann. Deshalb sind Kontextualisierung und Standardisierung wichtige Konzepte der Interfacegestaltung. Über Kontextualisierung wird im nächsten Kapitel gesprochen werden. Standardisierung wird im Kapitel über Handeln noch ausführlicher thematisiert werden.

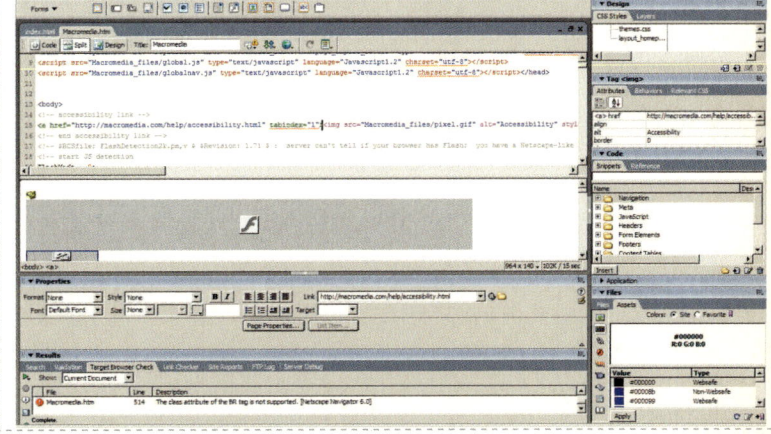

WIE OBJEKTE WAHRGENOMMEN UND IDENTIFIZIERT WERDEN__ Gestaltpsychologisch betrachtet sind Objekte durch die Nähe und Ähnlichkeit
ihrer einzelnen Elemente zueinander, sowie durch Umrandungen
zum Umfeld eindeutig gruppiert. Für diese Objekte, mit zum großen
Teil sogar körperhafter Wirkung, ist aber noch ein anderer wahrneh-
mungspsychologischer Ansatz sehr interessant. In *Irving Biedermans
Theorie der Objektwahrnehmung* wird einigermaßen plausibel erklärt,
wie wir solche körperhaften Objekte wahrnehmen und identifizieren.
Wir erkennen Objekte anhand ihrer Teilkörper und deren spezifischer
Zusammensetzung. Diese elementaren Teilkörper nennt er *Geone*.
Der Begriff Geon ist eine Wortschöpfung von Biederman, die aus
der Bezeichnung „geometrisches Ion" abgeleitet wurde. Als elementare Teilkörper werden von ihm geometrische Formen wie Quader,
Zylinder und konische, sowie keilförmige Körper vorgeschlagen.
Biederman schätzt, dass es insgesamt einen Satz von 36 Teilkörpern
gibt, durch deren unterschiedliche Kombination und Anordnung sich
geradezu unendlich viele Objekte zusammensetzen lassen.

(Marginalie: eine Theorie der Objektwahrnehmung)

In einem Experiment konnte er nachweisen, dass wir Objekte dann
schnell erkennen, wenn wir auch die einzelnen Geone gut erfassen können. Um dies zu illustrieren, verdeckte Biederman genau die Bereiche
der Teilkörper, die für deren Identifikation wichtig sind. In einem
zweiten Durchlauf verdeckte er die Bereiche, die für das Erkennen
der Teilkörper weniger wesentlich sind. Die Versuchsteilnehmer hatten beim ersten Experiment wesentlich größere Schwierigkeiten, die
Gegenstände anhand ihrer Teilkörper zu erkennen. Das allgemeine
Ergebnis seiner Untersuchungen besagt, dass die Erkennung eines
Objektes in dem Maße gelingt, in dem die Geone des Objektes wahr-
nehmbar sind.

(Marginalie: Experiment zur Objektwahrnehmung)

DIE GRUNDBAUSTEINE VON SYSTEMOBJEKTEN__ Biedermans Theorie der
Objektwahrnehmung lässt sich auf die Wahrnehmung und Gestaltung
von interaktiven Systemobjekten anwenden. Wenn man sich beispielsweise verschiedene Menüformen ansieht, so bestehen diese erst
einmal grundsätzlich aus einem Menübalken, einem Menütitel und
Menüoptionen, die durch Separatoren getrennt sind. Einem Pop-up-
Menü fehlt der Menütitel. Scrollbare Menüs haben zusätzlich eine
Laufleiste mit Reglern. Da diese Menüformen aus solchen Teilkörpern
zusammengesetzt sind, können wir sie schnell identifizieren. Es würde
von einem brauchbaren „Bausatz" bzw. von einer guten Definition
der Teilkörper zeugen, wenn sich aus diesem möglichst viele unterschiedliche Informationsobjekte gestalten ließen. Zudem würden
die Informationsobjekte in ihrem Aussehen besser zusammenpassen. Das Informationssystem würde insgesamt einen einheitlicheren
und konsistenteren Eindruck vermitteln. Hat dieses Konzept der
Objektwahrnehmug tatsächlich die Gültigkeit, die man ihm zuspricht,

(Marginalie: Beispiel Menügestaltung)

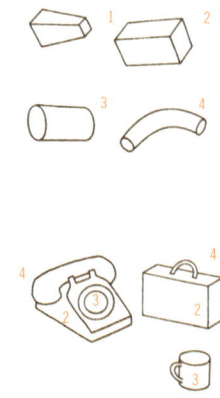

Oben sind ein paar der 36 Geone,
unten die aus ihnen zusammengesetzten Objekte abgebildet. Schon
aus wenigen Geonen lassen sich
viele Objekte bilden.

Die zweite Spalte zeigt Objekte,
denen einige Bereiche fehlen,
deren Geone aber noch rekonstruierbar sind. In der dritten Spalte
wurden Bereiche ausgespart,
durch welche die Geone nicht mehr
rekonstruierbar sind.

so rechtfertigt es eine hochmodulare und zum großen Teil auch standardisierte Bauweise von Informationsanwendungen, da wir nach ihm
Objekte unserer Umwelt als modular oder geonisch wahrnehmen.
Eine visuell gelungene Informationsanwendung würde in diesem
Sinne eine hohe Transparenz aufweisen und auch selbsterklärend
sein, wenn wir die Teilkörper und ihre Funktionsweise erkennen und
aufgrund dieser Teilkörper beispielsweise auch auf die Funktionalität
komplexerer Objekte schließen können.

Modularisierung und Standardisierung

Objekthafte Gestalten eines Gestaltungssystems können also aus
Teilkörpern zusammengesetzt sein. Die Homogenität dieser Objekte
und die visuelle Konsistenz einer Anwendung kann darauf beruhen,
dass sie aus einem klar umrissenen Satz von Teilkörpern oder einfachen Gestalten bestehen. Besonders durchdacht und konsistent
wirkt ein System, wenn aus der Funktion dieser einfachen Gestalten
auf die Funktionsweise der zusammengesetzten Informations- und
Interaktionsobjekte geschlossen werden kann.

homogene Systeme und ähnliche Bauelemente

ZUSAMMENFASSUNG__ Die bewusste Anwendung der Gestaltgesetze versetzt den Designer in die Lage, Informationen auch ohne viel
Aufwand zu ordnen und zu gliedern. Die Gestaltgesetze wurden
von den Gestaltpsychologen, deren bekanntester Vertreter *Max
Wertheimer* war, in den zwanziger Jahren formuliert.

Erreicht die gestaltende Information eine gewisse Komplexität,
benötigt man in der Regel zusätzliche ordnende, umschließende und
trennende Elemente. Dann kommt neben dem sehr effektiven Gesetz
der Ähnlichkeit und Nähe das Gesetz der Geschlossenheit ins Spiel.

Es macht Sinn, diese zusätzlichen Elemente sowie überhaupt alle
Informations- und Interaktionselemente so zu konzipieren, dass sie
zusammenpassen und eine innere Systematik aufweisen. Um die
Systematik und Konsistenz eines Gestaltungssystems zu erhöhen,
können zusammengesetzte Informations- und Interaktionsgestalten
auf einem überschaubaren Satz von einfachen Elementen basie-
ren. Sind diesen einfachen Elementen bestimmte auszeichnende,
gliedernde oder interaktive Funktionen zugewiesen, werden diese
vom Rezipienten unbewusst auch auf komplexere Objekte übertragen. Diese analytische Fähigkeit unserer Wahrnehmung beim
Interpretieren und Identifizieren von Objekten kommt in einer
Theorie zur Objektwahrnehmung von *Irving Biederman* zum Ausdruck.
Um den Aufwand der Einarbeitung in ein sehr interaktives und hoch-
komplexes System möglichst gering zu halten, ist Standardisierung ein
Mittel, welches besonders bei der Gestaltung interaktiver Elemente
unerlässlich geworden ist. Auf Objekte und Standardisierung wird
am Ende des Kapitels zum Thema Handeln noch näher eingegangen
werden.

MODULARE ELEMENTE UND INTELLIGENTE VISUELLE ARRANGEMENTS

Auf der Website von Warprecords findet man neben aktuellen News und Veranstaltungen das gesamte Katalogverzeichnis („Warpography"). Im „Warpmart" kann man Musik bestellen, und die „Warpgallery" stellt ein umfangreiches Fotoarchiv zur Verfügung.

Für Musiker ist es wahrscheinlich viel selbstverständlicher als für Designer, dass sich aus einer begrenzten Menge immer wiederkehrender Elemente unbegrenzt Arrangements kreieren lassen. Vielleicht waren es auch die oft minimalistischen Stücke vieler „Warp Bands" mit ihren abstrakten Klangcollagen und rhythmisch verfugten Soundstrukturen, die das Design inspiriert haben. Musikalisch muten auch die Gestaltungsprinzipien einiger Seiten an, welche die Zeit als Gestaltungsdimension miteinbeziehen. Einige Seiten füllen sich sukzessive und werden wieder leer. Dies ähnelt dem Lauter- und Leiserwerden in der Musik.

Kein Screen kann isoliert betrachtet werden. Er ist Teil einer Folge, Teil eines Systems, das sich erst im Gebrauch erschließt. Technisch betrachtet sind die einzelnen Elemente auf diesen Screens auch keine einmaligen handgemachten Gestalten, sondern Objekte, die je nach Eingabe und aufgrund feststehender Regeln erzeugt und zusammengesetzt werden.

Es sind Bausteine, die so konzipiert sind, dass ihre unterschiedliche Zusammenstellung erst Zusammenhänge plausibel und bedienbar macht. Unter Designgesichtspunkten sind diese Zusammenstellungen auch visuell reizvoll. Sie wirken wie „rhetorische Figuren" innerhalb der Sprache dieses visuellen Systems.

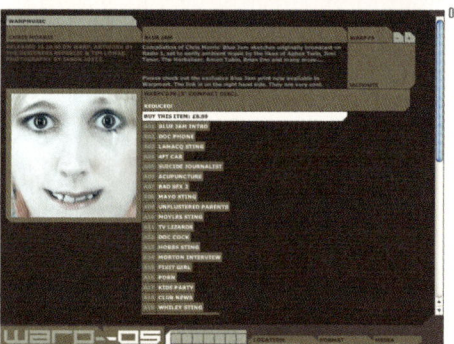

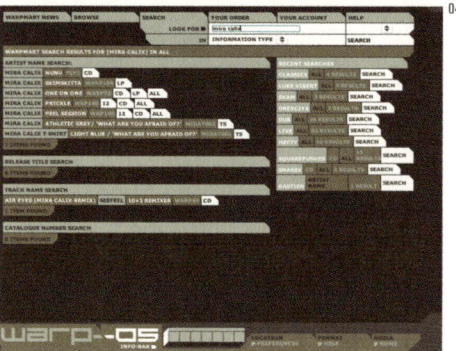

Bei Warprecords gelangt man auf unterschiedliche Weise an das gewünschte Ziel. Man kann sich eine abstrakt-minimalistische Übersicht aller Alben und Singles anzeigen lassen[02] oder eine Suchmaschine betätigen[03]. Allerdings gibt es auch eine hier nicht mehr gezeigte alternative Darstellung, bei welcher die Plattencover als kleine Bilder aufgeführt werden.

Ein weitere Möglichkeit besteht in der direkten Anwahl der „Warpartists" wie bei den rechts stehenden Abbildungen[04].

www.warprecords.com

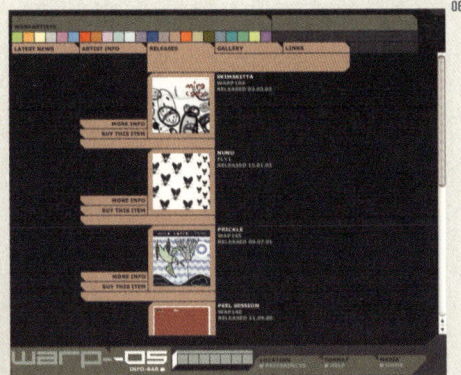

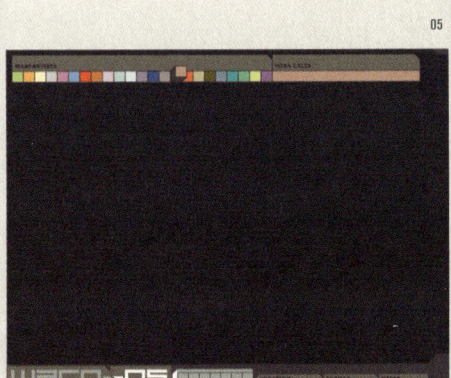

Wie Mira Calix ist jedem Künstler
eine bestimmte Farbe zugeordnet. Zu Mira Calix gelangt man
auch direkt, wenn man sie unter
Warpartists[05] auswählt.
In ihrem Bereich erkennt man, dass
sich die visuellen und zugleich
interaktiven Bausteine auch sehr
gut mit ihren Alben[06], Texten[07] und
Fotostrecken[08] kombinieren lassen.

09

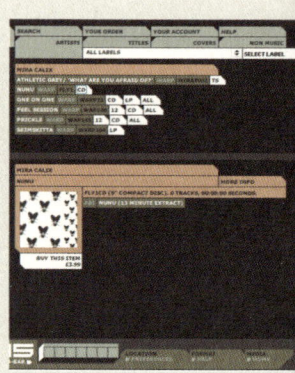
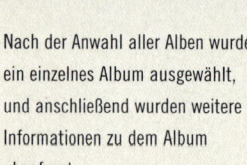

10

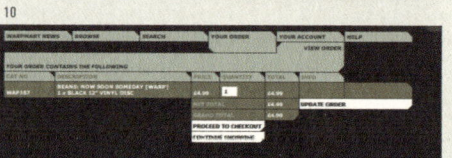
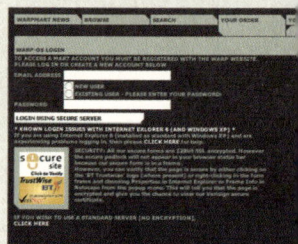

Nach der Anwahl aller Alben wurde ein einzelnes Album ausgewählt, und anschließend wurden weitere Informationen zu dem Album abgefragt.

An den Screens lässt sich gut nachverfolgen, wie sich über die Anfragen der Bildschirm allmählich mit Informationen füllt.

Das Design entfaltet sich im Prozess der Interaktion, es besitzt viele Zustände und lebt von der Spannung möglicher Extreme[09].

Die letzte Bildreihe zeigt, wie versucht wurde, standardisierte Formularelemente in die visuelle Formensprache zu integrieren[10].

TYPOELEMENTE ALS BAUSTEINE EINER BILDSPRACHE

Eher durch Zufall gelangt man auf die Flash-Filme dieses Designers. Interessant an seinen animierten Geschichten ist, dass er diese ausschließlich aus einem begrenzten typografischen Repertoire aufbaut.

Verständlich werden die in seinen Filmen verwendeten typografischen Figuren oft erst aus der Anordnung mit anderen typografischen Elementen. Erst der Kontext gibt ihnen ihre spezifische Bedeutung. Dies wird auch das Thema des folgenden Abschnitts sein.

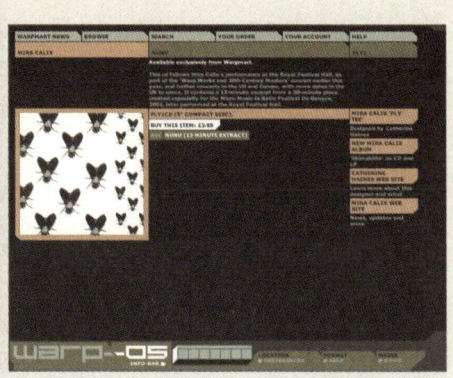

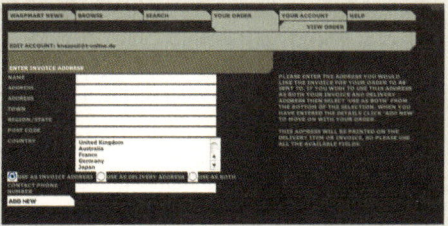

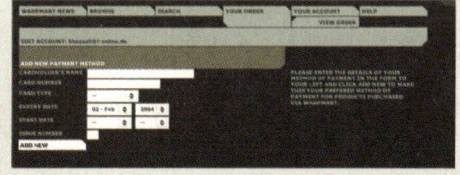

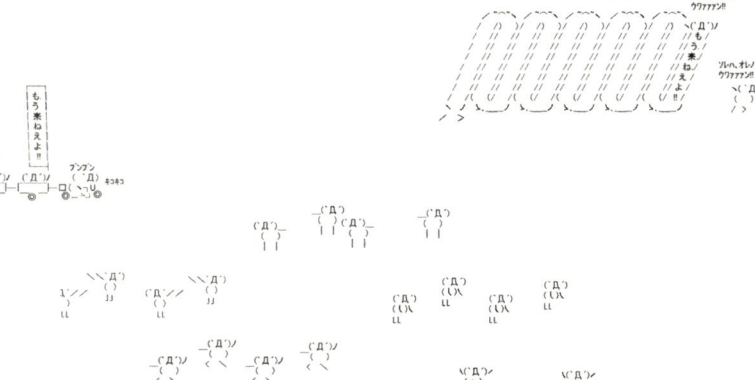

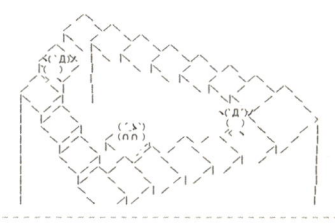

www.ragmelo.hp.infoseek.co/flash/aa.html

_2.2

Wahrnehmung im Kontext

Weshalb die Dinge nicht isoliert, sondern nur im Kollektiv zu einer eigenen Identität gelangen. Was dies für den Entwurfsprozess bedeutet, in welchem man nicht mehr ein einzelnes Element, sondern die Gemeinschaft aller Elemente im Auge behalten muss.

Beispiele   Es ist erstaunlich, wie sehr wir bestimmte Informationen aus ihrem Kontext heraus interpretieren. Dieses Phänomen lässt sich leicht überprüfen. Zeigen Sie einem Freund oder Kollegen ein paar Dinge, die weiß sind. Fragen Sie ihn nach deren Farbe. Er wird mit „Weiß" antworten. Anschließend fragen Sie ihn, was eine Kuh trinkt. Er wird mit hoher Wahrscheinlichkeit meinen, dass eine Kuh Milch trinkt, weil Milch das Getränk ist, das einem im Kontext der Farbe Weiß am ehesten einfällt. Ein ähnliches Spiel fragt danach, was ein Stummer macht, der Zigaretten kaufen möchte. Die Antwort scheint klar: Er macht eine eindeutige Handbewegung (V). Wenn Sie anschließend fragen, was ein Blinder macht, der in einer zoologischen Handlung einen Hund kaufen will, beantworten viele die Frage mit „wau wau". Denn es wird angenommen, dass bei der zweiten Frage ebenfalls ein Handikap durch eine originelle Geste überbrückt werden müsste. In beiden Fällen wird man durch den Kontext beeinflusst, der einem eine bestimmte Antwort bzw. Interpretation nahe legt.

ÄBTE MÄHEN HEU
ÄBTE MÄHEN KEIN HEU
ÄBTE MÄHEN GRAS

Fragen Sie, in welcher Sprache gesprochen wird, bevor Sie die oberen drei Sätze von sich geben. Über den vorgegebenen Fragenkontext werden viele den Inhalt der Sätze nicht verstehen.

DIE ROLLE DES KONTEXTES IN KOGNITIVEN PROZESSEN__ In der Psychologie gibt es verschiedene Untersuchungen zur Bedeutung des Kontextes. Diese zeigen, wie außerordentlich wichtig der Kontext für die Wahrnehmung und das Verständnis unserer Umwelt ist. Dabei werden mit Kontext zwei Dinge bezeichnet, die aber sehr eng zusammengehören. Als Kontext kann einmal das *Vorwissen* und die Erwartungshaltung

mentaler und   gemeint sein, in dessen Zusammenhang etwas auf eine bestimmte
sichtbarer Kontext   Art betrachtet wird. Mit Kontext kann aber auch das sichtbare, anliegende *Umfeld* gemeint sein, in dem sich ein Zeichen befindet. Dieses sichtbare benachbarte Bezugssystem kann einen großen Einfluss auf die Zeicheninterpretation ausüben.

Top-down   Die Bedeutung des Kontextes ist besonders bei den so genannten *Top-down-Prozessen* in der Wahrnehmung interessant. Hier ist das vorhandene Wissen ein wesentlicher Faktor der Wahrnehmung. Identifizieren wir für ein wahrgenommenes Zeichen anhand eines

Bottom-up   gespeicherten Schemas, findet ein Top-down-Prozess statt. Wir gehen somit von einem inneren Vorstellungsbild aus und wenden dies auf die Realität an. *Bottum-up-Prozesse* wiederum sind ausschließlich durch den Reiz-Input und die Reizanalyse gesteuert. Die Theorie der *Merkmalserkennung* und *Biedermans Theorie der Objekt-*

wahrnehmung sind in erster Linie Bottum-up-Prozesse, da aus der Analyse der Einzelheiten auf das Objekt geschlossen wird, das aus diesen zusammengesetzt ist. Oft greifen beide Prozesse ineinander, denn um aus der Analyse der Einzelheiten auf ein bestimmtes Objekt zu schließen, muss wiederum Vorwissen über dieses Objekt und deren Zusammensetzung abgerufen werden.

KONTEXTEFFEKTE IN WÖRTERN UND SÄTZEN__ Die beiden Kognitionspsychologen *Reicher* und *Wheele* stellten fest, dass Versuchspersonen in ihren Untersuchungen Unterschiede zwischen kurz gezeigten Wörtern besser wiedererkennen konnten als zwischen Buchstaben. Die untersuchten Personen konnten eher angeben, ob sie „word" oder „work" gesehen haben als „d" oder „k". Das Phänomen, dass der Wortkontext eine förderliche Rolle beim Wiedererkennen von Buchstaben spielt, wird *Wortüberlegenheitseffekt* genannt.. Kontext und Wörter

Ähnliche Resultate in Hinblick auf die Bedeutung des Kontextes lieferten Testreihen von *Tulving, Mandler und Baumal (1964)*, die nachweisen konnten, dass Wörter im Satzkontext besser verstanden und behalten werden, als wenn man sie isoliert darbietet. Kontext und Sätze

KONTEXTEFFEKTE BEI ZEICHEN UND BILDERN__Für uns als Designer ist vor allem die Bedeutung des Kontextes innerhalb der Zeichen- und Objektgestaltung interessant. Sehr augenfällig wird die starke Wirkung des visuellen Umfeldes auf die Zeicheninterpretation, wenn man skizzierte und einfache Gesichtsmerkmale wie Nase oder Mund isoliert betrachtet. Bei einer isolierten Darbietung ohne das Gesichtsumfeld reichen diese einfachen visuellen Kürzel für eine eindeutige Interpretation nicht aus. Gesichtsmerkmale

Derselbe starke Einfluss des Umfeldes lässt sich auch bei Gegenständen feststellen: Zeigt man dem Betrachter eine Badeszene und anschließend ein Stück Brot, so wird dieses weniger häufig richtig identifiziert, als wenn man ihm cine Stück Seife gezeigt hätte. Die Identifikation eines Gegenstandes geschieht wesentlich schneller, wenn er in das zuvor gezeigte Umfeld passt. Einfluss des Umfeldes Brot-Bad-Experiment

In einem Experiment von *Biederman, Glass und Stacy (1973)* wurden zwei Versuchsgruppen zwei unterschiedliche Zeichnungen mit einem Hydranten gezeigt. In der ersten Version sah man den Hydranten dort stehen, wo man ihn für gewöhnlich auch erwartet. Er befand sich am Rande eines Bürgersteigs. In der zweiten Version schien der Hydrant nicht mehr an dem Ort zu stehen, wo man ihn für gewöhnlich erwartet. Die Gruppe, welche die erste Zeichnung zu sehen bekam, konnte den Hydranten aus dem gewohnten Raumbezug heraus viel Hydranten-Experiment

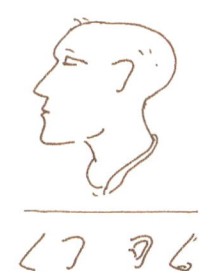

Im Kontext eines Gesichtes reichen kleinste Andeutungen aus, um Nase, Mund oder Ohren zu identifizieren.

zeitlicher Kontext

schneller identifizieren als die zweite Versuchsgruppe. Einen starken Einfluss auf die Wahrnehmung hat auch der zeitliche Kontext. Was man zuvor wahrgenommen hat, beeinflusst die Interpretation des Nachfolgenden. Bei Bildern, deren Deutungsmöglichkeiten auf der Kippe stehen, wird dies deutlich.

UNTERSUCHUNGEN ZUM RÄUMLICHEN UND ZEITLICHEN KONTEXT

 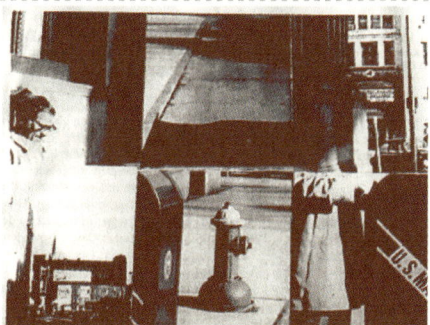

Einzelne Objekte werden langsamer identifiziert, wenn sie aus ihrem gewohnten räumlichen Kontext geschoben werden.

Im zeitlichen Kontext geben die vorhergehenden Bilder die Lesart der nachfolgenden Bilder vor.

FORMALE, INHALTLICHE UND WIRKUNGSORIENTIERTE BEZUGSFELDER__ Die Bezugsfelder können nach ihrer formalen, inhaltlichen und pragmatischen Dimension betrachtet werden. Für diese drei Betrachtungsaspekte sind auch die Begriffe *Syntaktik*, *Semantik* und *Pragmatik* geläufig. In der Literaturwissenschaft werden grammatikalische oder strukturelle Aspekte von Texten der Syntaktik zugerechnet. Im visuellen

syntaktischer Kontext

Bereich ist damit ebenfalls die formale und strukturelle Wirkung der Zeichengestalt gemeint. In diesem Fall spricht man vom *syntaktischen Kontex*t. Beispielsweise fallen Anzeigen durch die indirekte Einwirkung des überfüllten städtischen Kontexts besonders dann ins Auge, wenn sie schlicht gehalten werden und mit viel Leerraum versehen sind. Sie heben sich dadurch „formal" als Lücke vom urbanen Umfeld ab. In ähnlicher Weise nehmen wir die Größe von Zeichen im Zusammenhang der sie umgebenden Zeichen wahr. Wenn beispielsweise ein Kreis von sehr viel größeren Kreisen umgeben ist, so wirkt er vergleichsweise klein. Kleine Moderatoren beispielsweise wissen um die besondere Wirkung umliegender, formaler Bezugssysteme und vermeiden es deshalb, sich in die Nähe großer Gäste zu begeben.

Aus dem Textverstehen weiß man, dass die *Semantik* bzw. Bedeutung von Begriffen, wie z.B. „Bank" oder „Band" erst durch den umliegenden Text eindeutig verstanden wird. Dasselbe Phänomen findet sich auch in der Zeichenwahrnehmung. Wird die Veränderung der Bedeutung eines Zeichens durch das Zeichenumfeld bestimmt, kann man von einem *semantischen Kontext* sprechen. Beispielsweise kann ein Kreis als Ziffer, Buchstabe oder geometrische Form interpretiert werden. Dies hängt davon ab, ob ihm ein Buchstabe, eine Ziffer oder eine geometrische Form vorausgeht. semantischer Kontext

Der *pragmatische Kontext* beschreibt das Wahrgenommene in seinem Verhältnis zu demjenigen, der es wahrnimmt. Mit *Pragmatik* wird die Wirkung von Zeichen beschrieben, die sie auf den Adressaten haben, wobei Prägungen und kulturelle Konventionen eine entscheidende Rolle spielen. Versieht man beispielsweise einen Begriff wie „Berlin" auf unterschiedliche Weise mit einem Umriss, kann dieser als Richtungszeichen, Ortsschild oder Navigationselement gelesen werden. In diesen Fällen stellt unsere kulturelle Erfahrung das Bezugssystem dar. pragmatischer Kontext

In der westlichen Kultur werden Texte von links nach rechts gelesen. Zeichen, die nach rechts zeigen, weisen für uns deshalb nach vorne bzw. in die Zukunft. Die andere Richtung wird als rückwärts gewandt und in die Vergangenheit weisend interpretiert. Beispiel: Leserichtung

Durch den bewussten Umgang mit Bezugssystemen können nicht nur Missverständnisse vermieden werden. Die formale Wirkung von Gestaltungselementen kann verstärkt, die inhaltliche Bedeutung von Texten und Begriffen kann konkretisiert werden. Visuelle Zeichen können überhaupt erst über ihren Kontext eine bestimmte Bedeutung bekommen. Zusammengefasst lässt sich also sagen, dass alle Elemente einer Gestaltung immer aus ihrem syntaktischen, semantischen oder pragmatischen Kontext heraus interpretiert werden.

FORMALE, INHALTLICHE UND PRAGMATISCHE ZEICHENWIRKUNG

Das formale Umfeld lässt die mittlere Linie in der linken Abbildung länger erscheinen, obwohl sie gleich lang wie die in der rechten Abbildung ist.
Abhängig vom inhaltlichen Kontext wird der mittlere Kreis als Zahl, Form oder Buchstabe gelesen.
Die Zeichenwirkung ist weiterhin abhängig von der Umwelterfahrung des Rezipienten.

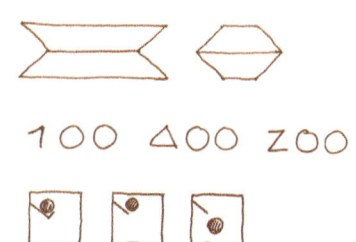

FORMALE GEGENSÄTZE UND DIE IDEE EINER GRUNDSPANNUNG__ Sehen wir uns im Einzelnen an, welche konkreten Gestaltungsmöglichkeiten es in semantischer, syntaktischer und pragmatischer Hinsicht gibt, beginnend mit dem syntaktischen Kontext. Eine der bekanntesten Wirkungen ist der *Groß-Klein-Kontrast*. Fast alle wissen, dass ein Kreis im Umfeld größerer Kreise kleiner wirkt als im Umfeld kleinerer Kreise. Ähnlich geläufig ist uns der *Hell-Dunkel-Kontrast*. Auf einem schwarzen Hintergrund wirkt dasselbe Grau heller, als wenn es sich auf einer weißen Fläche befinden würde. Es geht dabei nicht so sehr darum, ein Element kleiner oder dunkler erscheinen zu lassen, als wenn es isoliert wahrgenommen werden würde. Das gestalterische Ziel, welches uns zur Verwendung solcher Effekte führt, ist, eine *Spannung* zwischen kontrastierenden Elementen aufzubauen. Die Spannung entsteht durch die Erzeugung eines formalen und deutlichen Gegensatzes, so wie es auch in der Physik Spannung nur zwischen negativ und positiv gepolten Elementen geben kann.

In vielen Grundlagenwerken zur klassischen Gestaltung von *Emil Ruder* bis *Armin Hofmann* sind Groß-Klein- und Hell-Dunkel-Kontrast immer wieder verwendete Gestaltungsmittel ihrer elementaren Gestaltungslehren.

Der Reiz vieler moderner grafischer Arbeiten besteht oft darin, dass sie nach ungewöhnlicheren Kontrasten suchen. So lassen sich beispielsweise einfache Zeichnungen mit fotografischen Abbildungen kontrastieren oder organische Formen mit geometrischen Formen. Das Ungenaue kann mit dem Genauen, das Chaotische mit dem Geordneten, das Komplexe mit dem Einfachen kontrastieren. Hier sind die Möglichkeiten fast grenzenlos. Es gibt aber einen Unterschied zwischen Informations- und Grafikdesign. Im Grafikdesign kann der Kontrapunkt der Gegensätze eine ganz zentrale Rolle spielen. Im Informationsdesign wird diesen visuellen Effekten eine weniger prononcierte Stellung eingeräumt. Die Information und ihre Ordnung stehen im Vordergrund. Dies hat zur Konsequenz, dass sehr ausgefallene Kontraste und sehr extreme Kontrastierungen eher die Ausnahme sind, da sie zu sehr die Aufmerksamkeit auf sich lenken.

Wie in dem vorherigen Kapitel besprochen, sollten in komplexen Systemen auch alle wiederkehrenden Elemente eine innere Systematik aufweisen. Diese Elemente sollten sich nicht nur flexibel kombinieren lassen, wichtig ist auch, dass diese Kombinationsmöglichkeiten nicht zu eintönig wirken.

Deshalb arbeitet man häufig mit kontrastierenden Formen, tut dies aber in einer eher zurückhaltenden Weise. So sieht man besonders in interaktiven Informationssystemen, dass die inhaltlichen, interaktiven und ordnenden Elemente zwischen runder und kantiger Ausgestaltung

Marginalien (linke Spalte):

einfache Kontraste

ungewöhnliche Kontraste

Informations- und Grafikdesign

Marginalien (rechte Spalte):

Ausschnitt aus einem Layout von Armin Hofmann aus den sechziger Jahren. Eines der beliebtesten und völlig ausreichenden Mittel zur Erzeugung von Spannung war das Kontrastieren von hellen mit dunklen und kleinen, schmalen mit großen und kräftigen Formen.

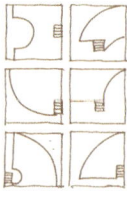

Viele digitale Informationsseiten beziehen formale Spannung allein aus dem Gegensatz von runden zu kantigen Formen.

kontrastieren oder dass flächige Elemente gegen dünne Linien gesetzt werden. Wichtig ist, dass eine *Grundspannung* aufgebaut und auch bei verschiedenen Anordnungsmöglichkeiten durchgehalten wird. Eines der am besten funktionierenden Mittel ist es, dem fein strukturierten Grauwert von Texten kompakte grafische Formen gegenüberzustellen. Extreme Gegensätze können grafisch reizvoll sein, haben aber durch ihre entsprechende Dominanz eher eine aufmerksamkeitssteigernde als ordnende Funktion. Für das Informationsdesign ist es interessant, die Elemente so anzulegen, dass ihre Kombination zu Lösungen führt, die eine formale Grundspannung aufweisen.

Grauwert als Kontrapunkt

CHARLES WILKINS GRAPHISCHE ARBEITEN

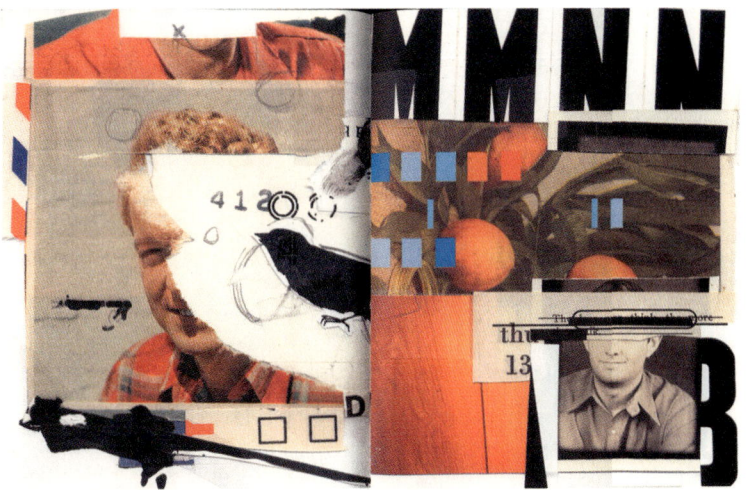

Charles Wilkin, dessen Arbeiten kürzlich im Verlag „Die Gestalten" veröffentlicht wurden, scheint ein Grenzgänger zwischen Grafikdesign und Kunst zu sein. Seine Arbeiten sind inspirierend und eigenwillig wie künstlerische Arbeiten, gleichzeitig wirken die Collagen wie von jemandem gemacht, der mit der Professionalität eines kreativen und erfahrenen Grafikers die Bild-, Typo- und Strukturfragmente kombiniert.

Da die Arbeiten nicht kommerziellen Zwecken dienen müssen und die Collage als Technik gewählt wurde, sind die Kombinationsmöglichkeiten unbegrenzt, und es entsteht eine Vielzahl reizvoller Kontraste.

Ein besonderer Reiz liegt in den unterschiedlichen Oberflächenqualitäten und Materialeigenschaften. Auf den niedrig aufgelösten Oberflächen mit ihren immateriellen Simulationen sind diese subtilen Wirkungen auch bei zweckfreien Arbeiten kaum möglich.

Bei interaktiven Informationssystemen, die zudem viele Funktionen bereitstellen, wird formale Spannung mit einer eher begrenzten Anzahl an Mitteln erzeugt.

BILDKOMMUNIKATION VERSUS DATENÄSTHETIK

Das Prinzip der Collage - obwohl für Internetseiten eher ungebräuchlich- wurde ebenfalls bei den nebenstehenden Seiten zur Beschreibung der Studiengänge eines Fernlehr-instituts angewendet. Damit es die kurzen Studieninformationen nicht stört, wurden diese durch flächige Unterlegungen abgesetzt. Die verwendeten Bilder und Strukturen stammen allesamt aus dem Internet. Die subtilen gra-fischen Wirkungen wie bei Charles Wilkin lassen sich in diesem Medium aber nicht erzielen.

Auf den folgenden Seiten des Intranets des Fernlehrinstituts ist deshalb auf alle visuellen Elemente zugunsten einer übersichtlichen und ruhigen Darstellung der Inhalte und verfügbaren Optionen verzichtet worden.
Solche Seiten müssen deswegen nicht gleich langweilig wirken. Das Sichtbarmachen von Zusammenhängen und das Anzeigen von tabellarischen, netzartigen oder hierachischen Strukturen sowie den ihnen zugeordneten Funktionen lässt eine eigene, aber wenig spek-takuläre Ästhetik entstehen.

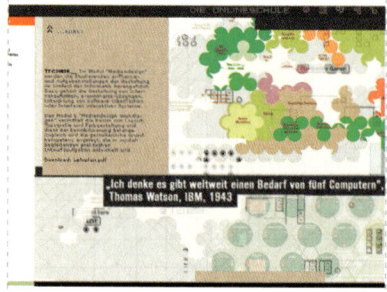

Internet

www..htk-online.de

VIRTUELLE COLLAGEN

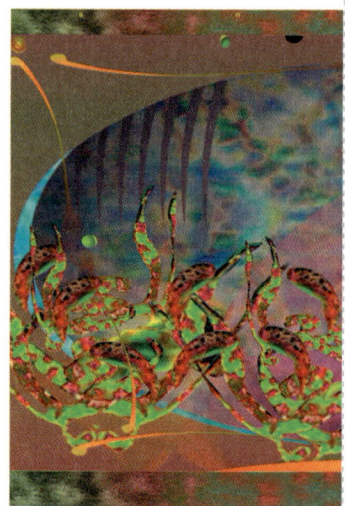

www..snarg.net

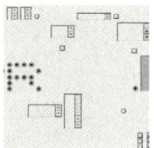 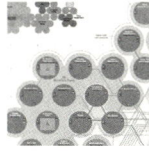  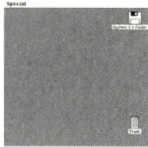 

 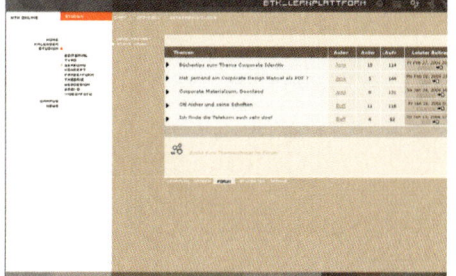 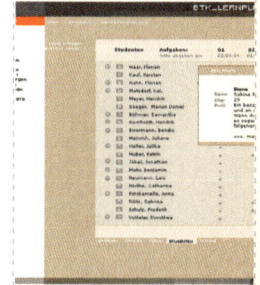

Intranet

Bei Snarg.net vermischen sich Inhalt und Interface. Durch das Anklicken der blasenartigen Gebilde ändert sich allmählich die pseudo-organische oder „technobarocke" Oberfläche, wie sie von ihren Schöpfern Jef und Gael Morlan selber genannt wird. Ansonsten passiert nicht viel. Reizvoll ist vor allem die nicht auslotbare Räumlichkeit, die sich aus Transparenz und Schichtung ergibt.

Vielfalt und Reichtum der Formen sind aber zugleich nur Simulation und Täuschung, denn bei genauerem Hinsehen zeigen sich die Gebilde am Bildschirm in ihrer Pixeligkeit und man erkennt die repetitiven, algorithmischen Muster.

Solche elektronisch erzeugten Interfaces haben oft eine hermetische und künstliche Ausstrahlung. Dies macht einen Teil ihres Reizes aus. Sie hinterlassen aber bei eingehender Betrachtung auch einen Eindruck von Monotonie, da sich im elektronischen Medium die vielfältigen sensorischen und haptischen Reize materieller Oberflächen nicht so einfach abbilden lassen.

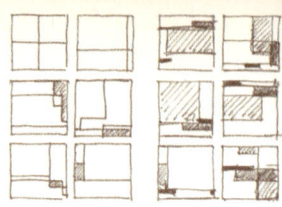

KONTRAPUNKT ZWISCHEN BEGRENZUNG UND OFFENHEIT

www.e-7.com

KONTRAPUNKT VON LEERE UND FÜLLE, FLEXIBILITÄT UND FESTIGKEIT

Die Flächenaufteilung von MSK Gent verleiht den
Seiten des holländischen Museums MSK Gent
ebenfalls eine entschiedenes und spannungs-
reiches Profil, wobei die fast leer bleibenden
linken Flächen einen wichtigen Kontrapunkt zu
den mit Information gefüllten Bereichen bilden.
Im Unterschied zu Elephant Seven wirkt die
Flächenaufteilung des visuellen Systems starrer
und definierter. Lediglich der obere rechte Bereich
variiert von Thema zu Thema.

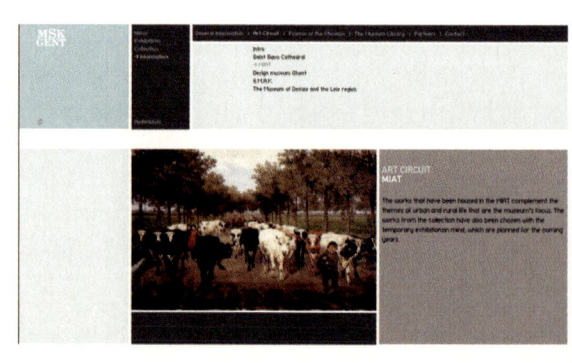

www.mskgent.be

Um formal interessante Wirkungen zu erzeugen, reichen oft schon einfache Mittel aus. Innerhalb der Selbstdarstellung der Hamburger Agentur für neue Medien Elephant Seven geschieht dies über eine geschickte Flächenaufteilung, die mit Verdichtungen arbeitet. Dabei kontrastieren kleine mit großen und geschlossene mit offen gehaltenen Flächen.

Die grundsätzliche Einteilung in vier horizontale Bereiche bleibt auf allen Seiten bestehen. Die vertikalen Bild- und Textfelder variieren hingegen stärker. Welche Bereiche fest und veränderlich sind, wird erst über die Anwahl mehrerer Seiten deutlich. Der formale Gesamtkontext eines Webauftrittes gibt den einzelnen Seiten ihre spezifische Wirkung. Dann erst zeigt sich, dass sie Teil eines ausgeklügelten Systems sind, das sich auch bei sehr unterschiedlichen Informationen nach bestimmten Gesetzmäßigkeiten verhält.

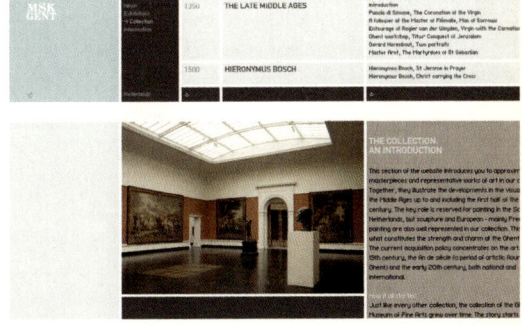

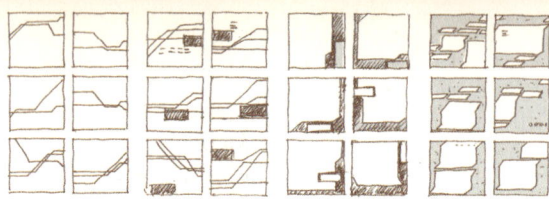

DIE DIAGONALE ALS SPANNUNG ERZEUGENDES LEITMOTIV

Ein ebenso einfaches wie nicht zu erschöpfendes Mittel ist die Verwendung von Diagonalen, um eine „Grundspannung" zu erzeugen. Da die Diagonale im Auftritt des ISNM das gestalterische Leitmotiv ist, wird sie in allen Bereichen aufgegriffen.
Ein interessantes Detail der Seite ist, dass sich die Navigationselemente durch das horizonale Verkleinern der Seite über die anderen Diagonalen schieben lassen. Ein systemisches Design berücksichtigt immer auch die Veränderbarkeit von Anordnungen im visuellen Konzept.

www.isnm.de

GRUNDSPANNUNG ZWISCHEN RAUM UND FLÄCHE

Auch im Auftritt der Hamburger Hochschule für bildende Künste (HfbK) ist die Diagonale das einzige markante Element, durch welches das Corporate Design kommuniziert wird und das die Seiten formal bereichert und interessant erscheinen lässt. Hinzu kommt, dass mit einem besonderen Aspekt, nämlich der räumlichen Wirkung von Diagonalen, gespielt wird. Durch diese partiellen Tiefenwirkungen erhält das Design interessante Irritationen und Spannungen, die keiner weiteren Mittel mehr bedürfen.
Die mittlere Abbildung würde bei einer isolierten Betrachtung weniger interessant und unvollständig wirken. Im Kontext aller anderen Seiten und überhaupt des ganzen visuellen Systems wird sie als eine temporäre Variation desselben verstanden. Dieser Effekt lässt sich auch bei allen anderen Abbildungen zum Thema formaler Kontext beobachten.

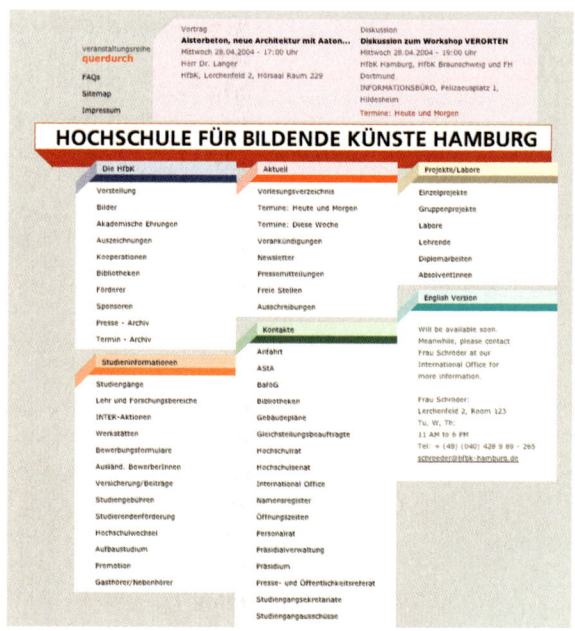

www.hfbk-hamburg.de

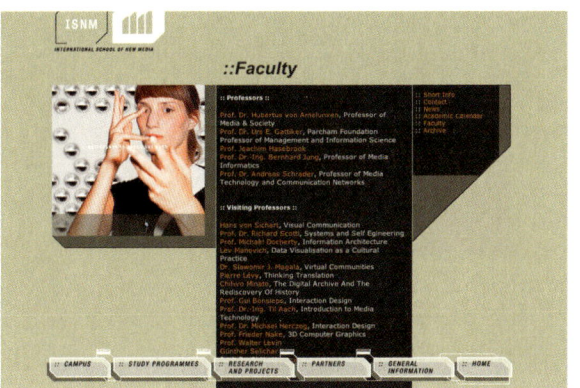

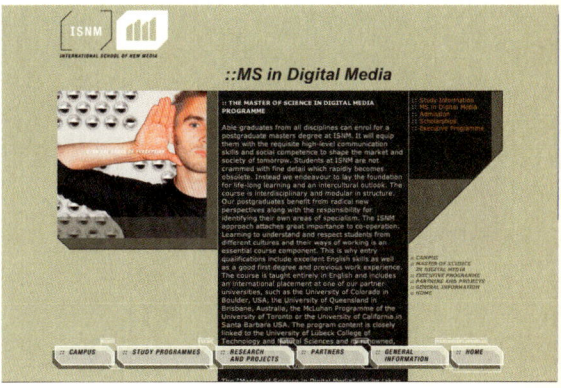

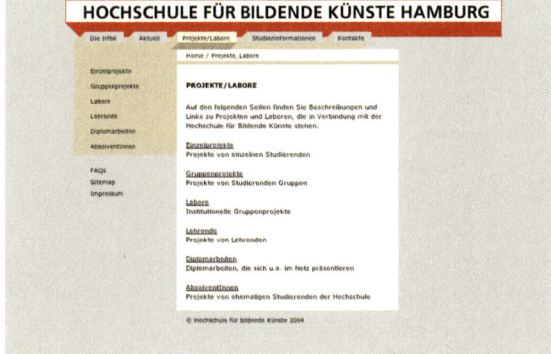

BEDEUTUNGSEINGRENZUNGEN UND -ERWEITERUNGEN___*Adrian Frutiger* hat in seinem Buch *Der Mensch und seine Zeichen* anhand der elementaren Form des Kreises skizziert, welche unterschiedlichen Bedeutungen diese Form durch kleine Attributierungen annehmen kann. Gerade eine abstrakte und überall vorkommende Form wie der Kreis wird erst durch die Attribute und das Umfeld definiert, in dem er erscheint. Formen können manchmal erst über ihre Anordnung und den zusätzlichen Kontext als Billardkugeln, Weintrauben, Perlen etc. erkannt werden. Durch das jeweilige Umfeld bekommt die Zeichengestalt erst ihre konkrete Bedeutung. Dies hat nebenbei auch den Vorteil, dass die Zeichen selbst einfacher konzipiert und gestaltet werden können.

Text und Zeichen Bildhafte Zeichen können manchmal eine interessante Alternative zu Begriffen darstellen. Der Vorteil von Zeichen besteht darin, dass sie schneller erkannt werden und dass sie das *Corporate Design* eines Unternehmens transportieren. Der sehr gewichtige Nachteil ist, dass sie viel ungenauer sind als Begriffe. Am besten funktionieren Bildzeichen, wenn sie konventionalisiert sind, wie z.B. ein Haus für die Startseite oder ein Vergrößerungsglas für die Suchfunktion. Allerdings gibt es nur eine Handvoll solcher eindeutiger Bildzeichen. Ihnen steht ein Repertoire von mehr als 300.000 Begriffen gegenüber. Iconisierungen sind deshalb vor allem sinnvoll, wenn die durch sie dargestellten Funktionen immer wieder verwendet werden. In diesem Fall werden die Bildzeichen erst im Zuge ihres Gebrauchs gelernt und dadurch eindeutig und verständlich.

Vorteile und Nachteile Um den Bedeutungsraum nicht konventionalisierter Zeichen einzuengen, bzw. um Begriffssysteme konkreter und anschaulicher zu gestalten, werden häufig Icon, Bild und Text miteinander kombiniert. Mit der Kombination werden die Nachteile aufgehoben und die Vorteile gebündelt. Die doppelte Darstellung einer Information in visueller und textueller Form eröffnet zudem interessante Möglichkeiten semantischer Kontextualisierung.

Bildtaxonomien und In funktionierenden visuellen Systemen gibt es nur wenig Beliebigkeit. *Bildfunktionen* Beliebigkeit ist immer das Resultat unvollständiger Konzepte, in denen die Gestaltungsregeln und die Spielräume, die sie ermöglichen, nicht klar genug festgelegt sind.

Dies trifft auch auf die Wahl und Verwendung von Bildern zu. Bilder sollten eine bestimmte semantische Funktion innerhalb eines Systems erfüllen. Sie können einen Inhalt situieren, belegen oder illustrieren. Sie können ein Bestandteil des Corporate Designs sein. Sie können lange Texte auflockern oder die Aufmerksamkeit auf sich lenken. Sie können durch ihre Gestaltung darüber informieren, auf welcher Ebene oder in welcher Rubrik man sich befindet. Damit ihre Funktion eindeutig ist, kann man in einem solchen System Bildtypen entwickeln, die unterschiedliche Aufgaben erfüllen und die dementsprechend unterschiedlich gestaltet sein müssen. Werden für Inhalte Icons entwickelt, so sollte deren genaue Bedeutung durch eine zusätzliche begriffliche Bezeichnung eingegrenzt werden, als Versuch, in einem Informationssystem Bildern eindeutige Funktionen zuzuweisen und eine transparente Bildtaxonomie aufzubauen.

SEMANTISCHE TEXT- UND ZEICHENBEZÜGE

UND GOTT SPRACH: ES WERDEN LICHTER AM HIMMEL,

DIE DA SCHEIDEN TAG UND NACHT.

UND GOTT MACHTE SONNE UND MOND.

UND DAZU DIE STERNE.

UND GOTT SAH, DASS ES GUT WAR.

DA WARD AUS ABEND UND MORGEN DER VIERTE TAG.

UND GOTT SPRACH: ES WIMMLE DAS WASSER VON GETIER,

UND VÖGEL SOLLEN FLEIGEN AUF ERDEN UNTER DEM HIMMEL

In dieser Diplomarbeit von Juli Gudehus wird die Bedeutung der Zeichen erst über den Bibeltext eindeutig. Zudem entsteht ein besonderer Reiz, da die Bilder durch den Textkontext eine ganz unerwartete Lesart erhalten.

Genesis, Juli Gudehus,
Lars Müller Publishers, 1997

PARTY — LIEBE — TELEFONIEREN — GEBORGENHEIT — SPASS

BAR — FREISTELLEN — ZEITSCHRIFT — TRINKEN — HEUTE

MORGEN — SEHEN — HÖREN — RIECHEN — SCHMECKEN

TEXT — HAMBURG — HIMMEL — WASSER — ERDE

HALLO — CONSULTING — FERNSEHEN — LEUCHTKASTEN — PARIS

Zwei Designer des Hamburger Designbüros Mutabor haben ein umfangreiches Zeichensystem entwickelt, bei welchem sich die Piktogramme ausschließlich aus Kreisen zusammensetzen. Erst durch den Textkontext erhalten sie ihre Bedeutung.

Lingua Grafica, Johannes Plass, Heinrich Paravicini, Die Gestalten Verlag, 2001

SEMANTISCHE BEZÜGE ZWISCHEN BILDERN

Surrealisten wie Max Ernst oder René Magritte haben Elemente unserer Umwelt dekontextualisiert, um durch Bedeutungsverschiebungen surreale Wirkungen zu erzeugen.

Die Collage-Technik der Surrealisten wurde von F. Zugakousaku für ein kleines Programm benutzt, das als Bildschirmschoner eingesetzt werden kann. Aus einem ziemlich umfangreichen Repertoire an Bildelementen kann eine fast unbegrenzte Zahl verschiedener Räume generiert werden.

Max Ernst, Das Schlafzimmer des Meisters, 1920

SEMANTISCHE BEZÜGE ZWISCHEN TEXT UND BILD

Die Technik der Bedeutungsverschiebung mit Hilfe von unerwarteten Bild-Text-Verbindungen hat eine lange Geschichte. Schon Brecht hatte im dänischen Exil angefangen, Kriegsbilder zu sammeln und sie mit epigrammatischen Vierzeilern zu kommentieren, um ihnen dadurch eine unerwartete Wirkung zu geben.
In der Werbung lässt sich mit dieser Methode Aufmerksamkeit erzeugen, weil der Betrachter veranlasst wird, den Sinn des scheinbar Unvereinbaren zu ergründen.
Im Informationsdesign wird man diese Technik nicht so häufig antreffen, da sie dort weniger notwendig und angemessen erscheint. Sie zeigt aber, wie sehr wir Informationen erst aus dem Kontext begreifen bzw. neu begreifen.

Auch eine zufällige Kombination von Bildern und Texten erzeugt schnell einen übergreifenden Sinn, der Text und Bild in ein neues Licht rückt.
Zur Demonstration diese Effekts und auch um dieses Mittel der Kommunikation öfters einzusetzen, hat Dieter Urban ein Buch konzipiert, in dem man Bilder und Texte nach dem Prinzip von zwei separaten Daumenkinos durchblättern kann.
Viele der zufälligen Bild-Text-Kombinationen ergeben dabei eine überraschende neue Aussage.

Sixt Werbung, Jungv.Matt, 2002

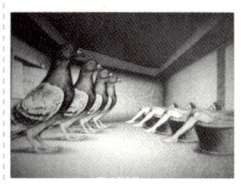

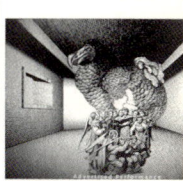

Futurismo Zugakousaku, Hotel Magritte, 2004

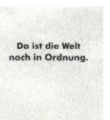

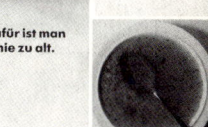

Bruckmanns Brainstormer, Dieter Urban,
Stiebner Verlag, 1996

SEMANTISCHE BEZÜGE ZWISCHEN ARTIKELN

Die Website von electronic book review ist hinsichtlich der semantischen Verlinkung von Informationen mit Hilfe aktueller Datenbanktechnologien interessant. Seit mehreren Jahren können dort Kurzbeiträge und längere Texte zu verschiedenen Aspekten der neuen Medien eingepflegt werden. Das System, das mit seinem funktionalen Interface einer Softwareanwendung sehr nahe kommt, erlaubt verschiedene Perspektiven auf die Information. So kann man sich beispielsweise alle Artikel einer Autorin (Linda. C. Brigham, rechte Abbildung) anzeigen lassen und zugleich erkennen, welcher Kategorie sie zugeordnet sind. Auf der Übersichtsseite der Site (linke Abbildung) findet sich ein Beitrag von ihr mit dem Thema „The Interface As A Form Of Artificial Life". Über die Matrix kann man gut erkennen, zu welchen Kategorien es Querverbindungen gibt, oder anders formuliert: wie viele Beiträge mit ihrem aktuellen Artikel assoziiert sind. Dieses visuelle System ist so konzipiert, dass es von den Autoren eigenständig erweitert werden kann.

HYPERTEXT ALS SEMANTISCHER VERWEIS

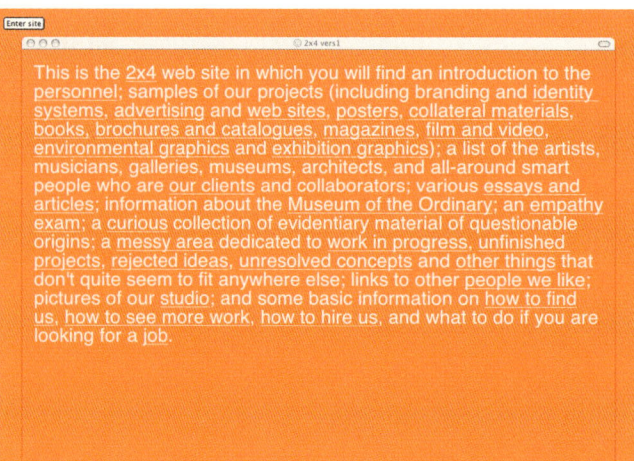

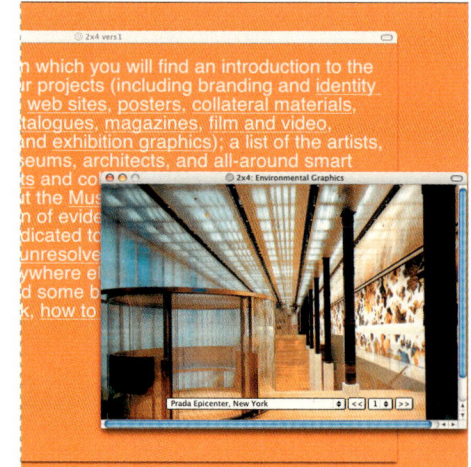

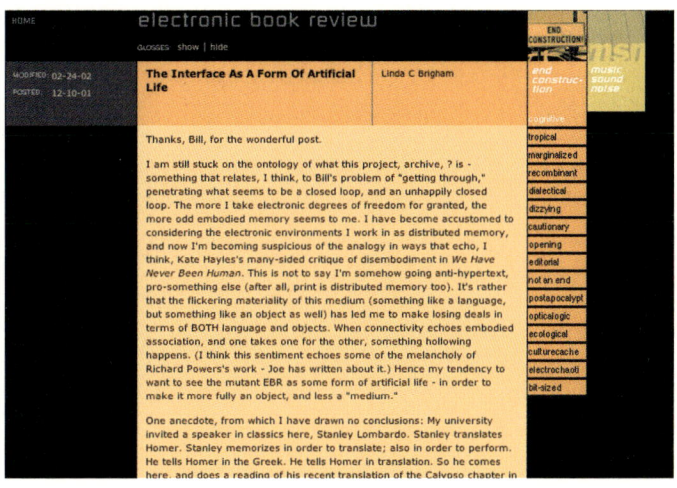

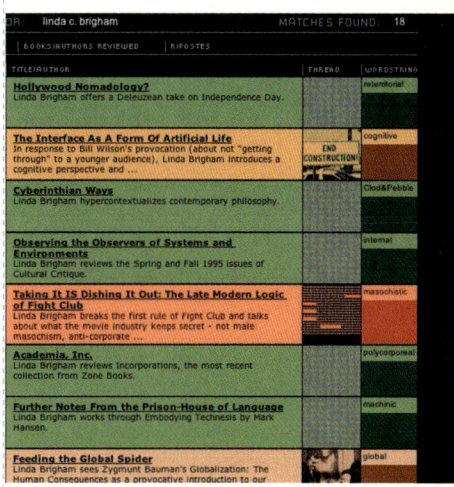

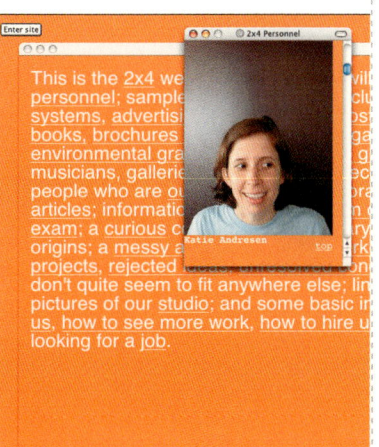

Das Einbetten von begrifflichen Verweisen (Hyperlinks) in einen fortlaufenden Text ist die bekannteste Form, eine semantische Vernetzung zu erzeugen. Befindet sich ein Hyperlink im Text, kann aus dem Textkontext heraus genauer deutlich gemacht werden, welche Information über den Hyperlink aufgerufen wird: So könnte etwa in einem Satz wie: „Nobelpreisträger, die Physik in Harvard studiert haben" der Begriff „Nobelpreisträger" als Hyperlink definiert sein. Aus dem Satzkontext wird deutlich, dass man nicht über alle Nobelpreisträger informiert wird, sondern eben nur über die, welche in Harvard studiert haben. Im nebenstehenden Beispiel wird ähnlich verfahren, allerdings sind in diesem Fall die Begrifflichkeiten so standardisiert und eindeutig, dass ihre Einbettung in einen Text zwar nicht mehr den Bedeutungsraum eingrenzt, dafür aber eine sinnvolle und erzählerische Reihenfolge der Hyperlinks ermöglicht.

PRAGMATISCHE UND ZIELGRUPPENSPEZIFISCHE ZEICHENWIRKUNG__Die vom Rezipienten abhängige Zeichenwirkung kann ganz unterschiedliche Ursachen haben. Sie kann von den Erfahrungen innerhalb eines bestimmten Kulturkreises abhängen. So hat beispielsweise die „Swastika" in unserem Kulturkreis aufgrund der nationalsozialistischen Vergangenheit eine andere Bedeutung als in Indien. Die starke Wirkung von Marken wie „Mercedes Benz" oder „Coca Cola" wiederum beruht auf den Infiltrationen und Prägungen, die jahrelange Markenkommunikation in uns hinterlassen haben. Für das Informationsdesign ist vor allem die gelernte Interpretation bestimmter Zeichen und Zeichenanordnungen interessant. In Büchern haben sich über lange Zeiträume Ordnungselemente, wie Paginierung, Kolumnentitel, Marginalien oder Fußnoten entwickelt. Diese haben mittlerweile eine uns allen vertraute Funktion.

Für das digitale interaktive Informationsdesign sind ebenfalls visuelle Standards entstanden. So kann man etwa bei der Gestaltung von Navigationselementen auf entwickelte Darstellungskonventionen für lineare, hierarchische oder hypertextähnliche Strukturen zurückgreifen. Mit diesen können die Anwender in automatisierter und unbewusster Form interagieren, und dies ist auch gut so. Denn man möchte nicht immer aufs Neue den Gebrauch anders gestalteter Operatoren erlernen. Dies würde nur zur einer Störung routinierter Arbeitsprozesse führen.

Zeichenwirkung und kultureller Hintergrund

Lesart von Zeichen durch Standardisierung

ZUSAMMENFASSUNG__Der Kontext ist ein wichtiger Faktor für das Verständnis von Bildern und Texten. Dies wird auch durch psychologische Experimente belegt, mit denen man zudem nachweisen konnte, dass wir Informationen auch besser behalten können, wenn sie in einem Kontext eingebettet sind. Um einen besseren Überblick hinsichtlich der Kontextbezüge zu bekommen, können diese nach formalen, inhaltlichen oder pragmatischen Gesichtspunkten gegliedert werden. Die Elemente eines Systems treten auf der formalen bzw. syntaktischen Ebene durch ihre Struktur und Formung miteinander in Beziehung. Bei der Formgestaltung dieser Elemente ist es wichtig, alle möglichen Konstellationen zu bedenken. Es ist nicht mehr das einmalige, spannungsvolle Gebilde, auf welches die Gestaltung abzielt, sondern es geht um die Entwicklung einer dynamischen Formsprache, in der innerhalb der möglichen Konstellationen eine Grundspannung erhalten bleibt.

Auch auf der semantischen Ebene sollte in Bezügen gedacht werden. Innerhalb eines visuellen Systems hat jeder Text oder jedes Bild neben seiner konkreten inhaltlichen Bedeutung noch eine allgemeinere, funktionale Bedeutung innerhalb des Gesamtsystems. So kann ein Bild beispielsweise in erster Linie eine Beleg- oder Orientierungs-

oder Designfunktion haben. Auf der pragmatischen Ebene wird die Beziehung von Zeichen zum Rezipienten mit seinen Erfahrungen und Erwartungen berücksichtigt. So sind uns in interaktiven Systemen die Interaktionselemente weitestgehend vertraut. Ihr jeweiliger Gebrauch ist konventionalisiert und ihre Formgebung ist derart, dass sie sich mit anderen standardisierten Elementen sehr gut kombinieren lassen.

Bereits diese Mobilität von Menülisten, Checkboxen oder editierbaren Textfeldern etc. bedingt, dass die zusätzlich entwickelten Elemente in ähnlicher Weise modular konzipiert sein müssen. Während der Konzeption weiterer Elemente sollte man deshalb immer den Zusammenhang zu den anderen Elementen im Auge behalten.

EIN VISUELLES SYSTEM FÜR DEN NEUEN UNTERNEHMENS- UND MARKENAUFTRITT

www.merten.de

Agentur: MetaDesign AG, Berlin

Creative Director: Thomas Klein
Design Director: Ulla Selmer
Senior Design: Anett Wagner
Project Director: Ulli Mayrock

FRANKLIN GOTHIC DEMI CONDENSED

(Franklin Gothic Book Condensed)

Franklin Gothic Demi

Franklin Gothic Book

Das visuelle Vokabular des neuen
Markenauftritts ist einfach und
überschaubar. Es besteht aus der
Franklin Gothic als Hausschrift und
aus vier Hausfarben. Dem insgesamt
flächigen Layoutstil wird gelegentlich
kontrastierend eine rote Linie
– oft in Form einer stilisierten
Sprechblase – hinzugefügt.

LOREM ISPUM

LOREM ISPUM
DOLOR SIT AMET

„Wäre es nicht schön, nach einer Geschäftsreise bereits am WLAN-Hotspot des Flughafens via PDA die Fußbodenheizung auf Wohlfühltemperatur hochzufahren?"

Neuer Markenauftritt_Merten ist ein mittelständisches Unternehmen und bietet seit vielen Jahren vom Schalter über Sicherheitsprogramme bis hin zu Gebäudesystemtechnik Lösungen für intelligente Gebäude an. Bisher orientierte sich die Kommunikation von Merten nur an den einzelnen Produkten. Das Besondere der eigenen Marke trat dahinter zurück. Für den weltweit aktiven Hersteller Merten ist es aber essenziell, dass die eigenen Stärken in der Positionierung der Marke unmissverständlich sichtbar werden. Innerhalb eines Jahres führte MetaDesign

Merten deshalb zu einem neuen integrierten Markenauftritt. In einem Workshop bestimmte man gemeinsam das neue Markenprofil: Merten bietet kundenorientierte Lösungen für intelligente Gebäude, die durch ihr Design und ihre Technologie gleichermaßen überzeugen. Die Marke Merten steht für Intelligenz, Vertrauen, Wertigkeit und Sympathie.

Corporate Design_Für dieses präzisierte Markenprofil von Merten entwickelte MetaDesign daraufhin ein neues Corporate Design. Es macht Merten als Anbieter kundenorientierter Lösungen für intelligente Gebäude medienübergreifend und zielgruppengerecht erlebbar - in Katalogen, in Broschüren, dem Internetauftritt, den Messebauten oder den Verpackungen.

Corporate-Design-Elemente_Das Corporate Design soll eine klare visuelle Profilierung ermöglichen, aber zugleich äußerst flexibel sein, um sehr unterschiedlichen Anforderungen gerecht zu werden. Eine besondere Herausforderung war dabei die Tauglichkeit für unterschiedliche Ausgabemedien vom Katalog bis zum PDA. Gerade beim PDA (Personal Digital Assistant) mit seiner begrenzten Bildschirmfläche von wenigen Pixeln ist nur eine Formsprache adaptierbar, die aus einfachen Elementen besteht. Diese müssen zugleich vielfältige, visuell interessante und unverwechselbare Gestaltungsmöglichkeiten zulassen.

EINSATZ DER ELEMENTE IM PRINT- UND MESSEBEREICH

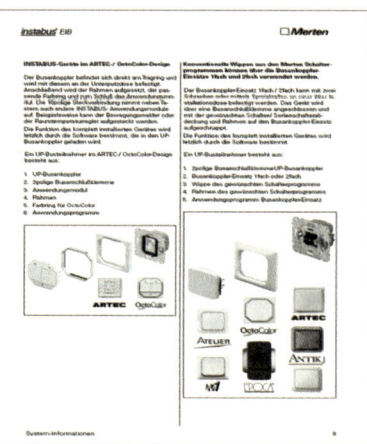
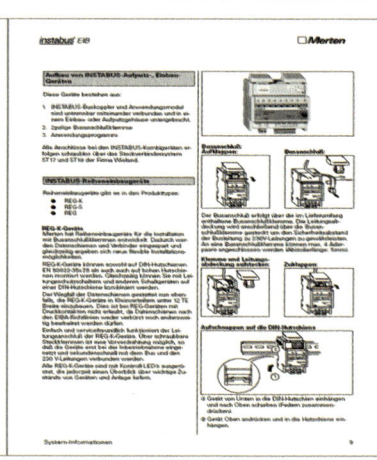

Form und Kontext_Die braunen und kompakt wirkenden Felder bilden einen Kontrapunkt zu den mit hellem Blau hinterlegten Bereichen und zu dem in Weiß gehaltenen Leerraum. Die roten Formen und Beschriftungen akzentuieren und bereichern das flächig konzipierte Layout. Die sparsam eingesetzten und gezackten Linien bilden einen zusätzlichen Akzent und betonen die Flächigkeit der anderen Elemente. Jedes der Elemente ist auf die anderen abgestimmt und übernimmt innerhalb des visuellen Gesamtkonzeptes bestimmte formale Funktionen. Die Entscheidung für dieses einfache visuelle Vokabular fiel, nachdem dessen wech-

selseitige Kompatibilität überprüft wurde und nachdem man die sich daraus ergebenden Gestaltungsmöglichkeiten durchgespielt hatte. Dabei besteht die formale Herausforderung darin, mit möglichst wenigen Grundelementen einen möglichst großen Gestaltungsspielraum zu eröffnen.

Das alte Design_Dass dieses soeben geschilderte Prinzip keineswegs selbstverständlich ist, kann man an den alten Publikationen erkennen. Zu dem alten Schriftzug von Merten hat sich bezugslos, blass und völlig überflüssig ein leeres Quadrat hinzugesellt. Da es formal im Kontext

der anderen Elemente spannungslos bleibt, findet es wohl auch weiter keine Verwendung. Für die Titelseiten wurden wahllos verschiedene visuelle Effekte bemüht. Im oberen Beispiel sind dies eine perspektivisch verzerrte Weltkarte, goldene Schmucklinien und eine breit laufende, fette Schrift. In anderen Katalogen sind es andere visuelle Mittel. Solche Elemente können nur schwer auf den Innenseiten weiterverwendet werden. Bemerkenswert ist auch, dass jedem Schalter verschiedene Schriftzüge zugeordnet wurden, die jeweils ein anderes Formklischee aufgreifen und einen einheitlichen Markenauftritt verwässern.

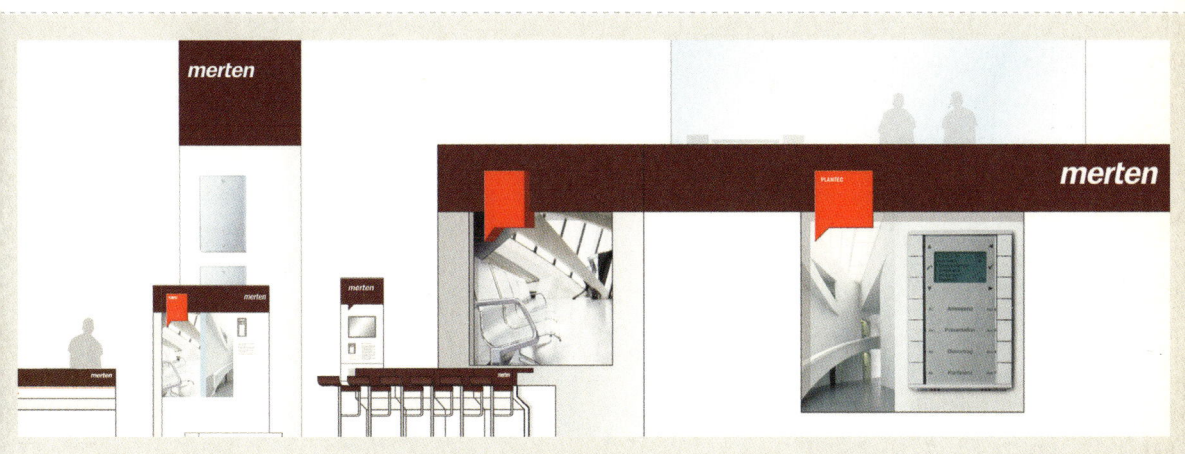

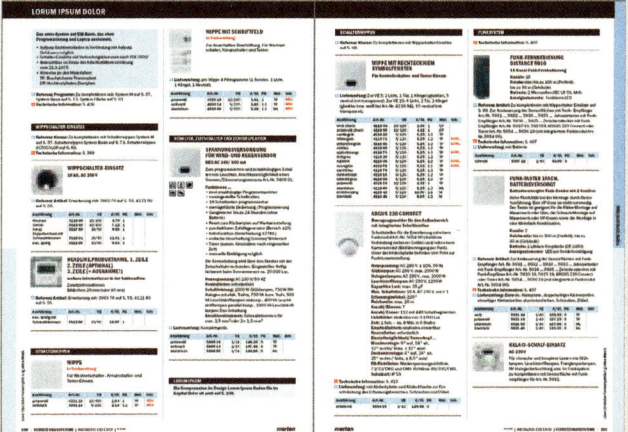

Auf dem grau hinterlegten Bereich
sind einige der verschiedenen
„Offline-Anwendungsfelder" des
neuen Markenauftritts abgebildet.

TRANSFORMATION DES VISUELLEN SYSTEMS FÜR VERSCHIEDENE AUSGABEMEDIEN

Elemente in einem Interface haben oft keine endgültig bestimmbare Dimension und Position. Dies geschieht nicht von Hand, sondern durch die Definition von Gestaltungsparametern, aus denen sich das Interface automatisch generiert.

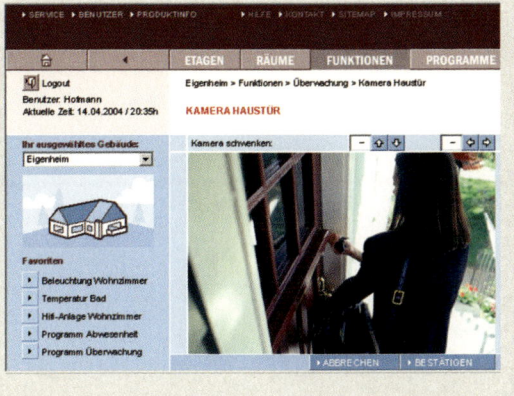

1. Fernseher

2. Personal Digital Assistant

3. Computer

4. Tablet- PC

Anpassung des visuellen Systems für das Interfacedesign_Auf den Bildschirmoberflächen der verschiedenen Ausgabemedien wurden die funktionalen Elemente mit der blauen Hausfarbe unterlegt, um sie besser von anderen Bereichen abzugrenzen. Dadurch wird das Blau zu einem dominanteren farblichen Kontrapunkt zum Dunkelbraun. Die Besonderheiten interaktiver Oberflächen machen eine weitere Differenzierung innerhalb des Farbsystems erforderlich, da nun aktivierte von nicht aktivierten Flächen und Hierarchieebenen in der Navigation voneinander abgegrenzt werden müssen. So gibt es nun verschiedene Abtönungen der beiden zentralen Corporate-Design-Farben.

Die stilisierte Sprechblase entfällt sicher aus Platzgründen, aber auch, weil sie im Printdesign frei bzw. leicht versetzt platziert wurde, um das kompakte Flächendesign zu lockern. In HTML, wo programmiertechnisch alles idealerweise nebeneinander stehen muss, ist so ein Layoutstil schwieriger umzusetzen. Aber dafür entsteht nun Varianz durch die unterschiedlichen Konfigurationen der Systemoberflächen.

Aufmerksame Wahrnehmung

Zwei scheinbar widersprüchliche Ansätze, Aufmerksamkeit zu be-schreiben. Verhaltensmuster der Aufmerksamkeit auf gedruckten und digitalen Informationen. Weshalb Aufmerksamkeit eine sehr fehler-anfällige und begrenzte Ressource ist und mit welchen Mitteln und Methoden man sie gewinnen und steuern kann.

BESCHRÄNKTHEIT UNSERER AUFMERKSAMKEIT__ In den ersten beiden Abschnitten wurde beschrieben, wie sich die auf uns einströ-mende Welt zu Gestalten formt. Die Gestaltwahrnehmung und die Interpretation im Kontext anderer Gestalten geschehen dabei mehr oder weniger unbewusst. Unsere Fähigkeit zur aufmerksamen Betrach-tung scheint uns wieder zum Souverän gegenüber dem Betrachteten zu machen. Aber der Aufmerksamkeitsstrahl erhellt nur einen ver-schwindend kleinen Bereich innerhalb unseres Wahrnehmungsfeldes. Und selbst innerhalb dieses scharf gestellten Bereiches entgeht uns vieles. Versuchen Sie beispielsweise einmal nachzuzählen, wie oft der Buchstabe F in dem unten aufgeführten Text enthalten ist.

Gestalt und Kontext

FINISHED FILES ARE THE RE-SULT OF YEARS OF SCIENTIF-IC STUDY COMBINED WITH THE EXPERIENCE OF YEARS

Wenn Sie nur drei Buchstaben gezählt haben, dann ist dies ganz normal. In Wirklichkeit sind es aber sechs Buchstaben. Wenn Sie alle sechs Buchstaben beim ersten Überlesen erfasst haben, dann liegen Sie weit über dem Durchschnitt. Kann unser Gehirn das Wort OF einfach nicht verarbeiten?

Lesen als automatisierter Vorgang

Wahrscheinlich liegt es daran, dass selbst das aufmerksame Lesen ein ziemlich automatisierter Vorgang ist, bei dem wir ganze Wortbilder anstelle einzelner Buchstaben „aufklauben". Gerade bei kurzen und prägnanten Wortbildern können wir uns, auch bei aufmerksamer Betrachtung, dieser Konditionierung nicht ganz entziehen. Einzelne Buchstaben werden übersehen.

begrenzte Ressource

Aufmerksamkeit ist zudem eine Ressource, die uns nur in begrenz-tem Maße zur Verfügung steht. Sie wächst nicht proportional zu den sich multiplizierenden Informationsmengen. *„Je mehr kommuniziert wird, umso mehr wird der Einzelne exkommuniziert"*, so hatte es Baudrillard einmal formuliert. Dieser kulturkritisch gemeinte Satz bringt zugleich diese einfache physikalische Tatsache zum Ausdruck.

Kanalkapazität

Unsere so genannte *Kanalkapazität* – eine informationstheoretische

Formulierung für unser Aufnahmevermögen – ist ernüchternd gering im Vergleich zu dem, was technischen Kanäle zu senden vermögen.

DER WAHRNEHMUNGSFILTER ALS FRONTEND SELEKTIVER AUFMERKSAMKEIT__ Gegen Ende der fünfziger Jahre des letzten Jahrhunderts setzte der Wahrnehmungsforscher *Donald Broadbent* die Ohren seiner Versuchspersonen mit Hilfe eines präparierten Kopfhörers zwei unterschiedlichen akustischen Quellen aus. Auf jedem Ohr war etwas anderes zu hören. Die Probanden sollten eine der beiden Quellen nachsprechen. Als sie später gefragt wurden, was auf der Quelle zu hören war, die sie nicht nachsprechen mussten, wussten sie nur noch zu sagen, in welcher Tonlage und Geschwindigkeit sie die Stimme vernommen hatten. So entstand das Konzept vom *Wahrnehmungsfilter*. Es besagt, dass nur ein kleiner, und zwar der mit Aufmerksamkeit verfolgte Teil in unser Bewusstsein gelangt und verarbeitet werden kann. Der Rest wird schon während des Wahrnehmens ausgefiltert. Er ist damit für weitere mentale Verarbeitungsprozesse irrelevant.

Wahrnehmungsfilter

DER REAKTIONSFILTER ODER WIE INTERESSEN UND ERWARTUNGEN DIE WAHRNEHMUNG BESTIMMEN__ Dieser Filtertheorie wurde Mitte der sechziger Jahre desselben Jahrhunderts von *Ann Treisman* und anderen Forschern widersprochen. Die Versuchspersonen konnten in weiterführenden Untersuchungen unwillkürlich zwischen zwei Ohren hin- und herspringen, wenn die inhaltlich sinnvolle Fortsetzung des gesprochenen Textes auf das andere Ohr wechselte. Anscheinend müssen wir doch in der Lage sein, den Sinn eines Textes zu erfassen, dem wir keine direkte Aufmerksamkeit zukommen lassen. Aus unseren eigenen Erfahrungen wissen wir auch, dass wir blitzartig aufhorchen können, wenn unser Name innerhalb einer zuvor nur peripher wahrgenommenen Geräuschkulisse fällt.

ZWEI EXPERIMENTE ZUR AUFMERKSAMEN WAHRNEHMUNG

Frühere Untersuchungen ließen vermuten, dass wir die nicht beachteten Informationen nicht verarbeiten. Spätere Untersuchungen kommen zu dem Ergebnis, dass die nicht beachteten Informationen unbewusst weiterverarbeitet werden. So können wir auch bei der scheinbar ungehörten Quelle erkennen, wenn dort eine Geschichte fortgesetzt wird.

Partyeffekt

Dieses als „Partyeffekt" bekannt gewordene Phänomen lässt sich auch auf den visuellen Bereich übertragen. Lesen wir eine Zeitung und ein Thema interessiert uns besonders, so werden uns die entsprechenden Schlüsselwörter im Text schneller auffallen als die übrigen Worte. Demnach kann die akustische und visuelle Information, die nicht gerade im Aufmerksamkeitsfokus liegt, nicht gänzlich ausgeblendet sein. Ann Treisman entwickelte auf Grundlage dieser Einsichten eine *Dämpfungstheorie*. Die Information, die nicht bewusst und aufmerksam aufgenommen wird, ist zwar gedämpft, aber nicht gänzlich ausgeblendet.

Dämpfungstheorie

Zwei andere Forscher *(Deutsch und Deutsch, 1963)* gingen zu ungefähr derselben Zeit noch weiter mit ihrer These. Diese besagt, dass die nicht aufmerksam wahrgenommene Information „intern" uneingeschränkt weiter verarbeitet wird. Sie haben in ihrem Modell die Position des Filters einfach „tiefergelegt". Er befand sich nun dort, wo wir innerlich aufgrund unserer jeweiligen Intentionen auf das Wahrgenommene aufmerksam werden. Anstelle von einem *Wahrnehmungsfilter* sprachen sie von einem *Reaktionsfilter*. Dieses Konzept besagt, dass Information uns erst dann richtig bewusst wird, wenn wir aufgrund bestimmter Wünsche und Absichten auf diese reagieren. Allerdings lassen sich die aufmerksam und die nur gedämpft wahrgenommene Information nicht so einfach gleichsetzen. Dies zeigten weitere Experimente von Treisman und Riley gegen Ende der sechziger Jahre. Auf dem gedämpften Kanal konnten wesentlich weniger Worte von den Probanden nachträglich wiedererkannt werden, die dort gefallen waren. Auch gingen die gedämpft wahrgenommenen Informationen in kurzer Zeit, und zwar nach zirka fünf Sekunden, fast gänzlich verloren, wenn man keine Gelegenheit bekam, sie sich bewusst zu merken.

Reaktionsfilter

Merkmale gedämpfter Information

STEUERUNG DER AUFMERKSAMKEIT DURCH EINSTIEGSPFADE UND SCHLÜSSELWÖRTER__Für das Informationsdesign ist interessant, dass sich solche Modelle wie der Wahrnehmungs- und Reaktionsfilter auch auf den visuellen Bereich übertragen lassen. Ähnlich wie bei unserer auditiven Aufmerksamkeit verhält es sich auch mit unserer visuellen Aufmerksamkeit. Wir können nicht alle Informationen im Gesichtsfeld gleichermaßen gut aufnehmen. Schauen wir auf eine Seite, sehen wir nur in einem Radius von rund 1,5 cm scharf. Der andere Teil ist aber ebenfalls „gedämpft" vorhanden. Diese Informationen werden nicht bewusst wahrgenommen, aber wenn sie eine Relevanz besitzen, können sie dennoch ins Auge springen.

Radius für scharfes Sehen

Wir besitzen weiterhin die Möglichkeit, unsere Aufmerksamkeit unterschiedlich stark zu fokussieren. In der Psychologie wird auch in diesem Zusammenhang gelegentlich von *fokussierter* und *diffuser* bzw.

Der erste Strich steht für den Wahrnehmungsfilter, der zweite Strich für den Reaktionsfilter. Nach der Dämpfungstheorie wird auch die nicht aufmerksam wahrgenommene Information weiterverarbeitet. Den Reaktionsfilter passiert nur die Information, die auf ein Interesse stößt. Demnach ist vor allem die Information wichtig, die für uns von Relevanz ist.

Geteilte Aufmerksamkeit
Die Theorie der geteilten Aufmerksamkeit beschreibt unsere Fähigkeit, sich durchaus auf zwei oder mehrere Reizquellen konzentrieren zu können, wobei meist eine im Vordergrund steht. Diese Fähigkeit ist beispielsweise beim Autofahren (Straße, Tacho, Geräusche) wichtig.

Fokussierte Aufmerksamkeit
weniger Information verarbeitbar__
eher resistent gegen Ablenkung__
bewusst kontrollierter Prozess__
lineare, textorientierte Verarbeitung__

Schwebende Aufmerksamkeit
mehr Information verarbeitbar__
weniger resistent gegen Ablenkung__
weniger Bewusstseinskontrolle__
parallele, mehrmediale Verarbeitung__

Scannen, Skimmen, Lesen
Den Übergang von schwebender
zu fokussierter Aufmerksamkeit ist
besonders am Leseverhalten von
Internetnutzern nachvollziehbar.
Man geht davon aus, dass im
Regelfall drei Phasen durchlaufen
werden.
Beim „Scannen" wird der Inhalt mit
schwebender Aufmerksamkeit nur
oberflächlich überflogen.
Die Verarbeitungstiefe ist gering,
die Verarbeitungsgeschwindigkeit
hingegen hoch.
In der zweiten Phase wird in relevante Textabschnitte wie Zusammenfassungen oder Auszeichnungen
hineingelesen.
In der dritten Phase beginnt das
eigentliche Lesen. Die Information
wird vollständig aufgenommen.
Allerdings ist der Prozentsatz der
Nutzer, die bis dahin kommen,
recht gering.

schwebender Aufmerksamkeit gesprochen. Die Vorstellung von einem Wahrnehmungs- bzw. Reaktionsfilter scheinen mit diesen beiden Wahrnehmungsformen zu korrelieren. fokussierte und schwe-
bende Aufmerksamkeit

Die *fokussierte Aufmerksamkeit* entspricht eher dem Modell, nach dem wir nur das aufnehmen, was sich in dem scharf gestellten Aufmerksamkeitsradius befindet. Wir fokussieren unsere Aufmerksamkeit, wenn wir wissen, was wir suchen. Dann lassen wir uns nicht mehr so leicht von umliegenden Inhalten ablenken.

In dem weiter gestellten Radius der *diffusen Aufmerksamkeit* können mehr Informationen peripher verarbeitet werden, und wir „reagieren" auf diese Informationen, wenn sie als für uns relevant erkannt werden.

Bei komplexen Informationsangeboten findet man deshalb zunehmend die Tendenz, deutlich voneinander unterschiedene Einstiegspfade anzubieten, die von einer auf Weitwinkel eingestellten Aufmerksamkeit in noch angemessener Zeit wahrgenommen werden. Einstiegspfade

Besonders auf Webportalen entsteht dadurch der Eindruck, dass die Seiten in verschiedene klar unterscheidbare Sektionen eingeteilt sind. Clustering

Diese „Cluster" sind nicht nur thematisch gruppiert, sondern sie werden häufig auch danach differenziert, welche Zielgruppen angesprochen werden und welche Handlungsstrategien diese verfolgen.

Bei komplexen Informationsangeboten sollte man die einzelnen Informationen gruppieren und anschließend klar segmentieren, um dem Rezipienten eine schnelle Orientierung zwischen diesen verschiedenen Einstiegspfaden zu ermöglichen. Dabei sollte man auch die Fähigkeit unserer Aufmerksamkeit nutzen, relevante Informationen peripher zu erfassen.

ABSCHIRMUNG ZUR BESSEREN AUFMERKSAMKEITSFOKUSSIERUNG__ Wurde die gewünschte Information gefunden, gelten allerdings andere Prioritäten. Dann geht es vielmehr darum, die Aufmerksamkeit nicht weiter unnötig zu streuen. Wurde beispielsweise ein Artikel ausgewählt, so sollten nur die Verweise sichtbar bleiben, welche den allgemeinen thematischen Zusammenhang gegenwärtig halten, in welchen die aufgerufene Information eingebettet ist. Dies sind in der Regel die globalen und semiglobalen Verweise, die über die Struktur des Angebotes und der Informationsanwendung Aufschluss geben. Semiglobale und globale Verweise helfen dem Rezipienten auch dabei, zu den oberen Ebenen des Informationsangebotes zurückzugelangen. Was in diesem Zusammenhang störend wäre, das sind Verweise, die den Leser direkt auf einen anderen Text lenken. Dies führt dazu, dass man den zuvor ausgewählten Text nicht zu Ende liest und darüber zuletzt unzufrieden wird.

Will man den Rezipienten von einem schnellen Überfliegen zu einer konzentrierteren Auseinandersetzung mit der angebotenen Information bewegen, dann ist es hilfreich, wenn innerhalb einer ausgewählten Thematik alle ablenkenden Verweise vermieden werden.

ZUR ANATOMIE VON AUFMERKSAMKEITSVERLÄUFEN__ In der Mitte der menschlichen Netzhaut befindet sich die Zentralgrube (Fovea Centralis). Sie ermöglicht es uns, im Leseabstand in einem Radius von 1,5 cm scharf zu sehen. Bereits bei einer Abweichung von 3 cm ist die Schärfe des Wahrgenommenen nur noch halb so groß, und auch die Farbigkeit nimmt ab.

Fovea Centralis

Um also interessante Gebiete in der Peripherie des zentralen Wahrnehmungsfeldes scharf sehen zu können, muss diese Fovea Centralis durch kleine reflex- und ruckartige Bewegungen des Augapfels auf diese gelenkt werden. Diese zielsuchenden, sprunghaften Blickbewegungen werden *Sakkaden* genannt. Sakkaden sind ballistisch. Dies bedeutet, dass sie nach ihrer Initiierung nicht mehr umgelenkt oder angehalten werden können. Im Übrigen sind wir während dieser kurzen Zeitspanne sowieso blind. Unsere Aufmerksamkeit setzt nämlich während dieser Sprungbewegungen einfach aus.

Sakkaden

Die Zeit zwischen den Sprüngen nennt man *Fixationen*. Dabei wird das Zielobjekt zur Aufnahme von Informationen fixiert. Die Dauer kann 100-2000 Millisekunden betragen. Sie kann auch als Indikator für die Verarbeitungstiefe angesehen werden. Außerdem gibt es noch eine *Sakkadenlatenz*. Dies ist die Zeit, die zwischen einem Reiz und einer Sakkadenreaktion verstreicht.

Fixationen

Interessanterweise muss es aber dennoch einen größeren Aufmerksamkeitsradius geben, wenn wir auch die Wahrnehmungsprozesse, die uns kaum bewusst sind, mit einbeziehen. Es scheint nämlich, dass wir auch die Peripherie des Fixationspunktes sondieren können. Wir beobachten sozusagen etwas aus den Augenwinkeln, um den nächsten Fixationsort zu bestimmen.

Wahrnehmung aus Augenwinkeln

Diese Vermutung wird auch dadurch bestätigt, dass beim Lesen eines Textes die im peripheren Bereich liegenden Worte schon vorverarbeitet werden können. Unsere Aufmerksamkeit kann also in begrenztem Maße unabhängig von der konkreten Augenbewegung verlagert werden. Dieses Phänomen bestätigt die Theorie, dass wir neben der bewusst aufgenommenen Information auch die Informationen verarbeiten, die in der Peripherie der Aufmerksamkeit liegen.

VERSCHIEDENE STUDIEN ZU AUFMERKSAMKEITSVERLÄUFEN__ Es gibt sehr viele Studien, die sich mit speziellen Fragen zum Aufmerksamkeitsverlauf beschäftigen. Einige Studien fragen beispielsweise danach, ob die Verdichtung von Sakkaden in bestimmten Arealen etwas über deren Informationsgehalt aussagt. Wieder andere Untersuchungen beschäf-

*Gesichter__*Für komplexere Motive benötigen wir mehrere Sakkaden und Fixationen. Bei Gesichtern verdichten sich Fixationen meistens um die Augenpartie.
*Komplexe Objekte__*Auch räumliche Objekte werden oft erst nach mehrmaligem Hinschauen erfasst.
*Lesen__*Während des Lesens springt unsere Aufmerksamkeit um zirka drei bis vier Wörter weiter, um die nächsten Wortbilder zu erfassen.

SAKKADEN UND FIXATIONEN

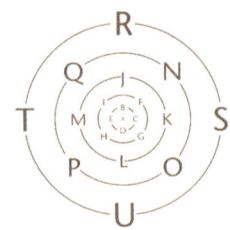

Die Abbildung veranschaulicht, um welches Maß die Buchstaben vergrößert werden müssen, wenn diese nicht mehr in unserem Aufmerksamkeitsfokus liegen, aber gleichermaßen gut wahrgenommen werden sollen.

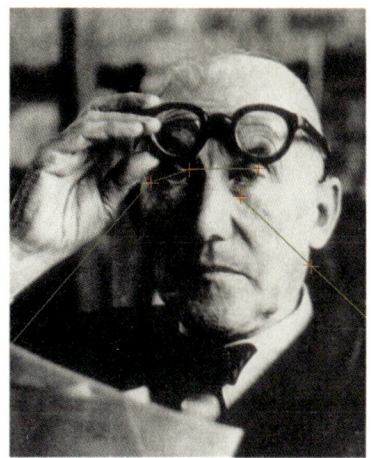
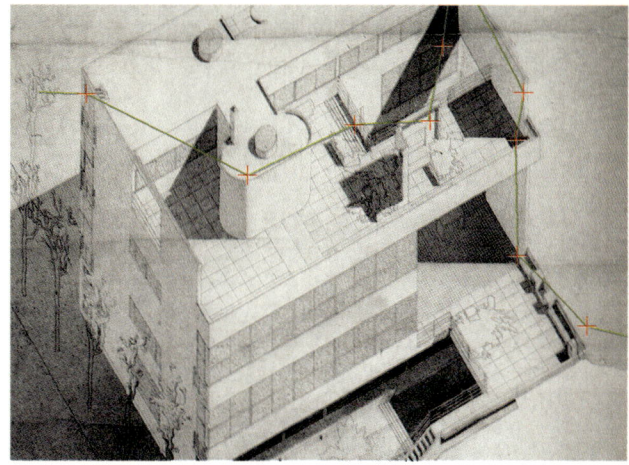

Die Naskapi-Indianer im Norden Amerikas entwickelten ein Knochen-
orakel, welches zum Jagdglück entscheidend beitragen sollte. Im Laufe
dieses Rituals begibt sich ein Indianer tagelang in einen heißen Raum.
Die hohe Temperatur verändert den Bewusstseinszustand des Mannes.
Wenn er bereit ist, wirft er einen Tierknochen ins Feuer. Durch die Hitze

tigen sich damit, ob bei Kunstexperten andere Blickpfade in abstrakten Bildern zu finden sind als bei Laien. Oft dienen diese Ergebnisse
einem sehr speziellen Erkenntnisinteresse.

Aufmerksamkeitsverlaufsanalysen sind für Designer von viel konkrete- Tests zu Aufmerksam-
rem Nutzen, wenn man diese direkt auf Anzeigen, Zeitschriften, keitsverläufen
Internetseiten oder andere Informationsträger anwendet. Eine der
bemerkenswertesten Einsichten von Blickverläufen ist, dass nicht nur
der Fokus ausgesprochen gering ist, sondern die Bewegungsmuster
erst einmal keineswegs so kalkulierbar erscheinen, wie man es gerne
hätte, und die präsentierte Information auch keineswegs vollständig
erfasst wird. *Michael Wolff*, der als einer der ersten redaktionell Lesen von Texten im
arbeitenden Internetpioniere bekannt wurde, beschreibt autobio- Internet
grafisch, wie ihn seine Online-Leser zuletzt nur noch an Insekten
erinnerten, die nervös über seine Texte hinwegkrabbelten. Der
Web-Usability-Spezialist *Steve Krug* trifft es vielleicht noch genauer,
wenn er in Anbetracht der besonderen Rezeptionsgewohnheiten
von Internetnutzern meint, man müsse sich bei der Konzeption
von Interfaces am besten Kängurus vorstellen, die mal hier- und
mal dorthin springen. Wie soll man für so etwas Inhalte gestalten?
Welche Elemente können die Aufmerksamkeit auf sich ziehen?
Gibt es bestimmte Verlaufsmuster bei der Rezeption der neuen
Medien? Auf solche Fragen könnten spezielle medienbezogene
Aufmerksamkeitsmessungen eine Antwort geben.

Gesichter im Aufmerksamkeitsfokus

Aus dem Zeitschriften- und Anzeigendesign weiß man, dass zuerst Bilder, dann Überschriften und zuletzt Lesetexte beachtet werden. Wird auf einem Bild zudem ein Gesicht abgebildet, so untersucht die Neugierde des Betrachters vor allem Augen, Nase und Mund, um sich einen Eindruck von der Person zu machen. Messtechnisch finden

Blickdichte

sich dort die höchsten *Blickdichten*. Wenn die zentrale Aussage einer Anzeige deshalb direkt in der Nähe der Augenpartie platziert wird, ist die Wahrscheinlichkeit, wahrgenommen zu werden, wesentlich höher, als wenn sie sich etwa am rechten unteren Ende der Seite befindet.

AUFMERKSAMKEITSVERLÄUFE IN DER ANZEIGENGESTALTUNG__Das Marktforschungsinstitut MediaAnalyzer hat mit 200 Probanden eine umfangreiche Studie durchgeführt, bei welcher zwölf Anzeigen darauf untersucht wurden, welche von ihnen am besten wahrgenommen und behalten wurden.

Attention-Tracking-Verfahren

Das von dem Institut entwickelte und wissenschaftlich validierte *Attention-Tracking-Verfahren* misst die Aufmerksamkeit nicht mehr aufwendig mit Hilfe von Blickmessungen, sondern über die Registrierung und Analyse aller Mausbewegungen der Probanden. Die Untersuchung lieferte eindeutige und gut nachvollziehbare Ergebnisse. So wurde in der Porsche-Anzeige die Aufmerksamkeit in kürzester Zeit auf die relevanten Bereiche Produktbild, Logo und Text geführt. Am unteren Ende der ausgewerteten Messergebnisse

Awareness Citroën und Porsche

hinsichtlich „Awareness" lag die Citroën-Anzeige. Dies ist bei genauerer Betrachtung der Anzeigen vor dem Hintergrund der Ergebnisse des Aufmerksamkeitstests auch durchaus nachvollziehbar. Während bei der Porsche-Anzeige nur kurze Blickwege zurückgelegt werden mussten, zwingt die Citroën-Anzeige der Aufmerksamkeit unnötig viele Wege auf. Der Blick wandert auf irrelevante Merkmale und landet erst spät auf dem Logo. Als Folge wird Citroën beispielsweise nur von 13% der Probanden erinnert, während die Porsche-Anzeige von nahezu der Hälfte (49%) und damit deutlich besser erinnert wird.

Vampir-Effekte

Die Untersuchung lieferte noch andere interessante Ergebnisse. Starke Reize, die von in den Anzeigen verwendeten Motiven ausgehen, können manchmal so genannte „Vampir-Effekte" erzeugen. Sie ziehen die Aufmerksamkeit von den umsatzrelevanten Bereichen ab. In der Dior-Anzeige, die sich vor allem an Frauen richtet, wurde das Logo signifikant weniger beachtet, da es sich direkt am nackten Oberkörper der abgebildeten Frau befand. Die Frauen vermieden es im Testverlauf – ganz im Gegensatz zu den Männern –, auf den Oberkörper des Dior-Modells zu schauen.

Attention-Tracking-Verfahren
Die Versuchspersonen werden bei diesem Verfahren aufgefordert, immer dort hinzuklicken, wo sie im selben Moment auch hinsehen. Vergleichsmessungen haben dabei ergeben, dass dieses wesentlich preisgünstigere Verfahren die gleichen Ergebnisse liefert wie bei direkten Blickmessungen. Um die Aufmerksamkeitsverläufe und -verdichtungen sichtbar zu machen, werden die am stärksten wirkenden Bereiche mit Hilfe von Hotspots visualisert. Je roter der Bereich, desto stärker wurde er beachtet.

Awareness
„Awareness" beschreibt, inwieweit eine Anzeige wahrgenommen und behalten wurde. Dies wird häufig über „Recall- und Recognition-Verfahren" gemessen. Bei „Recall" wird untersucht, ob sich die Probanden ohne zusätzliche Hinweise an die gezeigte Anzeige erinnern können. „Recognition" überprüft, ob Versuchspersonen die Anzeige zumindest wiedererkennen.

TESTERGEBNISSE ZUR WAHRNEHMUNG VERSCHIEDENER ANZEIGEN

Bei Citroën liegen die Überschriften, Text, Bild und Logo weit auseinander. Nur wenige bemerken deshalb das Logo.
In der Porsche-Anzeige ist die Blickführung klarer und einfacher. Die Anzeige wurde in anschließenden Tests auch besser erinnert.

 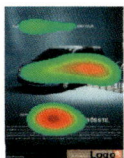 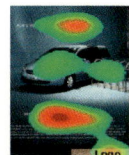 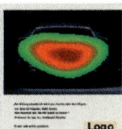 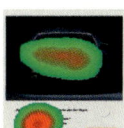 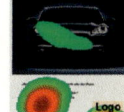

 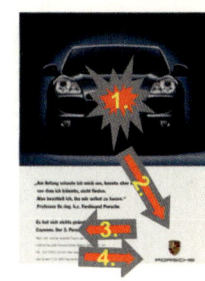

Starke Motive können zwar die Aufmerksamkeit auf sich ziehen, zugleich lenken sie aber manchmal von dem eigentlichen Produkt und der Markenkommunikation ab.

 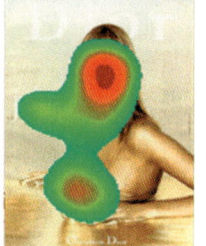  

 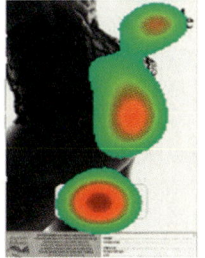 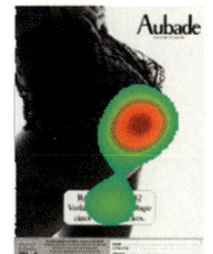 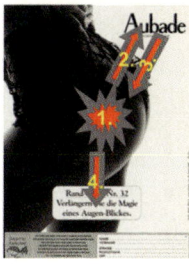

Bildquelle: MediaAnalyzer
www.mediaanalyzer.net/de/

AUFMERKSAMKEITSVERLÄUFE AUF WEBBASIERTEN INFORMATIONSANGEBOTEN__ Auf webbasierten Informationsangeboten verweilt die Aufmerksamkeit des Betrachters nur sehr kurz, wenn sich keine interessanten Informationen finden. Oft werden die wichtigen Inhalte oder Verweise auch einfach übersehen, weil sie zu unauffällig sind oder an einer falschen Stelle stehen. *Christian Scheier* und *Steffen Egner (MediaAnalyzer)* kamen bei Blickmessungen bei Webauftritten zu dem Ergebnis, dass es sich

Phasen im Aufmerksamkeitsverlauf oft in den ersten sieben Sekunden entscheidet, ob ein Webangebot genutzt wird oder nicht. Dabei zeigt die genauere Analyse der Aufmerksamkeitsverläufe, dass es drei Stufen innerhalb dieses kurzen Zeitintervalls zu geben scheint. In der ersten Phase versucht sich der Besucher zu orientieren (Orientierungsphase, bis zirka 10 Sekunden), anschließend untersucht er das Angebot genauer (Explorationsphase, bis zirka 15 Sekunden), und dann entscheidet er, ob das Gesehene für

Bild- und Textwahrnehmung ihn von persönlicher Relevanz ist oder nicht (Klickphase). Ähnlich wie bei den Wahrnehmungsuntersuchungen in der Anzeigengestaltung werden auch im Internet zuerst die Bilder wahrgenommen, dann erst die Texte beachtet. Im Durchschnitt bestehen Webseiten aus zirka 60% Text und zu zirka 40% aus Bildern. Im Gesamtdurchschnitt werden allerdings Bilder mit insgesamt 50% Aufmerksamkeit im Verhältnis zum Text etwas intensiver wahrgenommen. Dieses Ergebnis von Christian Scheier und Steffen Egner korreliert auch mit Ergebnissen, nach denen Texte in webbasierten Angeboten tendenziell

Unterschiede von Männern und Frauen eher oberflächlich verarbeitet werden. In diesem Zusammenhang ist bemerkenswert, dass die Inhalte von Webseiten von Frauen und Männern unterschiedlich wahrgenommen werden. Frauen schauen stärker auf Navigations- und Textelemente, Männer achten besonders auf Bildmaterial.

Ein weiteres Ergebnis ihrer Untersuchung ist, dass die *Aufmerksamkeitsverteilung* auf Internetseiten deutlich von der Erwartungshaltung der Rezipienten geprägt wird. Der überwiegende Teil der Aufmerksamkeit orientiert sich auf den mittleren und linken oberen Bereich von Webseiten, dort sind in der Regel die relevanten Informationen zu finden. Dies hängt sicherlich auch mit ganz grundsätzlichen kulturellen Konditionierungen wie etwa unseren Lesegewohnheiten zusammen. Auch bei diesem Ergebnis zeigt sich ein geschlechtsspezifischer Unterschied. Da Frauen besonders auf die Navigation achten, ist bei

Erwartungshaltungen ihnen die Aufmerksamkeit stärker an der linken Seite orientiert. Eine weitere aufschlussreiche Untersuchung hinsichtlich unserer Erwartungshaltungen stammt von *Michael Bernhard*. Er fand heraus, dass Internetnutzer bei E-commerce-Websites sehr ähnliche Vorstellungen hinsichtlich der wahrscheinlichsten Platzierung der Standardelemente, wie Shopping Card, Logo oder Bestelltaste haben.

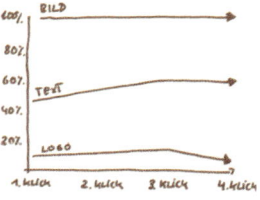

Wie auch in dem Aufmerksamkeitsverlauf der gegenüberliegenden Seite ablesbar ist: Die Aufmerksamkeit für den Text nimmt erst allmählich zu. Zuerst werden die Bilder beachtet.

TESTERGEBNISSE ZU BLICKVERLÄUFEN AUF WEBSEITEN

Summierung der Blickverläufe von mehreren Versuchspersonen im Laufe einiger Sekunden.

Bei einer Untersuchung von Blickverläufen auf einer Versicherungsseite wurde deutlich, dass sich die Aufmerksamkeit zuerst auf die linke obere Ecke richtete. Anschließend wanderte die Aufmerksamkeit von rund 90% der Untersuchten zu dem deutlich präsentierten Produktangebot. In der dritten Phase teilte sich die Aufmerksamkeit. Ein Drittel der Testpersonen wanderte zu der linken Hauptnavigationsleiste ab, während die andere Gruppe das Angebot weiterverfolgte.

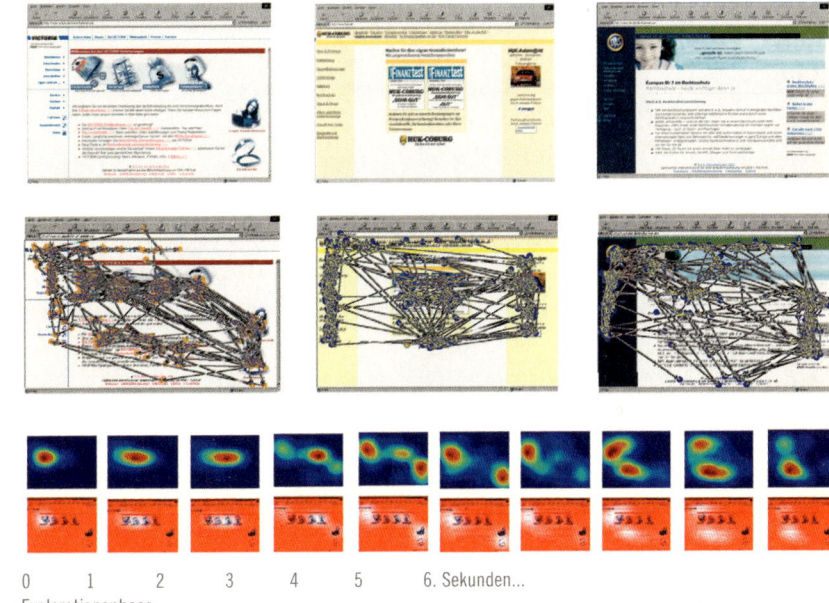

0   1   2   3   4   5   6. Sekunden...
Explorationsphase

Generelle Verteilung der Aufmerksamkeit auf Internetseiten.

Unterschiede in der Aufmerksamkeitsverteilung zwischen Männern und Frauen.

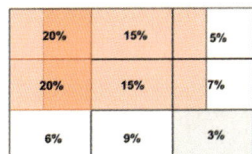

Aufmerksamkeitsverteilung

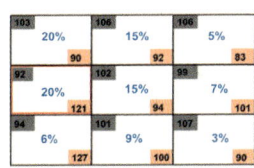

Mann = grau, Frau = orange

www.mediaanalyzer.net/de/

Untersuchung zu Nutzererwartungen hinsichtlich der wahrscheinlichen Position relevanter Elemente auf E-Commerce-Sites.

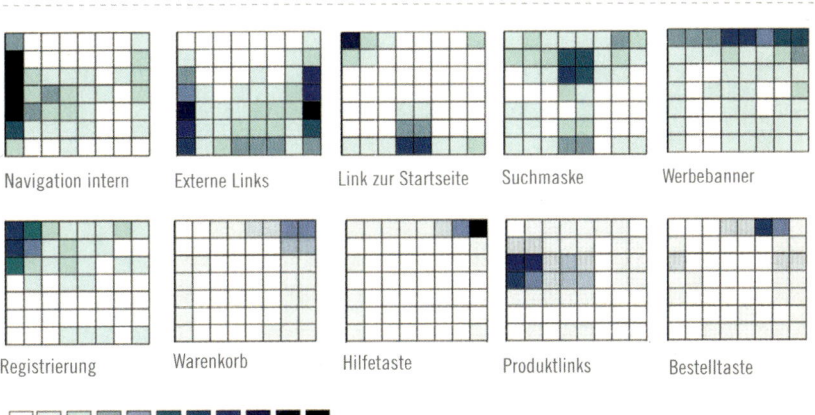

Navigation intern   Externe Links   Link zur Startseite   Suchmaske   Werbebanner

Registrierung   Warenkorb   Hilfetaste   Produktlinks   Bestelltaste

< 5   46-55   96 >

AUFMERKSAMKEITSSTEUERUNG DURCH PRIORITÄTEN UND EINEN TRANSPARENTEN AUFBAU__Aus den Einsichten zu den Aufmerksamkeitsverläufen lässt sich einiges für die Gestaltung ableiten, denn die Aufmerksamkeit kann – vor allem solange sie nicht durch bestimmte Interessen gesteuert wird – in ausreichendem Maße beeinflusst werden.

Segmentierung Grundsätzlich ist eine *sinnvolle hierarchische Segmentierung* der
Hierarchisierung Information und eine *Akzentuierung der Einstiegspunkte* sinnvoll. Dies hilft dem Anwender, die verschiedenen Themen schnell zu überblicken. Wenn dies ein standardisierter Aufbau ist, so findet in
Schema und der Wahrnehmung womöglich zugleich eine Art *Mustererkennung*
Mustererkennung statt. Ist uns das Aufbaumuster des Informationsangebotes vertraut, so wissen wir zugleich, wie es am besten zu nutzen ist. Wir wissen, wo sich wahrscheinlich welche Informationen befinden. In ähnlicher Weise funktioniert die Modellbildung bei einem Interface.
Modellbildung Eine Modellbildung verlangt allerdings eine etwas eingehendere Beschäftigung. Ein interaktive Oberfläche kann noch so komplex sein, wenn wir das System begreifen, können wir unsere Aufmerksamkeit schnell auf die relevanten Inhalte lenken.

Grundrauschen

Damit das zur Verfügung stehende Instrumentarium an Akzentuierungen souverän zum Einsatz gebracht werden kann, sollte man nicht von Anfang an gegen ein hohes „Grundrauschen" ankämpfen müssen. Ein solches Grundrauschen entsteht, wenn schon zu Beginn mit vielen lauten und unterschiedlichen Farben und Formen gearbeitet wird. Welche visuellen Möglichkeiten es gibt, um die Aufmerksamkeit zu erregen und zu steuern, wird Thema der folgenden Abschnitte sein.

SEGMENTIERUNG, MUSTERERKENNUNG UND MODELLBILDUNG

Das Interface des ZDF besteht aus hierarchisch aufgebauten Segmenten. Aktuelle und wichtige Nachrichten nehmen mehr Platz ein und stehen im oberen Bereich der Seite. Die Seite hat durch die spezifische Farbsystematik ein wiedererkennbares Corporate Design, orientiert sich aber an einem bekannten dreispaltigen Aufbaumuster. In diesem erwartet man die zentralen Inhalte in der mittleren Spalte.

Eine etwas genauere Beschäftigung macht das dahinter stehende inhaltliche Modell deutlich: So sind beispielsweise weitere Nachrichten Rubriken zugeordnet, die am Ende der Hauptnachrichten erscheinen.

DAS INTENSITÄTSGESETZ, ODER JE INTENSIVER, DESTO AUFFÄLLIGER__Im Grund

scheint es ganz einfach zu sein: Je größer, bunter, kontrastreicher oder bewegter etwas ist, desto mehr fällt es auch ins Auge. Meistens stellt es sich nun so dar, dass man nicht alles gleich auffällig gestalten kann. Also müssen Prioritäten festgelegt werden. Diese ergeben sich am besten aus einer klaren Vorstellung von Reihenfolge und Wichtigkeit der Inhalte.

Die Differenzierung in der Auffälligkeit der Information kann auf minimalen Mitteln und nur geringen Unterschieden beruhen. Bei der Abschätzung der formalen Wirkung eines gewählten Mittels spielt außerdem der formale Kontext eine nicht ganz unbedeutende Rolle, wie bereits im vorhergehenden Kapitel beschrieben wurde. Damit sind wir bei dem zweiten wichtigen Aufmerksamkeitsgesetz angelangt.

Prioritäten setzen

DAS AUSNAHMEGESETZ, ODER JE SELTENER, DESTO AUFFÄLLIGER__Das

Ausnahmegesetz besagt, dass etwas besonders auffällt, wenn seine Gestalt anders ist als alle umliegenden Gestalten. Durch diese Regel kann sogar das Intensitätsgesetz ausgehebelt werden. Befindet sich zwischen roten Quadraten ein rosa Quadrat, so wird dieses weniger intensive Quadrat eher auffallen. Ist innerhalb des homogenen Gewebes einer Strumpfhose eine Laufmasche, wird diese bestimmt nicht unentdeckt bleiben. Im Informationsdesign und auch in der Infografik können zu intensive Farben oder zu auffällige Formen eher kontraproduktiv sein, da sie von dem Inhalt ablenken. Deshalb ist eine leere Fläche immer auch ein idealer Kontext. Beispielsweise kann der Textkorpus als fein strukturierte und monochrome Fläche einen idealen Kontext für Grafik- und Bildeinspielungen abgeben. Oft dienen helle Flächen und grauwertige Textstrukturen als „indirekte" Mittel, etwas ganz anderes in den Vordergrund zu stellen. Dabei geben sie jeder Textauszeichnung oder jeder kleinen Grafik erst den Raum, sich zu entfalten. In Zeiten, in denen Displayflächen weiter expandieren und virtueller Leerraum kein Geld kostet, ist dies eine noch nicht ausreichend genutzte Möglichkeit.

leere Fläche als idealer Kontext

DAS DISSONANZGESETZ, ODER JE AUSGEFALLENER, DESTO AUFFÄLLIGER__Ein

rosa Panther, eine lila Kuh oder ein grünes Segelschiff erzeugen mehr Aufmerksamkeit als die gewöhnlichen Vertreter der jeweiligen Gattung. Ebenso kann man Aufmerksamkeit erregen, indem man scheinbar unvereinbare Motive miteinander vergleicht und vereint. Diese Methoden werden vor allem im Werbedesign angewendet. Um Aufmerksamkeit zu erregen, wird beispielsweise die Absorptionsfähigkeit von Handtüchern mit Jelzins Absorptionsfähigkeit von Alkohol verglichen. In diesen Fällen entsteht die aufmerksamkeitsstarke Wirkung durch die Originalität, Absurdität, Ironie und Übertreibung in der Motivgestaltung. Diese wird aber nicht zum Selbstzweck eingesetzt, sondern es soll eine bestimmte Botschaft und ein bestimmter Produktvorteil auf ungewöhnliche Weise kommuniziert werden. Solche visuellen Dissonanzen und Verschiebungen spielen im Informationsdesign nur eine untergeordnete Rolle. Sie sind zu aufwendig und in ihrer Wirkung zu eigenständig. Sie machen nur Sinn, wenn sie aus dem Inhalt selbst entwickelt werden.

AUFMERKSAMKEITSSPRACHEN IN MODULAREN SYSTEMEN__ Die zumeist modulare Bauweise interaktiver Informationssysteme zeigt sich einmal in der Kompatibilität und Austauschbarkeit der Ordnungs- und Navigationselemente. Aber auch die Inhalte, Texte und Bilder können als Module aufgefasst werden, oder die Gliederung und Segmentierung von Portalseiten in verschiedene, mobile Segmente und Einstiegspfade erzeugt diesen Eindruck.

Modularität   *Modularität* gewährleistet, dass Systeme *adaptierbar, konfigurierbar und skalierbar* sind. In modularen Systemen findet man innerhalb der in sich konsistenten Gestaltungselemente häufig in sich stimmige *Aufmerksamkeitssprachen*. Diese bestehen aus bestimmten Regeln,

Aufmerksamkeits-sprachen   wie sich wichtige von weniger wichtigen, bzw. aktivierte von nicht aktivierten Elementen unterscheiden. Diese Aufmerksamkeitssprachen können von System zu System verschieden sein, sollten in sich aber schlüssig und nachvollziehbar bleiben. Meistens beruhen sie auf einem durchgehenden Auszeichnungsprinzip: In den weit verbreiteten Systemoberflächen Windows und MacOS wird bei der Statusdarstellung von Interaktionselementen mit unterschiedlicher Kontrastierung als Auszeichnungsprinzip operiert. Nicht anwählbare Menüoptionen oder Tastenelemente erscheinen kontrastärmer. So wird ein angewähltes Listenelement in einem Auswahlmenü mit weißer Schrift auf schwarzem Hintergrund dargestellt. Dadurch erhöhen sich Kontrast und *Aufmerksamkeitswert* gegenüber den anderen Listenelementen, die in Schwarz auf hellgrauem Hintergrund stehen.

dissonante Darstellungen   **KISS, MAYA UND DER STELLENWERT VON KREATIVITÄT__**In dem lesenswerten Buch *Missing Links* von *Thomas Wirth* findet sich eine interessante und aufschlussreiche Untersuchung darüber, ob „dissonante Darstellungen" auch für Internetseiten relevant sind. Wenn mit *Dissonanz* allerdings vor allem das Arbeiten mit Paradoxien, Überraschung und Übertreibungen gemeint ist, so ist dies für Webseiten tatsächlich irrelevant. Denn Dissonanz dient in der Anzeigengestaltung dazu, dass Leser beim Durchblättern innehalten, weil sie eine Anzeige überrascht oder ihnen für den ersten Moment

Aufmerksamkeitssprachen
Für die systematische Akzentuierung bestimmter Elemente eines Interfaces können Regeln aufgestellt werden. Da es sich dabei also um eine primitive Grammatik handelt, wie etwas hervorgehoben wird und wie die Aufmerksamkeit gesteuert werden soll, könnte man auch von einer Aufmerksamkeitssprache sprechen.

Das Wort ist allerdings etwas irreführend, da die Aufmerksamkeit selbst keine Sprache sein kann. Genau genommen könnte man von einem „System zur Aufmerksamkeitssteuerung" sprechen, das Ähnlichkeiten mit einer Sprache aufweist.

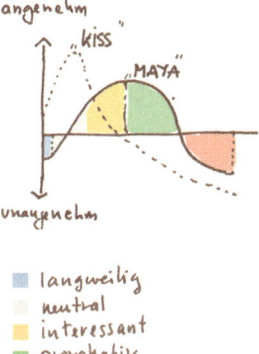

- langweilig
- neutral
- interessant
- provokativ
- bizarr, unverständlich

Die Abbildung zeigt, wie sich die Bewertung von Inhalten mit wachsender Dissonanz verändert. Ist alles wie gewohnt, entsteht Langeweile. Erregung entsteht, wenn etwas vom Bekannten abweicht, und sie kann sich zu Interesse entwickeln. Provokante Darstellungen können noch mehr Aufmerksamkeit erregen, aber auch zu Abwehrreaktionen führen.

Die gestrichelte KISS-Kurve deutet nach Thomas Wirth an, in welchem Bereich sich optimalerweise das Design von Internetseiten bewegen sollte. „Das Optimum der Benutzerfreundlichkeit liegt dort, wo alles vorhersagbar ist – dabei sollte allerdings keine Monotonie entstehen."

unverständlich oder merkwürdig vorkommt. Wenn jemand eine Webseite besucht, so ist jedoch anzunehmen, dass er bereits ein bestimmtes Interesse an den Inhalten hat und nicht erst durch einen Überraschungseffekt auf diese aufmerksam gemacht werden muss. Natürlich kann Überraschung auch einen motivierenden und unterhaltenden Charakter haben, dieses kann aber auch durch andere, weniger spektakuläre Kommunikationsmaßnahmen erreicht werden. Dennoch ist die Frage durchaus berechtigt und interessant, wenn man sie allgemeiner stellt, wenn man sich etwa fragt: *Inwieweit ist „Kreativität" überhaupt ein Mittel, um Aufmerksamkeit und Interesse für Informationen und Dienstleistungen im Internet zu wecken?*

Dabei ist „die „Kreativität", die im Internet gefragt ist, eine andere als die, welche ein Werbedesigner leisten muss. Die „Kreativität" eines Interfacedesigners zeigt sich darin, ob es ihm gelingt, angesichts der komplexen kognitiven Anforderungen ein *visuelles Konzep*t zu entwickeln, das diesen gerecht wird und dennoch einen eigenen, originären Charakter hat. Dies ist eine andere Form von Kreativität, die einen Grafikdesigner auszeichnet, der mit typografischem Geschick und einem entwickelten Materialverständnis harmonische und grafisch schöne Seiten setzt. Dies ist auch eine andere Form von Kreativität, die einen Werbedesigner auszeichnet, der für eine Markenbotschaft oder einen Werbeslogan eine packende und gelegentlich eben auch dissonante Visualisierung finden muss. Ist also Kreativität – die Kreativität, die einen Interfacesigner auszeichnet – etwas, das in zu hohem Maße auch störend wirken kann oder sogar „Reaktanz" auslöst? visuelles Konzept

Formen der Kreativität

In diesem Zusammenhang führt *Thomas Wirth* zwei sehr interessante Regeln auf, die erst einmal im Widerspruch zu stehen scheinen und die er im Hinblick auf das Webdesign gegeneinander austaxiert. Die erste Regel lautet *„Most Advanced Yet Acceptable"* oder ins Deutsche übersetzt: „So extrem wie möglich, aber noch erträglich" (= MAYA). Die andere Regel lautet: *„Keep It Simple and Stupid"* (= KISS). KISS- und MAYA-Regel

Nach der MAYA-Regel steigt unsere Interesse an einem Thema, wenn es nicht langweilig und neutral, sondern eher frisch, ungewohnt oder provokativ vorgetragen wird. Allerdings gibt es dabei eine Grenze, die überschritten werden kann. Dann kippt die Darstellung ins Geschmacklose oder Unverständliche.

Für Thomas Wirth orientieren sich die Kreativen vor allem am oberen Bereich der Dissonanzkurve: *„Sie möchten im Sinne der MAYA-Regel handeln, also die Dinge nicht wie üblich aussehen lassen, vielleicht sogar irritieren."* Das andere Lager orientiert sich eher am unteren Bereich der Dissonanzkurve. *„Die Usability-Orientierten haben hingegen die graue Zone der Kurve im Blick. Sie denken an Konsistenz und Vorhersagbarkeit als Grundtugenden jeder Benutzeroberfläche. Alles, was von Standards abweicht, beäugen sie mit Misstrauen. Ästhetik* Dissonanzkurve *interessiert sie meist nur am Rande, insofern, als Benutzer bedauerlicherweise dazu neigen, Ästhetik mit Benutzerfreundlichkeit zu verwechseln. Und auch sie haben Recht, denn der Zusammenhang zwischen Benutzerfreundlichkeit und Dissonanz unterscheidet sich fundamental von der MAYA- Kurve."* Denn *„je häufiger und intensiver Erwartungen verletzt werden, desto schlechter ist das für die Ergonomie. Auf hierfür gibt es eine Regel: die KISS-Regel."*

Anzeigengestaltung

KISS trifft im Übrigen genauso auf die Werbegestaltung zu. Jede gute visuelle Anzeigenidee ist letztendlich ebenfalls „simple and stupid". Sonst wäre sie gar nicht frappierend. Ein guter Anzeigengestalter bringt also beides zusammen. Ein versierter Web- oder Interfacedesigner tut dies ebenfalls. Die Fragen *„Wo beginnen die Freiheiten in der Gestaltung, im Farbkanon, den Formen, im Layout? Welche Flächen können wann für MAYA-Elemente (z.B. Animationen) freigegeben werden? Wo verlaufen die Grenzlinien zwischen Applikationen und Navigations-Tools (die der KISS-Regel folgen müssen) und motivierenden Inhalten (die der MAYA-Regel folgen müssen)?"* sollten sich so nicht stellen.

Diese Fragen stellen sich in dieser Form nur einem Webdesigner, wenn er seine Kreativität als etwas wahrnimmt, das im Widerspruch zu ergonomischen Forderungen steht oder wenn er meint, dass seine Aufgabe darin besteht, zugewiesene Freiräume innerhalb eines fertigen ergonomischen Konzeptes mit Form und Farbe zu füllen.

Standardisierung

Wie bereits in einigen Abschnitten ausgeführt wurde, ist Standardisierung ein Phänomen, dem man sich aus guten Gründen im Webdesign nicht entziehen sollte. Ganz grundsätzlich macht Standardisierung

Systemstruktur und Mustererkennung

Systeme erwartungskonform und leicht bedienbar. Sie dient sogar der Aufmerksamkeitssteuerung. Denn wenn ich die Systemstruktur schnell identifizieren kann, weil sie einem bekanntem Muster entspricht, weiß ich auch schneller, wo ich was finden werde. Dann benötigt man als Designer auch noch nicht einmal zusätzliche auszeichnende Mittel. Wenn ich beispielsweise ein Objekt aufgrund bestimmter Konventionen als Hauptmenü identifizieren kann, dann brauche ich es nicht mehr besonders hervorzuheben. Ich muss die formale Intensität eines Objektes nicht erhöhen, wenn seine Bedeutung und Funktion sich aus der Gesamtstruktur bzw. seinem Kontext ergibt. Diese Gesamtstruktur muss aber – zumindest bei anspruchsvollen Projekten – immer wieder von neuem konzipiert werden. Die Regeln des Zusammenspiels aller Elemente innerhalb der Gesamtstruktur müssen neu definiert werden. Ihr liegt ein „kreatives und visuelles Konzept" zugrunde, das alle Standardisierungen mit einbegreift, um sie als Teil einer visuellen Metasprache zu integrieren.

visuelles Konzept

Ein solches *visuelles Konzept* entsteht meistens allmählich und iterativ aus einer ersten visuellen Idee heraus. Davon ausgehend wird ent-

ORIGINALITÄT DURCH NUTZUNG VON EINSCHRÄNKUNGEN UND VORGABEN

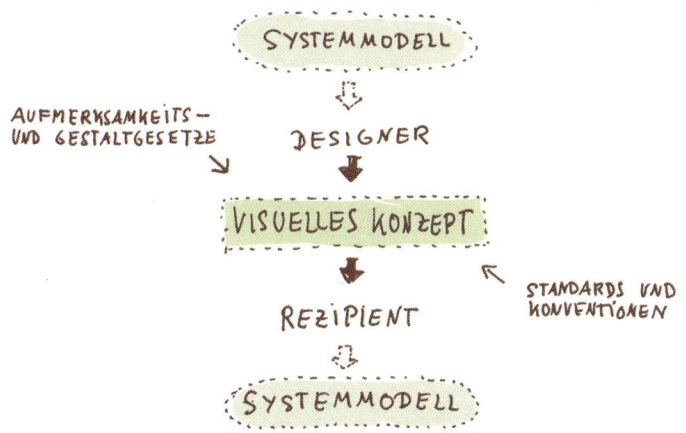

In einem solchen visuellen Konzept zeigt sich die Originalität in der geschickten Nutzung der definierten visuellen Spielräume. Wenn innerhalb dieser festgesetzten Bandbreiten interessante rhetorische Figuren möglich sind, die dabei nicht zugrunde liegende Modelle verdecken, sondern kommunikativ sichtbar machen, dann ist ein solches Konzept gelungen. Andernfalls überfrachtet es ein System, stört Aufnahme und Nutzung der Inhalte und der dahinter liegenden Modelle. Überfrachtung ist immer alles, was nicht integriert wurde.

schieden, welche Gestalt- und Aufmerksamkeitsgesetze und welche standardisierten Elemente wie und wo eingesetzt werden. Dies ist ein wechselseitiger Prozess. Durch die Auswahl der Mittel konkretisiert sich zugleich das visuelle Konzept, das die Auswahl der weiteren Mittel nahe legt. *Idee und Konzept*

Je transparenter und effizienter am Ende das Zusammenspiel aller Elemente ist, desto überzeugender erscheint das visuelle Konzept. Es bildet eine eigene Welt, die – obwohl sie eigenen Gesetzmäßigkeiten folgt – doch sofort begriffen wird, wenn diese in sich schlüssig ist.

In einem solchen System ist jedes Element vor allem im Kontext aller anderen Elemente zu verstehen. Da ein interaktives System zugleich einen dynamischen Kontext erzeugt, benötigt es Regeln, nach denen Elemente kombiniert und ein- und ausgetauscht werden können. Insofern sind Elemente *Module,* und je selbständiger sie sich verhalten, desto eher haben sie den Charakter von *Objekten.* Da in einem solchen modularen System, ausgehend vom visuellen Konzept, sehr viel geregelt ist, ist auch der Gebrauch der visuell auszeichnenden Mittel geregelt, die gegebenenfalls eine eigene, systemintern geltende Aufmerksamkeitssprache erzeugen. *Regeln, Module, Objekte*

In einem solchen System spielt eine werblich gedachte Dissonanz kaum eine Rolle, aber es existiert auch keine „Ästhetik" als Gegenspieler zur „Ergonomie". Ästhetik entsteht nur innerhalb der Schnittmenge von MAYA und KISS, die sich allerdings in jedem Medium, ob Buch, Zeitschriftenanzeige oder Internetseite, jeweils ganz anders darstellt.

AUFMERKSAMKEITSSTEUERUNG DURCH VERTRAUTE ELEMENTE

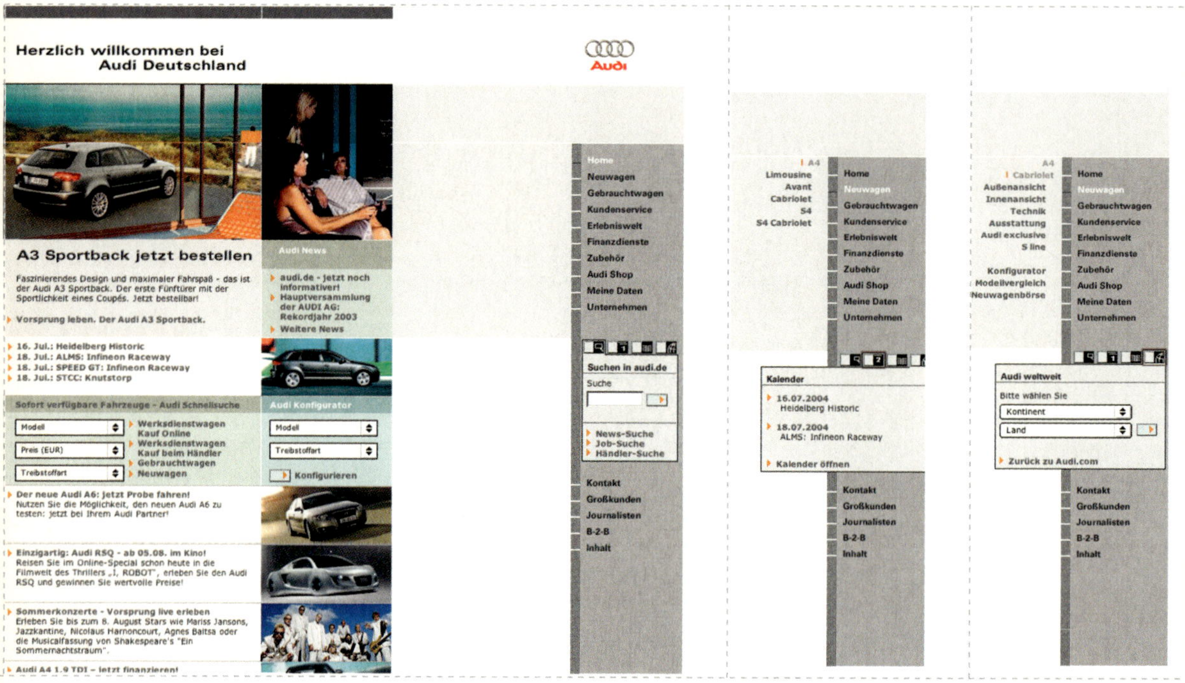

www.audi.de

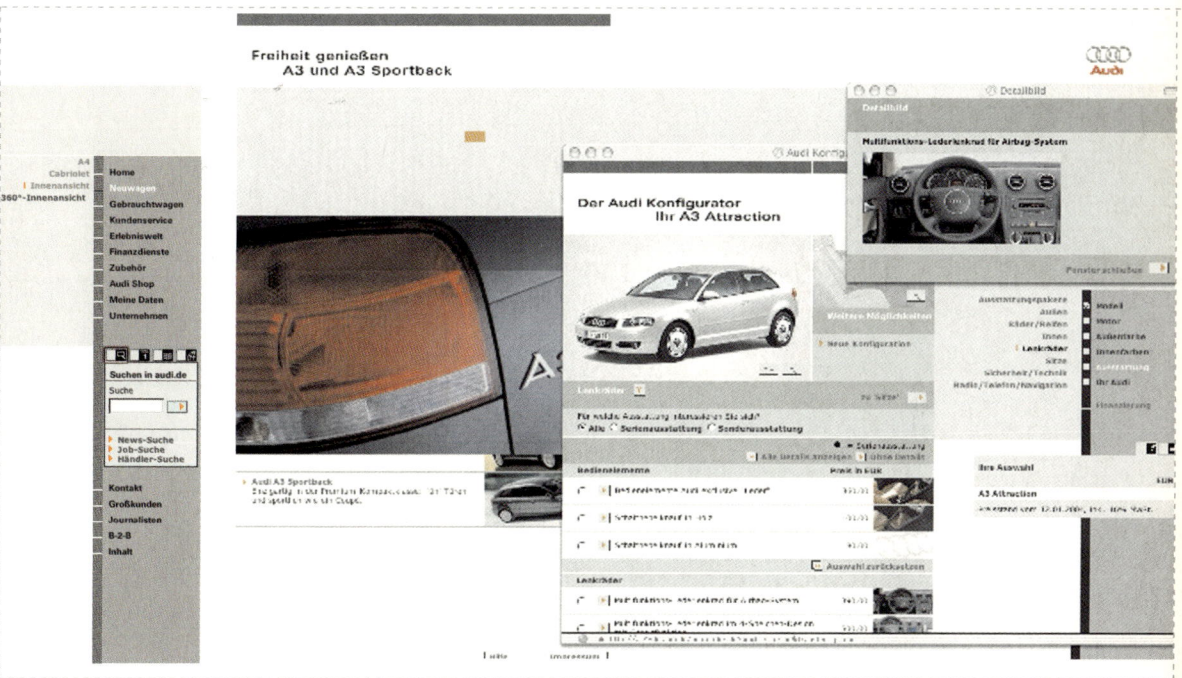

Muster und Aufmerksamkeit_Auch ein kurzer, flüchtiger Blick lässt schnell erkennen, an welcher Stelle sich Navigation und Information befinden. Denn möglicherweise genauso entscheidend wie die Betonung wichtiger Elemente ist der Rückgriff auf bekannte Muster: Die nebenstehenden Skizzen deuten den Aufbau von Startseiten verschiedener Internetauftritte an. Vielleicht werden Sie ein Vermutung haben, an welcher Stelle dieser flüchtigen Zeichnungen sich die Hauptnavigation (Rot), die Subnavigation (Orange) und funktionale Verweise (Blau) wie Hilfe oder Sitemap-Kontakt befinden, da Ihnen die abgebildeten Strukturen in einigen Fällen mehr oder weniger vertraut vorkommen.

Audi_Audi hat im Unterschied zur allgemeinen Konvention die Hauptnavigation auf der rechten Seite positioniert. Dennoch wird dem Nutzer anhand der Gesamtstruktur schnell klar, dass die dunklere kompakte Fläche die Hauptnavigation enthält. Dies haben auch Aufmerksamkeitstests, die Audi durchführen ließ, bestätigt.
Die Seiten zeigen ein spiegelverkehrtes, aber vertrautes Aufbaumuster. Deswegen sind sie aber keineswegs konventionell. Auf ihnen findet man viele originelle Details, und diese sind wiederum im Rahmen eines visuellen Gesamtkonzepts genau aufeinander abgestimmt:
Im Submenü ist beispielsweise zugleich der Navigationspfad untergebracht worden. Dies gelingt, da die angewählten Ebenen ausgehend von „Neuwagen" immer weiter nach oben wandern. Im letzten Zustand ist also Neuwagen
> A4 > Cabriolet > Innenansicht > 360 Grad

angewählt worden. Der Navigationspfad befindet sich dadurch zugleich immer innerhalb des Aufmerksamkeitsfokus während der Navigation. Der schmale orangene Streifen markiert die aktuell ausgewählte Ebene. Die Wahl der Farbe Orange ist kein Zufall, sondern sie wird innerhalb des visuellen Systems konsequent zur Akzentuierung eingesetzt.
Sie wird auch innerhalb des Konfigurators in den Verweisen eingesetzt, die dezent an Tasten erinnern und damit die softwareähnlichen Funktionalitäten dieses Bereiches betonen.
Für solche differenzierten Lösungen bedarf es visueller Intelligenz, die sich auch an anderen Stellen der Seiten in cleveren Details zeigt.
So erinnert der im Hauptmenü integrierte Reiter zugleich an einen Merkzettel und verweist damit auch auf eine seiner hauptsächlichen Funktionen.

RAHMEN ZUR AUSZEICHNUNG UND FOKUSSIERUNG

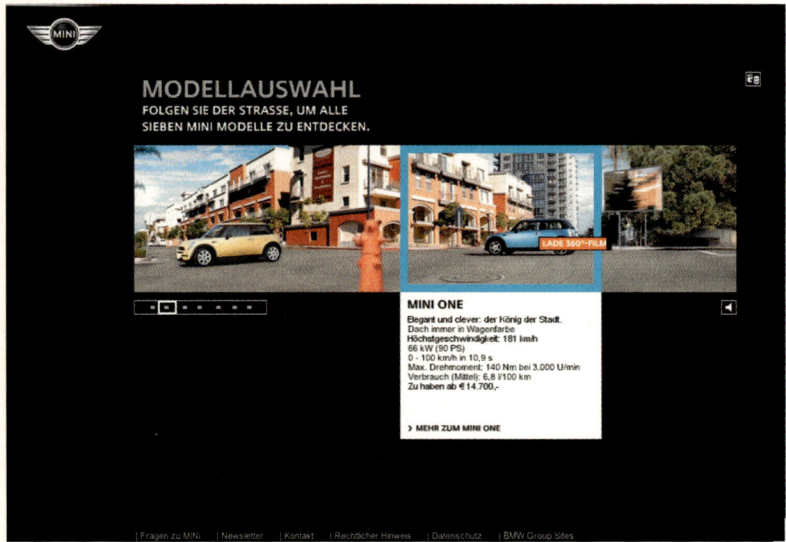

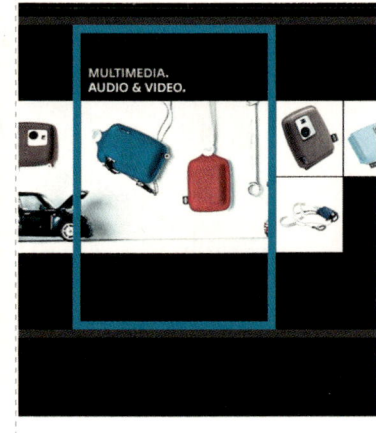

www.mini.de

Visuelles Konzept und Konvention_Zu Beginn eines ausgearbeiteten visuellen Konzeptes steht oft eine zuerst noch undeutliche visuelle Idee. Deshalb ist ein erstes, flüchtiges Skizzieren auch so wichtig, da diese Technik der Spontanität und Indifferenz der ersten Idee am besten Ausdruck verleihen kann.

Und selbst wenn sich daraus eine eigene individuelle Form und Formensprache entwickeln sollte, so lassen sich auch in diesem visuellen Konzept immer noch konventionelle Strukturen integrieren, die das Verständnis des Systems erleichtern.

Mini_Bei Mini ist das dominante und Aufmerksamkeit bindende Element der kantige Rahmen. Dennoch ist die eher konventionell gestaltete Haupt- und Subnavigation schnell erkennbar und gut zu bedienen. Auch die funktionalen Verweise am unteren Ende der Seite werden als solche schnell identifiziert. Besonders bemerkenswert bleibt aber der geschickte Einsatz und die mehrschichtige Funktion des Rahmenelementes.

Dieser ist auf der kommunikativen und strategischen Ebene Teil des Corporate Designs von Mini, und er kommuniziert sicher auch die Kompaktheit und Robustheit des Autos.

Unabhängig davon übernimmt er im Rahmen des Layouts mehrere weitere Funktionen, die sich teilweise überlagern und dennoch transparent bleiben. So dient er auf manchen Seiten der Auswahl der Inhalte. Er funktioniert dabei ähnlich wie ein Regler, der noch nebenbei den ausgewählten Bereich fokussiert.

Auf anderen Seiten hat er eine eher dekorative Funktion als Rahmen, was noch durch die Pastelltöne verstärkt wird.

In den beiden letzten Abbildungen dient er vor allem der Auszeichnung bzw. Betonung bestimmter Inhalte. Seine jeweilig dominante Funktion wird dabei immer erst aus dem Kontext deutlich.

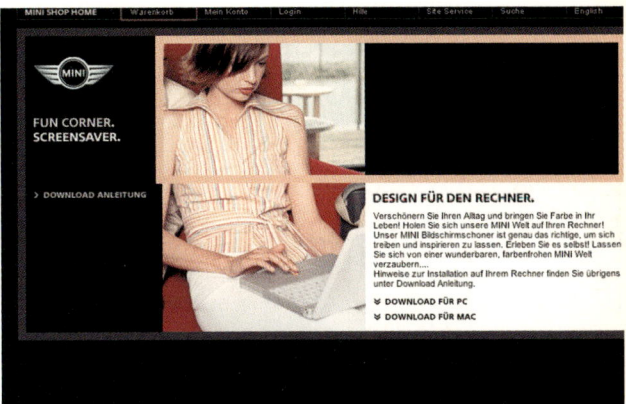

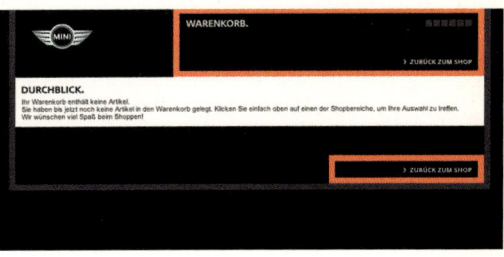

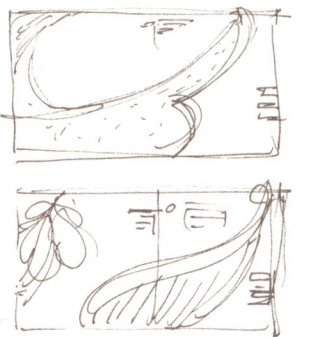

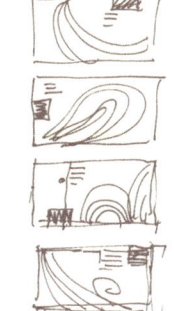

mini_auswahl.jpg

mini_auswahl2.jpg

mini_design1.jpg

mini_design2.jpg

mini_design3.jpg

mini_design4.psd

mini__focus1.jpg

mini__focus2.jpg

Mini__focus3.jpg

Eine erste Idee kann zuerst das ganze Design dominieren. Interessant wird es, ob sie sich durchhalten lässt und ob sie mit ergonomischen Aspekten vereinbar ist.

Auch in der Icon-Darstellung der Mini-Site ist das visuelle Konzept noch erkennbar.

AKZENTUIERUNG IM KONTEXT

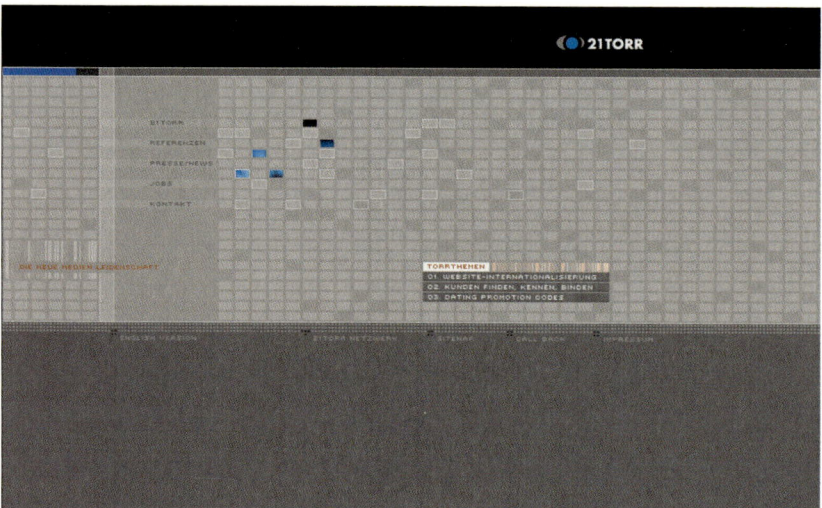

www..torr.de

AKZENTUIERUNG MIT SYSTEM

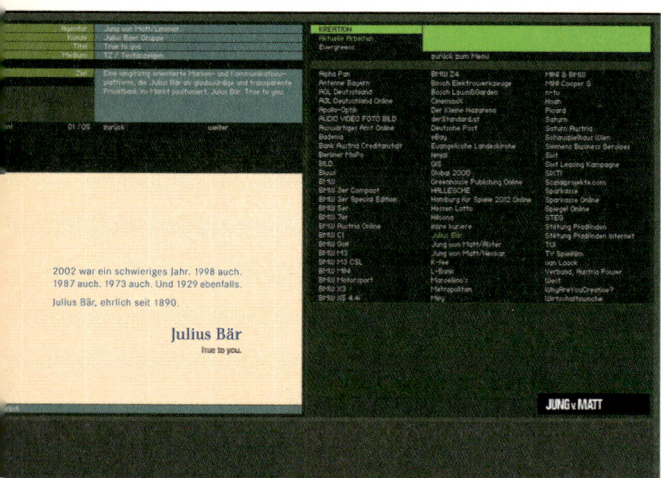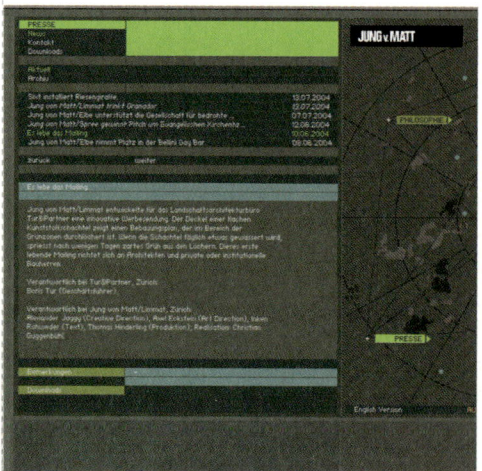

www..jungvmatt.de

JVM_Reduktion ist ein gutes Mittel, um Kontrolle zu bewahren oder Kontrolle zu erlangen. Bei der Internetpräsenz von Jung von Matt ist das hauptsächliche Instrument zur Steuerung der Aufmerksamkeit und zur Gliederung der Fläche die Verwendung unterschiedlicher Helligkeiten. Die Darstellung der Inhalte erinnert an die von firmeninternen Datenbanken. Interessanterweise lädt gerade diese softwareartige Anmutung zur Exploration ein. Durch die unterschiedlichen Helligkeiten und Einfärbungen der „Datenbankfelder" entstehen Flächenformationen, die neben der präsenten Wortmarke der Seite allein schon etwas Unverwechselbares geben.

21TORR_Dieser Internetauftritt ist ein anschauliches Beispiel für den kalkulierten und kontextbezogenen Einsatz unterschiedlicher Farbintensitäten.
Das Grundlayout bezieht seine Spannung aus einem einfachen Kontrast, der sich zwischen der feingliedrigen grauen matrixartigen Struktur und dem schwarzen Balken ergibt. Innerhalb der Matrix werden gekonnt die Akzente verteilt. Auf der Startseite erkennt man, wie eine gesteigerte formale Intensität zugleich mit der Häufigkeit ihres Erscheinens korrelieren kann. So ist das sehr auffällige kleine schwarze Feld innerhalb der Matrix zugleich eine singuläre

Erscheinung. Als Nächstes fallen die vier blauen Felder ins Auge. Etwas weniger auffällig sind die hellgrau umrandeten Felder, von denen sich zirka ein Dutzend in der Matrix befinden. Immer noch auffälliger als die Felder der Matrix sind die Felder, denen die Umrandung fehlt. Auch weil diese trotz ihres häufigen Vorkommens immer noch als Ausnahme von der Regel wahrgenommen werden.

FOKUSSIERUNG AUF ZWEI EBENEN

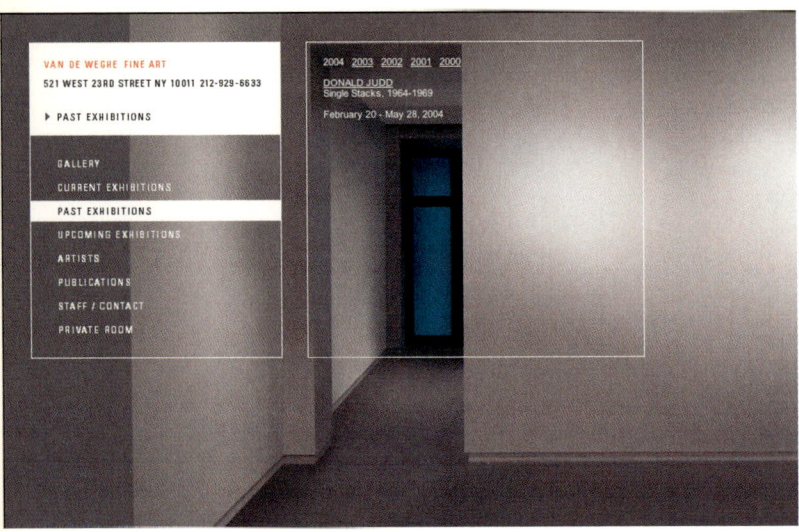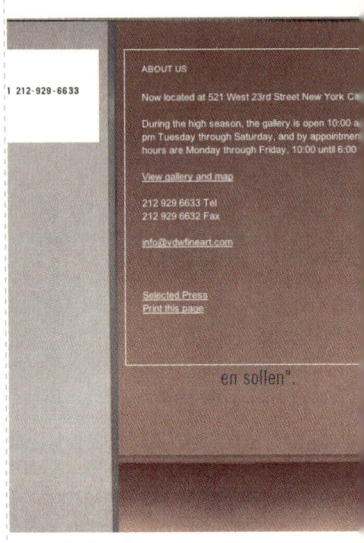

www..vdwfineart.com

FOKUSSIERUNG IN 3D

VDWFINEART_Eine nicht sehr häufig angewendete Methode ist das Arbeiten mit verschiedene Fokusebenen. Ähnlich wie bei einem Kameraobjektiv können wir unsere Wahrnehmung auf verschiedenen Ebenen scharfstellen. So erscheinen bei dem ersten Beispiel die wichtigsten Optionen und Informationen auf einem transparenten Layer, durch den wir auch hindurchsehen können, wenn uns die dahinter liegende Information interessiert. Dies gelingt auf einer zweidimensionalen Fläche allerdings nur bei kleineren Informationsmengen.

Virtuelles Interface für eine Cave_Im Rahmen eines Workshops in Zusammenarbeit mit einer Forschungsabteilung der EADS (European Aeronautic Defence and Space Company) haben fünf studentische Projektgruppen Interface-Konzepte entwickelt. Die Aufgabe bestand darin, einen virtuell begehbaren Raum (Cave) mit

einem Interface auszustatten, das es ermöglicht, relevante Daten abzurufen und gegebenfalls auch zu manipulieren. Zielgruppe waren dabei vor allem Ingenieure, welche die begehbaren Simulationen – etwa von Flugzeuginnenräumen – dafür verwenden, um konzeptionelle oder konstruktive Mängel festzustellen, bevor diese real gebaut werden.
Das nebenstehende Beispiel zeigt in sehr verkürzter Darstellung das Ergebnis einer Projektgruppe. Dabei ging es darum, durch einen transparenten Layer (Overlay) die immersive Wahrnehmung der virtuellen Umgebung nicht zu stören. Der Aufmerksamkeitsfokus wechselt während einer Sequenz im Handlungsablauf zwischen den visualisierten Detailinformationen und dem Rest der immersiven Szene. Das Overlay liefert punktuell Daten zu den ausgewählten simulierten Objekten. Zusätzlich zur Konfiguration des VR-Raums sowie zur

Navigation und Informationsabfrage gibt es ein kleines tragbares Computerdisplay, das der Nutzer in der Hand hält („Handheld").
Die Navigation kann in der zeitlichen Dimension durchgeführt werden. So kann man sich bei Crashsimulationen in verschiedenen zeitlichen Situationen positionieren. Über das tragbare Display kann auch das Aussehen des Overlays mit einem elektronischen Zeichenstift konfiguriert werden. „Die Konfiguration des Overlays erfolgt fensterbasiert. Das bedeutet, dass der Benutzer auf der zu Verfügung stehenden Fläche (dem sichtbaren Bereich der Szene) rechteckige Bereiche definiert und anschließend bestimmt, welche Daten in diesem Bereich gezeigt werden sollen."

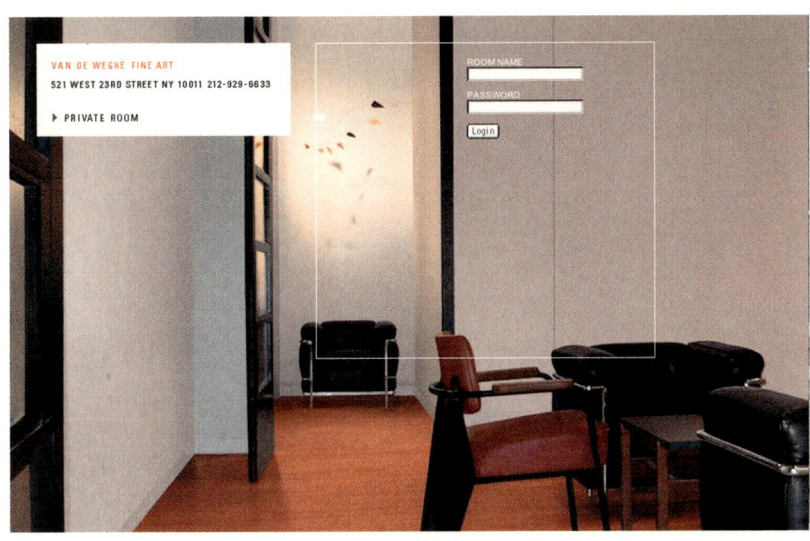

Gruppenarbeit während eines
Workshops, John Sasse, Christoph
Schmidt, Maximilian Herold,
FH Wedel, 2004

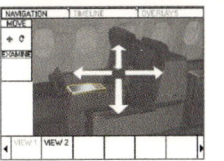 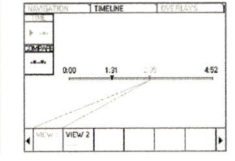 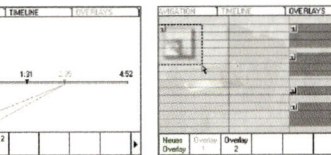 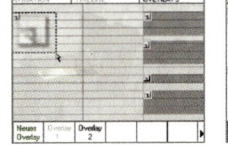 

Räumliche und zeitliche Navigation   Konfiguration des Overlays

FOKUSSIERUNG DURCH AUSSCHNITTVERKLEINERUNG

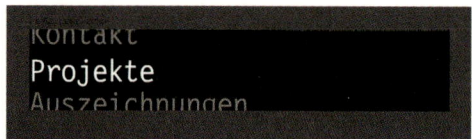
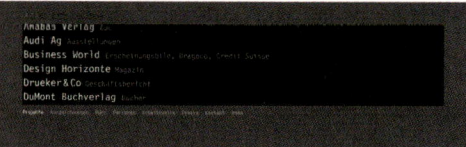

FOKUSSIERUNG AUF DIE BILDSCHIRMMITTE

Fokussierung der ausgewählten Daten und rechts daneben die alte Darstellung

HEINE/LENZ/ZIZKA_Manchmal ist umso radikaler auch umso besser. Der oben abgebildete Internetauftritt beschränkt sich ganz auf das horizontal ausgedehnte Wahrnehmungsfeld, bis zu dessen Rändern wir noch einigermaßen scharf sehen können. Der Blick muss nicht umherschweifen oder zu den Rändern des Bildschirms abschweifen, um alle relevanten Daten zu erfassen, was erst einmal ziemlich angenehm ist. Ein konsequentes Weiterdenken innerhalb dieser visuellen Grundidee stellen die Projektpräsentationen von Heine/Lenz/Zizka dar. Auch dort müssen die Objekte innerhalb des sichtbaren Feldes in den Aufmerksamkeitsfokus geschoben werden.

Multimodales Interface für den Aufmerksamkeitsfokus_In Zusammenarbeit mit Airbus ist eine Diplomarbeit von Dominik Willers entstanden, die zur Aufgabe hatte, Arbeitsprozesse während der Montage im Flugzeugbau zu optimieren und zu unterstützen. Bisher wurde der Einbau der vielen Millionen Einzelteile durch Anweisungen auf Papier gesteuert. Das Interface sollte einen direkten Zugriff auf die Datenbanken von Airbus ermöglichen und das Vorhandensein der Einzelteile, ihren Aufbau und ihre Montage auf einer sehr kleinen Fläche zur Darstellung bringen. Es waren verschiedene Ausgabemedien vorgesehen wie Head Mounted Displays (HMD), Tablet PCs, Touchscreens und in Zukunft auch Mobiltelefone. Die Steuerung sollte auch über Spracheingabe erfolgen können. Der Name

„Multimodal" bezieht sich auf diese verschiedenen Ein- und Ausgabemöglichkeiten.

Konzept der transparenten Ebenen_Eine besondere Schwierigkeit bestand darin, die Informationen wie die Funktionalität eines Interfaces auf kleinstem Raum zu integrieren. Deshalb wurde mit mehreren Ebenen gearbeitet. „Der Platz wird dabei effektiv genutzt, indem die dazugehörigen Interfaceelemente nicht klassisch beieinander, sondern transparent übereinander gelegt werden." Die Daten- und Statusebene sind permanent sichtbar, die anderen Ebenen können nach Bedarf eingeblendet werden.

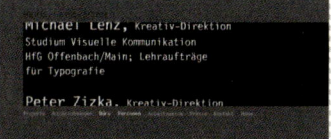

www..heine-lenz-zizka.com

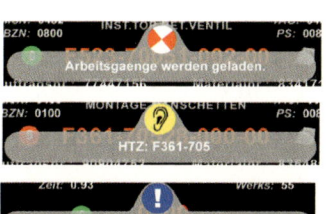

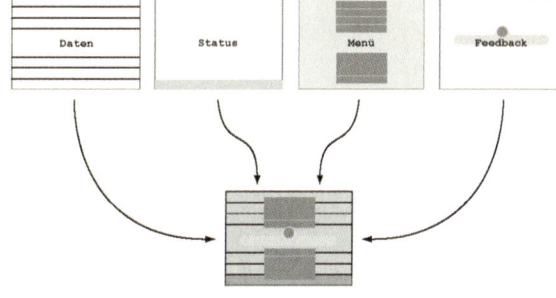

Zentrales, modusloses Feedback statt überflüssiger Bestätigungen   Konzept der transparenten Ebenen

Zentrum der Aufmerksamkeit_ Um angewählte Daten auf dem kleinen Display gut sichtbar zu machen, werden diese vergrößert dargestellt. Diese befinden sich immer in der Displaymitte: „Angetrieben durch die schlechten Darstellungsverhältnisse an den Rändern der verwendeten HMDs entstand die Idee, das Zentrum der visuellen Wahrnehmung auf die Displaymitte zu konzentrieren. Die Technik der transparenten Ebenen unterstützt diese Idee durch die Überlagerung der Informationen. Dadurch ist es beispielsweise möglich, Rückmeldungen des Systems transparent über der Liste direkt in der Bildschirmmitte einzublenden, ohne den Benutzer aus dem aktuellen Kontext herauszulösen.

Modusloses Feedback_Ein weiteres ebenso simples und effektives Konzept, das die Bedienung der Displays vereinfacht, bestand darin, die nötigen Systemrückmeldungen zentriert, aber ohne den oft überflüssigen Bestätigungsmodus Ja/Nein zu programmieren: „Viele Anwendungen werten ihre Rückmeldungen ab, indem sie sie in einer Statuszeile am Rand des Bildschirms, also weitab vom Zentrum der Aufmerksamkeit platzieren..." Rückmeldungen in einem eigenen Fenster müssen meistens bestätigt werden, was bei häufigen Rückmeldungen schnell als störend empfunden wird. Damit die Rückmeldungen nicht den Interaktionsfluss stören, soll die Feedback-Ebene „moduslos" sein: Eine Rückmeldung soll nicht

bestätigt werden, d.h., dass das Interface bei Anzeige einer Meldung vollständig bedienbar bleibt. „Nach einer gewissen Zeitspanne oder mit der nächsten Aktion des Benutzers wird die Feedback-Ebene dann automatisch ausgeblendet." Das Interface wurde von den Werksarbeitern wie von Usability-Spezialisten getestet und als sehr gut bewertet.

Diplomarbeit Dominik Willers, Multimodale Interfaces für mobile Informationssysteme, FH Wedel, 2003

FOKUSSIERUNG DURCH REDUKTION

In einer Studie wurden die potentiellen Zielgruppen definiert.

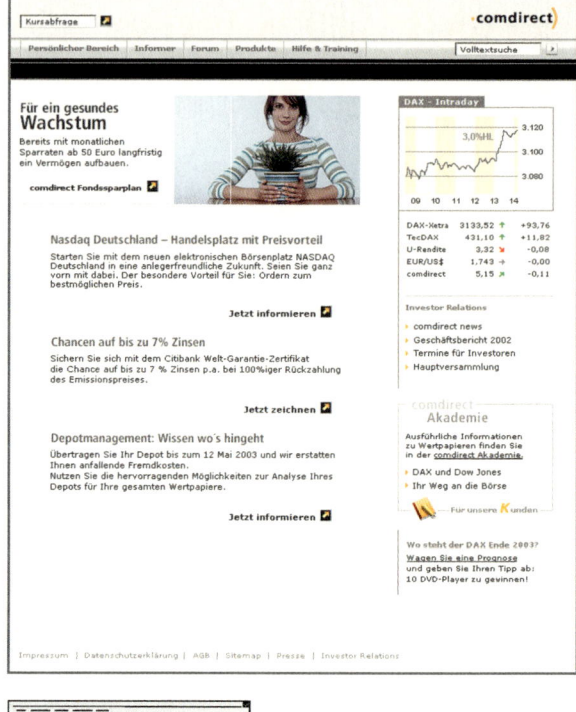

Agentur: SinnerSchrader
Creative Director: Christian Jung
Art Director: Jürgen Brandenburg

www.comdirect.de

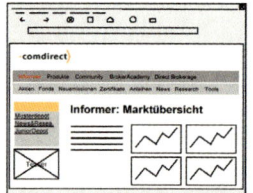

comdirect_Die comdirect bank AG ist Europas Marktführer im Online-Investment. Neben dem bekanntesten Kompetenzfeld Online-Investment bietet comdirect auch Direct Banking sowie Finanz- und Vermögensberatung an. Die hier gezeigten Beispiele beziehen sich dabei vor allem auf den Bereich Online Investment. Dieser Bereich umfasst ein breites Angebot an Wertpapieren und Fonds, mit denen man eigenständig und eigenverantwortlich handeln kann. Zur Erreichung dieser Ziele und als Entscheidungshilfe werden verschiedene Werkzeuge und Informationen angeboten.

Fokussierung durch nutzerspezifische Ansprache und Vereinfachung_Im Zuge eines Redesigns des Auftritts der comdirect bank AG sollte der Fokus und der Zugriff auf die Informationen verbessert werden. Dabei waren drei Aspekte zu beachten:
1. Für die verschiedenen Nutzergruppen sind jeweils andere Inhalte relevant.
2. Diesen möchte man durch eine formale und inhaltliche Reduktion auf die wichtigsten Daten einen besseren Einstieg ermöglichen.
3. Eine weitere Aufgabe bestand darin, die essenziellen Daten zur Wertpapierentwicklung und zu einzelnen Wertpapieren dem Nutzer mit einem Blick einsehbar zu machen.

1. Nutzerspezifische Ansprache_comdirect bedient sehr unterschiedliche Nutzergruppen. *Infoseeker* nutzen das unentgeltliche Angebot der comdirect, haben ihr Depot aber bei einem anderen Geldinstitut. Diese Nutzergruppe sollte mit Einsteiger-Angeboten von den Vorteilen der comdirect überzeugt werden.
Kleingeldtrader sind Kunden, die nur einen kleinen Teil Ihres Depots bei der comdirect (quasi als Feierabendbeschäftigung oder Spieldepot) verwalten. Diese Nutzergruppe soll davon überzeugt werden, auch größere Investitionen in Eigenregie bei der comdirect zu tätigen.

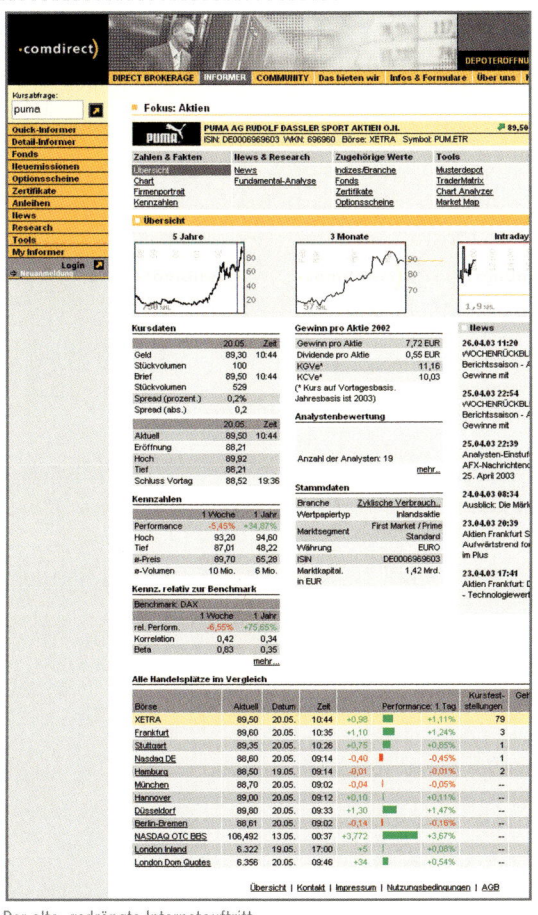

Der alte, gedrängte Internetauftritt

Das überarbeitete Design mit den wichtigsten Daten im linken oberen Feld.

Bei *Investoren* handelt es sich um erfahrene Anleger, die, im Vergleich zu den anderen Zielgruppen, größere Summen in Bankprodukte und Wertpapiere investieren. Schließlich gibt es noch die *Einsteiger*, die einen entsprechenden Aufklärungsbedarf haben und anders angesprochen und geführt werden müssen.

2. Vereinfachung des Designs_Je mehr auf zusätzliche formale Mittel wie farbliche Hinterlegungen oder Linien verzichtet wird, desto eher wird die Aufmerksamkeit auf die relevanten Inhalte gelenkt. Auch ist in der Regel die Fülle an Daten und Optionen, die zu einem Wertpapier angeboten werden, für eine seriöse Investitionsentscheidung gar nicht notwendig.Durch den Verzicht auf komplexe Darstellungen und weniger wichtige Daten wurde Raum geschaffen, der eine gestaltpsychologische Herangehensweise ermöglicht, die mehr mit den Prinzipien der Nähe und Ähnlichkeit zur sinnvollen Gruppierung arbeitet.

FOKUSSIERUNG DURCH BÜNDELUNG RELEVANTER DATEN

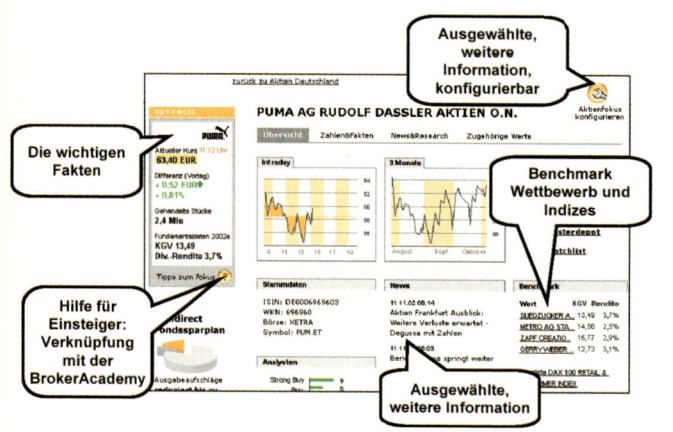

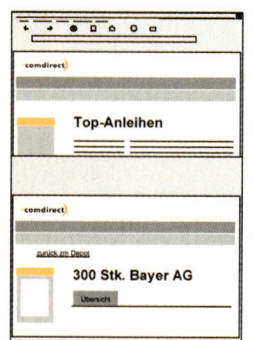

Oben: Das alte Design
Unten: Die von überflüssigen
Daten und Formen
entdichtete Neufassung

3. Alle wichtigen Daten im Zentrum der Aufmerksamkeit_Die Liberalisierung und die Demokratisierung des Aktienhandels ermöglichte es Privatpersonen, die von dem Geschäft erst einmal nur wenig Ahnung haben, ohne einen Vermittler in den Wertpapierhandel einzusteigen. Große Datenmengen stellen dabei eher eine Überforderung dar und suggerieren eine trügerische Sicherheit. Sie helfen nicht unbedingt bei der Orientierung und Entscheidungsfindung und verdecken die relevanten Informationen. Deshalb werden in dem überarbeiteten Webauftritt von comdirect die wichtigsten Kennzahlen besonders hervorgehoben. Sie stehen an der Stelle, auf welche die Aufmerksamkeit zuerst hinsteuert.

Beispiel Depotübersicht_Der Vergleich der alten mit der neuen tabellarischen Darstellung eines Depots zeigt, wie die Entdichtung von Daten zu einem „entspannteren" und lesefreundlicheren Design führen kann. Auf überflüssige Darstellungen, wie die stark verkleinerte Abbildung von Wertpapierkursen in der Größe eines Icons, wurde verzichtet. Die Farbe Gelb, die zugleich die Markenfarbe von comdirect ist, wird zur Auszeichnung und Akzentuierung nun wesentlich dezenter, aber auch effizienter eingesetzt. Die wichtigsten Kennzahlen zur Depotentwicklung erscheinen in der linken oberen Hälfte des Bildschirms.

Beispiel Aktienkurs_Auch in der letzten Gegenüberstellung wirkt die überarbeitete Informationsseite zum Kursverlauf einer Aktie heller, offener und vor allem überschaubarer. Kommastellen bei der Beschriftung der Tabellen wurden gelöscht, wenn sie nicht wirklich von Bedeutung sind. Marginale Informationen, welche die Seiten unübersichtlich machen würden, werden erst nach der Anwahl entsprechender Optionen aufgerufen. Auf flächige Hinterlegungen, durch welche sich die Unruhe und Komplexität der Gestaltung erhöhen würde, hat man verzichtet. Diese weniger relevanten Informationen können durch die Anwahl des

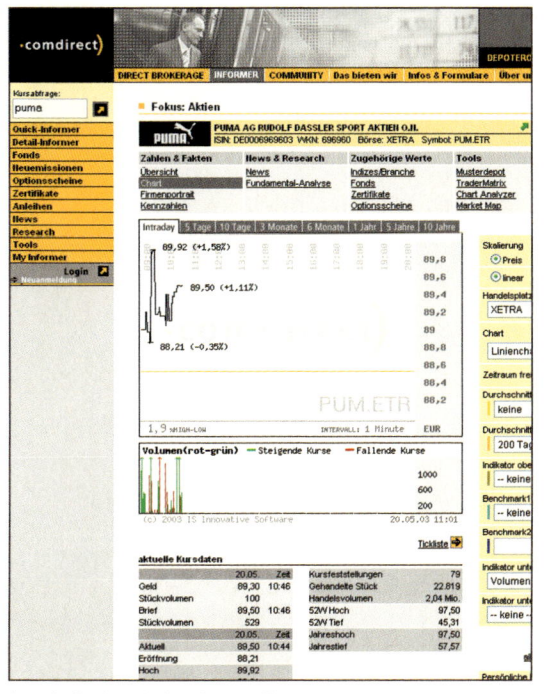

Das alte Design mit einer Fülle an Einstellungen

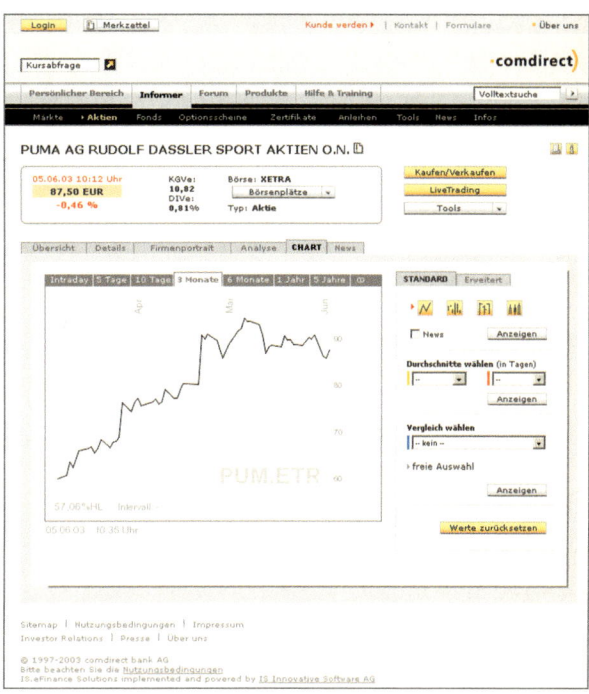

In der überarbeiteten Fassung ist die Information überschaubarer geworden

entsprechenden Reiters oder durch die Option „Erweitert" aufgerufen werden. Zu der großzügigeren und entspannteren Wirkung der neuen Seiten hat auch beigetragen, dass die Navigation sich nicht mehr auf der linken Seite befindet. Sie wurde in den oberen Bereich verlegt, wodurch mehr Platz in der Breite entstanden ist und die Inhalte nicht mehr wie zuvor durch schmale Schriften mit enger Zurichtung „gestaucht" werden müssen.

ZUSAMMENFASSUNG__ Aufmerksamkeit ist eine sehr *beschränkte Ressource*, die durch informelle Überlastung, Routinebildung, falsche Erwartungen und durch eine mangelhafte Gestaltung noch zusätzlich beeinträchtigt werden kann. Obwohl man nur einen sehr kleinen Bereich bewusst und detailliert wahrnimmt, spricht man dennoch auch von *fokussierter und diffuser Aufmerksamkeit*. In einem bestimmten Maße kann sie sich nämlich – bildhaft gesprochen – verengen und ausweiten. Für das Informationsdesign ist dieses Phänomen relevant. Um den Nutzer eines Angebots zu einer vertieften Auseinandersetzung mit der angebotenen Information zu bringen, kann man nach seiner thematischen Auswahl ablenkende Verweise und Informationen zunehmend ausblenden.

Informationsseiten, ob in Zeitschriften oder im Internet, werden nicht mit einem Mal erfasst. Der Aufmerksamkeitsfokus erfasst sukzessive die vorhandene Information in Form von Aufmerksamkeitssprüngen (Sakkaden). Um diesen *Aufmerksamkeitsverlauf* zu steuern, gibt es bestimmte Mittel, die etwas übertrieben auch *Aufmerksamkeitsgesetze* genannt werden. Damit diese in effektiver Form eingesetzt werden, benötigt man ein grundlegendes visuelles Konzept, das den Einsatz der visuellen Mittel zur *Aufmerksamkeitssteuerung* definiert.

Ganz grundsätzlich können in deutlicher, formaler Weise Prioritäten gesetzt werden, um so den Nutzer vom Wichtigen zum weniger Wichtigen zu lenken. Dies funktioniert allerdings am ehesten, wenn man es mit Personen zu tun hat, deren Aufmerksamkeit *nicht intentional* ist, also mit Personen, die nicht bereits mit einem ganz bestimmten Interesse die Information aufsuchen. In diesem Fall wäre es besser, wenn man die spezifischen Interessen und Ziele bedient. Dies kann man tun, indem man das Informationsangebot in *Sektionen* oder *Cluster* aufteilt. Diese Sektionen ermöglichen einen interessenspezifischen Einstieg in die Information. Die Akzentuierung zur Aufmerksamkeitssteuerung und die zielgruppenspezifische Gruppierung von Informationen schließen sich allerdings keineswegs gegenseitig aus. Eher ist es so, dass die Sektionen selbst als Akzentuierungen innerhalb eines *visuellen Konzepts* und Systems miteinbezogen werden müssen. Innerhalb der Sektionen wiederholt sich häufig die Gestaltung und der informelle Aufbau. Man könnte auch sagen, es kommen dieselben Gestaltungsregeln im Sinne der Systemkonsistenz zur Anwendung.

Ein solches visuelles Konzept kann sehr unterschiedliche Formen annehmen. Beispielsweise könnte man mit mehreren Ebenen der Wahrnehmung arbeiten, oder man reduziert die Bildschirmfläche, oder man fasst die wichtigen Informationen an einer bestimmten Stelle zusammen etc. In modularen Systemen unterliegt dann auch die Akzentuierung bestimmten Regeln. Man spricht deshalb auch zu

Von der Segmentierung zur Personalisierung

Als eine Fortführung des Segmentierungsprinzips kann die Personalisierung betrachtet werden. Das bedeutet, es werden automatisch die Themen in den Vordergrund gestellt, die ein registrierter Benutzer beispielsweise in einer vorherigen Sitzung aus einer Favoritenliste ausgewählt hatte. Die Personalisierung der Informationen verlangt nach veränderlichen Darstellungsweisen und flexiblen Gruppierungen der Information. Auch dies führt zu Gestaltungsprinzipien, die zugleich eine hohe Mobilität und eine freie Kombinierbarkeit der Systemobjekte voraussetzen.

Recht von *Aufmerksamkeitssprachen*. Dies bestehen in erster Linie aus formalen Festlegungen für die Darstellung von nicht anwählbaren Objekten, anwählbaren und ausgewählten Objekten.

3__DENKEN

TEXT | BILD |

_3.1
Denken als Informationsverarbeitung

Interaktion als Datenabgleich zwischen internen und externen Speichern.
Die Rolle der Bewusstseinsschwelle. Über einen Inkongruenzentdecker,
der Unbewusstes ins Bewusstsein holt, und mögliche Konsequenzen.

VERSCHIEDENE VORSTELLUNGEN UND FORSCHUNGSGEBIETE__ Spricht man vom
Denken, so kann damit sehr Verschiedenes gemeint sein. Einige
Philosophen glaubten sogar in bisher noch nicht bekannte Formen
des Denkens vorstoßen zu können, um der Wahrheit näher zu kommen. Der Philosoph Heidegger wollte dem Mysterium des Seins
seine Stirn bieten, indem er sich in einem „denkenderen Denken"
übte. Hegel glaubte an ein „sich selbst denkendes Denken". Dieses
sollte ungefähr der Art und Weise entsprechen, wie der alles durch-
waltende Weltgeist selber denkt. Goethe hatte Anwandlungen von
einem „nichtdenkenden Denken". Heute würde man dies vielleicht
als Kontemplation bezeichnen.

philosophische Ansätze

Auch in der Geschichte der Psychologie haben sich sehr verschiedene
Auffassungen davon entwickelt, wie dieser Vorgang zu verstehen
und zu beschreiben sei. Es wurde deutlich, dass es sich um einen
„multidimensionalen" Begriff zu handeln scheint. Es gibt deshalb in
der *Denkpsychologie* verschiedene Forschungsbereiche, die sich mit
unterschiedlichen Aspekten des Denkens beschäftigen. Für unseren
Zusammenhang ist folgende Untergliederung hilfreich.

Denkpsychologie

Forschungsberichte

1. Ein Kerngebiet beschäftigt sich mit den korrekten Schlüssen
des Denkens. Diese *formallogischen Untersuchungen* sind für die
Gestaltung von Oberflächen allerdings nicht von sehr großer
Bedeutung.

2. Ein weiteres Gebiet untersucht die Beziehung von *Sprache und
Denken*. In diesem Zusammenhang sind vor allem Untersuchungen
zum Textverstehen, zur Begriffsbildung und zum Verknüpfen von
Aussagen interessant. Bei dem Verknüpfen von Aussagen helfen uns
bestimmte Vorstellungen, so genannte „mentale Modelle", die einzelne
Informationen in einem größeren Zusammenhang integrieren.

3. Ein drittes zentrales Forschungsgebiet stellt das Denken in den
Zusammenhang konkreter *Problem- und Aufgabenbewältigung*. Wie
funktioniert der Problemlösungsprozess, welche Problemtypen und
Lösungsstrategien gibt es? Probleme werden in der Regel handelnd
gelöst. Beides scheint untrennbar miteinander verbunden zu sein.
Einige Aspekte dieses Bereiches der Denkpsychologie, die zugleich
für die Handlungspsychologie relevant sind, werden erst in dem
Kapitel über „Information und Handeln" angesprochen werden.

Auf mentale Modelle, Metaphern und Schemata, die uns beim Verstehen von Inhalten hilfreich sein können, wird in dem zweiten Abschnitt dieses Kapitels noch genauer einge-gangen.

EIN MODELL DER INFORMATIONSVERARBEITUNG MIT INTERNEN UND EXTERNEN SPEICHERN__Einen allgemeinen, für unsere Fragestellungen sehr interessanten – man könnte auch sagen „metaphorischen" – Zugang zu einer Vorstellung vom Denken bietet ein Ansatz in der Psychologie, welcher Denken als einen „Prozess der Informationsverarbeitung" versteht. Dieser geht davon aus, dass der Mensch ein informationsverarbeitendes System ist. Zu einem großen Teil basiert dieser Ansatz auf *Analogien*, die sich zwischen Mensch und Computer herstellen lassen. Beide Systeme – Mensch und Computer – wandeln die Ereignisse der Umwelt in *symbolische Repräsentationen* um. Sie versuchen mit bestimmten Grundoperationen und einfachen Rekursionen eine große Anzahl komplexer Aufgaben zu lösen. Dem Arbeitsspeicher und Festplattenspeicher des Computers scheinen Kurz- und Langzeitgedächtnis beim Menschen zu entsprechen. In dem „technoiden" wie „humanoiden" System finden sich Schnittstellen, über die Information ein- und austreten kann. In unserer modernen „Informationsgesellschaft" ist Information zudem zu einem grundlegenden Wirtschaftsgut neben Kapital und Ware geworden.

Mensch als Computer

Denken lässt sich unter dieser Perspektive als ein Vorgang der *Aufnahme*, der *Speicherung*, *Veränderung* und *Ausgabe* von Information verstehen. Die informationelle Beschreibung von Denkprozessen hat den methodischen Vorteil, dass sie zuvor nur schwer beschreibbare Vorgänge modellhaft erklärbar macht. Nach ihr sind Voraussagen beispielsweise darüber möglich, welcher informelle *Input* nötig ist, um einen sinnvollen *Output* zu erzeugen. Auch benötigen wir, ähnlich wie beim Computer, messbare Zeiten zum Aufnehmen, Verarbeiten und Reagieren auf Informationen. Jedoch würde man nicht so weit gehen, Bewusstsein auf Taktraten und Emotionen als eine zu eliminierende Gefahr der Systemüberhitzung zu reduzieren.

Vorgang des Denkens

Eine dieser Vorstellungen sieht das menschliche System als eine Verbindung miteinander kooperierender Einheiten, wie Wahrnehmungs-, Bewusstseins-, Gedächtnis- und Handlungssystem an. Als zentralen Bestandteil des Bewusstseins hat man sich ein *Exekutivsystem* vorzustellen, das wie ein Prozessor funktioniert und die verschiedenen Systemkomponenten miteinander koordiniert. Soll beispielsweise ein bestimmtes Ziel erreicht werden, müsste sich dieses die benötigte Information aus dem Gedächtnis oder aus der Außenwelt über die entsprechenden Wahrnehmungskanäle besorgen. Dabei führt das Exekutivsystem auch in alltäglichen Handlungen einen ständigen Abgleich zwischen interner und externer Speicherung handlungsrelevanter Information durch, indem es beispielsweise Fragen der Art „Soll ich mir diese Nummer merken oder aufschreiben?" beantwortet.

System der menschlichen Informationsverarbeitung

Ursprung der Idee
Dem Modell des Menschen als Informationsverarbeitungssystem gingen Arbeiten von Shannon zur Informationstheorie voraus. In diesem wurde der Begriff der Information auch auf seelische Prozesse angewendet, die erst einmal nicht sehr viel mit Information zu tun zu haben schienen.

Relativierung der Idee
Die Bedeutung dieser psychologischen Modellvorstellungen hat sich im Laufe der letzten Jahre etwas relativiert. Aber in Bezug auf das Informations- und Interfacedesign ist dieser Ansatz immer noch sehr interessant. Einige Anforderungen an das Design von Information lassen sich durchaus begründen aus diesen Vorstellungen der Denkpsychologie ableiten.

Konnektivismus
Während die hier vorgestellten Modelle von einer sequenziellen, symbolverarbeitenden Informationsverarbeitung ausgehen, betonen konnektivistische Konzepte die vernetzte und nichtzentrale Verarbeitung von Informationen, so wie sie sich heute auf neuronaler Ebene darstellen. „Wissen wird – statt auf einer Symbol-Logik – auf der Grundlage einer Ereignis-Logik als aktives Muster verteilt repräsentierter elementarer Informationseinheiten (units) repräsentiert" (Tergan, 1986)

Bei dem Antizipieren von Operationen oder bei der Informationssuche scheint also eine dichte funktionale Vernetzung interner und externer Informationen stattzufinden. Unsere Umwelt kann als *externer Speicher* beschrieben werden. Dieser externe Speicher besteht dabei zum großen Teil auch aus „externalisierten" Wissensspeichern, wie Büchern oder interaktiven Informationssystemen.

externer Speicher

externalisiertes Wissen

MODELL DER INFORMATIONSVERARBEITUNG

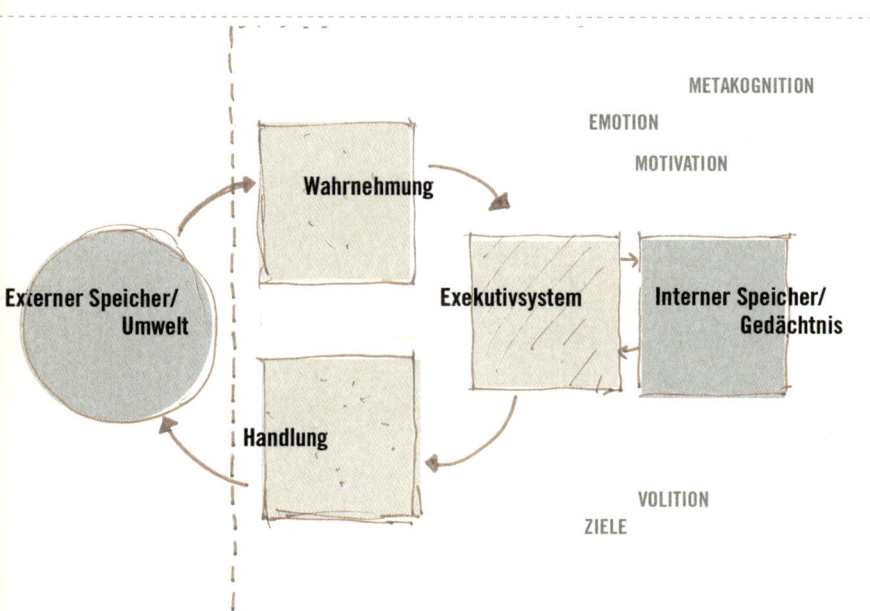

Ein einfaches Modell der Informationsverarbeitung in Anlehnung an Eberleh u. a. (1994). Wichtig ist bei diesem Modell, zu verstehen, dass über die beiden „Schnittstellen" Wahrnehmung und Handlung das Exekutivsystem permanent versucht, internes und externes Wissen in Übereinstimmung zu bringen.

WECHSELNDEN GEBRAUCH INTERNER UND EXTERNER SPEICHER THEMATISIEREN__ Eine wichtige Aufgabe im Informationsdesign besteht nun darin, diese zumeist unsichtbaren *Grenzverläufe* zumindest zu bedenken. An welcher Stelle wird internes Wissen oder Vorwissen vorausgesetzt und sollte reaktiviert werden? Oder an welcher Stelle erscheint es sinnvoll, das Strukturwissen des Rezipienten zu aktivieren oder sichtbar zu machen, um ihm das Einordnen der neuen Informationen zu erleichtern? Dies könnte geschehen, indem man auf der visuellen Ebene die relevanten übergeordnete Zusammenhänge verdeutlicht.

Grenzverläufe

INFORMATIONSVERARBEITUNG ALS AUTOMATISIERTER PROZESS__ Der Kulturphilosoph *Arnold Gehlen* hat versucht, technische und kulturelle Leistungen des Menschen auf ein Prinzip zurückzuführen, das er *Entlastung* nennt. Sprache entlastet uns vom konkreten Umgang mit

Dingen. Fahrzeuge entlasten uns von der Anstrengung der selbst- *Entlastung*
tätigen Fortbewegung. Taschenrechner entlasten unser Gehirn vom
Kopfrechnen. Telefone entlasten uns von dem direkten Umgang mit
lästigen Menschen.

Eine effektive Form der Entlastung unseres kognitiven Systems
stellt die *Automatisierung* dar. Indem bestimmte Fertigkeiten und
Handlungsschritte von uns eingeübt werden, brauchen wir sie *Automatisierung*
bei ihrer Ausübung nicht mehr mit Aufmerksamkeit zu verfolgen.
Das Exekutivsystem wird entlastet, und das ist wichtig, denn die
Ressource Aufmerksamkeit steht nur in beschränktem Umfang zur
Verfügung. Diese Automatisierung gelingt am besten bei motorischen
Operationen und solchen untergeordneten Tätigkeiten, die keine
neuerliche Reflexion über ihren Ablauf benötigen. In der Regel sind
dies Tätigkeiten, die nach bewusst konzipierten Handlungsplänen zur
Ausführung kommen. Ein Handlungsablauf als Ganzes besteht dabei *Handlungsablauf und*
aus verschiedenen Teilhandlungen, die sich wiederum in noch klei- *Teilhandlungen*
nere Handlungsschritte zerlegen lassen. Man kann sich diese als ein
hierarchisches Modell mit verschiedenen Ebenen vorstellen. Wollen
wir beispielsweise jemandem eine Mitteilung machen, so fassen wir
diesen Entschluss in bewusster Form. Auf einem untergeordneten
Expandieren und konkreteren Niveau wählen wir dann die passenden Worte aus.
Man kann sich das Expandieren Auf einem weiteren subsumierten Niveau muss die Wortwahl in eine
bildhaft durchaus so vorstellen wie Reihe motorischer Operationen umgesetzt bzw. *expandiert* werden,
das Öffnen von Ordnern, die dann indem wir die einzelnen Buchstaben auf ein Blatt Papier bringen.
noch weitere Ordner zum Vorschein Irgendwo zwischen Handlungsentwurf und konkreter Ausführung
bringen. befindet sich die *Bewusstseinsschwelle* bzw. die Grenze, unterhalb *Bewusstseinsschwelle*
derer Tätigkeiten nicht mehr bewusst vom Exekutivsystem kontrol-
liert werden.

DIE WAHRNEHMUNGSSCHWELLE INNERHALB VON HANDLUNGSABFOLGEN

Ein umfassender Handlungsablauf
kann in einem Ebenenmodell abgebildet werden. In der Regel sind
die kleinsten Handlungsschritte
automatisiert bzw. unbewusst,
während Planung und Strategie auf
der bewussten Ebene ablaufen.

Brief schreiben

Rechner   Programm   Neues   Formulierung
starten   öffnen   Dokument   überlegen

Anrede   Text   Datum

"gestern" schreiben

"g"   "e"   "s"
tippen   tippen   tippen

Allerdings kann durch fremd- oder selbstverursachte Fehler in solchen automatisierten Prozessen diese Bewusstseinsschwelle auf die unteren Handlungsniveaus gesenkt werden. Dies passiert beispielsweise, wenn wir uns vertippt haben. Wir können also auf allen Niveaus bewusst reflektieren, kontrollierte „Ist-Soll-Vergleiche" ausführen und dadurch gegebenenfalls Korrekturen vornehmen.

In dem Modell zur menschlichen Kognition von Rasmussen ist die **Bewusstseinsschwelle** Bewusstseinsschwelle als wichtiges konstitutives Moment menschlicher Informationsverarbeitung berücksichtigt worden. Dieses Modell erlaubt auch einige interessante Rückschlüsse hinsichtlich der Gestaltung von Informationen. Besonders bemerkenswert an **Inkongruenzentdecker** Rasmussens Architektur der menschlichen Kognition ist die Annahme eines *Inkongruenzentdeckers*. Diese erkennt, wenn etwas in der äußeren Welt bzw. im externen Speicher sich nicht in Kongruenz mit dem „inneren Weltmodell" befindet. Mit innerem Weltmodell wird unser gespeichertes Erfahrungs- und Handlungswissen beschrieben. Da dieses immer auch in Modellen organisiert zu sein scheint, versuchen wir dieses Modellwissen auf die äußere Umwelt zu übertragen, bzw. wir erwarten eine gewisse Übereinstimmung.

Im Fall von Computerschnittstellen haben wir also ein bestimmte Vorstellung, wie das System Computer oder Computeranwendung aufgebaut und zu bedienen ist. Entspricht das Design unseren modellhaften Vorstellungen, so könnte man von einem erwartungskonformen Schnittstellendesign sprechen. Stimmen die äußere Welt und das innere Weltmodell überein, dann tritt der Inkongruenzentdecker nicht in Aktion. Problematisch wird es, wenn das Interfacedesign durch eine weniger erwartungskonforme Gestaltung zusätzliche und eigentlich unnötige Aufmerksamkeit in Anspruch nimmt.

Es kann aber auch problematisch sein, wenn Operationen so unbe**Fehler auf der unbe-** wusst ausgeführt werden, dass Fehlhandlungen nicht mehr bemerkt **wussten Ebene** werden. Eine solche Situation kann beispielsweise auftreten, wenn ein Dokument geschlossen wird, ohne den letzten Stand der Arbeit rechtzeitig abzusichern. Für solche Fälle wurde die Funktion des Inkongruenzentdeckers vorsorglich in mancher Anwendung implementiert. Durch Rückfrage des Systems wird der nächste aktuelle Handlungsschritt ins Bewusstsein gehoben. So müssen wir manchmal in einem Dialogfenster bestätigen, ob wir ein Dokument überschreiben oder löschen oder die Festplatte formatieren wollen. Dadurch ist die Möglichkeit der bewussten Kontrolle und einer noch rechtzeitigen Korrektur gegeben.

Bewusstmachung von automatisierten Prozessen

Wie viele Teilhandlungen automatisch von uns ausgeführt werden, können wir uns dadurch bewusst machen, wenn wir einmal versuchen, einfachste Tätigkeiten, wie etwa ein Getränk zu sich nehmen, bis ins kleinste Detail kontrolliert, also bewusst auszuführen. Jerzy Grotowsky soll dies einmal mit seinen Schauspielern geübt haben und dabei auf geradezu bewusstseinserweiternde Wirkungen von Freiheit und Unabhängigkeit gestoßen sein, falls man diese Übung nur kurze Zeit durchhält.

Fehler auf verschiedenen Handlungsebenen

Auf den verschiedenen Handlungsebenen gibt es entsprechend verschiedene Formen der Fehlleistung. Auf der planerischen Ebene kann man Urteilsfehler bzw. Planungsfehler machen. Ein falsches Systemverständnis führt zu Fehlern in der Handlungsausführung (z.B. Erkennungsfehler, Merkfehler). Auf der motorischen Ebene können Tipp- oder Positionierungsfehler stattfinden. Vor allem die letzten beiden Fehlerebenen können auf Mängeln im Interfacedesign beruhen.

DIE WAHRNEHMUNGSSCHWELLE IM MODELL DER INFORMATIONSVERARBEITUNG

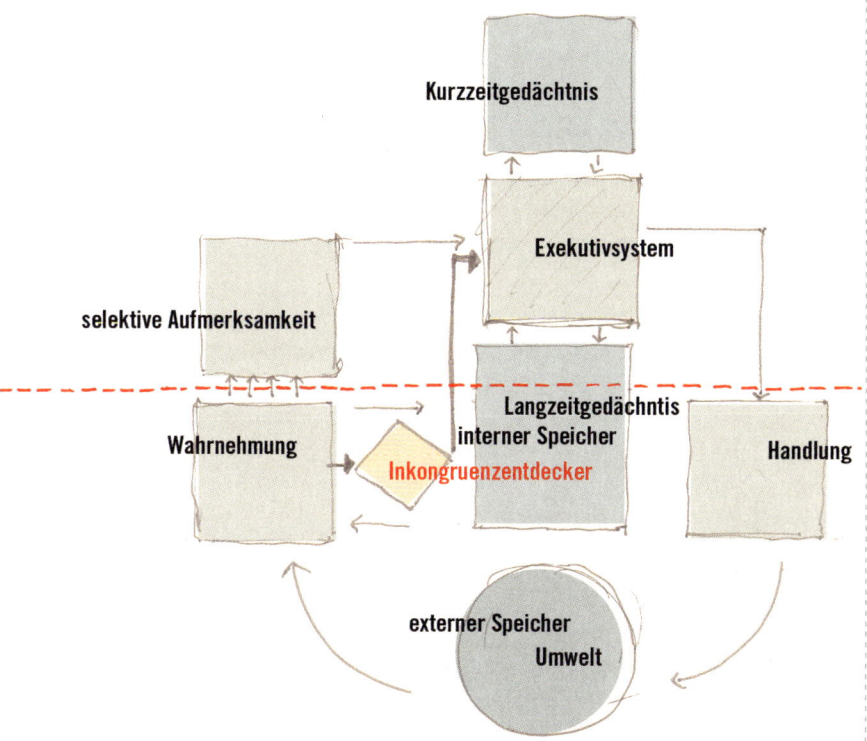

Kurzzeitgedächtnis

Exekutivsystem

selektive Aufmerksamkeit

Langzeitgedächtnis
interner Speicher

Inkongruenzentdecker

Wahrnehmung

Handlung

externer Speicher
Umwelt

Dieses Modell in Anlehnung an Rasmussen (1986) basiert in seinen Grundzügen auf dem zuvor gezeigten Modell der Informationsverarbeitung. Hier kommt noch die Unterscheidung zwischen bewusster (selektive Aufmerksamkeit) und unbewusster Wahrnehmung hinzu. Der Abgleich zwischen internem bzw. externem Speicher vollzieht sich in dieser differenzierten Darstellung also unterhalb der Wahrnehmungsschwelle.

Wenn es zu einer Inkongruenz kommt, dann tritt der speziell dafür „gedachte" Inkongruenzentdecker in Aktion. Er teilt dem Exekutivsystem mit, dass es da mal „bewusst" hinschauen möge, um zu sehen, weshalb Innen und Außen nicht übereinstimmen.

DIE AUTOMATISIERTE UND REFLEKTIERTE INFORMATIONSVERARBEITUNG VERDEUTLICHEN__ In der Regel wird ein System als entlastend empfunden, wenn es den Rezipienten nicht ständig bei der Ausführung eigner Routinen stört. Ein Interfacedesign könnte versuchen, auch diese Grenze zwischen unbewusster Routinte und bewusster Reflexion klarer zu thematisieren. Es könnte durch visuelle Anzeigen versuchen, die sehr unterschiedlichen reflektierten sowie routinierten Tätigkeiten sichtbar zu machen. Allerdings stellt sich die Frage, ob dies einen konkreten Nutzen und Vorteil in der Interaktion mit dem System hätte. Möglicherweise ist die bisher kaum thematisierte gleichzeitige Ausführung von bewussten und unbewussten Tätigkeiten so effizient, eben weil sie nicht thematisiert wird. Andererseits finden sich etwa in der Didaktik viele Lehrmethoden, welche sinnvoll zwischen strategischen und reflexiven Phasen und Phasen weniger bewusster Aneignung und Einübung unterscheiden, wie beispielsweise die PQ4R-Methode. Nach dieser ist das Lesen eines Textes umso ergiebiger, wenn ihm eine bewusste Vorbereitung und Nachbereitung vorausgeht bzw. nachfolgt.

intern-extern,
bewusst-unbewusst
Neben Bereichen, die eher externes bzw. internes Wissen aktivieren, gibt es eine weitere kaum sichtbare Grenze, welche die Bereiche scheidet, bei welchen mit Information reflektiert bzw. automatisiert umgegangen wird.

PQ4R-Methode

PROGRAMMHANDBÜCHER: SEMANTISCHES UND PROZEDURALES WISSEN

semantisches Wissen

prozedurales Wissen

Der Zwiebelschichteneffekt

Der Zwiebelschichteneffekt orientiert sich an klassischen Pauspapiertechniken, bei denen die vorhergehenden Zeichnungen als Vorlage unter eine transparente Folie gelegt werden. In Director können Darsteller entsprechend dieser Methode zu einer Vorlage für ihren Entwurf im Malfenster definiert werden. Im Fenster **>Ansicht >Zwiebelschichteneffekt** finden sich dazu Einstellungsmöglichkeiten:

1__Öffnen Sie das **>Malfenster**, und wählen Sie **>Ansicht >Zwiebelschichteneffekt.**
2__Öffnen Sie einen Darsteller im **>Malfenster**, ab dem der Zwiebelschichteneffekt beginnen soll.
3__Klicken Sie auf die **>Taste Zwiebelschichten.**
4__Erzeugen Sie über die **>Plus-Taste** ein neues **>Malfenster** Das vorhergehende Bild erscheint als matt dargestellte Vorlage.

Sie können unterschiedliche viele Darsteller als Vorlage für den Zwiebeleffekt verwenden. Umso weiter weg ein Darsteller, der als Vorlage verwendet wird, ist, desto blasser erscheint er als Hintergrundvorlage im **>Malfenster**. Dies entspricht auch der traditionellen Pauspapiertechnik, bei welcher mehrere halbtransparente Folien die vorgehenden Zeichnungen zunehmend verdecken.

Die Echtzeit-Aufnahme

Bei dieser Animationstechnik werden die Sprite bewegungen in Echtzeit aufgezeichnet. Diese Methode eignet sich besonders gut für Bewegungsabläufe, die spontan und improvisiert wirken sollen. Echtzeit-Aufnahme wird häufig verwendet, um Mausbewegungen in Lernawendungen zu simulieren.

1__Den betreffenden Sprite auswählen.
2__Die Option Echtzeit-Aufnahme im **>Menü Kontrolle** anwählen.
3__Den entsprechenden Sprite auf der Bühne anklicken, die Maustaste gedrückt halten und die gewünschte Bewegung ausführen.
4__Die Aufzeichnung wird beendet, wenn Sie die Maustaste loslassen. Der Sprite wurde entsprechend verlängert, und die notwendigen Schlüsselbilder wurden eingefügt.

Die schrittweise Aufzeichnung ist eine Technik, bei welcher die Animation in Einzelschritten aufgebaut wird. Die aktivierten Sprites werden durch das Vorwärtsbewegen des Abspielkopfes dupliziert. Die Duplikate werden verändert, um darauf wieder dupliziert zu werden, und so weiter...

prozedurales Wissen

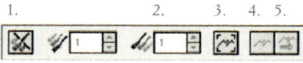

1. Mit dieser Taste kann der Effekt an- und ausgeschaltet werden.

2. In diese Felder können Sie eingeben, wie viele der vorhergehenden und folgenden Bilder als Vorlage dienen sollen.

3. Über diese Taste wird das aktuelle Bild im Malfenster zum permanenten Hintergrund.

4. Das definierte Hintergrundbild kann ein- und ausgeschaltet werden.

5. Von dem aktuellen Bild ausgehend werden alle nachfolgenden Bilder nacheinander zum Hintergrundbild.

Programmhandbücher sind ein anschauliches Beispiel für den Wechsel zwischen semantischem und prozeduralem Wissen. Der schwarze Text liefert eine allgemeine Einführung in die Arbeitsweise der Trickfilmanimation. Dieser steht für semantische Informationen zur grundsätzlichen Arbeitsweise oder zum Programmkonzept. Die konkreten Handlungsanweisungen oder die einzelnen Schritte der Systemoperation werden im eingeschobenen braunen Textblock beschrieben. Das obige Beispiel handelt davon, wie man in Macromedia Director eine Animation nach dem Prinzip der Zwiebelschichtenmethode erstellt. Diese handlungsorientierten Anweisungen haben einen anderen Charakter als ein beschreibender oder einführender Text. Deshalb könnten die konkreten Handlungsanweisungen auch von dem übrigen Text abgesetzt werden. Als einen weiteren differenzierbaren Texttyp kann man Bildkommentare ansehen, die Systemfunktionen beschreiben. In diesen Beschreibungen vermischt sich oft Wissen zum Aufbau und Konzept des Systems mit prozeduralem Wissen, das einem unmittelbar beim Entwurf von Handlungsabläufen dient. (Näheres zu prozeduralem Wissen findet sich auf Seite 120.)

Khazaeli, Cyrus D., Terstegge, Christian, Multimedia mit Director, Rowohlt, 2004

DIE PQ4R-METHODE: AUTOMATISIERTE UND REFLEKTIERTE INTERAKTION

Preview   Das Modell der Informationsverarbeitung hat viele Erweiterungen und Abwandlungen erfahren. Newell und Simon ergänzen dieses Modell im Hinblick auf das menschliche Problemlösen......................

prozedurales Wissen

Question   Welches sind die Unterschiede zwischem dem „task modell" und dem „performance modell", und wie hängen sie mit dem Modell der Informationsverarbeitung zusammen?......................

Read

Neues Wissen | Vorwissen /Grundlagenwissen

Newell and Simon's Human Problem Solving

Newell and Simon introduced the concepts of problem space and task environment. The problem space is a person's internal (mental) representation of a problem, and the place where problem-solving activity takes place. The task environment is the physical and social environment in which problem solving takes place. The reason for this distinction is that individual behaviour influences problem solving; this influence is greater the less structured the task is.

Situations which do not influence individual behaviour can be studied by only analysing the task environment. Eg., economic theory is based on the task environment only, assuming that humans are always motivated to maximise their utility; they are expected to behave rationally towards this goal, and everything of importance for problem solving is given by the task environment. Therefore, economics is a science about the task environment.

Where behavioural aspects of problem solving are closely related to the decision maker and not to the task environment, we have to look inside the person's mind to explain this behaviour. Unstructured environments are open for individual behaviour, well-structured environments encourage common behaviour.

Newell and Simon call the model of the task environment a task model(sometimes also known as a competence or epistemological model) and the model of the problem space a performance model: a task model represents generalized concepts (objects, relations, processes and strategies), and describes a typical high-level problem solving strategy within a domain. It represents an abstract, stereo-typed performer within this domain.

a performance model is a model of the problem space and represents the problem solving behaviour of one person who is performing a specific task, but are not adequate for system development since they are constrained to a single performer on a single task...

Remember: Information Processing as a Model of Mind

views all mental activities performed by humans as information processing and the human mind as an information processing system - provides the general theoretical framework for cognitive psychologyand cognitive science.

Information comes in through sense receptors, mental operations are applied to and changes it until an output is ready to be stored or used to generate behaviour. The performance of a cognitive task involves a sequence of mental operations (cognitive processes) on mental objects (cognitive structures).

The central hypothesis is that thinking is governed by programs that organize myriad of simple information processes into orderly complex sequences (best understood by the computer analogy). Winograd and Flores summarize this as follows:

1. All cognitive systems are symbol systems. They achieve their intelligence by symbolizing external and internal situations and events and by manipulating those symbols.

2. All cognitive systems share a basic underlying set of symbol manipulation processes.

3. A theory of cognition can be couched as a program in an appropriate symbolic formalism such that the program when run in the appropriate environment will produce the observed behaviour

Lesen als überwiegend automatisierter Prozess

Recite   Welches sind die Kernaussagen und welche Argumente werden angeführt?......................

Refect   Erscheint Ihnen die Unterscheidung plausibel und stellt sie eine sinnvolle Erweiterung dar? ....

Review   Fassen Sie den Beitrag von Newell & Simon zum Modell der Informationsverarbeitung zusammen!..........

Texterschließung als reflektierter Prozess

PQ4R-Methode__Ein zentrales Ziel der PQ4R-Methode (PQ4R = Preview, Question, Read, Recite, Reflect and Review) ist die Verbesserung der Verarbeitungstiefe in der Textrezeption. Durch eine intensivere Auseinandersetzung mit einem Text lassen sich Inhalte zudem besser behalten als durch stures Auswendiglernen. Dies wird im nächsten Abschnitt dieses Buches noch ausführlicher beschrieben werden.

Die PQ4R-Methode macht weiterhin deutlich, dass auch die Auseinandersetzung mit einem Text aus einer Abfolge von mehr reflektierten und mehr automatisierten Phasen bestehen kann, wobei das Lesen des Textes eher ein automatisiert ablaufender Prozess ist.

Sinn oder Unsinn__Auf interaktiven System-oberflächen ist eine Untergliederung in Bereiche semantischen oder prozeduralen Wissens oder in Bereiche bewusster und unbewusster Interaktion in einer expliziten Form allerdings eher selten von großem Nutzen. Schließlich

macht man ja auch selbst im Alltag darin keinen Unterschied. Außerdem gibt es Übergänge und Vermischungen zwischen bewussten und weniger bewussten Tätigkeiten. So kann Lesen zugleich auch ein bewusster und reflektierter Prozess sein. Eine Zielsetzung der PQ4R-Methode ist ja auch, das Lesen selbst im Hinblick auf bestimmte Fragestellungen bewusster und aufmerksamer zu gestalten. Das oben stehende Beispiel möchte deshalb nur zeigen, dass solche Unterscheidungen prinzipiell möglich sind.

Gedächtnis und Aufbau

Welche Instanzen muss Information durchlaufen, um behalten zu werden, und welche Mechanismen spielen dabei eine Rolle. Weshalb langfristiges Behalten mit Vernetzung und Verarbeitungstiefe zusammenhängt. Und weshalb Design mit dem Design der Information beginnen sollte.

eine Definition

Eine sinnvolle Informationsverarbeitung scheint ohne einen Ort, an dem Information dauerhaft aufbewahrt werden kann, kaum möglich zu sein. Oder in den Worten von *Ewald Hering*, der 1920 zu diesem Thema vor der Wiener Akademie dozierte: *„Das Gedächtnis bringt die zahllosen Phänomene unserer Existenz zu einem einzigen Ganzen zusammen; und so wie unser Körper in den Staub seiner atomaren Bestandteile zerfiele, wenn er nicht durch die Massenanziehung zusammengehalten würde, so wäre unser Bewußtsein in so viele Fragmente wie die Sekunden unseres bisherigen Lebens zersplittert, bestünde nicht die verbindende und vereinigende Kraft des Gedächtnisses."* Dieses einigermaßen komplexe Gebiet soll nun anhand verschiedener Fragestellungen in folgende Bereiche differenziert werden.

Themenbereiche: Gedächtnis

1_Aufbau der Speichersysteme: Ein Fragenkomplex beschäftigt sich mit der Dauer der Informationsspeicherung. Im Hinblick darauf wird unser Gedächtnissystem nach einem einfachen und immer noch gültigen Modell in drei Bereiche eingeteilt, die als *Ultrakurzzeitgedächtnis* bzw. sensorisches Gedächtnis, *Kurzzeitgedächtnis* und *Langzeitgedächtnis* bezeichnet werden.

2_Gedächtnisprozesse: Ein weiterer Bereich befasst sich mit der Enkodierung, Speicherung, dem Abruf von Gedächtnisinhalten und den Problemen, die dabei auftreten können.

3_Speicherungsmodi: Für die Darstellung von Informationen ist außerdem interessant, in welcher Art und Weise diese in unserem Gedächtnis abgelegt werden. Denn daraus lassen sich Rückschlüsse auf die Präsentation von Inhalten schließen. Der erste Fragenkomplex soll uns nun auch als Erstes beschäftigen.

DAS ULTRAKURZZEITGEDÄCHTNIS ODER ÜBER DEN SEKUNDENTOD DER INFORMATION IN SENSORISCHEN REGISTERN__Eng mit den Sinnesorganen ist das *Ultrakurzzeitgedächtnis* verbunden. Wir können uns dieses bewusst machen, wenn wir nach intensiver Betrachtung eines Objektes unsere

ikonisches und echoisches Gedächtnis

Augen schließen. Oft bleibt uns ein schwaches Nachbild erhalten, das aber sofort zerfällt. Ein ähnliches Phänomen findet sich bei akustischen Reizen. Man unterscheidet von daher ein *ikonisches* und *echoisches* Ultrakurzzeitgedächtnis. Die Zerfallszeiten liegen bei zirka 200 Millisekunden bezüglich der visuellen Wahrnehmung und bei zirka 1,5 Sekunden in der auditiven Wahrnehmung. Für die Informationsverarbeitung scheinen diese *sensorischen Register,* wie sie manchmal auch genannt werden, weniger relevant als die anderen Speichersysteme zu sein.

DAS KURZZEITGEDÄCHTNIS UND DIE MAGISCHE SIEBEN__Wenn wir einen Text lesen oder ein Gespräch verfolgen, so können wir die letzten Formulierungen noch genau wiedergeben, aber schon einige Sekunden später ist uns dies nicht mehr möglich. Dies bedeutet, dass die Informationen im Kurzzeitgedächtnis lediglich eine Halbwertszeit von wenigen Sekunden haben.

Selbsttest
Die Menge memorierbarer
Elemente im Kurzzeitgedächtnis
lässt sich einfach ermitteln. Man
lässt Probanden zuvor genannte
Zeichenkombinationen wiederholen
und beobachtet, bis zu welcher
Grenze sie diese fehlerfrei wiedergeben können.

Durch ein Selbstexperiment kam der Verhaltensforscher und Psychologe *Hermann Ebbinghaus* schon 1885 zu der verblüffenden Einsicht, dass sein eigenes *Kurzzeitgedächtnis* nicht mehr als sieben verschiedene Elemente gleichzeitig fassen kann. Viele Jahre danach kommt in einer grundlegenden Arbeit der Forscher *Georg Miller (1956)* zum gleichen Ergebnis. Dieses erstaunliche Kapazitätslimit scheint mit geringen Abweichungen von plus oder minus zwei Objekten bei allen Menschen in allen Kulturen vorhanden zu sein. Miller sprach deshalb von der magischen Zahl 7 +/-2.

Selbstexperiment von H. Ebbinghaus

7+/-2

REHEARSAL ODER WIEDERHOLUNG ALS LEBENSVERLÄNGERNDE MASSNAHME__Um Informationen im Kurzzeitgedächtnis zu behalten, müssen diese wiederholt werden, ansonsten würden sie in kurzer Zeit zerfallen. Dabei ist der *Wortlängeneffekt (Baddeley, Thompsen, Buchanan, 1975)* ein interessantes Phänomen. Sollen wir uns längere Wörter merken, so können wir uns diese bei gleicher Anzahl weniger gut merken, da bei der dadurch bedingten längeren zirkulären Artikulation die ersten Wörter bereits verblasst sind, wenn wir die letzten zu Ende gesprochen haben. Der Vorgang des ständigen Wiederholens der Gedächtnisinhalte wird *Rehearsal* genannt.

Wortlängeneffekt

Erschwerend kommt neben der hohen Verblassensrate der Gedächtnisinhalte hinzu, dass diese durch neu eindringende Informationen *überschrieben* werden können. Muss man sich etwa neben der Lösung einer einfachen Multiplikationsaufgabe wie 42 x 7 noch eine Telefonnummer merken, so bekommt man das Problem, sich entweder nur die Telefonnummer oder die Zwischensummen merken zu müssen. Da das Kurzzeitgedächtnis eng an das Denken gekoppelt ist und eine seiner vordringlichen Aufgaben darin besteht, für den Denkprozess die nötigen Inhalte bereitzustellen, scheint es in der Informationsgestaltung eine besondere Herausforderung zu sein, dieses Gedächtnissystem nicht unnötig zu belasten.

Überschreibung durch neue Inhalte

GRUPPIERUNG ALS MULTIPLIKATOR DER BEHALTENSLEISTUNG__ Das beschriebene Verfahren der „Gedächtnisspannen-Messung" liefert allerdings ganz andere Ergebnisse, wenn Testpersonen die Zeichen mit Informationen aus dem Langzeitgedächtnis verbinden. Dies könnte geschehen, indem die dargebotenen Zeichen durch sinnhafte Assoziationen in vorhandenen Gedächtnisinhalten *verankert* werden. Eine regelrechte Multiplikation der Behaltensleistung tritt aber auch schon ein, wenn im Zuge der semantischen Entschlüsselung die einzelnen Zeichen zu größeren, bedeutungshaltigen Einheiten verbunden werden. Beispielsweise würde es für uns kaum möglich sein, folgende Buchstabenkombination zu behalten: NEHCNIEWHC-SREEM. Wissen wir allerdings, dass es sich um den Begriff MEERSCHWEINCHEN handelt, so fällt die Aufgabe sehr viel leichter. Dieses Zusammenfassen zu bedeutungshaltigen Einheiten nennt

Chunking man *Chunking*. Das Prinzip besteht demnach darin, dass wir kleine Einheiten zu größeren Einheiten zusammenfassen und auf die Details dann „top-down" schließen bzw. rekursieren können.

7+/-2 In Anbetracht der geringen Kapazität unseres Kurzzeitgedächtnisses wurde eine allgemein sehr beliebte softwareergonomische Grundregel abgeleitet, die besagt, dass man nicht viel mehr als sieben Auswahlmöglichkeiten zur Verfügung stellen sollte. Dies gilt gleichermaßen für Menüoptionen in einer Software wie für Leitartikel oder Überschriften in einem Informationssystem. Globalen Benennungen können wiederum Unterpunkte zugewiesen werden. So kann es dem Designer durch entsprechende Gruppierungen gelingen, auch umfangreiche Inhalte zu antizipierbaren Einheiten zu verbinden.

Clustering Dem *Chunking-Prinzip* im Kurzzeitgedächtnis entspricht dabei das *Clustering-Prinzip* im Design. Eine gute Lösung scheint auch zu sein, die Information in einer Form zu organisieren, dass wir einen *sinnvollen Zusammenhang* in ihr erkennen. Dies wird auch durch die Art und Weise bestätigt, mit der Inhalte vom Kurzzeitgedächtnis in das Langzeitgedächtnis übertragen werden.

DAS LANGZEITGEDÄCHTNIS ODER BEHALTEN DURCH INTEGRATION__ Das Kurzzeitgedächtnis scheint die für das Denken nötigen Daten zu liefern. Man kann es aber auch als Zwischenstation betrachten, über welche

Repetition die Daten in das Langzeitgedächtnis gelangen. Ähnlich wie im Kurzzeitgedächtnis kann die Repetition dabei helfen, Informationen im Langzeitgedächtnis zu behalten. Diese Methode ist sicher vielen noch aus dem Vokabellernen vertraut. Das ständige Wiederholen von Gedächtniselementen ist allerdings eine nicht sehr effektive Methode, um Informationen im Langzeitgedächtnis zu speichern. Viel wichtiger ist es, dass die Information von *Bedeutung* ist.

Wenn man jemandem etwas erzählt, womit man selber nichts anfangen kann, so wird man es vergessen. Verbinden wir das Erzählte aber mit einem uns bekannten Sachverhalt, dann sieht die Sache schon anders aus. Im visuellen Bereich hat man die Möglichkeit, die Bedeutsamkeit zu erhöhen, indem man Bedeutungszusammenhänge sichtbar macht. Beispielsweise könnte man inhaltliche Verbindungen durch Verweise oder Linien visualisieren. Jedes Schlüsselwort oder jeder Verweis ist wiederum selbst Teil eines anderen Zusammenhangs und prinzipiell expandierbar (+).

Obwohl es ein sehr einfaches Modell von Gedächtnisprozessen ist, ist die Systemgestaltung doch immer noch aufschlussreich. Nach diesem Modell behalten wir nur die Informationen, die wir bewusst (selektiv) und als bedeutsam (semantisch kodierbar) wahrnehmen.

SICHTBARMACHEN VON BEDEUTUNGEN UND STRUKTUREN

INFORMATION WIRD BESSER BEHALTEN, WENN SIE FÜR UNS VON **BEDEUTUNG**[+] IST. DIES GELINGT DURCH DIE **VERNETZUNG**[+] MIT BEKANNTEM. WIR KÖNNEN DIES **SICHTBAR MACHEN**[+], INDEM WIR BEDEUTUNGS-ZUSAMMENHÄNGE ALS **STRUKTUREN**[+] DARSTELLEN. DIES ERHÖHT DIE **VERARBEITUNGSTIEFE**[+], WODURCH INFORMATION WIEDER FÜR UNS AN **BEDEUTUNG**[+] GEWINNT.

GEDÄCHTNISMODELL UND SEMANTISCHE KODIERUNG

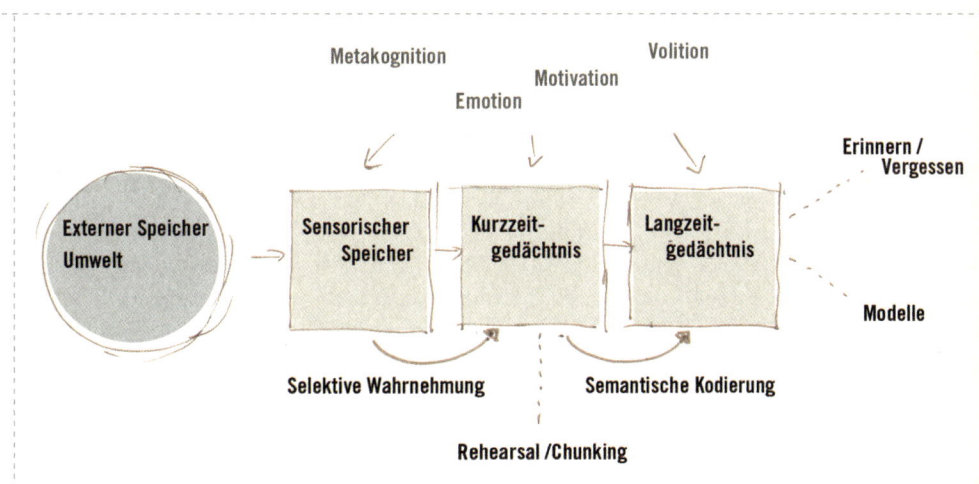

Von den einströmenden Informationen bleiben im Langzeitgedächtnis zumeist nur einige zentrale Aussagen erhalten. Mehrere Minuten *Bedeutung der* nachdem ein Satz gesprochen wurde, kann man oft nur die Bedeutung *Bedeutung* des Gesagten wiedergeben. Der Bedeutungsaspekt ist aber noch in einer anderen Hinsicht sehr wichtig. Informationen gewinnen oft erst dann an Bedeutung, wenn man mit ihnen etwas anfangen kann und wenn sie sich *in bereits vorhandenes Wissen integrieren lassen.* Auch aus didaktischer-methodischer Sicht erscheint es von daher sinnvoll, bekanntes Wissen zu aktivieren, um dann neue Informationen in die reaktivierten, kognitiven Strukturen besser verankern zu können.

Es gibt weitere Experimente, die den Zusammenhang von Bedeutung und Behalten thematisieren. Viele Befunde deuten darauf hin, dass *Verarbeitungstiefe* Behaltensleistungen sich auch durch eine größere *Verarbeitungstiefe* verbessern lassen. In einer Untersuchung *(Peter Lindsay und Donald Norman, 1981)* wurden zu bunten Wortlisten mehreren Testgruppen verschiedene Aufgaben gestellt, wie Farben angeben, Buchstaben zählen, reimen und eine Geschichte aus den Worten erzeugen. Die Ergebnisse bestätigten, dass im letzten Fall die Behaltensleistungen besser sind. Das Erfinden einer Geschichte zu den Wortlisten setzt eine semantische Analyse der Wortbedeutung voraus. Die Verarbeitungstiefe ist dadurch insgesamt höher und die Behaltensleistung besser.

Auch anscheinend unzusammenhängende Begriffe und Zeichen können durch eine nachträgliche, bedeutungsbezogene Vernetzung besser behalten werden. Lernt man beispielsweise Gitarre spielen, muss man sich erst einmal die Namen der sechs Saiten mit ihren unterschiedlichen Tonhöhen EADGHE merken. Diese könnte man zu einer Geschichte oder einem Satz verknüpfen, wie „Echte Anachronisten dichten gerne homerische Epen". Die Abfolge der unterschiedlichen Tonhöhen wird dadurch besser behalten, vorausgesetzt dass wir den Text behalten können.

Bedeutung und Struktur Die Bedeutung einer Information ergibt sich in vielen Fällen bereits aus der Darstellung inhaltlicher Zusammenhänge und der Reaktivierung von Vorwissen. Die strukturelle Darstellung von inhaltlichen Zusammenhängen kann damit die Bedeutung von Inhalten für den Rezipienten erhöhen. Die Offenlegung einer Struktur hat darüber hinaus noch ein weitere Funktion. Sie zeigt auf, wie etwas miteinander verbunden ist. Sie gibt Einblick in den Gesamtzusammenhang. Je transparenter dieser dargestellt wird, desto einfacher scheint es zu sein, diesen in die eigenen Gedächtnisstrukturen zu übernehmen. In einem Experiment mit mehreren Studenten *(Glowalla, 1993)* wurde deutlich, dass eine hohe Vernetzung von Gedächtniselementen auch ihre dauerhafte Integration in das System des Langzeitgedächtnisses verbessert.

Von der Bedeutung der Bedeutung
In einem Experiment (Anderson, 1974) wurden die Testpersonen gefragt, ob sie sich neben der Bedeutung auch noch an den Wortlaut eines Satzes erinnern könnten.

Auch noch einige Zeit später konnten die Testpersonen zu 98% richtig wiedergeben, ob etwa „der Maler vom Missionar erschossen wurde", oder ob der umgekehrte Fall zutreffend war. Die Testpersonen konnten sich aber nur zu einem wesentlich geringeren Prozentsatz daran erinnern, ob der Satz in der aktiven oder passiven Erzählform formuliert worden war. Das genaue Satzgefüge wurde also vergessen.

Von der Bedeutung der Vernetzung
An der Universität Gießen wurde drei Studentengruppen ein Lehrtext in fünf Sitzungen vermittelt. Der ersten Gruppe wurden keine Hinweise zu den sachlichen Zusammenhängen zwischen den Lektionen gegeben. Der zweiten Gruppe wurden allgemeine Hinweise auf inhaltliche Bezüge gegeben. Der dritten Gruppe wurden Zusammenhänge explizit genannt. Es zeigte sich, dass die deutliche Benennung konkreter Bezüge zu einem tieferen Verständnis und zu besseren Behaltensleistungen bei den Studenten führte (Glowalla, Rinck, Fezzardi, 1993)

BESSERES VERSTEHEN UND BEHALTEN DURCH TRANSPARENZ UND VERNETZUNG

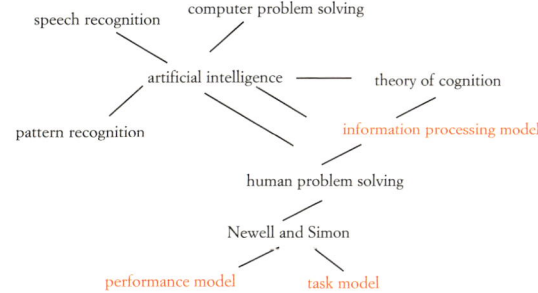

Newell and Simon's Human Problem Solving

a Newell and Simon introduced the concepts of *task environment*

b and *problem space.*

Definition 1: a The *task environment* is the physical and social environment in which problem solving takes place.   social environment = task environment

b The *problem space* is a person's internal (mental) representation of a problem, and the place where problem-solving activity takes normaly place.   mental repräsentation = problem space

Argument: *The reason* for this distinction is that individual behaviour influences problem solving; this influence is greater the less structured the task is.

Beispiele: a *Situations* which do not influence individual behaviour can be studied by only analysing the *task environment*. Economic theory is based on the task environment only, assuming that humans are always motivated to maximise their utility; they are expected to behave rationally towards this goal, and everything of importance for problem solving is given by the task environment. Therefore, economics is a science about the task environment   economic theory

b Where behavioural aspects of *problem space* and solving are closely related to the decision maker and not to the task environment, we have to look inside the person's mind to explain this behaviour. Unstructured environments are open for individual behaviour, well-structured environments encourage common behaviour.   human behavior

Definition 2 a Newell and Simon call the model of the task environment a task model(sometimes also known as a competence or epistemological model) and the model of the problem space a performance model: *a task model* represents generalized concepts (objects, relations, processes and strategies), and describes a typical high-level problem solving strategy within a domain. It represents an abstract, stereotyped performer within this domain.   task environment > task model

b *a performance model* is a model of the problem space and represents the problem solving behaviour of one person who is performing a specific task, but are not adequate for system development since they are constrained to a single performer on a single task...   problem space > performance model

---

Text und Textmodell_In dem kurzen, oben abgebildeten Text über das Problemlösen wird beschrieben, dass Newell und Simon eine grundsätzliche Unterscheidung zwischen privaten und mehr öffentlichen Problemlösungsprozessen machen. Der Autor führt zuerst die beiden unterschiedlichen Definitionen an und nennt anschließend die Gründe, wobei er sich zweier Beispiele bedient.
Genauso gut hätte er zuerst mit den Beispielen beginnen können, um anschließend die beiden

unterschiedlichen Definitionen zu begründen. Beide Vorgehensweisen sind in Ordnung. Das Problem ist, dass der Leser einer geschlossenen und kompakten Textgestalt nicht entnehmen kann, wie der Autor verfährt. Denn vielleicht interessieren ihn ja auch nicht die Beispiele, sondern nur die Definitionen.
Als Leser muss man nicht nur der Argumentation folgen, man versucht sich ein Bild vom Textaufbau zu machen, und man muss die neuen Inhalte mit dem bereits Bekanntem verbinden.

Eine große Hilfe wäre es, wenn man den Textaufbau deshalb durch entsprechende Auszeichnungen transparenter gestalten würde.

Im Kontext des Fachgebiets_Und dann wäre es auch noch hilfreich, wenn man durch entsprechende Hinweise eine bessere Einordung in die bereits vorhandenen Wissensstrukturen oder ein bestimmtes Fachwissen ermöglichen würde. Leider ist dies natürlich auch eine Frage des Aufwandes und der Bezahlung.

_3.3
Gedächtnis und Informationsabruf

Was nicht erinnert werden kann, ist nicht für immer vergessen. Es kann durch entsprechende Hinweise hervorgeholt werden. Wie so etwas funktionieren kann, wird an einem einfachen Textbeispiel gezeigt und im großen Zusammenhang an einem realisierten Internetprojekt.

GEDÄCHTNISPROZESS ALS DEKODIERUNG, SPEICHERUNG UND ABRUF__ In dem Abschnitt über Aufmerksamkeit wurde darüber gesprochen, dass Informationen nur in das Langzeitgedächtnis gelangen, wenn sie bewusst wahrgenommen werden. Die Phase, in welcher die Information so umgewandelt wird, dass sie das Zentralnervensystem verarbeiten kann, wird als *Enkodierung* bezeichnet. Nachdem die Information in das Gedächtnis gebracht wurde, muss sie gespeichert werden. Dieser Vorgang wird dementsprechend *Speicherung* genannt. Darüber wurde in Verbindung mit der Beschreibung des Kurz- und Langzeitgedächtnisses soeben gesprochen. Die dritte Phase bezeichnet den Vorgang, über den die Information wieder aus dem Gedächtnis hervorgeholt werden. Diese letzte Phase nennt man *Abruf*. Diese soll uns nun ein wenig beschäftigen, weil sich daraus einige für das Informationsdesign interessante Einsichten ergeben.

Enkodierung

Speicherung

Abruf

WIE SICH DER ABRUF IM KURZ- UND LANGZEITGEDÄCHTNIS GESTALTET__ Eine Besonderheit des Kurzzeit- bzw. Arbeitsgedächtnisses beim Abruf von Informationen ist, dass die Suchzeit in einem Zusammenhang zu der Anzahl der Gedächtnisinhalte steht: In einer Untersuchung *(Sternberg, 1966)* sollten sich Testpersonen verschiedene Ziffern merken. Anschließend wurden ihnen nochmals einige Ziffern genannt, und die Testpersonen sollten entscheiden, ob sie mit den gespeicherten Items aus dem ersten Durchgang übereinstimmen. War dies der Fall, so sollten sie mit Ja, ansonsten mit Nein antworten. Dabei stellte sich heraus, dass die Reaktionszeiten mit der Anzahl der memorierten Ziffern zunahm. Es wird deshalb angenommen, dass bei dem Abrufprozess jeder einzelne Gedächtnisinhalt nacheinander inspiziert wird. Im Hinblick auf das Informationsdesign ist es aber besonders interessant, zu verstehen, wie sich der Abruf im Langzeitgedächtnis gestaltet. Eine der grundsätzlichen und wichtigen Einsichten, die man auch leicht aus der eigenen Erfahrung gewinnen kann, ist, dass es sich beim *Vergessen* oft nur um den *Verlust des Zugangs* zu den gespeicherten Informationen handelt. Die Informationen scheinen selber noch vorhanden zu sein, stehen aber nicht immer zur Verfügung. Aus der eigenen Alltagserfahrung ist einem sicher die Situation bekannt, in der man erfolglos nach einem bestimmten Begriff oder Namen

Kurzzeitgedächtnis

Langzeitgedächtnis

Besserer Abruf durch Kategorien
In einem Experiment
(Tulving, 1974) sollten sich zwei
Teilnehmergruppen in ungeordneter
Reihenfolge verschiedene Begriffe
merken, die sich bestimmten
Kategorien zuordnen ließen wie
Obst, Möbel oder Säugetiere. Eine
der beiden Teilnehmergruppen
bekam aber zuvor zusätzlich die
Oberbegriffe wie eben Obst, Möbel
oder Säugetiere als Kategorien bzw.
Oberbegriffe genannt. Anschließend
wurde gefragt, an welche Begriffe
sie sich noch erinnern. Die Gruppe,
welcher die Kategorien zuvor mit-
geteilt wurden, konnte wesentlich
mehr Begriffe reproduzieren als die
andere Gruppe.

sucht. Man kann die gesuchte Information nicht abrufen, obwohl man weiss, das sie sich irgendwo in den grauen Zellen befinden muss. Informationen können allerdings wesentlich leichter abgerufen werden, wenn entsprechende Hinweisreize gegeben werden, welche den Weg zu dem Gesuchten *bahnen*. Bahnung

URSACHEN FÜR DEN ERSCHWERTEN INFORMATIONSABRUF__Für den oft erschwerten Abruf von Informationen werden verschiedene Ursachen angenommen. Eine der wichtigsten Ursachen scheint in den so genannten *Interferenzen* zu liegen. Ähnlich wie bei Schallwellen kann es bei gespeicherten Informationen zu Überlagerungen kommen, wodurch dann die überlagerte Information schwerer zugänglich wird. Muss man sich beispielsweise die neue Telefonnummer von jemandem merken, wird die alte umso schneller „vergessen" (reaktive Intereferenz). Es kann aber auch das genaue Gegenteil passieren, nämlich wenn die alte Nummer das Erlernen der neuen Nummer erschwert (proaktive Interferenz). Interferenzen
Deutlich wird dieser Unterschied zwischen abrufbarem Wissen und gespeichertem Wissen auch bei den im Marketing oft verwendeten *Recall- und Recognitiontests*. In Letzteren wird auch das nicht mehr so leicht abrufbare Wissen durch entsprechende Hinweise reaktiviert. So wurden in einem Experiment *(Shepard, 1967)* den Teilnehmern zehntausend Bilder gezeigt. In einem zweiten Durchgang konnten sie 83 % der gezeigten Bilder wieder erkennen. Hätten sie versucht, diese sich aus freien Stücken wieder ins Gedächtnis zu rufen, so wäre dies sicherlich unmöglich gewesen. Recall and Recognition

VERBESSERTER ABRUF DURCH STICHPUNKTE UND SCHLÜSSELWÖRTER__ Diese Differenz zwischen einem freien Erinnern und einem gestützten Erinnern hat eine hohe Relevanz für Gestaltungskonzepte von Informationssystemen. Dies gilt besonders für Systeme, in denen das Reaktivieren von veständnisrelevantem Vorwissen eine Rolle spielt. Wie bereits erwähnt, hat die Integration von neuen Information in bereits gelegte Wissenstrukturen aufgrund der stärkeren Vernetzung auch einen großen Einfluss auf die Behaltensleistung. Dabei sind für das Reaktivieren bereits vorhandener Wissenstrukturen geringe Hinweisreize, wie kurze Anmerkungen und Stichworte, durchaus ausreichend. Durch solche Ergänzungen zum Text könnte das relevante Vorwissen reaktiviert werden. Noch wird man mit solchen kognitiven Hilfen in Informationssystemen selten konfrontiert. Es ist aber wahrscheinlich, dass ein solcher Kontext Texten zunehmend beigefügt wird, da er eine große Hilfe darstellen könnte. Gedächtnis und Gestaltung

ZUSAMMENFASSUNG UND FAZIT__Denken kann auch als ein Informationsverarbeitungsprozess betrachtet und beschrieben werden. Ein informationsverarbeitendes System besitzt dabei in der Regel zwei Schnittstellen. Aus diesen kann Information ein- oder austreten. Der Input wird dabei nicht nur aus externen Quellen gespeist, sondern auch aus den Informationen, die in gespeicherter Form intern vorliegen. Dieser interne Speicher stellt das Gedächtnis dar.

Eine wichtige Aufgabe eines Interfaces, besonders im Hinblick auf diese „Interaktion mit der Information" besteht darin, diese verschiedenen Arten der Information transparent zu machen. Deshalb kann es für ein besseres Systemverständnis hilfreich sein, wenn man durch eine entsprechende Gestaltung deutlich macht, an welcher Stelle beispielsweise auf unbewusstes Handlungswissen zurückgegriffen wird, oder ob es sich um bereits vertraute oder eher gänzlich neue Informationen handelt, die im Interface zur Darstellung kommen.

Ein weiterer Abschnitt hat sich damit beschäftigt, wie wir Information behalten und abrufen. Dabei wurde deutlich, dass wir nur wenige Informationen im Kurzgedächtnis halten können. Ein Interface sollte deshalb alle wichtigen Optionen, soweit dies machbar ist, präsent halten. Soll Information längerfristig gespeichert werden, so muss diese in das bereits vorhandene Wissen integriert werden. Das Maß der Integration ist zugleich ein Indikator für das Behalten der Information. Deshalb ist es hilfreich, Vorwissen zu aktivieren und Kontextinformationen einzublenden.

Nicht immer lassen sich alle Informationen darstellen. Die Darstellung muss dementsprechend Möglichkeiten der Konfiguration anbieten. Viele Informationen sind dann nur noch optional vorhanden. Der Informationsbereich wird zu einem variablen Gefüge. Diese Variabilität der Systemoberfläche würde sich noch verstärken, wenn auch die in der Textrezeption stattfindende Interaktion mit dem Text in Teilen sichtbar gemacht werden würde. Andeutungen, Nebenbemerkungen, Hilfestellungen, Rück- und Vorgriffe können nicht nur im Text stehen, sondern zum Text im System selbst abgerufen werden. In jedem Fall müsste ein Interface, das verständnisförderliche Funktionen übernimmt, in Hinblick auf die Informationsstrukturen stärker als ein „transparentes" System konzipiert werden, als dies bisher meistens üblich ist. Die Realisation solcher Systemoberflächen verlangt nach einer differenzierten visuellen Kodierung. Dies gelingt aber nur, wenn man sich schon in der konzeptionellen Phase über die Möglichkeiten einer solchen Visualisierung Gedanken macht.

BESSERES ERINNERN UND VERSTEHEN DURCH EINBLENDUNG DES KONTEXTES

Psychology /cognitive Psychology/ Information Processing...

Newell and Simon's Human Problem Solving

Newell and Simon introduced the concepts of *task environment* and *problem space.*

Definition 1: The *task environment* is the physical and social environment in which problem solving takes place.

The *problem space* is a person's internal (mental) representation of a problem, and the place where problem-solving activity takes place normaly place.

Argument: *The reason* for this distinction is that individual behaviour influences problem solving; this influence is greater the less structured the task is.

Beispiel: *Situations* which do not influence individual behaviour can be studied by only analysing the *task environment.* Economic theory is based on the task environment only, assuming that humans are always motivated to maximise their utility; they are expected to behave rationally towards this goal, and everything of importance for problem solving is given by the task environment. Therefore, economics is a science about the task environment

Where behavioural aspects of *problem space* and solving are closely related to the decision maker and not to the task environment, we have to look inside the person's mind to explain this behaviour. Unstructured environments are open for individual behaviour, well-structured environments encourage common behaviour.

Definition 2 Newell and Simon call the model of the task environment a task model(sometimes also known as a competence or epistemological model) and the model of the problem space a performance model: *a task model* represents generalized concepts (objects, relations, processes and strategies), and describes a typical high-level problem solving strategy within a domain. It represents an abstract, stereotyped performer within this domain.

a performance model is a model of the problem space and represents the problem solving behaviour of one person who is performing a specific task, but are not adequate for system development since they are constrained to a single performer on a single task...

Merke: task environment > task model
problem space > perfomance modell

Hint:

01. The Modell of Information Processing
    > the central hypothesis...
    > about the framework...

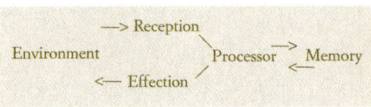

02. Information Processing as symbol system
    > all cognitive Systems are symbol fystems...
    > Concepts of Symbol manipulations...
    > Programming and symbolic formalism...

03. Information Processing and Problem Solving
    > Newell and Simon´s Problem Solving
    > Productive Thinking, Duncker...
    > Heuristics and biases, Kahenman...

Rückblende_In dem vorhergehenden Beispiel wurde andeutungsweise gezeigt, wie der Text über das Problemlösen in den Kontext des allgemeinen Forschungsgebietes eingeordnet werden könnte. Dabei ist es für das Behalten noch förderlicher, wenn der Leser die verschiedenen Querverbindungen am Text zugleich innerhalb seines eigenen Wissens rekapitulieren kann.

Publikation als Kontext_Ein anderer Ansatz könnte darin bestehen, den Text in das konkrete und oft hierarchisch organisierte Umfeld der Publikation zu stellen, in dem dieser erscheint. Dazu könnte man eine Inhaltsübersicht über die übergreifenden oder weiterführenden Fragestellungen einblenden. Oft schlagen Leser auch immer wieder von selbst im Inhaltsverzeichnis nach, um sich der globaleren Strukturen zu vergewissern.

Nicht immer sind alle Zusammenhänge präsent, um den Text, den man gerade bearbeitet, zu ver-

stehen. Entsprechende kurze Hinweise könnten dabei helfen, sich das nötige Hintergrundwissen wieder zu vergegenwärtigen. Dies macht es dem Rezipienten wesentlich einfacher, als wenn er es in freien Stücken aus seiner Erinnerung rekapitulieren müsste. In dem oberen Beispiel ist es das Modell der Informationsverarbeitung.

TRANSPARENZ DURCH SYSTEMATISIERTES UND DIFFERENZIERTES LABELING

Kunsthistorischer Text
didaktischer Zugang

Die einführenden Texte zur internationalen Medienkunst beschäftigen sich mit zehn grundlegenden Themen.

Vorläufer
Massenmedien
Audio
Performance
Wahrnehmung
Gesellschaft
Narration
Immersion
Kommunikation
Museum

Zwei-Fenster-Navigation

Vom kunsthistorischen Text im Hauptfenster können Biografien, Werke, Quellentexte im Nebenfenster aufgerufen werden.

......Beispiel 1 (Bild) ....
....
................Beispiel 2 (Video).......
....
......Beispiel 3 (Zitat)....................

→ Bild und Werkbeschreibung oder
→ Video und Werkbeschreibung oder
→ Quelltext

Künstlerisches Werk
archivarischer Zugang

Der Index ermöglicht einen alphabetischen Zugriff, der sich nach Namen, Werken, Kategorien, Schlagworten sortieren lässt.

Namen (Künstler)
Werke
Kategorien
Schlagworte

Künstler, Werk und die Quellentexte öffnen sich in einem zweiten Fenster. Von diesem kann zum kunsthistorischen Text im Hauptfenster zurückgesprungen werden.

Sitemap
alternativer Zugang

Die Sitemap ermöglicht den Zugriff auf Künstler, Werke und Quellen. Diese wurden nach den zehn Buchkapiteln sortiert.

Vorläufer
  Künstler
    Birnbaum, Dara
    Bunting, Heath
    Burroughs, William S.
    ...
  Werke
  Quellen

Massenmedien
  Künstler
    Anderson, Laurie
    Arnatt, Keith
    Beckert, Samuel
    ...

Suche
alternativer Zugang

In der erweiterten Suche können zusätzliche Suchparameter eingestellt werden. So kann z.B. nur nach bestimmten Medien gesucht werden.

Biografie
Quellentext
Bild
Video
Audio
Flash

Parallele Einstiege_Für verschiedene Anwendergruppen sind entsprechende Zugriffe auf den Inhalt möglich. Einsteiger werden sich eher von den einführenden kunsthistorischen Texten leiten lassen.

Zwei Fenster_Um den Nutzer nicht zu verwirren und den Kontext des kunsthistorischen Textes zu erhalten, werden alle zusätzlichen Materialien in einem neuen Fenster geöffnet.

„Die Praxis im Umgang mit den digitalen Inhalten fördert vielfach das Vergessen. Benötigen wir also vielleicht materielle Stützen für mediale Erfahrungen?" (Rudolf Frieling, Dieter Daniels)

Medien Kunst Netz_Das Buch- und Netzprojekt ist in der Folge der erfolgreichen Multimediapublikationen „Medien Kunst Aktion" und „Medien Kunst Interaktion" entstanden. Hauptverantwortlich sind auch in diesem Folgeprojekt als Kuratoren Rudolf Frieling (Projektleitung ZKM) und Dieter Daniels (HGB Leipzig).

Idee_Das Buch als Leitmedium der Kunst-, Kultur- und Medienwissenschaften ist nicht ausschließlich in der Lage, die multimediale Qualität und die inhaltliche Vernetztheit von Medienkunstprojekten zu vermitteln. Allerdings hat auch das Buch unschlagbare Vorteile:

„Das ausführliche Lesen wissenschaftlicher Texte erfordert gleichsam das Buch in der Hand. Die Suche nach Referenzen und Querverbindungen, das Arbeiten mit audiovisuellen wie textlichen Materialien situiert sich jedoch medial im hypertextuellen Medium Internet".

Buch und Netz_So entstand ein Projekt, in dem das Buch mit dem Internetauftritt eng verzahnt wurde. Das Buch wird im Internet komplett publiziert. Allerdings werden dort die Texte durch die vielen direkt navigierbaren Querverweise und audiovisuelle Beispiele extrem kontextualisiert. Umgekehrt finden sich im Buch in einer Marginalspalte regelmäßig Verweise zu den Materialien im Netz: „Querverweise im Buch zur Website mit Hilfe von ‚Softlinks' dienen dem gezielten und vereinfachten Zugriff auf die Materialien im Netz und der Verstärkung

der Verknüpfung unterschiedlicher medialer Erfahrungen. Vielfältige synergetische Effekte können so entstehen."

Systematisches Labeling_Ein Problem stark kontextualisierter, hypermedialer Information sind die Verwirrung und Überlastung, die sie stiften kann. Dies lässt sich nur durch eine schlüssige und transparente Systematik vermeiden: „Die Kontextualisierung, ein Schlüsselbegriff der Kunst der 1990er Jahre, wird hier sehr konkret umgesetzt, ohne jedoch einem spezifischen theoretischen Ansatz als bloße Illustration zu dienen. Auch die bei einem solchen Projekt drohende Gefahr einer wuchernden Verlinkungsmaschine, die alles mit allem vernetzt, haben wir bewusst zugunsten eines sinnvollen, datenbankgestützten wie auch redaktionell erarbeiteten Angebots von ausgewählten ‚links' zu vermeiden versucht."

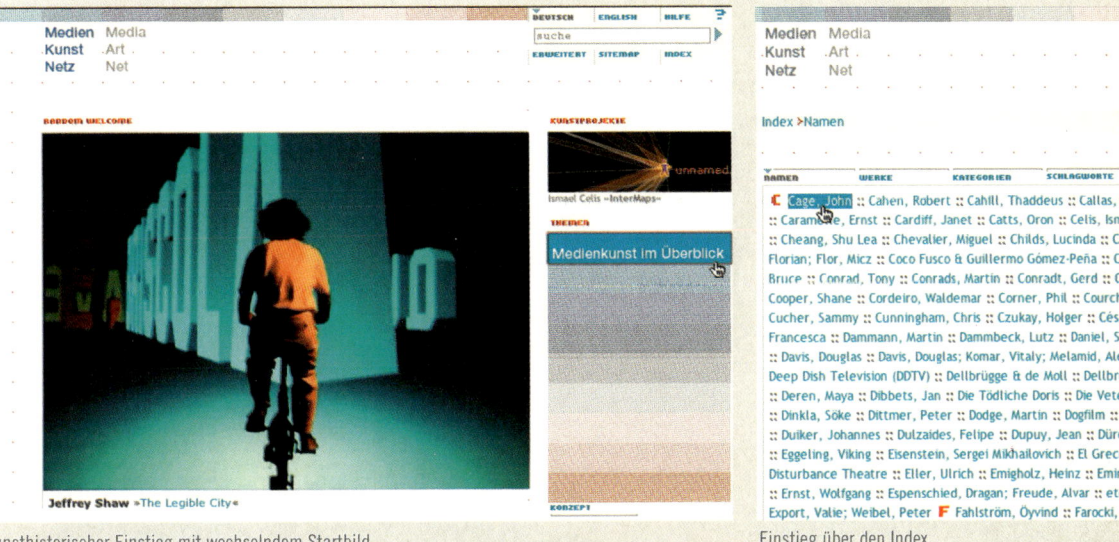

Kunsthistorischer Einstieg mit wechselndem Startbild

Einstieg über den Index

Die zweite Seite des kunsthistorischen Einstiegs mit zehn Texten zu zentralen Themen.

Informationsaufnahme und -abruf_ Die kategorisierten Verweise helfen dabei, Zusammenhänge zu erkennen und zu überblicken. Dabei können sich Einsichten ergeben, die im System selbst nicht manifest sind. Dies alles fördert zugleich das Behalten, zumal die zehn Hauptkategorien, aber vor allem die Unterkategorien (z.B. Theater) und Schlagworte (z.B Geschichte, Musik) eine gute mentale Einordnung der Informationen ermöglichen (siehe dazu „Europeras 1 & 2" auf der folgenden Doppelseite).

Durch die Verweise kann man sich zudem die Komplexität der Thematik gegenwärtig halten. Sie ermöglichen dem Rezipienten, ein vernetztes, interdisziplinäres Denken und Wahrnehmen zu kultivieren.

Von den insgesamt fünfzig Texten aus einem der insgesamt acht Bücher zur Medienkunst ist im nebenstehenden Beispiel „Audio" aufgerufen worden. Die unten stehenden Verweise geben einen Überblick über den Aufbau des Textes und dienen der semantischen Navigation. Die links stehenden Verweise blenden den Kontext bzw. den parallelen indexalischen Einstieg ein. Diese Inhalte werden in einem neuen Fenster geöffnet.

In der Marginalspalte des Buches befinden sich an allen relevanten Stellen „Softlinks" zum multimedialen Material im Netz. Ein Softlink ist ein Code (z.B. 03/005), der in die Suchmaschine eingegeben wird. Diese ruft anschließend die entsprechende Textstelle im Netz auf.

Suchanfragen geben eine strukturierte Liste zurück, in der die Suchergebnisse nach Werken, Biografien, Quellentexten, Ausstellungen etc. gegliedert ausgegeben werden.

Audio Art
Golo Föllmer

Hauptfenster mit kunsthistorischem Text

Hauptfenster mit kunsthistorischem Text

Suchergebnis

john cage: 3 Texte / 61 Werke / 48 Biografien / 20 Quellentexte / 1 Ausstellung

Texte

1. Barbara John »Das klingende Bild - über das Verhältnis von Kunst und Musik.«

2. Barbara John »Das klingende Bild - über das Verhältnis von Kunst und Musik.«

3. John Miller »No More Boring Art. Die Arbeit von John Baldessari«

Hauptfenster mit Suchergebnissen

Von der nebenstehenden kunsthistorischen Einführung „Audio Art" wurde auf John Cage geklickt. In einem separaten Fenster erscheint eine Kurzbiografie zum Künstler. Unten werden weitergehende Verweise in gegliederter Form angeboten. Die Verweise unter „Quellentexte" und „Werke" öffnen Inhalte in diesem separaten Fenster. „Relevante Textstellen" führen zum Hauptfenster mit den kunsthistorischen Texten zurück.

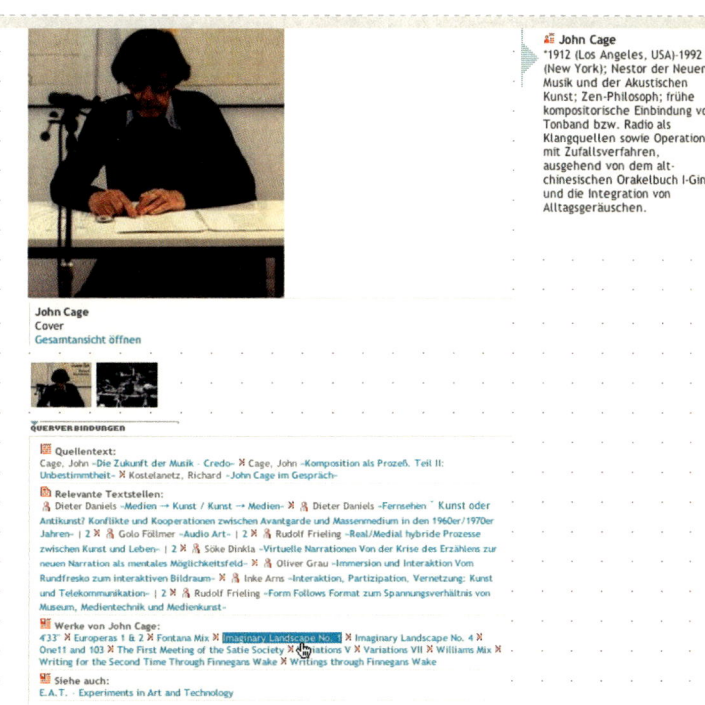

John Cage
*1912 (Los Angeles, USA)-1992 (New York); Nestor der Neuen Musik und der Akustischen Kunst; Zen-Philosoph; frühe kompositorische Einbindung von Tonband bzw. Radio als Klangquellen sowie Operationen mit Zufallsverfahren, ausgehend von dem alt-chinesischen Orakelbuch I-Ging, und die Integration von Alltagsgeräuschen.

John Cage
Cover
Gesamtansicht öffnen

QUERVERBINDUNGEN

Quellentext:
Cage, John »Die Zukunft der Musik - Credo« ✗ Cage, John »Komposition als Prozeß. Teil II: Unbestimmtheit« ✗ Kostelanetz, Richard »John Cage im Gespräch«

Relevante Textstellen:
Dieter Daniels »Medien → Kunst / Kunst → Medien« ✗ | 2 ✗ Dieter Daniels »Fernsehen ˜ Kunst oder Antikunst? Konflikte und Kooperationen zwischen Avantgarde und Massenmedium in den 1960er/1970er Jahren« | 2 ✗ Golo Föllmer »Audio Art« | 2 ✗ Rudolf Frieling »Real/Medial hybride Prozesse zwischen Kunst und Leben« | 2 ✗ Söke Dinkla »Virtuelle Narrationen Von der Krise des Erzählens zur neuen Narration als mentales Möglichkeitsfeld« ✗ Oliver Grau »Immersion und Interaktion Vom Rundfresko zum interaktiven Bildraum« ✗ Inke Arns »Interaktion, Partizipation, Vernetzung: Kunst und Telekommunikation« | 2 ✗ Rudolf Frieling »Form Follows Format zum Spannungsverhältnis von Museum, Medientechnik und Medienkunst«

Werke von John Cage:
4'33" ✗ Europeras 1 & 2 ✗ Fontana Mix ✗ Imaginary Landscape No. 1 ✗ Imaginary Landscape No. 4 ✗ One11 and 103 ✗ The First Meeting of the Satie Society ✗ Variations V ✗ Variations VII ✗ Williams Mix ✗ Writing for the Second Time Through Finnegans Wake ✗ Writings through Finnegans Wake

Siehe auch:
E.A.T. - Experiments in Art and Technology

„Künstler" in einem separaten Fenster

Innerhalb des separat geöffneten Fensters wurde von John Cage zu einem seiner Werke „Europeras 1 & 2" gesprungen. Die unten abgebildeten Verweise leisten zugleich eine semantische Zuordnung des Werkes zu bestimmten Kategorien und Schlagworten. Alternativ wären seine Arbeiten auch aus dem kunsthistorischen Text aufrufbar gewesen.

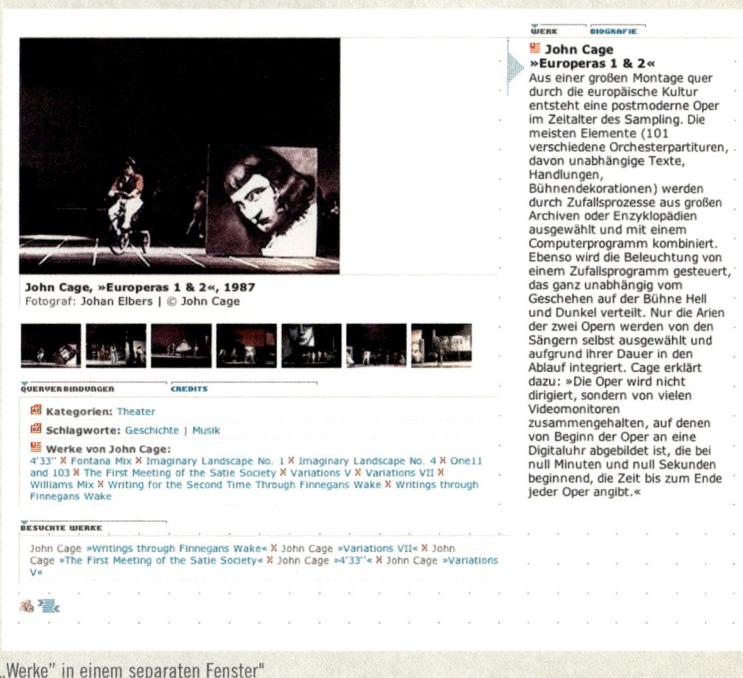

WERK   BIOGRAFIE

John Cage
»Europeras 1 & 2«
Aus einer großen Montage quer durch die europäische Kultur entsteht eine postmoderne Oper im Zeitalter des Sampling. Die meisten Elemente (101 verschiedene Orchesterpartituren, davon unabhängige Texte, Handlungen, Bühnendekorationen) werden durch Zufallsprozesse aus großen Archiven oder Enzyklopädien ausgewählt und mit einem Computerprogramm kombiniert. Ebenso wird die Beleuchtung von einem Zufallsprogramm gesteuert, das ganz unabhängig vom Geschehen auf der Bühne Hell und Dunkel verteilt. Nur die Arien der zwei Opern werden von den Sängern selbst ausgewählt und aufgrund ihrer Dauer in den Ablauf integriert. Cage erklärt dazu: »Die Oper wird nicht dirigiert, sondern von vielen Videomonitoren zusammengehalten, auf denen von Beginn der Oper an eine Digitaluhr abgebildet ist, die bei null Minuten und null Sekunden beginnen, die Zeit bis zum Ende jeder Oper angibt.«

John Cage, »Europeras 1 & 2«, 1987
Fotograf: Johan Elbers | © John Cage

QUERVERBINDUNGEN   CREDITS

Kategorien: Theater

Schlagworte: Geschichte | Musik

Werke von John Cage:
4'33" ✗ Fontana Mix ✗ Imaginary Landscape No. 1 ✗ Imaginary Landscape No. 4 ✗ One11 and 103 ✗ The First Meeting of the Satie Society ✗ Variations V ✗ Variations VII ✗ Williams Mix ✗ Writing for the Second Time Through Finnegans Wake ✗ Writings through Finnegans Wake

BESUCHTE WERKE

John Cage »Writings through Finnegans Wake« ✗ John Cage »Variations VII« ✗ John Cage »The First Meeting of the Satie Society« ✗ John Cage »4'33"« ✗ John Cage »Variations V«

www.medienkunstnetz.de
Konzeption: Rudolf Frieling, Dieter Daniels
IT- Architektur: Mario Röhrle
Design: Schönerwissen, Berlin

„Werke" in einem separaten Fenster"

_3.4

Formen der Speicherung

Die Techniken, mit deren Hilfe wir Wissen behalten, sagen nicht viel darüber, auf welche grundsätzlich verschiedene Weise wir dieses Wissen speichern. Wie wichtig ist dabei die visuelle Speicherung. Wie kann man sich diese vorstellen und welche Entsprechungen im Design ergeben sich daraus.

PROZEDURALES UND SEMANTISCHES WISSEN ODER WORIN SICH PRAXIS UND THEORIE UNTERSCHEIDEN__ Der dritte, zentrale Fragenkomplex in Bezug auf unser Behalten ist die Frage, *in welcher Form Wissen abgespeichert wird.* Darauf wird zwar in den noch folgenden Abschnitten über *Schemata* und *Modelle* näher eingegangen werden. An dieser Stelle sollen aber zwei grundsätzliche und unter dem Designaspekt nicht ganz irrelevante Unterscheidungen innerhalb der menschlichen „Datensicherung"

Beispiel Schreibmaschine dargestellt werden. Wenn man auf der Schreibmaschine oder auf dem Rechner etwas eingibt, so wissen offensichtlich die Finger, wo die Tasten liegen. Wird jedoch gefragt, wo sich bestimmte Tasten genau befinden, so fällt die Antwort schwer. In der Psychologie wird zur Beschreibung derartiger Phänomene zwischen einem *expliziten* und *impliziten Gedächtnis* unterschieden.

prozedurales Wissen Für die Softwareergonomie, aber auch für das Design von Informationssystemen ist die Vermutung interessant, dass sich im impliziten Gedächtnis vor allem *prozedurales Wissen* im Unterschied zum *semantischen Wissen* befindet. Als prozedurales Wissen werden die Gedächtnisinhalte beschrieben, die uns erlauben, motorische Handlungen auszuführen, oder uns dabei helfen, in routinierter Form Aufgaben zu lösen. Die dort gespeicherten Handlungsschritte werden zumeist unbewusst ausgeführt. Dieses prozedurale Wissen wird manchmal auch „Handlungswissen" genannt. In Bezug auf das Interfacedesign von Informationssystemen ist damit auch unser Wissen über die Benutzung von Systemen beschrieben.

semantisches Wissen Semantisches Wissen ist im expliziten Gedächtnis angesiedelt. Damit ist das Wissen gemeint, das uns die Dinge und die Welt, in der sich diese befinden, erklärt. Aufgrund der expliziten und begrifflichen Form dieses Wissens spricht man auch von *deklarativem Wissen.* Im Bezug auf Schreibmaschinen wäre es das Wissen darüber, dass die erste Schreibmaschine 1808 für eine blinde Gräfin erfunden wurde und dass die industrielle Schreibmaschinenproduktion 1873 begann.

VISUELLES UND BEGRIFFLICHES WISSEN ODER WESHALB DESIGNER MANCHMAL NICHT

Anschaulichkeit und Behalten **TEXTEN KÖNNEN__**In der kognitiven Psychologie gilt im Allgemeinen als gesichert, dass Informationen desto besser behalten werden, je konkreter und bildhafter sie vorliegen. Ein realer Gegenstand

Prozeduren sind nur schwer deklarierbar

Ein Merkmal prozeduralen Wissens ist, dass es unbewusst und nur schwer zu artikulieren ist. Keane und Eysenck (1990) machen dies am Beispiel des Fahrradfahrens deutlich.

Dort greifen gleich mehrere Prozeduren ineinander. Selbst deren Zusammenwirken ist uns kaum bewusst.

Episodisches Wissen

Deklaratives Wissen wird weiterhin in semantisches und episodisches Wissen differenziert. Damit wird das Welt- und Fachwissen, das wir uns strukturiert aneignen, unterschieden von unserem autobiographischen Wissen, das auf persönlichen Erfahrungen beruht und zeitlich-räumlich (episodisch) verankert ist.

Prozedurale Interaktionen und
semantische Informationen
Informationen, die in Systemen
abgerufen werden können, bestehen
in der Regel aus semantischem
Wissen, während der Umgang
mit Systemen auf gelernten
„Prozeduren" beruht

Kontiguitätsprinzip
Die Ergebnisse von Paivio haben
auch Eingang in die Didaktik
gefunden, die eine anschauliche
Darstellung zu den wichtigsten Kriterien lernförderlicher
Aufbereitung von Inhalten erhoben
hat. Dabei ist allerdings wichtig,
dass Bild und Text ineinander
greifen. Andernfalls muss man
seine Aufmerksamkeit teilen, was
mehr Aufwand bedeutet und den
Transfer zwischen diesen beiden
Darstellungen erschwert (Split
Attention Effect).

lässt sich besser behalten als seine zeichenhafte oder fotografische Abbildung, und eine Abbildung lässt sich besser behalten als eine nur begriffliche Wiedergabe des Gegenstandes. Konkrete, bildhafte Begriffe wie Stuhl oder Tisch wiederum bleiben eher im Gedächtnis haften als abstrakte Begriffe wie beispielsweise Gerechtigkeit oder Freiheit. In diesem Zusammenhang ist es nicht verwunderlich, dass Studien ergeben haben, dass sich abstrakte Informationen besser behalten ließen, wenn die Versuchspersonen angewiesen wurden, sich dazu eine bildhafte Vorstellung zu machen.

Allan Paivio (Paivio, 1971) hat unter dem Eindruck dieser allgemeinen Befunde und aufgrund eigener Untersuchungen seine Theorie der *doppelten Kodierung* aufgestellt. Er unterscheidet zwei getrennt arbeitende Speichersysteme voneinander. In dem analogen oder nonverbalen Speicher finden sich Repräsentationen konkreter Objekte. In dem verbalen, analytischen Speicher werden textbasierte Informationen abgelegt. Beide Speicher existieren getrennt voneinander und es kann unabhängig auf diese zugegriffen werden. Zwischen den visuellen und textuellen Items beider Speichersysteme gibt es aber Querverbindungen, sodass zu bestimmten Texten die dazugehörigen Bilder aufgerufen werden können. Durch die doppelte Kodierung von Informationen kann diese vor allem besser behalten werden.

doppelte Kodierung

Bild- und Sprachgedächtnis

Ein weiteres Argument hinsichtlich einer doppelten Kodierung ergibt sich aus den unterschiedlichen Wahrnehmungspräferenzen von Zielgruppen. So finden sich in der Psychologie und der Didaktik Typologisierungen, die Rezipienten mitunter danach differenzieren, ob diese eher auditiv, visuell oder begrifflich-abstrakt in ihrer Informationsverarbeitung ausgerichtet sind.

WIE BILDHAFT UND BEWEGLICH SIND UNSERE INNEREN VORSTELLUNGEN?__Für die visuelle Aufbereitung von Informationen ist es nicht uninteressant zu erfahren, ob das Bildgedächtnis die genaue visuelle Darstellung von System- oder Informationsstrukturen behalten kann. Unter dieser Fragestellung sind auch die folgenden Untersuchungen von einiger Bedeutung.

In einem Experiment *(Santa, 1977)* wurde den Versuchspersonen die Anordnung dreier geometrischer Objekte als Vorgabereiz dargeboten. Anschließend wurde diese Anordnung entfernt. Es wurden vier weitere Anordnungen mit wiederum drei Objekten als Prüfreiz präsentiert. Die Testpersonen sollten entscheiden, ob in diesen vier neuen Anordnungen die gleichen Elemente wie im Vorgabereiz vorkommen. Die Versuchspersonen konnten am schnellsten den Prüfreiz mit den identischen Elementen wiedererkennen, der zugleich

Erinnern von Anordnungen

in seiner Anordnung dem Vorgabereiz entsprach. Dies schien die Vermutung zu bestätigen, dass wir in der Lage sind, räumlich-bildhafte

räumliche Vorstellungen Vorstellungen in entsprechender Weise zu speichern. In einem zweiten Durchlauf wurden für die Vorgabe- und Prüfreiz Begriffe anstelle von geometrischen Figuren verwendet. Es stellte sich heraus, dass eine räumliche Speicherung von Informationen bei Texten nicht stattfindet. Die Versuchspersonen konnten die identischen Begriffe in der identischen räumlichen Anordnung nicht so schnell erkennen wie in der linearen Anordnung. Santa schloss daraus, dass visuelle und grafische Informationen auch in ihrer Anordnung abgespeichert werden, während räumlich angeordnete Texte tendenziell wie beim normalen Lesen von links nach rechts kodiert und abgerufen werden.

mentale Rotation Eine andere Untersuchung *(Shepard, 1971)* belegt, dass wir in der Lage sind, mit dreidimensionalen Vorstellungen im Geiste operieren zu können. In diesem Experiment zur „mentalen Rotation" wurden den Teilnehmern paarweise Darstellungen dreidimensionaler Objekte präsentiert. Die Aufgabe bestand darin, unter den drei vorgestellten Paaranordnungen herauszufinden, ob die Objekte, abgesehen von ihrem unterschiedlichen Rotationswinkel, miteinander identisch sind. Dies war bei der letzten Paaranordnung nicht der Fall. Die Teilnehmer gaben an, dies durch „mentales Rotieren" herausgefunden zu haben. Die Reaktionszeit war bei der Lösung der Aufgabe zudem proportional zur Winkeldisparität der Objekte, was auch für die Annahme einer mentalen Rotation spricht.

Bei diesen drei Paaren (Shepard) räumlicher Körper wurde danach gefragt, welche miteinander identisch sind.

In dieser Versuchsreihe (Santa) wollte man herausfinden, ob die räumliche Anordnung von Texten und Bildern einen Einfluss auf das Wiedererkennen hat.

EXPERIMENTE ZUM BILDGEDÄCHTNIS

WIE RÄUMLICH SIND VORSTELLUNGSBILDER UND WELCHEN EINFLUSS ÜBEN SIE AUF DAS DENKEN AUS?__Nun stellte sich im Rahmen solcher Untersuchungen die Frage, wie genau räumliche Informationen in inneren Vorstellungsbildern abgespeichert werden. Dies könnte eine Antwort auf die Frage geben, ob innere Bilder nicht nur eine Merkhilfe bei der Speicherung von Informationen sind, sondern ob diese räumliche Darstellung eventuell mentale Prozesse positiv beeinflussen und unterstützen kann. In einer Reihe von Untersuchungen in den achtziger Jahren legte *Kosslyn (Kosslyn, 1978, 1994)* Versuchsteilnehmern einfache Landkarten vor. Nachdem die Teilnehmer die Karten memoriert hatten, sollten sie sich auf ein bestimmtes Objekt auf der Landkarte konzentrieren. Nach einigen Sekunden wurde ein weiteres Objekt genannt. Die Teilnehmer sollten sich nun im Geiste vorstellen, wie ein kleiner Punkt von ihrer mentalen Ausgangslage zu diesem Objekt wandert. Bei der Auswertung seiner Untersuchung kam er zu dem Ergebnis, dass die Zeit, die die Personen benötigten, in Abhängigkeit zu der Distanz der beiden Objekte stand.

topografisches Gedächtnis

Ein anderer Forscher (*Pylyshyn, 1984*) vermutet darauf nicht ganz zu Unrecht, dass die Art der Formulierung in Kosslyns Instruktion die Versuchspersonen schlechterdings dazu gedrängt habe, die Vorstellungsbilder räumlich abzusuchen, ja geradezu abzukriechen. Werden in der gleichen Versuchsanordnung die Personen angewiesen, lediglich schnell von einem Ort zum anderen zu gelangen, so verschwinden diese Distanzeffekte, wie Pylyshyn nachweisen konnte.

Kosslyn konterte mit einer Reihe weiterer Experimente, bei denen er die Versuchspersonen aufforderte, sich unterschiedlich große Tiere vorzustellen, wie einen Elefanten und einen Hasen. Anschließend sollten die Teilnehmer im Geiste so nahe an diese Tiere herantreten, bis diese ihre ganze Vorstellung ausfüllten. Bei einer anschließenden Befragung wurde deutlich, dass die von den Teilnehmern geschätzte Distanz zum Tier jeweils in Relation zu der Größe derselben stand. Kosslyn sah darin seine vorherigen Annahmen über räumlich ausgedehnte Vorstellungsbilder bestätigt, was ihm eine sehr kritische Resonanz und wiederum eine Reihe von Gegenexperimenten einbrachte. An dieser Stelle soll der Fortgang der weiteren Auseinandersetzung nicht weiter verfolgt werden, aber es zeigt sich, dass keineswegs immer Einigkeit herrscht. Aber selbst wenn sich nicht eindeutig sagen lässt, ob die mentale Repräsentation räumlicher Darstellungen von uns ebenso räumlich erfahren wird, so scheint es auf jeden Fall bildhafte Vorstellungen zu geben, in denen auch eine mehr oder weniger topografische Speicherung von Inhalten vorkommen kann.

Wissenschaft und Ideologie
Die Gegenexperimente von Pylyshyn müssen auch vor dem Hintergrund seiner grundsätzlichen These gesehen werden, nach welcher Vorstellung nur ein Nebeneffekt des begrifflichen Denkens ist. Kosslyns wissenschaftliche Weltanschauung geht in eine andere Richtung.

WAS WIRD IN VORSTELLUNGSBILDERN BEHALTEN?__ Ein weiteres wichtiges
Ergebnis haben Untersuchungen *(Mandler und Ritchey, 1977)* ergeben, die danach fragten, in welcher Detailliertheit Bilder abgespeichert werden. Sie legten den Versuchsteilnehmern Bilder vor, die
diese behalten sollten. Anschließend änderten sie jeweils ein wichtiges oder unwichtiges Detail in den Bildern. Bei dem nochmaligen
Vorlegen fielen den Versuchspersonen lediglich Veränderungen in den
wichtigen Details auf. Die Forscher schlossen aus den Ergebnissen,
dass bei bildhaften Vorstellungsbildern – ähnlich wie bei Texten – nur
die bedeutungshaltigen Informationen abgespeichert werden und dass
weniger wichtige Bilddetails schnell vergessen werden.

Detailliertheit und Bedeutung

WIE KOMPLEX KÖNNEN VORSTELLUNGSBILDER WERDEN?__ Nicht immer sind für
uns die bedeutungshaltigen Elemente von Bildern unmittelbar zugänglich. Anders als bei Piktogrammen oder einfachen Objektabbildungen
besteht gerade das Informationsdesign häufig aus mehrschichtigen und
komplexeren Darstellungen, die sich erst bei mehrmaliger Betrachtung
erschließen. Bei einer ersten Betrachtung wird vom Rezipienten überprüft, ob überhaupt ein Verstehensprozess einsetzen soll oder ob sich
die Darstellung sofort erschließt. Werden Bildinhalte nicht erkannt,
wird versucht, durch eine Steigerung des Bearbeitungsaufwandes
zu einer klaren Interpretation zu kommen. Im Zuge einer solchen
vermehrten Anstrengung könnte ein inneres Vorstellungsbild durch
zusätzliche Attribute modifiziert werden. Beispielsweise könnte man
von der Vorstellung einer standardisierten Verteilung des Inhalts- und
Navigationsbereiches ausgehen, um dann festzustellen, dass in dem
aktuellen Fall unter bestimmten Bedingungen diese Verteilung nicht
zutrifft. Ist der Aufbau einer adäquaten mentalen Repräsentation
gelungen, so ist der Verstehensvorgang beendet *(Weidenmann, 1988)*.
Es ist anzunehmen, dass wir durchaus in der Lage sind, uns in dieser
Weise komplexe bildhafte Repräsentationen zu erarbeiten.

Bearbeitungsaufwand bei Bildern

Die meisten Versuchsteilnehmer
haben sich das Tafelbild, nicht aber
das veränderte Muster am Rock bei
der kurzen Betrachtung des Bildes
gemerkt, da sie dieses als wichtiger
erachteten.

UNTERSCHIEDE ZWISCHEN TEXT UND BILD__ Der wesentliche Unterschied
zwischen Bildern und Texten ist, dass Texte linear, diskursiv und
logisch aufgebaut sind, wohingegen Bilder unmittelbar und nonlinear
funktionieren. In Bildern kann sofort einsehbar sein, was in einem
Text erst entwickelt werden muss. Weil Bilder mehr Aufmerksamkeit
erregen, umfassendere Zusammenhänge in kürzerer Zeit vermitteln können, emotionaler sind und sich oft besser merken lassen,
spricht man zuweilen auch von einer Überlegenheit der visuellen
gegenüber der textuellen Darstellung. Dieses simultane Prinzip der
Anschauung kommt zum Einsatz, wenn es um die Darstellung kom-

Bildüberlegenheit

plexer Zusammenhänge geht. Viele anschauliche Beispiele finden sich in der *Infografik*. Auf diesem Gebiet gibt es neben der detaillierten, analytischen *Sachdarstellung* als weitere etablierte Formen die *Struktur-* und die *Prozessgrafik*. In der Strukturgrafik werden Zusammenhänge, wie etwa das Zusammenspiel verschiedener Instanzen in einem parlamentarischen System, oder der Ständeaufbau im Feudalismus dargestellt. Eine textliche Erörterung wäre in solchen Fällen umständlich und unanschaulich. In der Prozessgrafik werden Entwicklungen und kausale Beziehungen, wie etwa die Gewinnung von Salzsäure oder die Entstehung des Waldsterbens, visuell erläutert. Man kann in beiden Kategorien unschwer erkennen, dass bei der *Strukturgrafik* eher strukturelles und *deklaratives Wissen*, bei der *Prozessgrafik* häufig *prozedurales Wissen* vermittelt wird.

Anwendungsfelder der Infografik

Prozess- und Strukturgrafik

In den so genannten *Sitemaps*, die den Strukturaufbau sowie zugleich die Navigationswege von interaktiven Informationssystemen festhalten, wird zugleich deklaratives und prozedurales Wissen visualisiert. Sie sind ebenso Struktur- wie Prozessgrafik und in ihnen werden die Vorteile visueller Darstellung besonders deutlich.

Sitemaps

Eine Besonderheit im Interfacedesign ist das Verwenden von verkleinerten Darstellungen von Informationen und das Arbeiten mit räumlich verteilten Mustern.

Selbst bei einer sehr hohen Komplexität solcher Informationstopografien kann eine allmähliche Erarbeitung des Bildes zu einem angemessenen Verständnis führen. In diesem Zusammenhang ist es wichtig, dass konstruktive Erläuterungen zum Bild die Verarbeitungstiefe desselben erhöhen. Auch wenn wir wahrscheinlich nicht in der Lage sind, komplexe Veranschaulichungen reproduzierbar im Gedächtnis zu behalten, so helfen sie doch bei der Entwicklung einer adäquaten Vorstellung des Systems.

ZUSAMMENFASSUNG__ Zu Beginn dieses Kapitels wurde noch einmal etwas deutlicher ausgeführt, was im vorhergehenden Kapitel bereits angedeutet wurde. Wissen kann unbewusst reproduziert oder bewusst erinnert werden, es kann *prozedural* oder *deklarativ* sein.

Eine weitere wichtige Annahme ist, dass wir Informationen als Bild und Text speichern können. Diese *doppelte Kodierung* verbessert auch die Behaltensleistungen. In der Folge wurden viele Untersuchungen angestellt, die nach der genauen Beschaffenheit unseres visuellen Gedächtnisses fragten. Dabei wurde deutlich, dass wir bildhafte Informationen auch räumlich speichern. Insofern ist es auch nicht verwunderlich, dass wir in der Lage sind, uns Distanzen zwischen den Bildelementen eines Bildes einzuprägen. Allerdings funktioniert dies

Aber auch der Text hat Vorteile gegenüber dem Bild. Für den Medienphilosophen Vilém Flusser ermöglicht uns erst die Schrift, logisch, wissenschaftich und historisch zu denken. Die Schrift versetzt uns die Lage, unsere Gedanken zeilenweise in eine geordnete Reihenfolge zu bringen. „Erst wenn man Zeilen schreibt, kann man denken, kalkulieren, kritisieren, Wissenschaft betreiben, philosophieren – und entsprechend handeln. Vorher dreht man sich in Kreisen."

wahrscheinlich nur bei einfacheren Abbildungen. Und wir merken uns während der Bildbetrachtung besonders die Informationen, die wir als *bedeutsam* wahrnehmen.

Ein besonderer Vorteil des Bildes gegenüber dem Text ist, dass über das Bild komplexe Informationen mit einem Mal erfasst werden können. Für ein vertieftes Verständnis einer vielschichtigen Veranschaulichung benötigt man dennoch Zeit. Die komplexe Struktur- und Prozessgrafik eines Systems muss mehrmals betrachtet werden, um ein adäquates Systemmodell aufzubauen. Eine besondere Herausforderung im Systemdesign könnte darin bestehen, innerhalb der Oberflächengestaltung deutliche visuelle Bezüge zu einer solchen Sitemap bzw. zur Gesamtdarstellung der Systemstruktur herzustellen. In jedem Fall stellt die Visualisierung aufgrund der Vorteile analoger Darstellung ein wichtiges Mittel zur Verbesserung der inhaltlichen Zusammenhänge und des Systemverständnisses dar.

Die Icons und die Teaser-Ästhetik des Webauftritts wurden von der Verkaufsbroschüre übernommen.

VISUAL MAPPING FÜR SCHNELLEREN ZUGRIFF

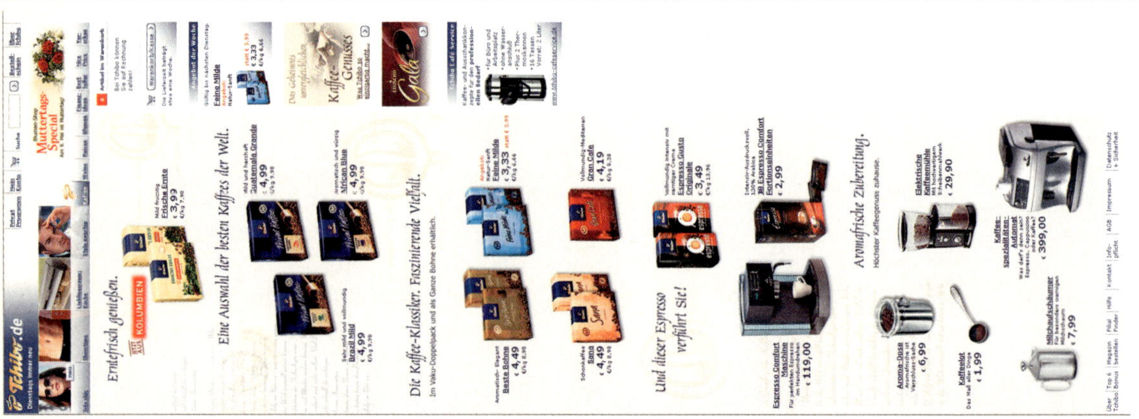

Tchibo_Tchibo.de gehört wie Otto.de zu den erfolgreichsten Auftritten im Internet. Das für das Internet adaptierte Tchibo-Konzept der „Verknappung" ist einfach und nachahmenswert, falls man die nötige Logistik im Hintergrund hat. Einmal die Woche werden die aktuellen Produkte, die auch in den vielen tausend Verkaufsstellen angeboten werden, thematisch gruppiert ins Netz gestellt.

Dort bleiben sie vier Wochen und verschwinden dann fast unwiederbringlich. Somit wird jedes Angebot zur besonderen Gelegenheit, das nur für kurze Zeit erhältlich ist, zumal viele Produkte

schon innerhalb der vier Wochen ausverkauft sind. Nachdem das Konzept von den meisten Kunden verstanden wurde, hat man auf das Einblenden der noch verbleibenden Zeit in dem überarbeiteten Webauftritt verzichtet.

Am bemerkenswertesten ist aber die Produktpräsentation selbst. Anstatt über hierarchische Menüstrukturen zu den Angeboten zu kommen, werden alle Produkte eines Themas auf einmal präsentiert. Visuelle Komplexität ist dabei keine Überforderung, sondern ermöglicht in diesem Fall eine schnelle und intuitive Exploration und Vergleichbarkeit. Anstelle von Hierarchien ist eine

intelligente Attributierung der Produkte zudem wesentlich effektiver. Dies bedeutet, die Produkte werden mit bestimmten Merkmalen inhaltlich attributiert, anhand derer das System erkennt, zu welchen wechselnden Themen diese auch noch passen würden. In einer rechten Randspalte können so beispielsweise nicht verkaufte Produkte auch später noch angeboten werden.

Beliebig langer „Bildlappen" mit allen angebotenen Produkten zu einem Thema. In einer vierten Spalte werden flexibel weitere mit dem Hauptthema assoziierte Produkte angeboten. In gewisser Weise stellt dies auch eine moderne visuelle Variante des Hypertext-Prinzips dar.

War Tchibo nicht eine Kaffeerösterei? Das Kerngeschäft von Tchibo hat auch weiterhin auf der Website eine ständige Vertretung.

Agentur: SinnerSchrader
Creative Director: Christian Jung

www.tchibo.de

VISUALISIERUNG VON GEOGRAFIE UND KOSMOLOGIE

Mappa Mundi ist ein mittelalterlicher katalanischer Weltatlas und ein aufschlussreiches Werk früher Informationsgestaltung. Er befindet sich im Louvre und wurde vor einigen Jahren in Form einer interaktiven CD-ROM einer größeren Öffentlichkeit zugänglich gemacht.

Das Werk besteht aus insgesamt zwölf großen Bildtafeln. Diese gliedern sich in zwei Bereiche. Vier Karten bilden einen mehr esoterisch-weltanschaulichen Bereich. Dieser enthält eine Kompilation aus kosmografischen, astronomischen und astrologischen Texten verschiedener Autoren. Er handelt von der „sphärischen" Gestalt der Erde, liefert aber den Seeleuten auch nützliche Informationen über die Gezeiten oder die Stundenberechnung während der Nacht.

In dieser Kosmologie sind mehrere Kalender, wie beispielsweise ein Gezeitenkalender, ein Schema zur Berechnung beweglicher Feiertage und ein Kalender mit den Tierkreiszeichen zueinander in Beziehung gesetzt worden.

Die übrigen acht Karten vermischen geografisches, historisches und mythologisches Wissen miteinander.

Dieses Werk ist in mehrfacher Hinsicht interessant. Es ist ein schönes Beispiel für die Verdichtung von Informationen mit visuellen Mitteln. Diese Verdichtung lässt zugleich mehrere Lesarten und Querverbindungen zu.

Interessant ist aber vor allem, dass in diesem Werk weltanschauliches und religiöses Wissen mit profanerem Wissen, wie etwa geografische Daten, verwoben wurde. Dies hat sicherlich damit zu tun, dass aus damaliger Sicht beides nicht wirklich voneinander zu trennen ist, da die sphärische Gestalt der Erde etwa für die Planung einer Reise ebenso bedeutsam ist wie die Kartografie. Die Navigation, ein Begriff, der ja aus der Seefahrt kommt, war eine vielschichtigere Angelegenheit, als nur den kürzesten Weg von einem Punkt zum anderen zu finden. Als eine Folge der Säkularisierung wurden viele Dinge von ihrem weltanschaulichen Zusammenhang entbunden, wodurch sie zugleich profan wurden. Während heutige Navigationssysteme — wie etwa dieses CD-ROM-Projekt — bereits nach einigen Jahren veraltet sein werden, wird das in ihm abgebildete alte Navigationssystem überdauern.

Während das Profane mit seinem Nutzen auch seinen Wert verliert, hat dieses alte Navigationssystem auch eine kontemplative Dimension. Einer seiner Reize ist, dass es wie das Mandala eines noch geeinten Wissens wirkt. Ihre Gestalter blieben auch während der Arbeit an der Kartografie eingebunden in einer noch anderen Dimension, die ihrer Arbeit über ihren konkreten Nutzen hinaus Sinn verlieh.

Das Navigationssystem auf dieser CD-ROM erlaubt das ausschnittweise Betrachten der Tafeln in verschiedenen Vergrößerungsstufen. An vielen Stellen befinden sich „Hotspots". Klickt man auf diese, so kommt man zu einer Übersetzung, Kommentierung und historischen sowie bibliografischen Einordnung des Bildausschnittes.

Übersetzung des Textes im unteren Drittel auf der rechten Seite:

„In Hybernien gibt es viele merkwürdige Inseln, die glaubwürdig bezeugt sind, unter ihnen eine kleinere, auf der die Menschen nie sterben, sondern, wenn sie alt sind und ans Sterben kämen, von der Insel weggebracht werden. Es gibt dort keine Schlangen, keine Kröten und keine giftigen Spinnen; vielmehr ist das ganze Land jedem giftigen Tier unzuträglich, da hier die Insel Laceria ist. Es gibt hier Bäume, welche Vögel tragen wie reife Feigen. Des Weiteren gibt es ein andere Insel, auf welcher die Frauen nie Kinder zur Welt bringen, sondern wenn die Zeit der Geburt kommt, von der Insel weggetragen werden, wie es Brauch ist."

Mappa Mundi, Montparnasse Multimedia, CD-ROM

VISUAL MAPPING UND MODELLBILDUNG

Panel-Fenster von „Soundschool Analog"

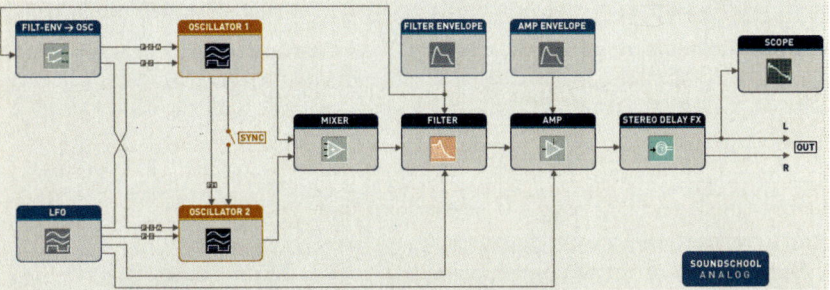

Darstellung der Datenflüsse in einem Flussdiagramm

Die unten abgebildeten Structure-Fenster zeigen die genauen Verknüpfungen.

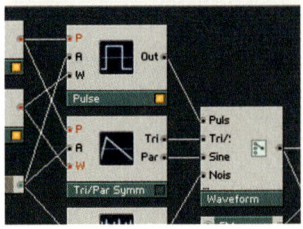

Reaktor__Reaktor ist ein Kreativtool für ambitionierte Syntheziser- und Soundexperten. Es wird mit fertig konfigurierten Instrumenten geliefert. Die Software erlaubt aber auch die Erweiterung und Neukonzeption von Musikinstrumenten. Dazu stellt sie ein Interface zur Verfügung, das aus zwei Ansichten besteht. Im so genannten Panel-Fenster sieht man die Bedienoberfläche des jeweiligen Instrumentes. Dort sind die Regler, Fader und Schalter sichtbar. Das Structure-Fenster zeigt, wie die einzelnen Module miteinander vernetzt bzw. virtuell verkabelt sind. Dieser Modus erlaubt auch die Erweiterung und Neukonzeption von Musikinstrumenten. Terminologisch werden in Reaktor die kleinsten Bausteine, wie z.B. ein Oszillator oder ein Filter,

als Module bezeichnet. Diese können zu Macros zusammengefasst werden. Ein Instrument besteht zumeist aus mehreren Macros. Auf der höchsten Hierarchieebene können Instrumente zu einem Ensemble zusammengefasst werden. Es geht hier nicht darum, Reaktor zu erklären, jedoch sind die visuellen Prinzipien, nach dem die Software aufgebaut ist, sehr aufschlussreich. Die obere Abbildung zeigt die „Soundschool Analog"-Oberfläche, die speziell für edukative Zwecke entwickelt wurde. Diese orientiert sich an dem vertrauten Aufbau analoger Synthesizer. Auch um einen besseren Transfer von der Realwelt zu ermöglichen, sind die Bedienelemente analog bzw. metaphorisch dargestellt. Eine weitere Hilfestellung für den

Einstieg ist das Flussdiagramm, welches das dahinterliegende Modell sichtbar macht. In dem Structure-Fenster wird dasselbe Modell in der komplexeren Verkabelung einzelner Module und Macros gezeigt. Durch Doppelklicken kann eine noch detailliertere Darstellung sichtbar gemacht werden. Die Bedienung der teilweise sehr komplexen Bedienoberflächen funktioniert aus mehreren Gründen. Neben der regelmäßigen Nutzung ist sicher die Ähnlichkeit mit vertrauten Realumgebungen ein wichtiger Aspekt. Daneben spielt aber auch die Darstellung der Systemstruktur im Structure-Fenster eine Rolle, da dieses indirekt den Aufbau des Interfaces im Panel-Fenster transparent und nachvollziehbar macht.

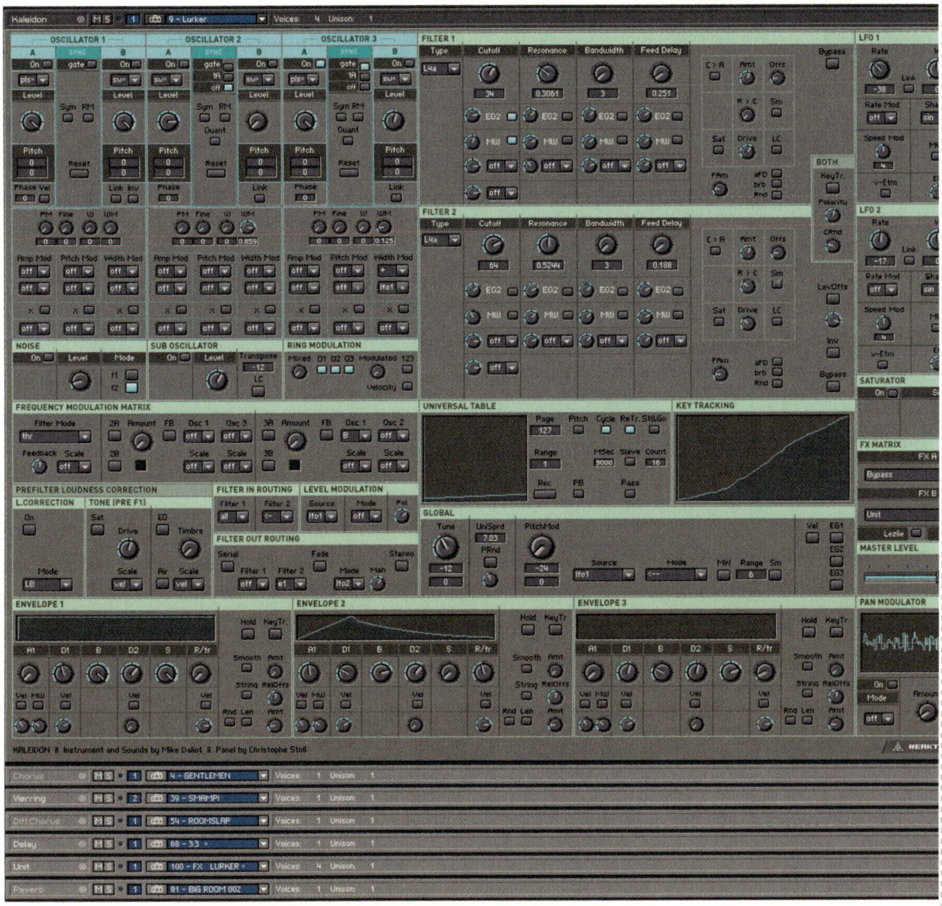

Beispiel für ein mit Reaktor entwickeltes Interface. Das unten abgebildete Reitersystem ist nötig, da nicht alle Funktionen gleichzeitig abgebildet werden können.

Interfacedesign von Christophe Stoll. Creative Director, Fork Unstable Media

www.fork.de

www.nativeinstruments.de

SYNÄSTHETISCHES INTERFACE

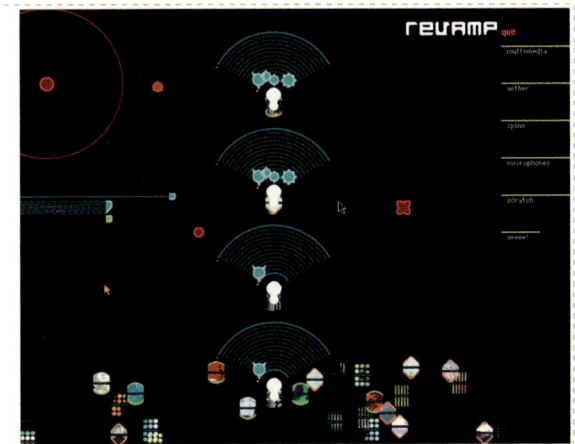

Revamp_Revamp ist ein von Boris Müller entwickeltes Soundsystem, dessen Interface sich sehr von klassischen Bedienoberflächen entfernt hat. Anstelle von Reglern und Listen gibt es visuelle Repräsentanten für musikalische Fragmente. Diese können auf Flächen gezogen werden, die noch eine gewisse Ähnlichkeit mit Plattenspielern oder Soundanlagen haben. Wichtiger als die Ergonomie war es in diesem Fall, für die Musik eine Visualisierung zu finden, die sicher auch nicht zufällig an die musikalischen Bildkompositionen des synästhetisch begabten Kandinsky erinnern.

Entwurf und Konzept:
Prof. Boris Müller

www.esono.com

ARBEITEN MIT VISUELLEN MUSTERN UND STRUKTUREN

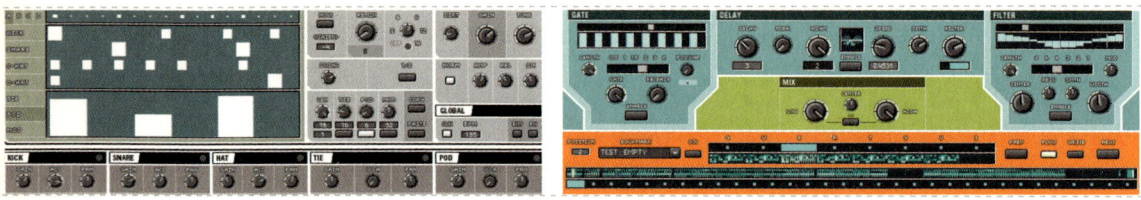

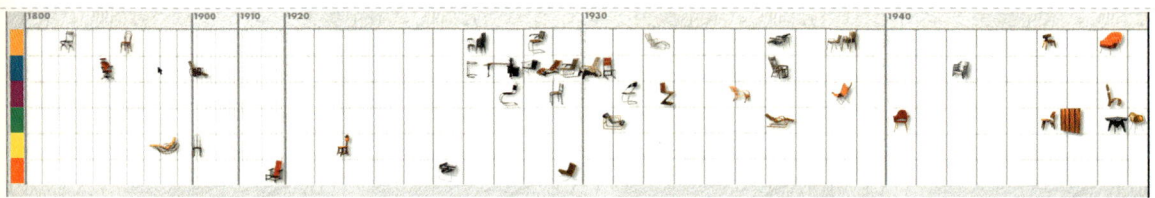

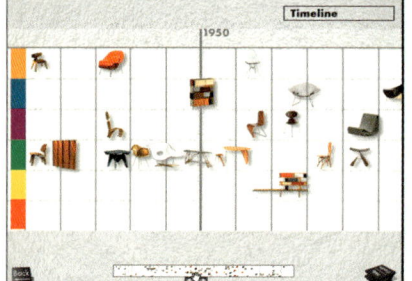

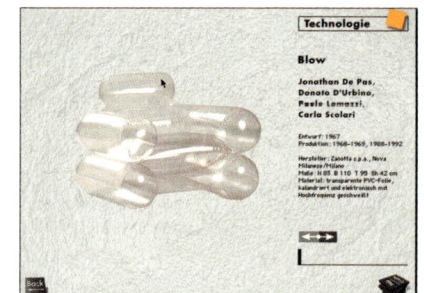

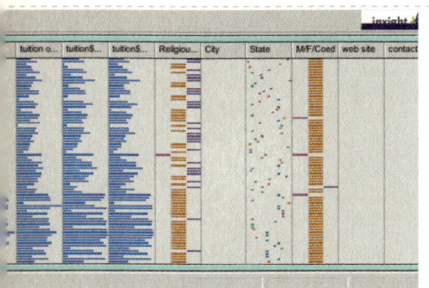

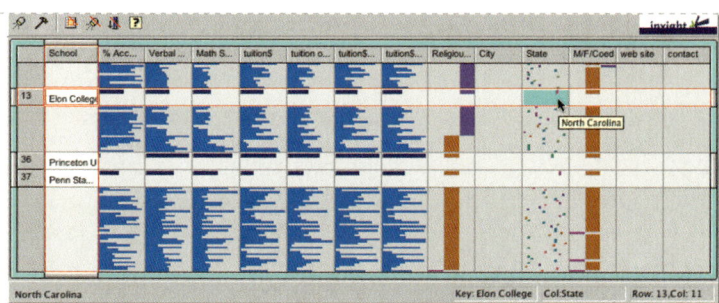

www.nativeinstruments.de

100 Meisterwerke-CD-ROM, ZKM, 1996

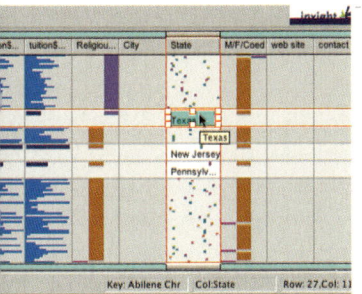

www.inxight.com

Reaktor (2)_ Die zuvor besprochene Software geht auch im visuellen Bereich neue Wege. Reaktor erlaubt die Konzeption eigener Interfaces im Rahmen der zur Verfügung gestellten Möglichkeiten. Dabei versucht man auch verstärkt die musikalischen Strukturen zu visualisieren. Dies gelingt softwareergonomisch akzeptabel vor allem im Mapping von rhythmischen Sequenzen (linke Abbildung). Das zweite Beispiel hat eher einen experimentellen Charakter. Am unteren Ende des Interfaces werden verschiedene Einstellungen als recht schwer identifizierbares Muster abgespeichert. Durch Anwahl des Musters können auch die gemachten Presets wieder aufgerufen werden.

Vitra Design Museum_ Die für das Museum entstandene CD-ROM ist eines der frühesten mir bekannten Beispiele für eine aufschlussreiche und gut navigierbare visuelle Struktur. Sie zeigt hundert Stuhl-Meisterwerke in ihrem historischen Kontext. Durch Anklicken des jeweiligen Stuhls kommt man zu weiterführenden Informationen. In einer weiteren Verkleinerung ist diese zweihundertjährige Stuhl-Geschichte als Muster in einem Scrollbalken untergebracht.

Tree Maps_ Als Ben Shneiderman nach einer Lösung suchte, die Daten auf seiner überfüllten Festplatte zu visualisieren, entdeckte er eine Methode, mit der sich komplexe hierarchische Daten als ineinander verschachtelte und farblich kodierte Rechtecke darstellen ließen. Eine kommerzielle und bereits in vielen Büchern besprochene Umsetzung fand dieses Konzept in „Map of the Markets". Eine ausführliche Dokumentation dieses Konzeptes der Mustererkennung findet man unter der nebenstehenden Adresse:

Film Finder_ Auch bei diesem Projekt war Ben Shneiderman federführend. Aus einer Film-Datenbank können Filme anhand verschiedener Parameter ausgewählt werden. Die visuelle Struktur gibt Auskunft über Alter und Gattung der Filme. Näheres unter:

www.cs.umd.edu/hcil/members/bshneiderman/ivwp.

Table Lens_ Table Lens ist ein Tool innerhalb eines größeren, serverbasierten Visualisierungspackets von Inxight. Ziel dieser Komplettlösung ist mit Hilfe von Visualisierungstechniken schnellere Datenzugriffe, Datenvergleiche und Datenmanipulationen zu ermöglichen. Table Lens visualisiert innerhalb dieses Packets tabellarische Werte als Graphen, die sich zu lesbaren Mustern summieren. In die tabellarischen Informationen kann hinein gezoomt werden, in dem man die Tabellenspalten auseinanderzieht. Dies führt zu einer Vergrößerung der in den Spalten sich befinden Informationen. In dem hier gezeigten Beispiel handelt es sich um umfangreiche Informationen zu amerikanischen Universitäten.

www.smartmoney.com/marketmap/
www.cs.umd.edu/hcil/treemap-history/

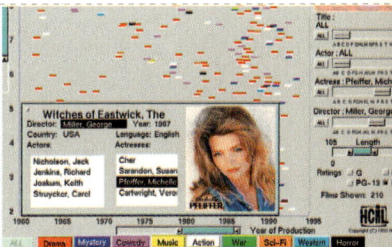

MUSTERERKENNUNG AUF WEBSEITEN

Beach.psd

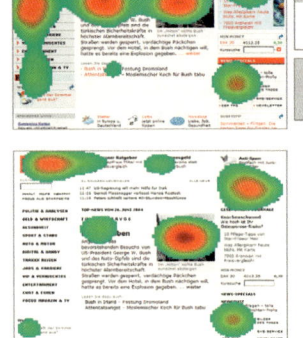

Diplomarbeit von Björn Koth, Aufmerksamkeitssprachen – Systeme der Aufmerksamkeitssteuerung und ihr Einfluss auf die Wahrnehmung interaktiver Systemoberflächen, FH Wedel, 2004

Mustererkennung und Aufmerksamkeitssteuerung_ Ein ganz anderer Ansatz besteht darin, sich zu fragen, ob es auf verschiedenen Webseiten immer wiederkehrende Schemata des Seitenaufbaus gibt und ob diese einen Einfluss auf die Rezeption der Seiten haben. Um dies empirisch untersuchen zu können, wurden möglichst einfache Grundmuster gewählt. In den anschließenden Aufmerksamkeitstests zeigte sich, dass die durch Flächenhinterlegungen erzeugten Schemata den Rezipienten beispielsweise darüber Aufschluss geben, wo sich Information und Interaktion befinden. Ohne diese Grundmuster – so zeigen die Aufmerksamkeitsverteilungen in der nebenstehenden Abbildung – wird die Navigation weniger häufig wahrgenommen.

Mustererkennung und Verkleinerung_Viele Bilder behalten ein markantes visuelles Gefüge, wenn sie verkleinert werden. Wenn wir auf unserer Festplatte nach Bildern oder Dateien suchen, so helfen uns die verkleinerten Darstellungen beim Wiedererkennen und Finden. Interessant ist, ab welcher Verkleinerungsstufe diese Möglichkeit noch gegeben ist. Dies hängt natürlich im hohen Maße vom jeweiligen Motiv ab. Webseiten haben oft einen ähnlichen Aufbau und eine gleichförmige Feinstruktur mit nur wenigen markanten Bereichen.

Dies führt dazu, dass diese bei gleicher Verkleinerung oft nicht mehr identifizierbar sind. In einem solchen Fall hilft eine Eingrenzung auf einen in der Regel markanteren Bereich. Dies ist in der Regel die linke obere Ecke, da dort zumeist die Wort- oder Bildmarke eines Unternehmens platziert ist.

Spiegel_An den nebenstehenden Beispielen erkennt man, dass die Seiten von Spiegel.de bei einer starken Verkleinerung nicht mehr identifizierbar sind. Die Einschränkung auf einen Ausschnitt kann helfen, wenn er markante Merkmale zur Wiedererkennung enthält.

Muster erinnern_Interessant sind verkleinerte Darstellungen von Webseiten vor allem für das Wiederfinden einmal besuchter Seiten. Denn längere History- und Bookmarklisten werden schnell unübersichtlich, und die Backtracking-Funktionen von Browsern wie Explorer oder Safari beziehen sich nur auf eine Session, die innerhalb eines geöffneten Browserfensters stattgefunden hat.

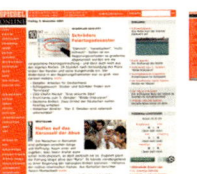

Spiegel.psd

Mustererkennung und Historylisten_Aus den Problemen mit unübersichtlichen und wenig informativen Historylisten haben sich Ansätze entwickelt, um das Wiederfinden besuchter Seiten zu erleichtern. Graphic Browser ist schon ein etwas älteres Konzept für eine visuelle Historyliste. Dies erzeugt eine hierarchische Struktur der besuchten Website. Iconisierte Ausschnitte der aufgerufenen Seiten werden in die Struktur eingebunden. Weiterhin helfen der Name der Site und das Datum des letzten Aufrufs beim Wiederfinden.

Hyper History_Hyper History ist im Rahmen einer Diplomarbeit als funktionierender Prototyp entstanden. Da die Iconisierung von Webseiten viele Nachteile aufweist und bisherige Systeme auch nicht erkennen können, welche Seitenelemente visuell markant oder für den Nutzer semantisch

bedeutsam sind, wurde auf diese Option verzichtet. Stattdessen werden in diesem Java-Applet, das in einen Browser integriert werden kann, die Bewegungen der Nutzer gemeinsam mit den navigierten Seitenstrukturen aufgezeichnet. Im unteren Fenster werden die aufgezeichneten Episoden in einem umfassenderen zeitlichen Rahmen dargestellt. In die an digitale Soundstrukturen erinnernden Nutzungsepisoden kann hineingezoomt werden. Eine Idee dieses Ansatzes ist es, den zeitlichen Kontext sowie den semantischen Kontext der Seiten innerhalb einer Episode zu nutzen, um Inhalte wiederzufinden.

Diplomarbeit von Till Nagel, Unterstützung des Zugriffs auf Informationen im World Wide Web mittels Visualisierung besuchter Hypertext-Dokumente, FH Wedel, 2002

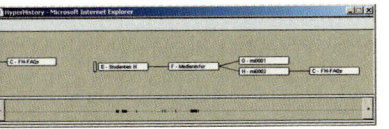

www.w3j.com/1/ayers.270/paper/270.html

www.tillnagel.com

_3.5

Modi des Denkens

Weitere Formen des Denkens und Speicherns. Mit einem Schwerpunkt auf Denken in Modellen. Gibt es Entsprechungen zu diesen verschiedenen kognitiven Prozessen im Interfacedesign? Kann man Modelle sichtbar machen oder die Modellbildung visuell unterstützen?

PROPOSITIONEN ALS DIE KLEINSTEN DENKEINHEITEN__In der Psychologie finden sich unterschiedliche Vorstellungen, wie diese bedeutungshaltige Menge, die in unserem Gedächtnis von einer sprachvermittelten Information erhalten bleibt, strukturiert ist. Eine sehr grundlegende Vorstellung ist die von *Propositionen*, wobei sich diese in linearer Schreibweise oder als propositionales bzw. *semantisches Netz* darstellen lassen. Der Begriff Proposition ist aus der Logik übernommen worden und stellt die kleinste logische *Aussageeinheit* dar, die man als wahr oder falsch bezeichnen kann. In Propositionen wird die Bedeutung oder die „Essenz" eines Sachverhaltes erfasst. Es sind *„hypothetische Wissensmoleküle, die in Form von Sätzen ausgedrückt werden können" (Kluwe, 1992)*. Häufig werden Propositionen in Form semantischer Netze dargestellt. *„Semantische Netze dienen dazu, Propositionen, und vor allen Dingen die Zusammenhänge zwischen ihnen, zu veranschaulichen" (Wender, 1990)*. Man könnte nun die Art dieser Propositionen auch danach differenzieren, ob diese auf Prädikaten, Verben oder Substantiven beruhen. In unserem Zusammenhang ist aber vor allem interessant, dass Propositionen die *essenziellen* Aussagen einer textbasierten Kommunikation darstellen. Dafür sprechen einige Untersuchungen. So wurden in einem Experiment *(Bransford und Franks, 1971)* den Versuchsteilnehmern zwei Geschichten erzählt. Anschließend wurden die Propositionen aufgelistet, die in den beiden Geschichten vorkamen. Es wurden aber in diese Liste zusätzlich Propositionen eingefügt, die aus den Begriffen beider Geschichten gebildet wurden. Diese Propositionen fanden sich also in keiner der beiden Geschichten. Die Teilnehmer konnten zwar nicht mehr angeben, ob die Aussagen, die sie als richtig erkannten, dem genauen Wortlaut der Geschichten entsprachen, aber sie wussten genau, welche bedeutungshaltigen Aussagen in den Geschichten vorkamen und welche nicht. Das Experiment zeigte, dass die Teilnehmer sich an die zentralen Propositionen bzw. Aussagen erinnern konnten, obwohl sie den genauen Wortlaut vergessen hatten.

Eine interessante Bestätigung erbrachte auch das Experiment von Weisberg *(Weisberg, 1989)*. Die Versuchsteilnehmer sollten sich den Satz *„Children who are slow ate bread that is cold"* einprägen. Anschließend sollten die Teilnehmer in einer Assoziationsaufgabe

lineare und Netzdarstellung

Beispiel

Textverstehen und Propositionen

Beispiel: Propositionen in einem Text: Wenn man den folgenden Satz nimmt: „Dr. Schmidt ist der erfolgreiche Chef eines großen Unternehmens, denn ihm war es gelungen, das marode Unternehmen vor dem drohenden Konkurs zu retten", so besteht dieser Satz aus folgenden Aussageelementen:

Dr. Schmidt ist der Chef eines großen Unternehmens.

Er ist erfolgreich.

Das Unternehmen war marode.

Er rettete das Unternehmen vor dem drohenden Konkurs.

In einem weiteren Experiment konnte Weisberg nachweisen, dass die Versuchsteilnehmer umso länger beim Lesen einer Geschichte brauchen, je mehr Aussageelemente vorkommen. Da das Behalten wichtiger Aussageelemente ein zentraler mentaler Vorgang zu sein scheint, ist dieser entsprechend zeitaufwendig.

auf einen genannten Begriff aus dem Satz mit einem anderen Begriff aus demselben Satz antworten, der ihnen zuerst und spontan einfiel. Es stellte sich heraus, dass zum Beispiel viel häufiger *cold* zu *bread* assoziiert wurde, obwohl im Satz selber *slow* und *bread* enger zusammenstehen. Propositionale Verbindungen scheinen also wesentlich wichtiger beim Speichern der Informationen zu sein als die Wortstellung im Satz. Das Problem propositionaler Beschreibungen und semantischer Netze ist, dass sie eine anschauliche Beschreibung der Wissensrepräsentation liefern, aber schnell an Komplexität gewinnen und so für die Darstellung umfangreicher Inhalte wenig geeignet sind.

Erinnern von Propositionen

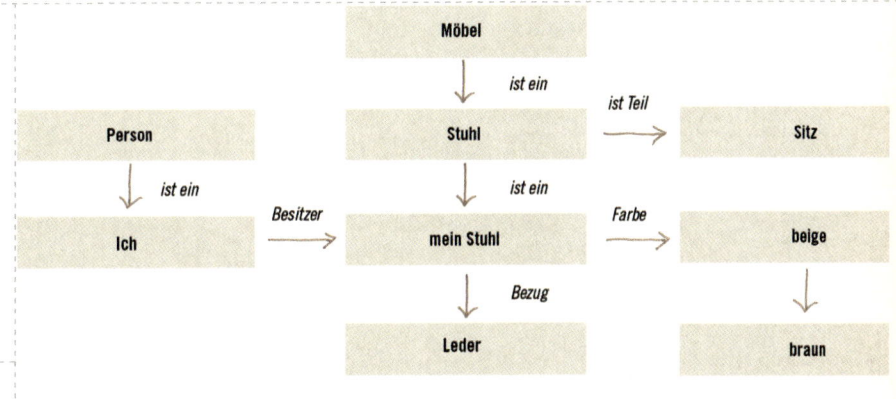

DAS NETZ-MODELL

DENKEN IN KATEGORIEN UND HIERARCHISCHEN STRUKTUREN__ Propositionen geben den Bedeutungszusammenhang eines Textes wieder. Aber wie entsteht aus diesem propositionalen Wissen ein gegliedertes Wissen? Und woher wissen wir, was die einzelnen propositional verbundenen Aussageelemente, wie z.B. „Unternehmen", selbst bedeuten? Man vermutet, dass wichtige Propositionen behalten werden und dass sich diese auf einer abstrakteren und allgemeineren Ebene bestimmten *Klassen* zuordnen lassen. Eine solche Klasse könnte beispielsweise „Unternehmen" sein. Eine Aussage wie „Unternehmen gehen manchmal durch einen Konkurs zugrunde" könnte dann – falls so etwas häufiger vorkommt – in die Klasse „Unternehmen" aufgenommen werden.

Diese Klassen stehen in hierarchischen Relationen zueinander. Mit jeder dieser Klassen sind bestimmte Merkmale verbunden. Merkmale, die für Klassen in den höheren Ebenen zutreffen, gelten auch für die darunter liegenden Ebenen. Dies ist ein sehr ökonomisches Prinzip.

Propositionen und Klassen

hierarchische Relationen

Informationsfluss
zwischen den Klassen
So ist in der Klasse „Wirbeltiere" bereits festgehalten, dass die darunter subsumierte Klasse „Vögel" lebt und Sauerstoff benötigt. Der Klasse Vögel sind die bezeichnenden Merkmale Fliegen können und Federn zugeordnet. Da Kanarienvögel eine Unterklasse von Vögeln sind, bedeutet dies, dass sie ebenfalls Sauerstoff benötigen, Federn haben und fliegen können. In der Klasse Kanarienvögel muss dann nur noch gespeichert werden, dass diese gelb sind. Wenn man also eine neue Vogelart kennen lernt, so muss man nur noch die neuen differenzierenden Eigenschaften lernen, und die anderen übergeordneten Eigenschaften, die allen Vögeln zukommen, müssen nicht mehr gelernt und gespeichert werden.

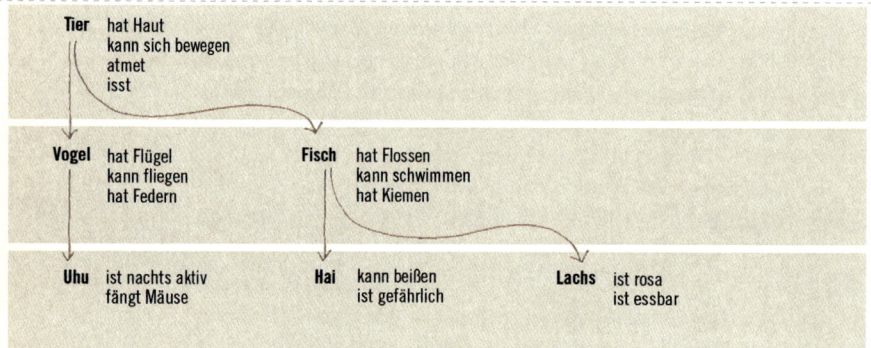

DAS HIERARCHIE-MODELL

HIERARCHIEFREIE ZONEN FÜR DAS DENKEN DURCH SCHEMATA__ Mit der Zeit wurde allerdings deutlicher, dass hierarchische Netzmodelle nicht alles erklären können und dass diese durch erweiterte Konzepte ergänzt werden müssen. Es gibt Informationen zu Objekten, die wir nicht nur aus irgendwelchen hierarchisch organisierten Klassen beziehen, sondern die diesen in unserem kognitiven System viel direkter zugeordnet sind. Dies hat zu der Vorstellung geführt, dass wir wichtige Informationen bzw. wichtige Objektattribute in speziellen Listen oder Schemata führen. Einige wichtige Informationen zu einem Objekt werden nach dieser Vorstellung von uns nach einem bestimmten wiederkehrenden *Schema* organisiert. Dessen listenartiger Aufbau beruht auf pragmatischen Erwägungen. Wenn uns beispielsweise an einer Person zuallererst einmal Name, Alter, Beruf, Geschlecht, Größe und Fähigkeiten interessieren, so werden diese Attribute innerhalb des *Personenschemas* vorkommen. Schemata helfen dabei, sich klar zu machen, welche Positionen noch nicht besetzt sind, also welche Informationen zu einer Person beispielsweise noch fehlen: „Wie war noch mal ihr Alter? Was sind seine Hobbys?" Manchmal merkt man

Beispiel:
Personenschema

Schema als Ausschnitt von pragmatischer Relevanz
Schemata sind nicht vollständig, denn sie beinhalten nur die Daten, die für uns unmittelbar im Alltag von Bedeutung sind. Deshalb sind sie ein „ausgrenzbares Teilsystem im Netzwerk, in dem aufgrund von Erfahrungen typische Zusammenhänge eines Realitätsbereichs repräsentiert sind" (Ballstaedt u.a., 1981).

erst später, dass man diese Fragen noch unbedingt stellen wollte, um die entsprechenden Listenpositionen zu besetzen. Einige Listenplätze können bereits mit bestimmten Annahmen über die jeweilige Person belegt sein, andere können gegebenenfalls leicht überschrieben werden. Diese mit „Default-Werten" ausgefüllten Listenpositionen könnten beispielsweise bestimmte Vermutungen beinhalten, wie dass die Person ledig ist.

Default-Werte

Aus den „Default-Werten" von Schemata lassen sich also auch Informationen über das jeweilige Objekt generieren. In einem Experiment *(Brewer und Treyens, 1981)* wurde nach den Auswirkungen schematischer Vorstellungen auf unsere Wahrnehmung gefragt. Im Testverlauf wurden nacheinander dreißig Versuchspersonen in einen Raum geführt, zu denen gesagt wurde, dass es sich um den Laborraum des Laborleiters handeln würde, was allerdings nicht zutraf. Die Forscher nahmen an, dass dieser kurze Hinweis eine bestimmte Vorstellung wecken würde, wie ein solcher Raum für gewöhnlich aussehen müsste. Anschließend wurden die Versuchspersonen in einem benachbarten Seminarraum nach ihren Eindrücken befragt. Es bestätigte sich die Annahme, dass das Befundmuster der Teilnehmer von ihrer Vorstellung eines Büroraums beeinflusst sein würde. So konnten sich beispielsweise nur 9 Personen an einen dort abgelegten Schädel, aber neunundzwanzig Personen an typische Bürogegenstände, wie Schreibtisch und Stuhl, erinnern. Einige Teilnehmer nahmen sogar an, Bücher gesehen zu haben, obwohl sich dort keine befanden. Im Ergebnis scheinen Schemata nicht nur bei der Strukturierung von Informationen hilfreich zu sein, sie führen auch zu hypothetischen Annahmen über bestimmte Merkmale eines Objektes oder die Beschaffenheit eines Ortes, selbst wenn diese ausnahmsweise mal nicht zutreffen sollten.

*Default-Werte
Der Begriff „Default-Werte"
deutet bereits an, dass sich bei
Schemata sehr viele Ähnlichkeiten
mit Konzepten der tabellarischen
Datenhaltung in Datenbanken entdecken lassen. Die Listenpositionen
eines Schemas wären demnach
als noch leere Datenbankplätze
anzusehen.*

*Auswirkung von
Schemata*

Oberbegriff:	Beruf (Dozent)
Einkommen:	3000-5000 €
Funktion:	Wissen vermitteln
Ausbildung:	Fachhochschule, Universität
Alter:	28-65
Fach:	Grundstudium, Germanistik
Lernende:	Gaststudenten, Studenten
Institutionen:	Universität

DAS SCHEMATA-MODELL

SCRIPTE SIND SCHEMATA FÜR HANDLUNGSRELEVANTES WISSEN__ Eine Erweiterung erfuhr das Konzept von Schemata bei *Schank und Abelson*. Sie nehmen an, dass Schemata auch für das prozedurale Wissen eine große

Rolle spielen und dass wir Handlungen ausführen, indem wir entsprechende Schemata aktivieren. Wegen ihrer zeitlichen und handlungsorientierten Ausrichtung werden sie allerdings „Scripte" genannt.

Zu ihren bekannten Beispielen gehört das Ereignisschema eines Restaurantbesuches. Ein solches verinnerlichtes Script ist nicht nur hilfreich, um sich in einem Restaurant korrekt und anständig zu benehmen, Scripte bzw. Schemata helfen einem auch beim Textverstehen. Wird in einem Text eine Situation geschildert, in der jemand ohne zu bezahlen ein Lokal verlässt, so wird man intuitiv rekonstruieren, dass die Person zuvor Platz genommen, die Speisekarte gelesen und etwas bestellt haben muss.

Restaurantbeispiel

Betreten	Gast betritt das Restaurant.
Platz nehmen	Gast sucht einen Tisch.
	Gast entscheidet sich, wo er sitzen will.
	Gast setzt sich.
Bestellen	Gast nimmt die Karte.
	Gast liest die Karte.
	Gast entscheidet sich für ein Gericht.
	Bedienung kommt zum Tisch.
	Gast bestellt.
Essen	Bedienung bringt das Gericht zum Gast.
	Gast isst.
Bezahlen	Bedienung schreibt Rechnung.
	Bedienung gibt Gast die Rechnung.
	Gast bezahlt.
Verlassen	Gast verlässt das Restaurant.

Das Restaurant-Script beschreibt einen mehr oder weniger festgelegten Ablauf eines Restaurantbesuches. Scripte sind Schemata, in denen der typische Ablauf von Ereignissen repräsentiert wird. Einige Autoren (Lenk, 2001) nehmen an, dass ein sehr großer Teil des praxisrelevanten Wissens in solchen Schemata und Scripten strukturiert wird.

DAS SCRIPT-MODELL

Der große ökonomische Vorteil von Schemata besteht darin, dass sie uns ohne einen großen kognitiven Aufwand Dinge erledigen lassen. Sie helfen uns dabei, die passenden Handlungsmuster abzurufen, die Handlungen von anderen abzuschätzen oder sogar in einem sonst unbekannten Gebäude die Rezeption, den Fahrstuhl oder die Toiletten zu finden, indem man sich typische Grundrissschemata in Erinnerung ruft. Auch in interaktiven Systemen kann prozedurales (oder auch semantisches) Schemawissen eine große Hilfe sein. Allerdings werden dort oft sehr genaue Handlungsprozeduren erwartet, die nicht immer der Systemoberfläche zu entnehmen sind und auch nicht immer komplett aus dem eigenen Schemawissen rekapituliert werden können. Bestell-, Such- oder Bearbeitungsprozeduren wie das Drucken oder Sichern von Informationen können allerdings über

Schema und Interface

Schemata können dem Einordnen und Behalten von Information dienen. Im Informationsdesign helfen sie auch dabei, Inhalte einheitlicher zu gestalten.

Erkennen Sie die Bedeutung der grünen Flächen?
Erst wenn man länger hinsieht, bemerkt man,
dass die grünen Hinterlegungen zugleich eine
abstrakte Darstellung der Ziffern 1-3 sind.
In drei Schritten kommt man von der Auswahl
des Albums und der Auswahl der Musiktitel zur
Bestätigung der Auswahlliste (Checkout).
Anschließend müssen allerdings noch in einer
weiteren Maske die Zahlungsmodalitäten und die
Lieferadresse geklärt werden.
Das Beispiel zeigt, wie die übersichtliche und
schematische Darstellung der wichtigsten
Handlungsschritte dabei hilfreich sein kann, den
Bestellprozess zu überblicken.

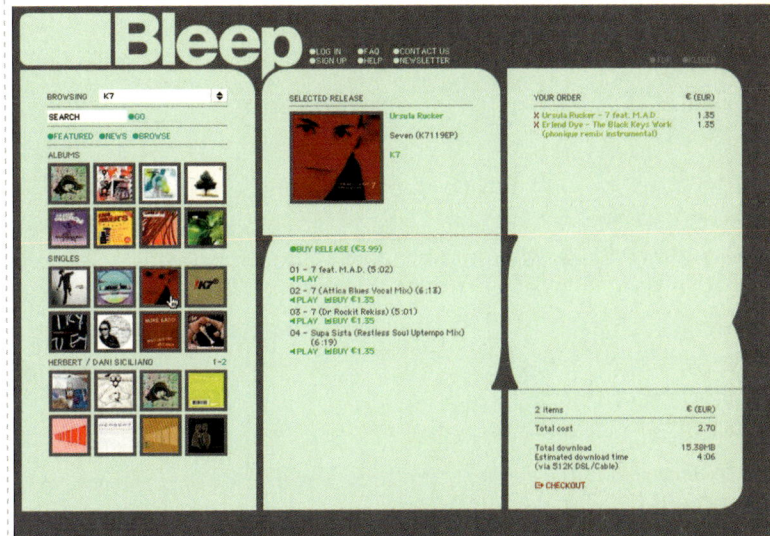

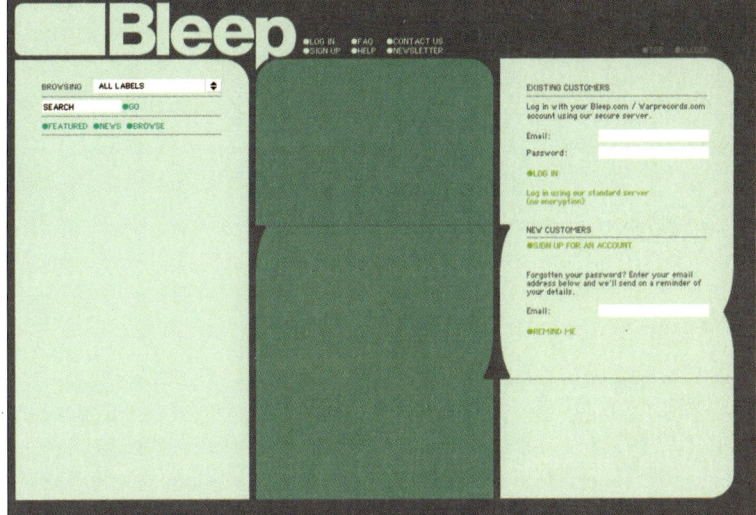

EINFACHES BESTELLSCHEMA

cinc entsprechende Darstellung der Handlungsschritte überschaubar
gemacht werden. Sie entlasten den Rezipienten vor eventuell unnötigen Schemarekonstruktionen und helfen ihm, sich auf das Wesentliche
zu konzentrieren. Mit Hilfe von prozeduralen Schemata oder Scripten
können sinnvolle Handlungsschritte in einem Informationssystem
besser antizipiert werden.

DIDAKTISCHE SCHEMATA ZUR STRUKTURIERUNG MIT INSTRUKTIONSCHARAKTER

DIALEKTISCHE LEHRSTRATEGIE

Vorbereitung
Gemeinsame Wissensgrundlage und Grundbegriffe sichern.

→

Problemstellung
Problem wird in Anknüpfung an das gemeinsame Vorwissen formuliert.

→

Lösungsvorschlag
Ein voreiliger Lösungsvorschlag wird provoziert.

→

Widerlegung
Die voreilige Lösung wird widerlegt.

→

Aporie
Nachgewiesene Unwissenheit soll zu neuem, überlegterem Vorgehen motivieren.

—

ARTIKULATIONSSCHEMA

Motivation
Wecken eines Lernmotivs durch interessante Aufgabenstellung.

→

Schwierigkeit
Zeigen, dass die Aufgabe mit dem vorhandenen Wissen nicht gelöst werden kann.

→

Lösung
Angemessene Lösung wird gezeigt oder gemeinsam erarbeitet.

—

EXPOSITORISCHES LEHRVERFAHREN

Advance Organizer
Zu Beginn wird Vorwissen aktiviert und die Motivation wird – auch durch Lernziele – geweckt.

→

Progressives Differenzieren
In hierarchisch strukturierter Form werden zuerst allgemeine, dann konkretere Lerninhalte vermittelt.

→

Übung
Das Gelernte wird durch Übung, oft an konkreten Beispielen gefestigt.

→

Integrierendes Verbinden
Rückblick auf Ausgang und Lernweg, sowie Vernetzung mit anderen Kontexten wird gezeigt.

Lehrerzentrierter Ansatz, der vor allem für die Vermittlung hochstrukturierter Informationen geeignet ist.

Lehrstragien als Schemata_Die Gliederung von Information und didaktische Überlegungen zur lernförderlichen Informationsgestaltung sind eng miteinander verknüpft. Jede Heranführung an ein Thema beinhaltet didaktische Überlegungen. Dies sind beispielsweise Gedanken darüber, in welcher Reihenfolge etwas dargeboten werden müsste, damit man die Inhalte verstehen, aneignen und behalten kann. Die Didaktik liefert dazu verschiedene Strukturen der Aneignung, die auch als Lern- bzw. Lehrstrategien bezeichnet werden. Es sind zugleich Ablaufschemata, die dann im jeweiligen Fall mit Inhalten und Methoden gefüllt werden können. Wenn in einem solchen Schema die Motivation des Lernenden

als Erstes stattfinden soll, so lässt sich diese erste Phase innerhalb des Ablaufs methodisch unterschiedlich durchführen. Man kann ein interessantes Beispiel zeigen, auf die Bedeutung des Inhaltes aufmerksam machen oder mit einer Fragestellung beginnen, für die es noch keine Lösung gibt. Im Ganzen ist der Ablauf festgelegt. Deshalb kann man auch eher von einem Schema sprechen.

Beispiel: Expositorisches Lehrverfahren_Die Didaktik ist – ähnlich wie die Softwareergonomie – auch ein schönes Beispiel dafür, wie grundlegend psychologische Erkenntnisse für ein anderes Fachgebiet werden können. So ist das expositorische Lehrverfahren an kognitionspsychologischen Einsichten orientiert, wie etwa, dass Behalten von Informationen nur gelingt, wenn diese in das bereits vorhandene Wissen integriert werden. Ausubel, der Gründer dieses Lehrverfahrens, nennt diesen Vorgang „verankern". Deshalb ist es strategisch gesehen auch wichtig, dass das dafür nötige Vorwissen vorher aktiviert wird. Nach seiner Vorstellung wird eine bessere Integration weiterhin dadurch

Lösung
Neue, reflektiertere und teilweise gestützte Lösung.

Diese Strategie ist auch als „sokratischer Dialog" bekannt. Der Lernende wird durch Wiederlegung zu einer intensiveren Auseinandersetzung mit einem Thema motiviert.

— Vorbereitung
— Aneignung
— Nachbereitung

Alle Lehrstrategien weisen ein ähnliches Grundschema auf.

Ausführen
Das neu erworbene Wissen wird eingesetzt und erprobt.

Behalten
Durch Wiederholung in verschiedenen Anwendungssituationen wird das Gelernte vertieft und gefestigt.

Transfer
Übertragung des Gelernten auf ein neues Gebiet.

Motivation, Entdeckung eigener Wissenslücken, Artikulation und Transfer des Gelernten stehen hier im Vordergrund.

INSTRUKTIONSDESIGN (TUTORIELLE PROGRAMME)

Vorbereitung
An Vorwissen anknüpfen, Lernziele formulieren, Überblick über das Programm und Lerninhalte geben und motivieren.

Aneignung
In strukturierter Form die Inhalte vermitteln. Veranschaulichungen und Begriffserklärungen zum Text geben.

Nachbereitung
Zusammenfassung, Kernaussagen, Rückfragen zum Lerninhalt, Ausblick und Literaturhinweise bereitstellen.

Tutorielle Programme eignen sich zur instruktiven Vermittlung von Faktenwissen.

---

unterstützt, dass man vom Allgemeinen zum Konkreten voranschreitet. Diesen Vorgang nannte Ausubel in seinem Lehrschema *progressives Differenzieren*. Kognitionspsychologisch steht dahinter auch die Einsicht, dass Wissen vor allem hierarchisch aufgebaut ist und dass neues Wissen in die (zuvor reaktivierte) umfassendere hierarchische Struktur eingegliedert wird. Genauso wichtig wie die Aneignung sind aber auch Vertiefung und Behalten der Information. Von daher muss in einer weiteren Phase dieses Wissen eingeübt werden. Dafür stehen wiederum unzählige Methoden, von der einfachen Wiederholung bis zur gemeinsamen Diskussion etc., zur Verfügung. Da dieses Verfahren von

Ausubel, wie auch die anderen hier abgebildeten Verfahren, von einer betonten Steuerung und Instruktion des Lehrenden ausgehen, haben sie einen starken „Instruktionscharakter".

Didaktische Schemata im Informationsdesign_ Nun sind Informationssysteme nicht unbedingt immer darauf angelegt, dass diese Informationen auch behalten werden sollen. In vielen Fällen sollen einfach nur effizient die benötigen Daten zur Verfügung gestellt werden. In einigen Fällen sind diese Schemata aber sehr hilfreich, und es stellt sich die Frage, weshalb sie so selten in Informationssystemen sichtbar gemacht werden. Sie helfen dabei, die Vermittlungsstrategien

deutlich zu machen. Sie machen die Information eben dahingehend transparent, als man erkennen kann, wie ihre Vermittlung gedacht ist, und sie ermöglichen so einen reflektierten, methodischeren und bewussteren Umgang mit Informationen.

DIDAKTISCHE SCHEMATA ZUR STRUKTURIERUNG MIT PROBLEMLÖSECHARAKTER

FALLSTUDIE

Konfrontation
Vorstellung des Problems oder eines konkreten Fallbeispiels.

Information
Genauere Analyse des Fallbeispiels, Aneignung von relevantem Wissen (Recherche).

Exploration
Unterschiedliche Lösungsvarianten werden entwickelt.

Resolution
Entscheidung und Begründung für eine der vorgestellten Varianten.

— Vorbereitung
— Aneignung
— Nachbereitung

PR4Q-SCHEMA

Preview
Gemeinsame Wissensgrundlage und Überblick über das zu erarbeitende Material herstellen.

Questions
Fragen zum Lehrmaterial werden erarbeitet oder gestellt.

PROJEKTMETHODE

Zielsetzung
Gemeinsames Erarbeiten von Lern- und Arbeitszielen.

Planung
Planung der Arbeitsschritte, der nötigen Materialien und Methoden.

Ausführung
Ausführung der Arbeitsschritte und Aneignung weiterer Informationen.

Beurteilung
Bewertung, Verallgemeinerung und Transfer der Arbeitsergebnisse.

Neben eigenständigem Arbeiten wie in der Fallstudie spielt hier die Entwicklung geeigneter Methoden eine zentrale Rolle.

Lehrstrategien mit Problemlösecharakter_ Ein Nachteil der zuvor beschriebenen Schemata mit *Instruktionscharakter* ist, dass sie eine passive Lernhaltung voraussetzen und fördern.
Dies hängt aber auch von dem jeweiligen Thema ab, so sind die Instruktionsschemata für viele Themen, bei denen es um eine effektive Vermittlung von Faktenwissen geht, durchaus nützlich. Die Aneignung von Informationen wird aber oft als lustvoller empfunden, wenn man selber recherchieren und selbst ein Problem lösen kann. Dies übt auch das selbständige Lernen. Aus diesem Grund sind modernere Lehrstrategien eher an einer aktiven Lernhaltung orientiert. Der Lehrer übernimmt dann mehr die Rolle eines Beraters oder Moderators.

Simulationen_ Im Hinblick auf interaktive Informationssysteme entsprechen dieser Lehr- und Lernstrategie Simulationen.
Die Basis von Simulationen bilden zumeist dynamische Modelle. Dies könnte beispielsweise ein mathematisiertes Modell des ökologischen Gleichgewichtes sein. Die darauf basierende Simulation erlaubt Eingaben anhand einer bestimmten Fragestellung und liefert dann entsprechende Ergebnisse zurück, die selbständig interpretiert werden müssen.

Ein solches Informationssystem ist aber in der Konzeption und Entwicklung ziemlich aufwendig, und es ist auch nur für einen eingeschränkten Kreis an Thematiken geeignet.

Kollaborative Arbeitsumgebungen_ Kollaborative Arbeitsumgebungen sollen, wie der Name schon sagt, das gemeinsame Arbeiten im Netz ermöglichen. Sie sind zugleich neben Simulationen eine andere Möglichkeit, aktiv und auch problemorientiert Informationen zu generieren und verfügbar zu machen. Eines der bekanntesten und beeindruckendsten Beispiele für ein kollaborativ erweiterbares Informationssystem ist *Wikipedia*.

Disputation
Verteidigung der gefundenen Lösung.

Kollation
Abschließender Vergleich zwischen der eigenen und der tatsächlich realisierten Lösung.

$\longrightarrow$

Schwerpunkt ist das Erlernen wissenschaftlichen Arbeitens, genauer Recherche und Beweisführung.

Read
Das Lernmaterial wird gelesen.

$\longrightarrow$

Reflect
Über das Gelesene wird nachgedacht.

$\longrightarrow$

Recite
Zentrale Aussagen werden wiederholt und mit den Ausgangsfragen in Verbindung gebracht.

$\longrightarrow$

Review
Rückblick und Resümee anhand der zuvor gestellten Fragen.

Dieses Verfahren soll vor allem die Verarbeitungstiefe von Texten erhöhen.

PROBLEMORIENTIERTES DESIGN (SIMULATIONEN)

Vorbereitung
Einführung in ein oft dynamisches Problemgefüge. Vermittlung von Untersuchungsmethoden und von Programmfunktionen und -szenarien.

$\longrightarrow$

Aneignung
Aktionsmöglichkeiten zeigen und anstoßen, Systemreaktionen zeigen, methodische und semantische Hilfen anbieten.

$\longrightarrow$

Nachbereitung
Zusammenfassungen ermöglichen, die Ergebnisse mit vorgegebenen Lösungen vergleichen.

Simulationen fördern das selbständige Arbeiten, setzen aber oft Vorwissen voraus.

An dieser kostenlosen Enzyklopädie kann jeder auf Basis einer gemeinsam nutzbaren Software mitarbeiten. Wikipedia beinhaltet mittlerweile weltweit über einhunderttausend Beiträge, die in ihrer Qualität mit klassischen Nachschlagewerken durchaus mithalten können.
Ein weiteres Beispiel für eine gemeinnützige und im Ansatz immer noch kollaborative Arbeitsumgebung, die verschiedene Möglichkeiten der Informationsvisualisierung ermöglicht, ist *„Netzspannung"*. Die dort einsetzbaren Werkzeuge zur explorativen Erkundung werden sehr vielversprechend als *„Knowledge Discovery Tools"* bezeichnet.

Anwendungsmöglichkeiten_Problemorientierte didaktische Schemata haben eher prozeduralen Charakter bzw. „Scriptcharakter". Sie dienen weniger dazu, Informationen zu strukturieren, als ein bestimmtes Vorgehen zu organisieren.
Dennoch kann ihre Darstellung Sinn machen. So eignet sich das oben abgebildete Ablaufschema einer Fallstudie dafür, den Zeitplan für ein gemeinsames Projekt im Netz zu gliedern.
Die PQ4R-Methode wäre ein geeignetes Schema, um den methodischen Ablauf einer Textanalyse zu visualisieren (siehe auch Seite 105).

http://de.wikipedia.org
http://netzspannung.org

ANWENDUNG DIDAKTISCHER SCHEMATA ZUR GLIEDERUNG VON INHALTEN

INSTRUKTIONSDESIGN (TUTORIELLE PROGRAMME)

Vorbereitung

An Vorwissen anknüpfen, Lernziele formulieren, Überblick über das Programm und Lerninhalte geben und motivieren.

Aneignung

In strukturierter Form die Inhalte vermitteln. Veranschaulichungen und Begriffserklärungen zum Text geben.

Nachbereitung

Zusammenfassung, Kernaussagen, Rückfragen zum Lerninhalt, Ausblick und Literaturhinweise bereitstellen.

Ein einfaches Instruktionsschema stellt verschiedene Methoden zur Verfügung, wie die drei Phasen jeweils umgesetzt werden können.

Vorbereitung

Überblick geben durch Inhaltsverzeichnis, Studienführer, Literaturliste.

Vorwissen aktivieren durch Fragen zum Einstieg, Test, Brainstorming oder durch einführenden Text, einleitenden Vortrag.

Einstieg ermöglichen durch Fallbeispiel, Darstellung des zu lösenden Problems.

Motivieren durch Aufhänger, Video, paradoxes oder anschauliches Beispiel oder durch Ausblick auf Lernergebnis, zu erreichende Lernziele, späterer Praxisbezug.

Aneignung

Aufnahme strukturieren durch hierarchischen Aufbau von über- zu untergeordneten Themen oder durch Fortschreiten vom Einfachen zum Schweren.

Aufnahme erleichtern durch Grafiken, Fallbeispiele, Musterlösungen.

Verarbeitung intensivieren durch Rückfragen, Diskussionsanlässe, Vernetzung mit anderen Texten (Hypertext).

Hilfestellungen anbieten bei der Planung von Arbeitsschritten und beim Sammeln von Informationen oder im Text durch Begriffserklärungen, Stichpunkte, Kommentare (Marginalien) und Quellenhinweise.

Nachbereitung

Gelerntes sichern durch Zusammenfassung.

Gelerntes vertiefen durch Wiederholung, Anwendungsbeispiele und Übungen.

Kontrolle ermöglichen durch Rückfragen, Aufgaben, Multiple-Choice und Lückentests.

Weiterlernen ermöglichen durch Literaturlisten, Linksammlungen und Anwendungsaufgaben.

Didaktische Schemata als optionale Erweiterung_Auf den vorhergehenden Seiten wurde beschrieben, wie Schemata dienlich sein können, den didaktischen Aufbau von Informationen sichtbar zu machen. Sie sind eine Alternative und Ergänzung zu fachsystematischen und hierarchisch gegliederten Inhalten. Sie stellen einen interessante Möglichkeit dar, Inhalte zu visualisieren und ihre Strukturen transparent zu machen.

Gliederungsschema für Fernstudiengang_Im nebenstehenden Beispiel ging es darum, die Inhalte in einem Fernstudiengang didaktisch zu organisieren und diese Struktur auch sichtbar zu machen. Die technische Basis bildete eine MySQL-Datenbank. Die Inhalte werden über ein dafür programmiertes Redaktionssystem in die Datenbank eingetragen. Das Redaktionssystem verpflichtet durch die entsprechende Gestaltung und die Abfolge der Masken die Dozenten dazu, sich an dem grundlegenden Schema zu orientieren.
Aus den Inhalten der Datenbank werden die entsprechenden Seiten generiert. Wahlweise können

auch aus den Datenbankeinträgen PDF-Dateien erzeugt werden, die dasselbe Schema aufweisen. Eine grundlegende Idee war, durch zusätzliche Hilfsmittel, wie Zusammenfassung, Rückfragen, Glossar und Verweise, die Bearbeitung der Lehrtexte zu erleichtern und zu vertiefen. Die zugrunde liegende didaktische Strategie orientiert sich am Instruktionsparadigma. Sichtbar ist vor allem, dass sich die Aneignung eines Textes in drei Phasen: Vorbereitung, Aneignung und Nachbereitung gestaltet.

Aus den zur Verfügung stehenden Methoden können dann diejenigen ausgewählt werden, die für einen statischen Lehrtext im Internet sinnvoll sind.

Vorbereitung

    Zuordnung

    Hintergrund

    Lernzielliste

Aneignung

    Grafiken

    Marginalien

Nachbereitung

    Kernaussagen

    Rückfragen

    Glossar

    Literaturhinweise

    Internetverweise

Projektarbeit von Nele Vogel, Sebastian Eichner, Birthe Johannes, FH Wedel, 2001

line - Intranet | Material | GD Aufbau

Anzeigengestaltung

Start
Unterrichtsmaterial
Aufgabenstellungen
Informationen
Termine
Forum
Studenten
FAQ
Logout

Übersicht
Verlagsgrafik
Illustration
Bildbearbeitung
Web-Publishing
Web-Animation
GD Grundlagen
GD Aufbau
GD Vertiefung
Verlagsgrafik (M17)

- Analogiebildung: Kreative Bildfindung durch Bisoziation
- Analogien in der Kunst
- BILD: Analogien in der Kunst
- Analogien in der Werbung
- Analogien und Sinnverschiebungen auf drei Ebenen
- 1. Sinnverschiebungen und Analogien auf der Bildebene:
- BILD: Palmengarten
- BILD: Rasierapparat
- BILD: Elbee-Strumphose
- 2. Sinnverschiebungen und Analogien zwischen Bild- und Textebene:
- BILD: Jever
- BILD: Hw-un
- 3. Sinnverschiebungen und Analogien auf der Textebene:
- BILD: MB-Zugspitzchen
- BILD: MB-Nordkäppchen
- BILD: Lufthansa
- Verschiebungen auf der Wortsebene durch Verbalisierung
- BILD: Sagrotan
- BILD: Schreibmaschine
- Analogie oder Kopie?
- BILD: Zwei Seiten aus einer Anzeigenstrecke, 1996
- BILD: Mercedes Benz Anzeige, Springer und Jacoby, 1997
- Weitere Techniken visueller Rhetorik „Der Clicking Fragenkatalog".

KOPF

FACH   Grafik-Design

MODUL   GD Aufbau

LEKTION   6

TITEL

Anzeigengestaltung
Visualisierungstechnik und visuelle Rhetorik

HINTERGRUND

In dem Abschnitt über Werbekampagnen wurde deutlich, daß die Aufgaben, die an einen Anzeigengestalter oder Art Director gestellt werden etwas anders aussehen als im klassischen Grafikdesign oder der Typografie. Als Art Director muß man vor allem nach einprägsamen oder „impactstarken" Bilder für werbliche Botschaften suchen.

Im Laufe der Jahre haben sich für diese Herausforderung einige kreative Methoden entwickelt, die dabei helfen sollen. In der Lektion Kreativitätstechniken wurden drei Methoden vorgestellt. Und zwar die morphologische Zerkleinerung, Mind Maps und das sehr bekannte Brainstorming. In der vorliegenden Lektion wird die Analogiebildung beschrieben. Außerdem werden die Techniken der visuellen Rhetorik vorgestellt.

LERNZIELE

Techniken der Analogiebildung und Verschiebung von Bedeutungen kennen lernen.

Verschiedene Formen der Analogiebildung unterscheiden.

Überblick über weiterer Mittel visueller Rhetorik.

LEHRTEXT

Analogiebildung: Kreative Bildfindung durch Bisoziation

Mind Maps geben einen Überblick über die Fülle und Breite des Problemfeldes, morphologische Kästen helfen dabei einen Teilbereich, wie z.B. das Corporate Design oder die Produktmerkmale eines zu bewerbenden Produktes systematisch und geordnet darzustellen. Brainstorming ist eine Technik, die den Suchhorizont auszuweiten hilft, aber die beste und konkreteste Methode für den Gestalter um

Analogiebildung und andere Techniken

James Watt`s Erfindung der Dampfmaschine beruht auf der Beobachtung eines sich hebenden Deckels auf einem Kochtopf.

Analogien in der Kunst

Auch in der Kunst wurden Analogien verwendet, um zu besonderen Bildwirken zu kommen. Bei Magritte verschieben sich die Wahrnehmungsebenen von Abbild und Wirklichkeit in dem Bild mit der Staffelei. Bei Man Ray wird der Frauenkörper zum Musikinstrument durch das Hinzufügen der Schallöcher.

Alternative Werbeform
Wie kann man den öffentl. Raum nutzen, um Passanten spielerisch zu involvieren? Welche vertrauten Gegenstände lassen sich als Werbebotschaft verwenden? ...

VERTIEFUNG

KERNAUSSAGEN

Analogien sind eines der effektivsten Mittel für originelle Bildfindungen.

Sie beruhen auf dem mentalen Prinzip der Bisoziation.

Im Ergebnis werden zwei unterschiedliche Bereich miteinander verbunden.

Analogien können auf sehr unterschiedlichen Ebenen gefunden werden.

Neben Analogien gibt es noch sehr viele, anderer Techniken für Bildideen.

SELBSTKONTROLLFRAGEN

Was ist unter Sinnverschiebung zu verstehen?

Wie ist die Vorgehensweise bei der Analogiebildung?

Welche Wirkungen gehen von Analogien aus?

Welche Beispiele für Analogien fallen euch ein?

GLOSSAR

LITERATURHINWEISE

Buch: Mario Pricken
Autor: Kribbeln im Kopf
Verlag: Verlag Hermann Schmidt, Mainz
Jahr: 2001
ISBN:
Auflage:
Kommentar: Sehr anschauliches Buch zum Thema Kreativität und Visualisierung in der Werbung
Preis:

INTERNETVERWEISE

HIERARCHIEN, HYPERTEXTE UND SCHEMATA IM INFORMATIONSDESIGN__ Die drei vorgestellten Denk- und Speicherkonzepte, *propositionale Netze*, *hierarchische Strukturen* sowie *Schema-Konzepte,* haben eine

hierarchische Systeme unmittelbare Bedeutung für das Informationsdesign. Lassen sich Informationen nicht alphabetisch, chronologisch oder geographisch strukturieren, weisen sie zumeist hierarchische Organisationsform auf. Nicht nur in unseren Köpfen, auch in unserer Umwelt wird vom Familienstammbaum bis zum Supermarktangebot fast alles hierarchisch organisiert. Leider sind Kategorien und Unterkategorien in hierarchischen Informationssystemen nicht immer so eindeutig wie zum Beispiel in einigen Fachwissenschaften. Die Aufgabe und Schwierigkeit besteht deshalb darin, eine möglichst anschauliche und plausible kategoriale Ordnung zu entwickeln, die dann meistens die stabile strukturelle Basis des Systems darstellt. In dem Buch *Information Architecture of the World Wide Web* wird von *Rosenfeld* und *Morville* angenommen, dass aufwendige Informationssysteme oft noch zwei zusätzliche, überlagernde „Layer" besitzen.

Hypertextstrukturen Über die hierarchische Ordnung legt sich wie auf einer weiteren Ebene ein Netz von Querverbindungen. Solche meist als Hypertext organisierten Netze entsprechen weitestgehend propositionalen Verbindungen. In dem Hypertextkonzept steckt zudem ein grenzüberschreitendes und kreatives Potenzial, das hierarchische Systeme wegen ihrer starren Ordnung nicht besitzen.

Datenbanken Als dritter Layer werden Datenbanken bezeichnet. Diesen ähnelt die schema- und tabellenartige Organisation von Information. In Informationssystemen dienen Datenbanken der zielgerichteten Suche. Aber auch die Präsentation von Information in listenartigen und schemaartigen Darstellungen auf der Bildschirmoberfläche kommt diesem Denken entgegen.

An dem Beispiel *Tchibo.de* von *SinnerSchrader* wurde aber auch deutlich, dass die Nutzer nicht unbedingt Interesse haben, sich komplexe hierarchische Systeme zu merken. Am liebsten würden es viele Nutzer vermeiden, sich durch mehrere Ebenen zu klicken, um an die gewünschte Stelle zu kommen.

Mapping Die Veranschaulichung von Informationen durch *visuelles Mapping*
Attributierung und die *semantische bzw. thematische Gruppierung* von Informationen
Gruppierung sind weitere interessante Möglichkeiten, einen schnellen Zugriff zu ermöglichen. Eine weitere Möglichkeit stellt die *Attributierung* von Inhalten dar. Diese werden dann anhand ihrer spezifischen Merkmalsbeschreibung oder Attributierung immer dann angezeigt, wenn sie zur Suchanfrage passen oder wenn sie eine semantische Nähe zu einer Kategorie aufweisen. Dabei können sie durchaus an mehreren Stellen eines Systems angezeigt werden.

ÜBERSICHTLICHER INFORMATIONSZUGRIFF DURCH SEMANTISCHE GRUPPIERUNG

Gliederung in Rubriken
und Gruppen

Karriere
Geschichte
Lifestyle
Reisen
Natur
Gegenwart
Länder
Wirtschaft
Trainieren
Kommunikation
Beruf
Zukunft
Kulturen
Wellness
Weiterbilden

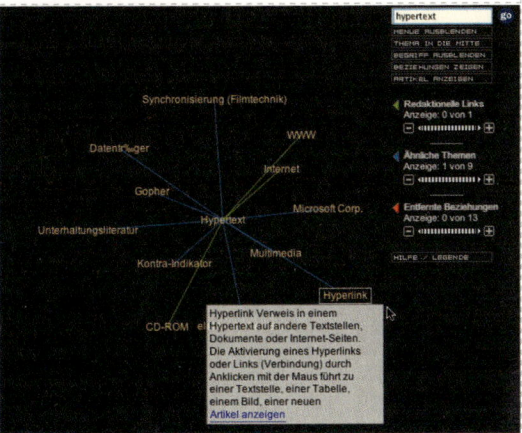

Querverbindungen als
Hypertext-Matrix

Hierarchien drohen unser ganzes Leben zu organisieren. Allerdings sind sie etwas unflexibel und starr. Naturgemäß neigen hierarchische Gliederungen auch dazu, die Inhalte in die Tiefe zu staffeln, sodass sie weniger leicht zugänglich werden. Wissen.de bietet eine Fülle von Beiträgen, die sich in ihrer Unterschiedlichkeit nicht in ein hierarchisches System pressen lassen. Stattdessen wurde eine intuitive thematische Gruppierung entwickelt. Dies erzeugt eine klare Vorstellung vom Informationsaufbau. Dieser wäre ohne die Gruppierung nicht gegeben, wie die rechts stehende Liste zeigt.

Zur besseren Darstellung der vielen semantischen Querbeziehungen wurde anstelle der klassischen Hypertextverweise im Text eine separat navigierbare Hypertext-Matrix entwickelt.

FLEXIBILISIERUNG DES DENKENS DURCH MODELLIERUNGSPROZESSE__ Ein
grundsätzliches Problem von *Schemata* ist, dass sie, wie der Name
schon besagt, nicht sehr flexibel sind. Sie können sehr hilfreich in
Standardsituationen sein, aber häufig sieht man sich vor Probleme
gestellt, die sich nicht so einfach nach Schema F oder XY lösen lassen. Selbst ein so ausgearbeitetes Konzept wie das Restaurantscript
erscheint längst nicht auf alle Situationen anwendbar. Schließlich
gibt es auch Selbstbedienungsrestaurants und kulturell beding-
te Unterschiede, auf die man sich entsprechend einstellen muss.
Menschen sind vor allem in der Lage, sich in neuen Situationen zu-
rechtzufinden, Lösungen auf Probleme zu finden und entsprechende
Handlungsstrategien zu entwickeln. Dazu müssen sie ein entsprechendes Modell von der neuen Situation und von den vorzunehmen-
den Handlungsschritten entwickeln.

Grenzen von Schemata

Das Konzept mentaler Modelle
Dies wurde von Kenneth Craig schon
in den vierziger Jahren entwickelt.
Er nahm an, dass wir besonders
neue und ungewohnte Handlungen
vor ihrer eigentlichen Ausführung in
„small-scale-models" vorskizzieren.

EINFACHE UND WENIGER EINFACHE MODELLE__ Modellbildung findet auf allen
Ebenen und in unterschiedlicher Komplexität statt. Für einige
Problemstellungen benötigt man ausgearbeitete Modellvorstellungen,
etwa wenn man Eingriffe in ökologischen Systemen vornimmt oder
einen technischen Defekt diagnostizieren muss. In vielen Fällen
helfen uns auch weniger ausgearbeitete Modellvorstellungen über die
Schwierigkeiten des Alltags, aber auch über Unklarheiten in interaktiven Systemen hinweg. *Joachim Hasebrook* führt in seinem leider
vergriffenen Buch *Multimediapsychologie* ein Textbeispiel auf, in dem
sich zeigt, dass wir selbst beim Lesen ständig am Modellbilden sind.
Dazu ein Textbeispiel, das er in seinem Buch aufführt:

Beispiel

*Die Landschaft war hügelig. Durch die Hügel hindurch floss ein kleiner
Fluss. Am Fluss lag ein kleines Dorf. Am Eingang des Dorfes war eine
Brücke zu sehen. Unter der Brücke führte eine Eisenbahnstrecke hin-
durch. Die Brücke war ein altes Aquädukt und stammte noch aus der
Römerzeit.* Vermutlich haben Sie während des Lesens die Vorstellung
entwickelt, dass die Brücke über den Fluss führen müsste. Dann
mussten Sie diese Vorstellung korrigieren, als Sie lasen, dass die
Brücke über eine Eisenbahnstrecke hinwegführt. Schließlich mussten
Sie wahrscheinlich auch die Vorstellung revidieren, dass es sich um
eine Fußgänger- oder Autobrücke handelt, als Sie lasen, dass die
Brücke ein Aquädukt ist. *Van Dijk* und *W. Kintsch* nennen solche im
Allgemeinen verständnisfördernden Vorstellungen *Situationsmodelle*.

Definition mentaler Modelle
John Laird (Laird 1983, 1988)
argumentierte im Hinblick auf
die Beschaffenheit von mentalen
Modellen, dass sie weder aus rein
bildhaften Repräsentationen
noch aus logischen Propositionen
aufgebaut seien. Sie liegen irgendwie in der Mitte von beiden. Im
Unterschied zu Bildern, die eben
nur etwas „abbilden", sind Modelle
flexible und situationsabhängige
„Konstrukte", die Rückschlüsse auf
eine Gegenstand zulassen oder ein
bestimmtes Verhalten nahe legen.

OPERATIONEN MIT VIELEN MODELLEN UND DIE IDEE DER METAEBENE__ Die
Modellbildung unterstützt uns bei unseren metakognitiven Fähigkeiten.
Mit Hilfe von Modellen können wir unser eigenes Denken gliedern,
mit externen Modellen in Einklang bringen, vergleichen und bewerten. Als Metakognition könnte man also, in Anspielung auf die _Metakognition_
zu Anfang des Kapitels genannten philosophischen Formulierungen,
eine Fähigkeit beschreiben, bei der wir ein „über sich selbst nach-
denkendes Denken" praktizieren. Allerdings würde der weniger spek-
takulär klingende Begriff „Reflexion" in etwa dasselbe besagen.

In der Kommunikationspsychologie gibt es ein anschauliches Beispiel _Modellbildung und_
metakognitiver Modellbildung. Diese Modellbildung wird immer _Kommunikation_
dann gefordert, wenn in einer Gesprächssituation zwei Menschen
einander etwas zu sagen haben. Um dies zu tun, muss jeder der
beiden Gesprächspartner mit mindestens drei Modellvorstellungen
operieren. In dem „Selbstmodell" finden sich seine eigenen Motive
und Ziele, ein Gespräch führen zu wollen. Das von ihm gebildete
„Hörer-Modell" enthält die Informationen über Vorwissen und die
Ziele des anderen Gesprächsteilnehmers. Dadurch ist es ihm möglich,
sich auf den Gesprächspartner einzustellen. Das „Diskursmodell"
repräsentiert den bisherigen Gesprächsverlauf, mit dem Ziel, einen
möglichst geordneten Ablauf zu erzeugen und Auslassungen und
Wiederholungen zu vermeiden.

TRENNUNG VON THEORIEWISSEN UND PRAXISWISSEN BEI MENTALEN MODELLEN__
Ähnlich wie bei Schemata, so hat sich auch in der Diskussion um
mentale Modelle die Vorstellung durchgesetzt, zwischen semantischen Modellen und prozeduralen Modellen zu unterscheiden. Ein _semantische und_
semantisches Modell beschreibt, wie etwas aufgebaut wird. Es wird _prozedurale Modelle_
manchmal auch strukturelles Modell genannt. Ein sehr vertrautes
Beispiel ist beispielsweise die Darstellung der U-Bahnstrecken durch
unterschiedlich eingefärbte Linien. Das Wissen darüber, „wie man mit
etwas operiert", gehört bereits zur Domäne prozeduraler Modelle. Ein
prozedurales Modell zeigt uns die Handlungsschritte auf, die wir voll- _U-Bahn Beispiel_
ziehen müssen, um beispielsweise mit der U-Bahn von einem Ort zum
anderen zu gelangen, oder in einem Informationssystem die gesuchte
Information zu finden. Prozedurale Modelle beinhalten also die jeweils sinnvolle Handlungsstrategie oder das „instrumentelle" Wissen.
Sie beschreiben, wie man am besten mit einem System umzugehen
hat, und nicht, wie dieses System selbst strukturiert ist.

MODELL EINER NAVIGIERBAREN DATENSTRUKTUR

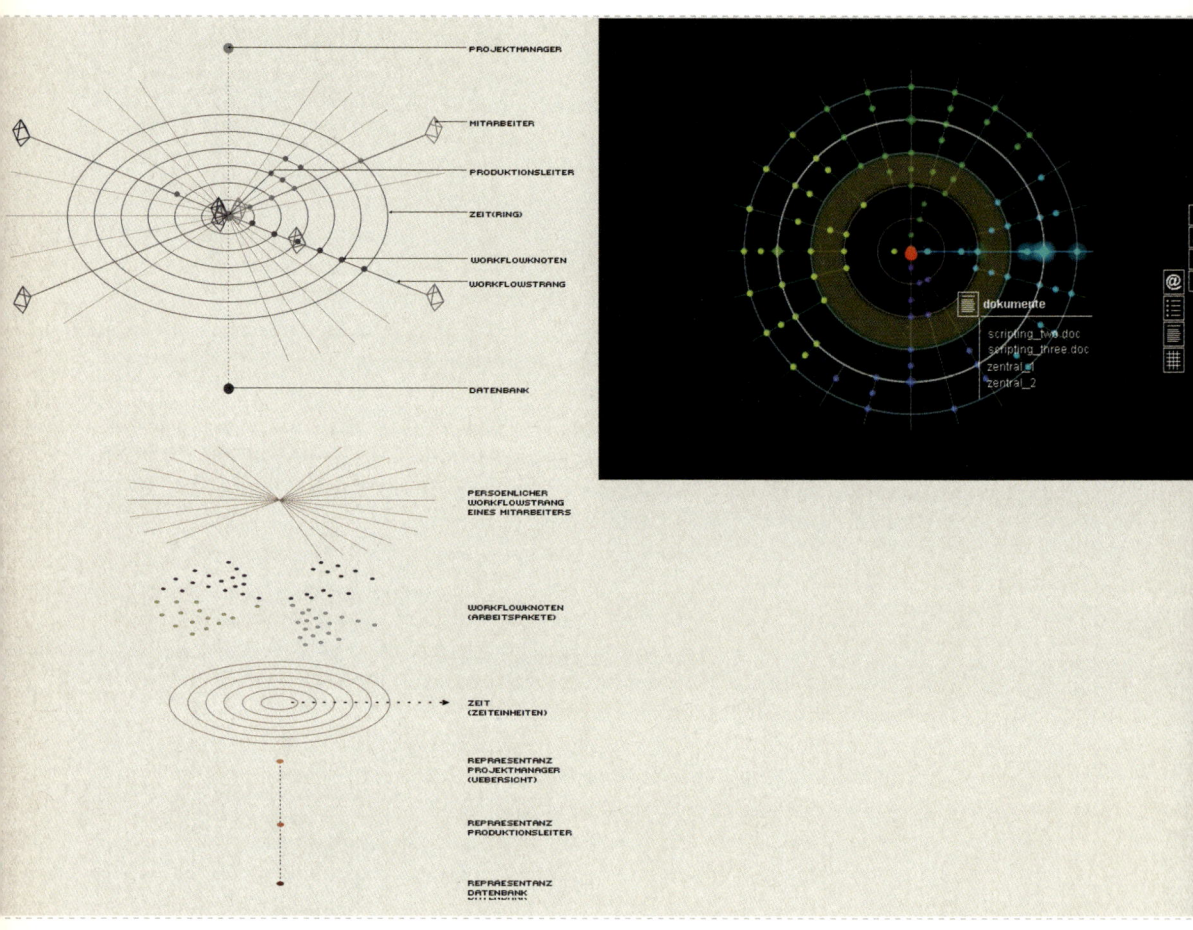

Adress Vision_Adress Vision ist eine Interface-Studie für ein visionäres Workflow-Management. Es macht einen vorgefertigten Workflow mit allen Teilnehmern und Aufgaben für die gemeinsame Projektarbeit sichtbar. In diesem Modell ist stets der aktuelle Projektstatus ablesbar: Wird ein Projektteilnehmer nicht innerhalb seines vorgegebenen Zeitrasters mit der Arbeit fertig, so beginnt sich der entsprechende „Workflow-Knoten", der die für diesen Arbeitsschritt erforderlichen Dokumente vorhält, zu verschieben. Der Verzug wird für alle Teilnehmer sichtbar. Die Idee bestand darin, für alle Beteiligten eine Situation zu schaffen, in der sie den Überblick über ihre eigene Arbeit und den Projektstatus haben. Die Projektteilnehmer können eine Sicht einnehmen, in der sie nur ihre eigenen Aufgaben sehen und abarbeiten. Sie können aber auch eine Sicht wählen, in der sie selbst den Überblick über das gesamte Projekt haben. Das Interface ermöglicht eine Innen- und eine Außensicht. In diesem Interface werden also Bezüge zwischen Inhalt, Person und Zeit visualisiert und direkt interaktiv zur Verfügung gestellt. Die Visualisierung des dynamischen Prozesses in einer Struktur und das Zur-Verfügung-Stellen dieser „Navigable Structure" (T. Diezmann) stellt dabei selbst das Raster dar.

Was hat denn das mit Sigmund Freud zu tun?_Als Sigmund Freud zu Beginn des letzten Jahrhunderts seine Ideen zur Psychoanalyse aufschrieb, da hatte er vielleicht das seinerzeit noch aktuelle Bild einer Dampfmaschine im Kopf. Es gab dort die untere Ebene des Unbewussten, in dem auch unser Triebleben angesiedelt ist. Wenn diese Triebe nicht ausgelebt wurden, so konnte es zu einem Triebstau kommen. Es entstand ein großer Druck. Ganz oben wurden die verinnerlichten Gebote bzw. das Gewissen oder das Über-Ich positioniert. Diese können dem Ich, das sich in diesem Modell in der Mitte befand, Vorschriften machen, wie es mit seinen Trieben umzugehen habe. Dieses Ich hatte in etwa die Funktion eines Ventils. Es versucht den Druck von unten abzulassen, wenn sich dafür eine Gelegenheit fand. Waren in diesem dreistufigen Modell das Über-Ich oben und das Unbewusste unten zu stark, so war dies für das Ich ein ziemlich problematischer Zustand, und es konnte kaum funktionieren bzw. sehr geschwächt werden. Viel ließ sich von diesem Modell ableiten. Es war so simpel, dass man es sofort verstand. Man konnte gut in ihm weiter denken, es differenzieren und abwandeln, um es an reale Erfordernisse besser anzupassen.

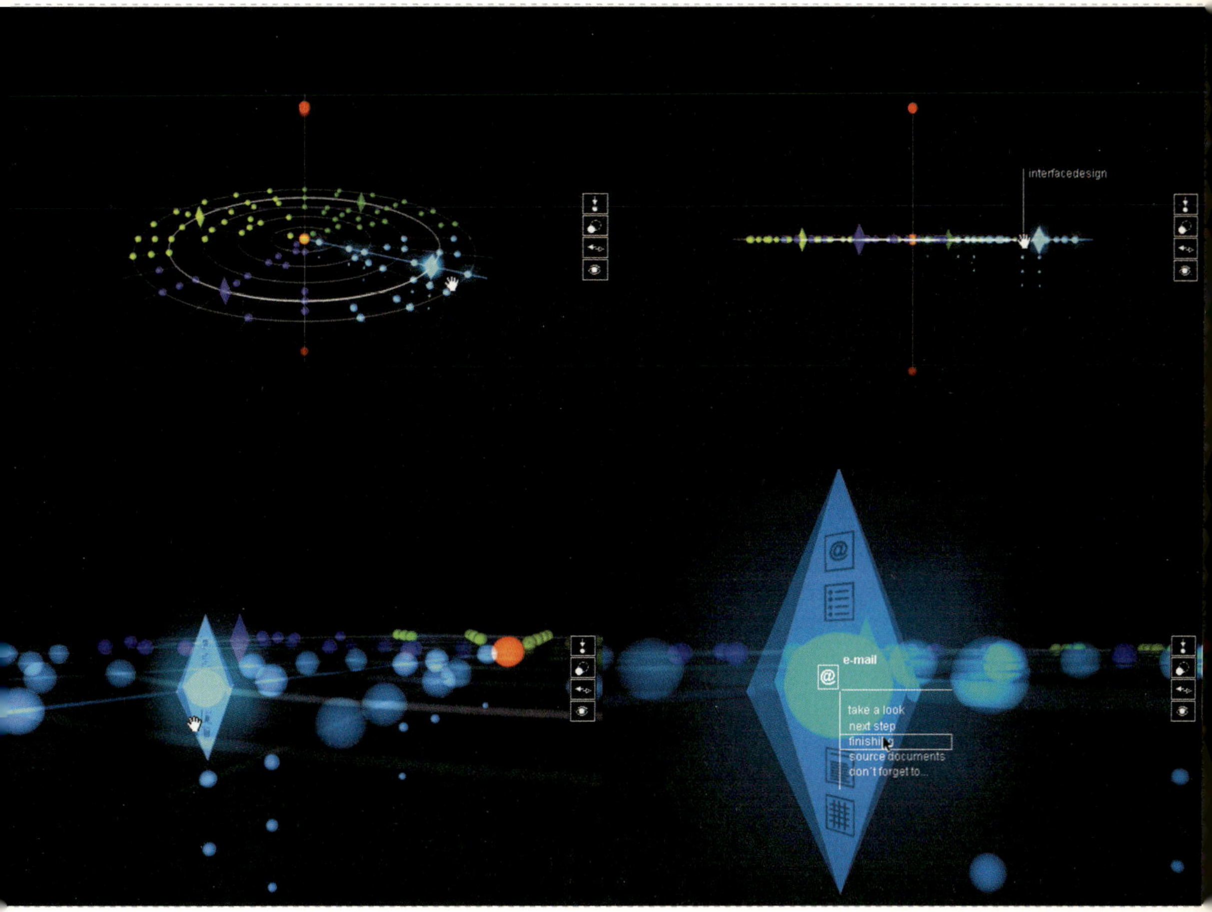

Adress Vision ist auch in drei Ebenen aufgebaut, aber interessanter ist, dass es auch ein wenig den Eindruck eines frühen Manifestes oder Prototyps für nachfolgende visuelle Modellierungskonzepte hinterlässt, so wie Freuds Modell ein früher Prototyp für weitere psychologische Modellbildungen wurde. Diese Interface-Studie zeigt, dass ein ideales Interface-Modell prinzipiell alle Daten und Zustände sichtbar machen sollte. Diese Daten sind aus verschiedenen Perspektiven einsehbar, und dennoch bleibt dieses Modell kompakt und überschaubar. Idealerweise sollte ein solches Modell auch direkt navigierbar und manipulierbar sein.

Interface eines Workflow Management Systems, 1998, pReview digital design, Prof. Tanja Diezmann,

INTERAKTIVE VISUALISIERUNG EINES DISKURSES

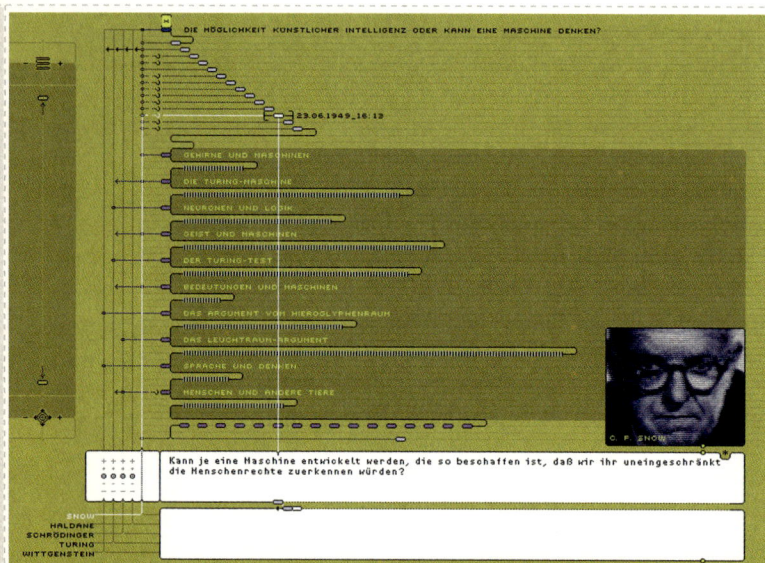

„Sichtbar ist die gesamte in Kapseln und Kapsel-Miniaturen visualisierte und in Schleifen gelegte, aus mehreren hundert Einzelaussagen bestehende Gesprächsstruktur. Im Moment angewählt und im Lesefeld sichtbar ist eine von C. P. Snow eingangs gestellte Frage" (Julia Dietsch).

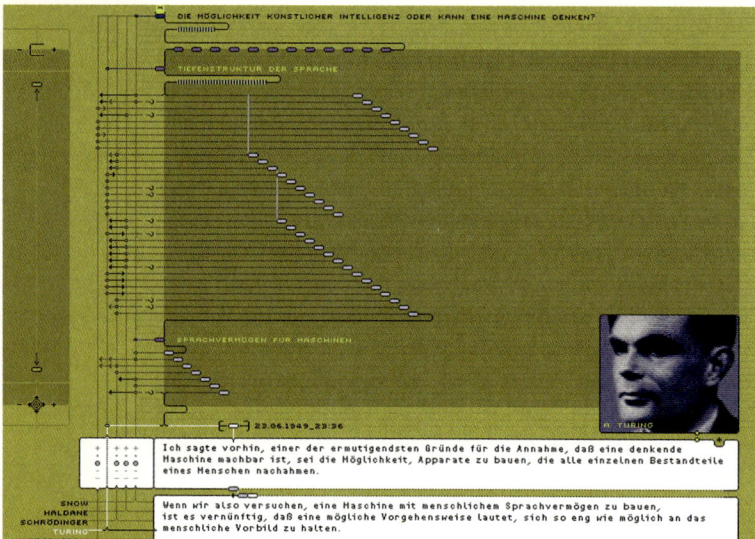

„Alan Turing fügt nacheinander zwei Aussagen an: Die erste erscheint im oberen Textfeld (dem Lesefeld), in dem die Aussagen für alle Teilnehmer sichtbar sind. Die zweite hat er im Moment in das untere Texteingabefeld geschrieben und noch nicht abgeschickt. Bis er das tut, ist sie nur für ihn sichtbar. Beim Abschicken wird die Aussage als eine Art Kapsel visualisiert, die mit einem Lesewerkzeug wieder sichtbar gemacht werden und von anderen Teilnehmern beantwortet werden kann. Aussagenkapseln werden im unteren Bereich der Benutzeroberfläche zwischen den beiden Textfeldern erzeugt und wandern dann nach oben, wo sie sich – wenn der Platz knapp wird – in Miniatursymbole verwandeln und in Schleifen ablegen. Diese Schleifen können nach Bedarf entpackt werden."

Diskussionstool_Das Projekt hatte die Möglichkeiten der Visualisierung dialogischer Textinformation und deren Nutzung zur Unterstützung digitaler Kommunikation zum Thema. Anwendungsbereiche sind dort gegeben, wo kleinere Teams vernetzt synchron oder asynchron miteinander arbeiten, lernen und diskutieren. Durch sichtbare argumentative Verknüpfungen

und inhaltliche Bezüge erleichtert dieses Interface eine eingehende Textanalyse, und es ist zugleich ein visuelles und interaktives Diskussionsprotokoll. Dieses Interface überträgt die Dynamik einer realen Diskussion in den virtuellen Raum und bildet Strukturen ab, die es für die Teilnehmer zeitversetzt möglich machen, den Gesprächstext nach bestimmten Kriterien

gefiltert anzeigen zu lassen und Arbeits- bzw. Lernprozesse auszuwerten oder zu kommunizieren. Solche Kriterien könnten z.B. sein: Autorenaktivität, Autorenbezug, Themenbezug, Themenverlauf, Bewertung etc. Umgekehrt könnte das Tool auch dazu genutzt werden, Gespräche zielführender zu gestalten.

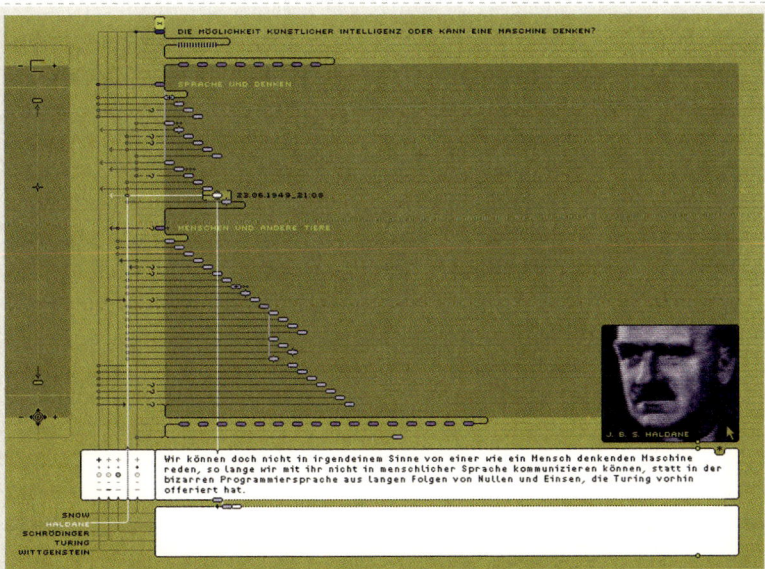

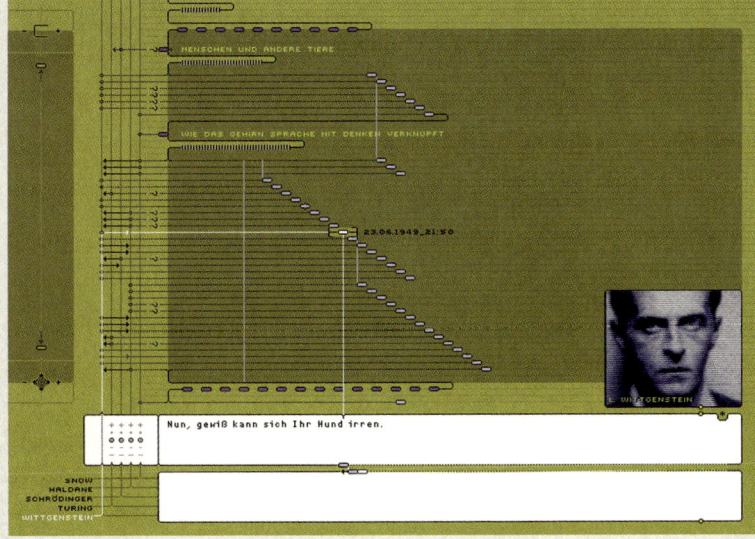

"Für die Teilnehmer ist es möglich, jede Aussage zu bewerten. Dies geschieht mit Hilfe der Plus-Minus-Skala, die links am Lesefeld angefügt ist und durch die die Teilnehmerlinien verlaufen. Wird eine Aussage kontrovers bewertet, so hat das Auswirkungen auf die visuelle Gestalt der Aussagekapsel, wie im Beispiel zu sehen. Sie bekommt kleine Stacheln und zeigt, auch wenn die Aussage im Moment nicht zum Lesen angewählt wäre: „Hier ist eine umstrittene Aussage." Werden Aussagen jedoch einstimmig positiv oder negativ bewertet, bekommt die Kapsel ein Plus- bzw. Minus-Symbol. Zusätzlich ist es möglich, den Aussagen kleine Textfiles mit Erläuterungen oder Bilddateien anzuhängen. Diese werden dann in dem Bereich rechts über dem Lesefeld angezeigt, wo sonst das Porträt des Autors zu sehen ist…"

"Angewählt ist eine Aussage von Ludwig Wittgenstein. Er bezieht sich auf eine unmittelbar vorher gestellte Frage von Haldane. Sichtbar ist dieser Bezug durch den kleinen weißen Pfeil, der auf den von den Teilnehmern links unten vertikal nach oben verlaufenden Linien von Wittgensteins auf Haldanes Linie verweist."

Cambridge-Quintett_Als Beispiel wurde ein fiktives Gespräch zwischen fünf Wissenschaftlern verwendet, die im Cambridge des Jahres 1949 über Computer und Intelligenz disputierten. Dieses Gespräch ist 1998 in dem Buch „Das Cambridge-Quintett" im Berlin-Verlag publiziert worden.

Tool zur Kommunikation in Netzwerken, Julia Dietsch, 1999, Dessau Departement of Design, HS Anhalt,
(Diplomarbeit bei Prof. Tanja Diezmann, Prof. Rochus Hartmann)

OPTIMIERUNG VON ARBEITSPROZESSEN DURCH WORKFLOW-MODELL

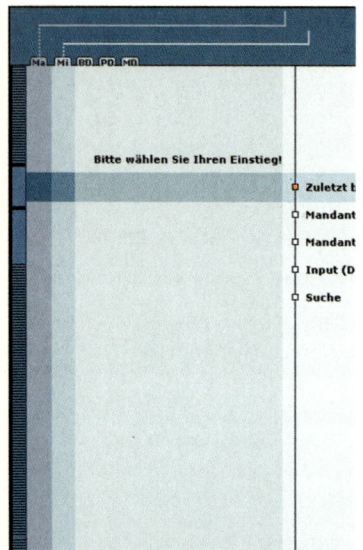

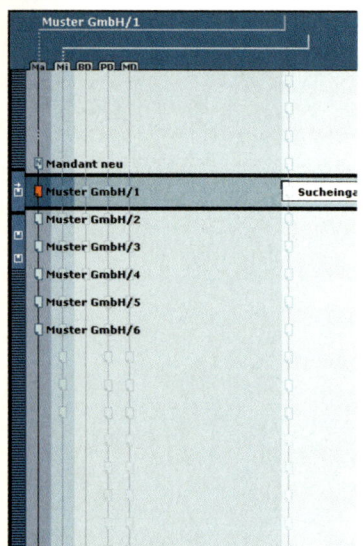

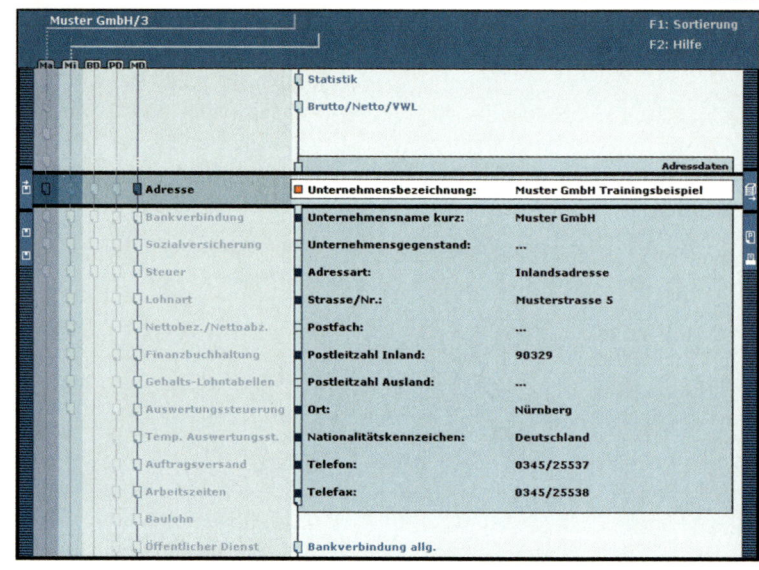

Steuerberatersoftware_ Es galt, eine innovative Software für die Lohndatenerfassung zu entwickeln. Das Interface wurde so konzipiert, dass die gesamte Bedienung ausschließlich mit der Tastatur erfolgt, um den Arbeitsprozess zu beschleunigen, da vorwiegend Zahlen eingegeben werden und ein kontinuierliches Wechseln zwischen Tastatur und Maus zu viel Zeit in

Anspruch nehmen würde. Daraus resultiert der lineare Aufbau. Der Balken in der Mitte ist die Aktionsfläche des Anwenders, an der die ganzen Daten linear in Strängen angeordnet sind. Der Workflow verläuft von links nach rechts. Der Arbeitsprozess beginnt mit der Auswahl des Mandanten und endet mit dem Output, wie beispielsweise Senden oder Drucken.

Datenstrukturen und Datenstränge_ Die Daten sind hierarchisch geordnet, und die Unterteilung der Daten erfolgt nach der Häufigkeit ihrer Anwendung. Auf dem letzten Strang sind alle Eingabemasken „aufgefädelt". Auf den übrigen Strängen sind diese Daten zusammengefasst, um einen schnelleren Zugriff sowie einen besseren Überblick über die Datenstruktur zu

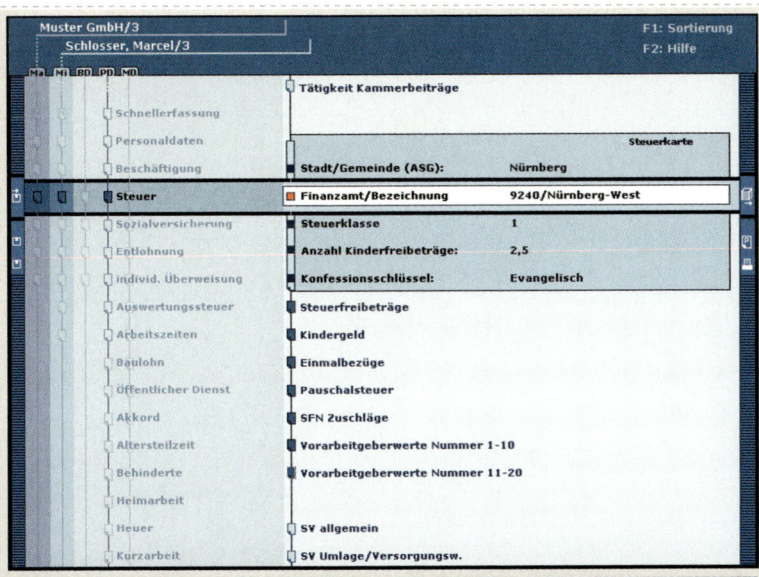

Dieses visuelle Modell erzeugt den Eindruck, dass man sich immer im selben Arbeitsbereich befindet und nicht mehr von einem Dokument zum nächsten springen muss.

Im nebenstehenden Beispiel ist eine Maske zur Eingabe der allgemeinen Steuerdaten geöffnet worden.

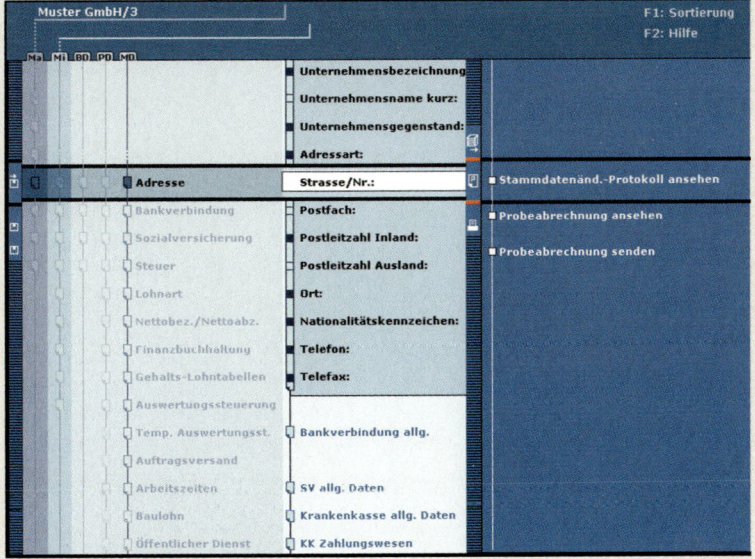

Im Sinne einer linearen Vorgehensweise von links nach rechts sind die Optionen zum Sichern oder Senden der bearbeiteten Daten ganz rechts angeordnet worden.

ermöglichen. Wählt der Nutzer auf einem solchen übergeordneten Strang einen Unterpunkt aus, so werden ihm auf dem Strang der Eingabemasken alle dazugehörigen Masken angezeigt. Nach der Auswahl einer Eingabemaske öffnet sich diese, und die Daten können je nach Auftrag geändert werden.

Das System unterscheidet leere, mit Inhalt und

heute bearbeitete Datenblätter und erleichtert dadurch dem Steuerberater, den Stand seines Arbeitsprozesses festzustellen.

Interface Entwurf für die Lohndatenerfassung
Janina Riske/Antje Verhooren, 2000 Dessau
Departement of Design, HS Anhalt
(Seminar: Prof. Diezmann)

VISUALISIERUNG VON MUSIKPROFILEN DURCH EIN GITTERMODELL

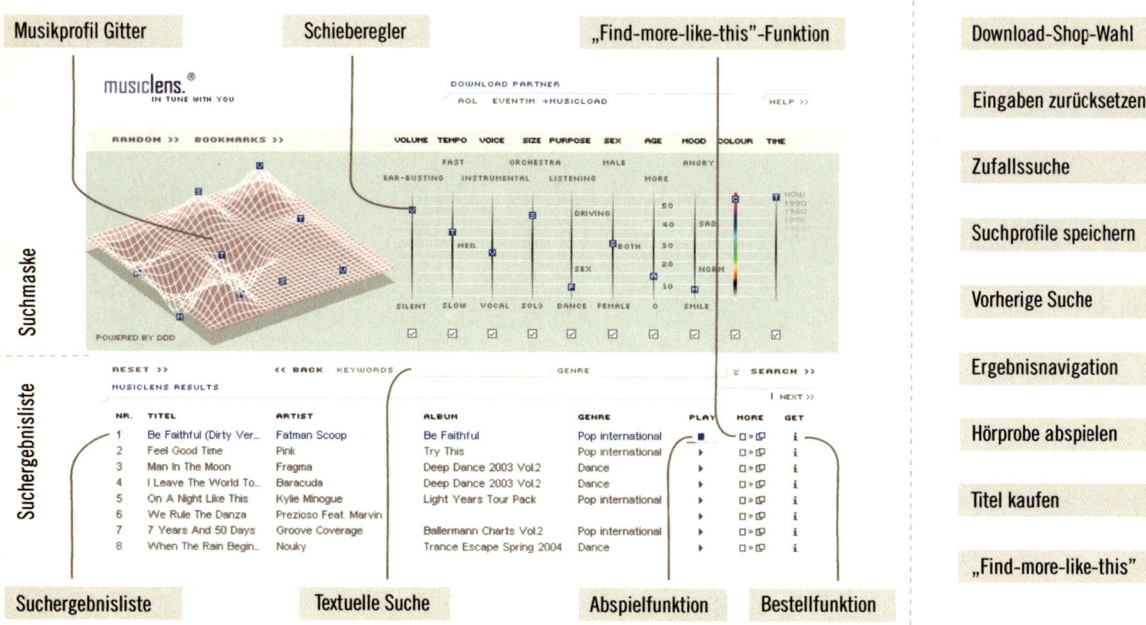

Musikprofil Gitter | Schieberegler | „Find-more-like-this"-Funktion

Download-Shop-Wahl

Eingaben zurücksetzen

Zufallssuche

Suchprofile speichern

Vorherige Suche

Ergebnisnavigation

Hörprobe abspielen

Titel kaufen

„Find-more-like-this"

Suchmaske

Suchergebnisliste

Suchergebnisliste | Textuelle Suche | Abspielfunktion | Bestellfunktion

Step1

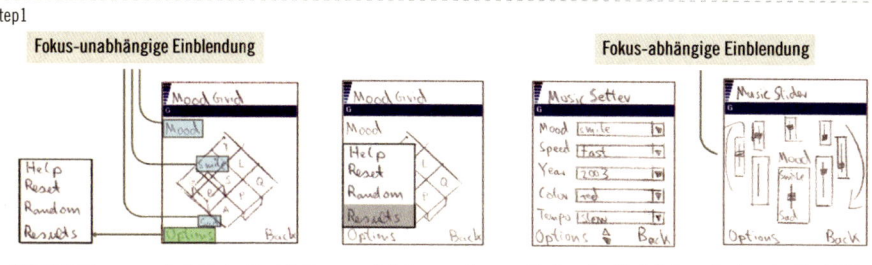

Fokus-unabhängige Einblendung | Fokus-abhängige Einblendung

Optionsmenü | Suchmaske: MusicGrid | .... mit Optionsmenü | Suchmaske: MusicSetter | Suchmaske: MusicSlider

Suchmaske _Skizzen der 3 Suchmasken-Varianten für ein mobiles Interface.

MusicLens Interface_Im MusicLens Interface werden über Schieberegler stufenlos die Eigenschaften definiert, nach denen Musik gesucht werden soll. Von vorneherein sind alle Schieberegler deaktiviert und werden erst in dem Moment aktiv, in dem ein Wert definiert wird. Das heißt, es wird nur nach diesen Eigenschaften gesucht, die überhaupt definiert werden. Das so entstehende Musik-Suchprofil wird dabei zusätzlich in einer Gitter-Darstellung visualisiert. In diesem Gitter-Modell stellen einzelne Felder eine Eigenschaft der zu suchenden Musik dar, welche sich optisch anheben oder absenken in Abhängigkeit von den eingestellten Werten.

Somit erhält der Nutzer ein visuelles Modell, trotz seiner eigentlich nur vagen Suchanfrage. Unterhalb der Suchmaske befinden sich die Suchergebnisse. Von jedem Titel kann eine Hörprobe abgespielt werden, und über die Bestellfunktion kann dieser gleich gekauft werden. Weitere Bedienelemente sind ein Texteingabefeld und eine Drop-down-Box, durch die ein Suchwort eingegeben werden kann bzw. die Ergebnisse auf ein vordefiniertes Musik-Genre eingeschränkt werden können. Die Verwendung der kleinen Schriften und Eingabe-Elemente trägt zur kompakten und auf das Wesentliche reduzierten Darstellung des Interfaces bei.

Portierung des Interfaces auf mobile Endgeräte_ Bei der Konvertierung eines Web-Interfaces auf ein Mobiltelefon gibt es naturgemäß viele Restriktionen technischer Art, aber auch genauso einige Vorteile des Mobilgerätes gegenüber dem Computer. Es macht wenig Sinn, eine bestehende Internetanwendung nahezu originalgetreu auf ein Mobilgerät zu „komprimieren". Gerade ein Web-Interface ist meist zu komplex für eine direkte Übertragung auf ein Handy, dessen Bildschirmausmaße nur einen Bruchteil eines Computer-Monitors betragen. In fast jedem Portierungsfall ist sowieso eine Neukonzeption des Benutzer-Interfaces

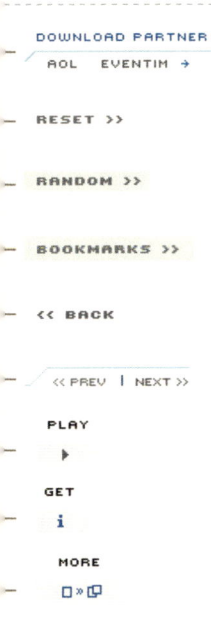

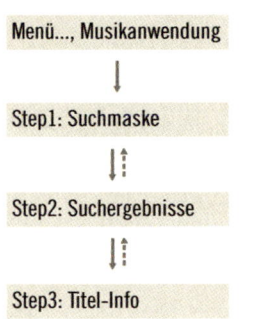

Für die mobile MusicLens müssen die Funktionalitäten auf mehrere Bildschirme aufgeteilt werden.

MusikLens_Durch die Suche mittels subjektiver Eigenschaften von Musik kann mit dieser Empfehlungsmaschine ein großer Musik-Datenbestand trotz ungenauer Eingaben durchsucht werden. MusicLens liefert auch bei vagen Vorstellungen vom Gesuchten ein Ergebnis durch geschickte Abstraktionen und ein intelligentes Interface. Auf diese Weise erhält der Benutzer immer ein Ergebnis. Durch eine so genannte „Find-more-like-this"-Funktion können auch ganz einfach weitere – einem bestimmten Titel ähnliche – Musikstücke gefunden werden. Das Besondere an MusicLens ist, dass der User keine Suchworte benötigt. Die Suche kann über die Angabe von Eigenschaften erfolgen. Neben bekannten Titeln werden so auch Songs aus einem Musikbestand erreicht, die bei textueller Suche unter Umständen nie erreicht worden wären. Entwickelt wurde MusicLens von DDD-System aus Hamburg.

Step 2

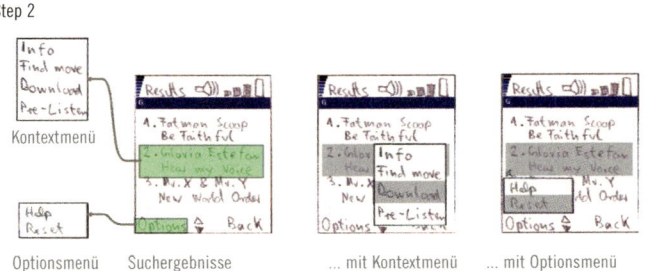

Kontextmenü

Optionsmenü   Suchergebnisse   ... mit Kontextmenü   ... mit Optionsmenü

Step 3

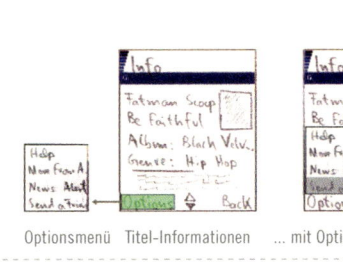

Optionsmenü   Titel-Informationen   ... mit Optionsfenster

unter genauer Beachtung der Regeln der neuen Applikations-Umgebung nötig. Beispielsweise erfordern die begrenzten Eingabemöglichkeiten eines Mobiltelefons im Gegensatz zu denen eines Computers besondere Anstrengungen bei der Gestaltung einer komplexen Anwendung wie der MusicLens auf einem Handy. Es müssen darüber hinaus bei einer Abwärts-Portierung wie dieser einige sekundäre Eigenschaften der bestehenden Web-Anwendung entfallen und andere neu dazukommen. Das Web-Interface der MusicLens soll exemplarisch auf ein Nokia 6600 Mobiltelefon übertragen werden.

Konzeption der Portierung_Das vorhandene Web-Interface kommt mit einem einzigen Bildschirm aus. Für die mobile Version müssen die Funktionalitäten auf mehrere Bildschirme (Step 1, 2 und 3) verteilt werden. Step 1 ist die Suchmaske der mobilen MusicLens. Dabei werden 3 verschiedene Varianten der Suchmaske vorgestellt. Der Suchmaske folgen in Step 2 die Suchergebnisse. Da die bisherige tabellarische Darstellung aller Spalten der Suchergebnisse die Darstellungskapazität eines Handy-Displays übersteigt, werden Detailinformationen zu einem Titel in Step 3 ausgelagert. Die Navigation zwischen allen Bildschirmen erfolgt dabei streng linear.

Suchergebnisse _In Listenform werden die gefundenen Musik-Stücke zum Vorhören oder Herunterladen dargestellt..

Titel-Info _Zu jedem Titel können weitere Informationen wie Genre, Album, Künstlerdaten, etc. angezeigt werden

PORTIERUNG DES WEB-INTERFACES AUF MOBILGERÄTE

Suchmaske (Step1): MusicGrid   Suchmaske (Step1): MusicSlider

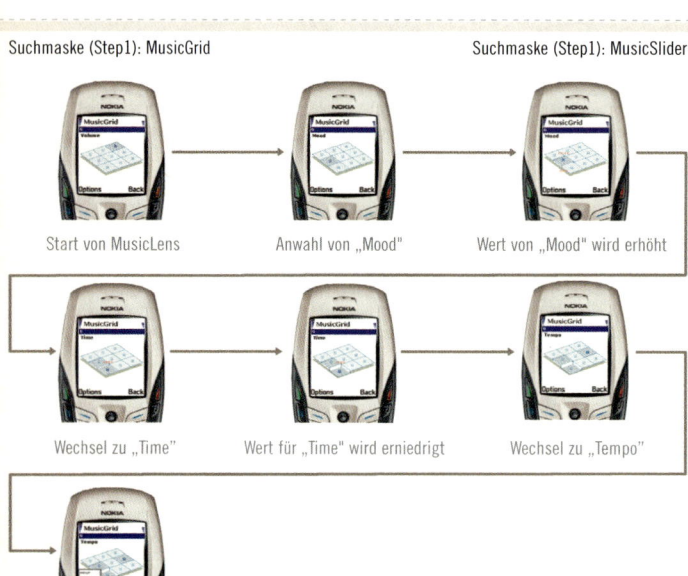
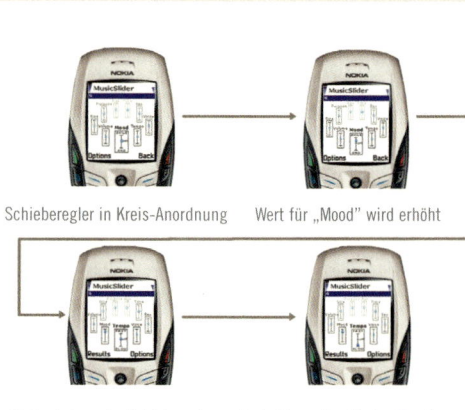

Start von MusicLens   Anwahl von „Mood"   Wert von „Mood" wird erhöht   Schieberegler in Kreis-Anordnung   Wert für „Mood" wird erhöht

Wechsel zu „Time"   Wert für „Time" wird erniedrigt   Wechsel zu „Tempo"   Weiterdrehen der Schieberegler   Erniedrigen des Wertes für „Tempo"

Anzeige der Suchergebnisse über das Optionsmenü

   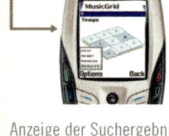

Visuelles Feedback bei Navigation und Einstellungen im „MusicGrid".

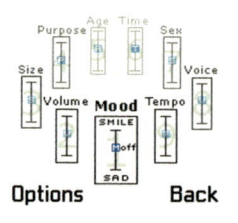

Das Kreismenü alternativ mit Bezifferung der Schieberegler zur direkten Anwahl.

Feld normal   ...fokussiert   ...editiert   Optionsmenü

Im Kreis rotierbare Slider in unterschiedlicher Detailliertheit

Implementierung mobile Suchmaske_Für die mobile Suchmaske (Step 1) dient in der Variante „MusicGrid" die Gitter-Ansicht aus dem Web-Interface zum Erstellen eines Suchprofils. Die Felder des Gitters, die im Web-Interface die Eingaben visualisierten, sind nun das Hauptelement zur Eingabe von Werten. Über die Handy-Richtungstasten kann der Benutzer eines der 9 Gitterfelder fokussieren und dessen Wert verändern. Mit dem Wechsel des Fokus und der Definition eines Wertes für ein Feld verändern sich dessen Farbigkeit und vertikale Position. In der Variante „MusicSlider" werden in einem rotierbaren Kreismenü angeordnete Schieberegler

zum Erstellen eines Suchprofils angeboten. Die bereits aus dem Web-Interface bekannten Schieberegler sind räumlich nach hinten hin kleiner angeordnet, um den Bildschirm nicht optisch zu überfrachten. Durch Rotation kann ein Schieberegler zum Verändern seines Wertes an vorderste Position gebracht werden. In der Variante „MusicSetter" werden alle Werte über Drop-down-Menüs eingestellt. Die Intuitivität und stufenlose Werte-Definition der MusicLens würden dadurch zwar teilweise verloren gehen, aber dem Benutzer würde nicht das Erlernen ihm eventuell unbekannter grafischer Metaphern abverlangt werden.

Implementierung mobile Suchergebnisse und Detail-Infos_Im Vergleich zum Web-Interface können die Suchergebnisse (Step 2) nicht so ausführlich aufgeführt werden. Es muss auf Anzeige von Album und Genre in dieser Ansicht verzichtet werden. Titel und Interpret werden darüber hinaus untereinander statt nebeneinander angeordnet und können bei sehr langen Namen unter Umständen selbst dann nicht ausgeschrieben werden. Eine derartige Listen-Darstellung von Informationen ist Handy-Benutzern seit Anbeginn von Handy-Menüs bekannt und daher eine geeignete Darstellung. Über ein Kontextmenü kann für jeden Eintrag

Suchmaske (Step1): MusicSetter

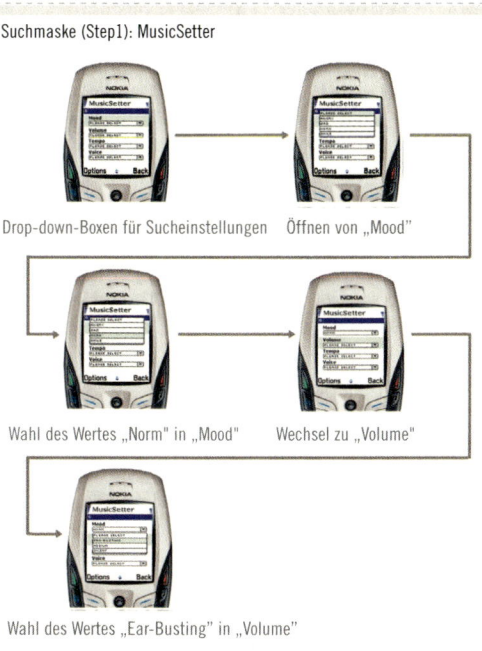

Drop-down-Boxen für Sucheinstellungen   Öffnen von „Mood"

Wahl des Wertes „Norm" in „Mood"   Wechsel zu „Volume"

Wahl des Wertes „Ear-Busting" in „Volume"

Suchergebnisse (Step 2) und Detailinformationen (Step 3)

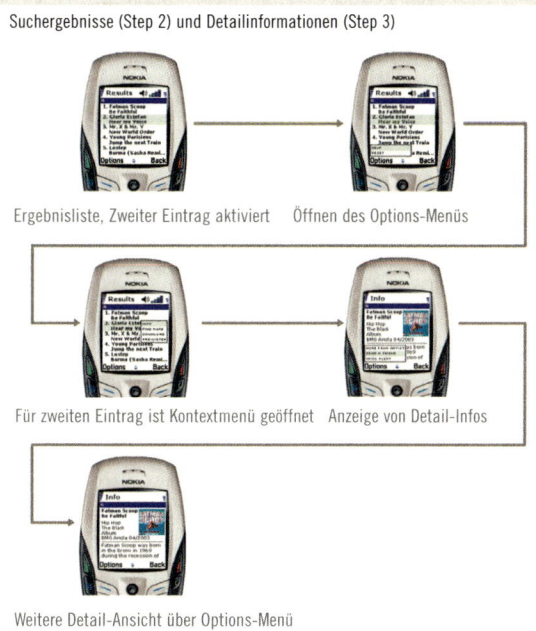

Ergebnisliste, Zweiter Eintrag aktiviert   Öffnen des Options-Menüs

Für zweiten Eintrag ist Kontextmenü geöffnet   Anzeige von Detail-Infos

Weitere Detail-Ansicht über Options-Menü

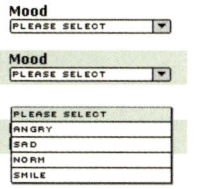

Listendarstellung von Combo-Boxen, aus denen vorgegebene Werte für eine Musik-Eigenschaft gewählt werden kann.

Drop-down-Box normal, fokussiert und selektiert

1. **Fatman Scoop**
   Be Faithful
2. **Gloria Estel** INFO
   Hear my Vo FIND MORE
3. **Mr. X & Mr.** DOWNLOAD
   New World PRE-LISTEN
4. **Young Parisiens**
   Jump the next Train
5. **Lostep**
   Burma (Sasha Remi...

Suchergebnisse mit Kontextmenü

Fatman Scoop
Be Faithful
Hip Hop
The Black
Album
BMG Ariola 04/2003
Fatman Scoop was born
in the Bronx in 1969
during the recession of

Titelinformationen

Aus der Suchergebnisliste heraus können detaillierte Informationen zu einem Titel aufgerufen werden.

der Suchergebnisliste das Musikstück vorgehört, heruntergeladen, die „Find-more-like-this"-Funktion oder die Detailinformationen aufgerufen werden. Im Detail-Info Bildschirm (Step 3) gibt es dann statische Informationen zu einem Musiktitel, für die in der Suchergebnisliste kein Platz war. Zu diesen Informationen gehören Album und Genre, darüber hinaus wäre hier auch Platz für Erscheinungsjahr, Label, Künstlerinformationen oder das Bild des Platten-Covers vorhanden.

Fazit_Wichtig bei allen 3 Varianten der Suchmaske war, dem Benutzer möglichst anschaulich seine Sucheinstellungen darzustellen und dabei das kleine Display nicht zu überfrachten, was letztlich zu Kompromissen in der optischen Gestaltung führt. Die komfortable Bedienungsweise des Web-Interfaces beizubehalten war ebenfalls kaum möglich, da im mobilen Interface in mehreren Bildschirmmenüs navigiert werden muss. Dieses Beispiel für mobiles Interface-Design ist allerdings nur eine Momentaufnahme der technischen Möglichkeiten. Die Innovationsraten gerade bei Mobilgeräten sind so rasant, dass die zukünftigen Entwicklungen spannend zu beobachten sind.

Diplomarbeit von Matthias Krappitz, Mobile Musik-Distribution, Voraussetzungen, mobile Interface Gestaltung und Marktlage, FH Wedel, 2004

Musik Lens von DDD-System Gesellschaft für Multimedia mbH

VISUALISIERUNG VOM SYSTEMMODELL BIS ZUM LERNPFAD (STEFAN KIM)

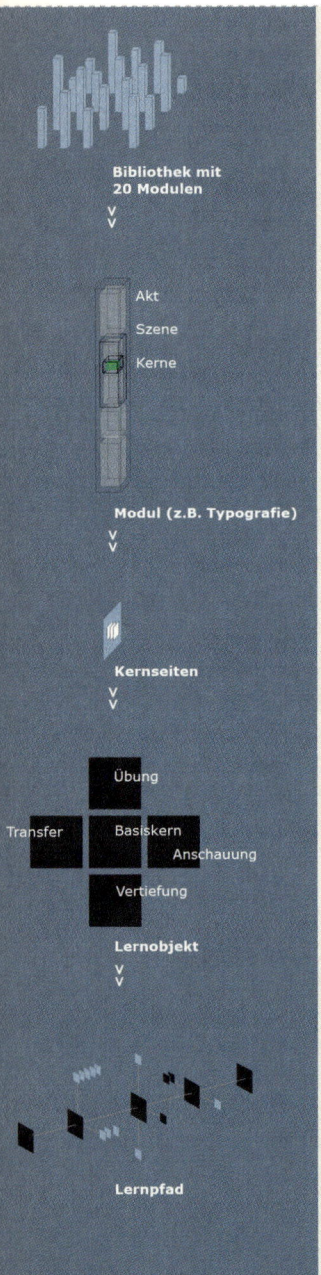

**Bibliothek mit
20 Module**
v
v

Akt

Szene

Kerne

Modul (z.B. Typografie)
v
v

Kernseiten
v
v

Übung

Transfer | Basiskern

Anschauung

Vertiefung

Lernobjekt
v
v

Lernpfad

movii_movii bzw. „moving images & interfaces"
ist eine webbasierte Lernumgebung für die
Gestaltungsgrundlagen in den Medien. Sie
wurde vom Bundesministerium für Bildung und
Forschung im Rahmen des Förderprogramms
„Neue Medien in der Bildung" gefördert.
In einem Zeitraum von drei Jahren entstanden an
sechs Partnerhochschulen zwanzig Module für
die Online- und Präsenzlehre in Mediendesign,
-informatik, -kunst und -wissenschaft. Die
Module enthalten neben Bild- und Textmaterial
eine Vielzahl von interaktiven Simulationen,
Visualisierungen und Videosequenzen. Neue
Inhalte können komfortabel mit einem dafür entwickelten Autorenwerkzeug eingepflegt werden.

Im Bereich eLearning existiert bereits eine
Reihe kommerzieller oder auch frei erhältlicher
Lernplattformen. Dennoch wurde für movii ein
eigenes System entwickelt, das in technischer,
didaktischer und gestalterischer Hinsicht neue,
ambitionierte Ansätze verfolgt.
Eine wichtige Zielsetzung in movii ist die
Wiederverwendbarkeit der Inhalte durch
Rekombination in unterschiedlichen
Lernkontexten. Realisiert wird dieses Prinzip
durch kleine Wissenseinheiten, die als Bausteine
in verschiedenen Aggregationsstufen zu
Lernpfaden durch die movii-Inhaltewelt verknüpft
werden.
Die flexible Kontextualisierung der Lernobjekte
erlaubt eine didaktische Methodenoffenheit, in
der sowohl konstruktivistische als auch instruk-
tivistische Lernprozesse unterstützt werden.
Aus informationstechnischer Sicht ist in movii
das Prinzip des Cross-Media-Publishing für
nachhaltige Nutzungsmöglichkeiten auch
in zukünftigen Medien relevant. Die in XML

erstellten Dokumente werden über XSL-
Transformationen in dynamisch generierten
Ausgabemedien präsentiert.
Für das Design der Lernumgebung bestand
die Herausforderung, die Inhalte, die ja die
Gestaltungsgrundlagen selbst zum Gegenstand
haben, in einem ansprechenden Layout zu
präsentieren, ohne dabei durch ein aufdringliches
Interface-Design abzulenken. Nur in einem anre-
genden Umfeld kann die notwendige Akzeptanz
bei der ästhetisch anspruchsvollen Zielgruppe
erreicht werden.

Visualisierung und Modellierung_In
dem Zusammenhang ist vor allem ein
Aspekt sehr interessant. Die diversen
Handlungsmöglichkeiten und informellen
Zusammenhänge sind sichtbar gemacht worden. Verschiedene, aufeinander abgestimmte
Modellierungen zeigen, wie das System aufgebaut ist und wie es sich bedienen lässt. Diese
Visualisierungen sind nicht Selbstzweck, sondern
sie dienen dazu, das System durch- und überschaubar zu machen, um das Systemverständnis
zu erhöhen. Verschiedene Zugangsformen
steigern den "Joy of Use" in der Interaktion mit
Lernumgebung und Inhalten.
*„movii steht für einen neuen Typ von Lernsys-
temen, die ihre Strukturen und Ablaufprozesse
sichtbar machen und so transparenter werden.
Sie zeigen dem Nutzer neben der primären
Inhaltsschicht eine zweite, übergeordnete und
anschauliche Ebene, die ein räumlich geprägtes
Systemverständnis ermöglicht. eLearning-
Szenarien werden als Gedankengebäude, als
Lernräume oder als Wissenslandschaften
vorstellbar, in denen sich intuitive Formen der
Orientierung und Navigation entwickeln können."*

Modulvisualisierung als Shockwave 3D -
Anwendung, 2003, Hilario Lopez und Frank Müller,
FH Trier, Fachbereich Kommunikationsdesign

Beispiel Modulvisualisierung_Die nebenstehenden
Abbildungen zeigen, wie sich die Bedienung
des Systems konkret gestaltet. Die Shockwave
3D-Visualisierung gibt einen Überblick über
den aktuellen Modulbestand des Systems. Die
Höhe der Säulen informiert über den quantita-
tiven Umfang der Module, die in Akte, Szenen
und Kerne unterteilt sind. Der Nutzer kann in
diesem Raum mit einer virtuellen Kamera frei
navigieren und an einzelne Details heranzoomen.
In dem Modul „Medienräume" ist ein Akt mit
mehreren Szenen angewählt worden. Parallel zur
Navigation im Datenraum wird ein hierarchisches
Inhaltsverzeichnis eingeblendet. In diesem
ist die aktuelle Position durch die orangene
Hervorhebung des Aktes „Medienräume 02
Videoinstallationen" gekennzeichnet.

Anschließend gelangt man zu den einzelnen
Kernen, also zu den kleinsten Einheiten innerhalb dieses visuellen Modells. Im Datenraum
ist der bisherige Navigationspfad auf der linken
Seite eingeblendet. Den Inhalt des Kerns, sein
Erstellungsdatum und den Namen des Verfassers
sieht man in einer weiteren Einblendung.

Ein Doppelklick auf die grüne Fläche lädt den
Kerninhalt in den oberen Frame der Website. Der
Rahmen zwischen dem oberen und unteren Frame
ist frei verschiebbar und erlaubt so dem Nutzer
gleichzeitig den Überblick über die Systemstruktur
und Einblick in die inhaltlichen Bestandteile.

LERNPFAD-VISUALISIERUNG AUF BASIS DES MASKE-MODELLS

	movii		Hochschule
	Modul		Fachbereiche
	Akt		Studiengänge
	Szene		Fachgebiete
	Kern		Lernpfade (Kurse)
	Raw Media		Kerne

movii-Struktur_ Die Abbildungen oben zeigen in schematisierter Form die beiden grundlegenden Modelle zur hierarchischen Organisation von Inhalten in movii - links das MASKE-Modell und rechts der Zugriff auf Lernpfade. MASKE (Module, Akte, Szenen, Kerne und deren Eigenschaften) stellen eine enzyklopädische Organisationsform dar. In den übergeordneten thematischen Zusammenhängen Modul, Akt, Szene werden Kerne eingeordnet. Ein Kern ist hier die kleinste inhaltliche Einheit in Form von Text- und Medienbeziehungen, in denen Autoren eine Aussage treffen können. Der Begriff „Seite" verbietet sich in diesem Zusammenhang, da im Sinne des Cross-Media-Publishing ein solcher Kern je nach medialer Darstellungsform

in Web, Print, Beamer oder Mobilphone sich in unterschiedlich vielen Seiten präsentiert. Die Eigenschaften von Kernen werden von deren Autoren in den Metadaten nach der didaktischen Intention definiert. Ein Kern wird dabei in Basiswissen (Basiskern), Vertiefung, Übung, Veranschaulichung oder Vernetzung klassifiziert. Das MASKE-Modell stellt einerseits eine Organisationshilfe für Autoren bei der Entwicklung von Modulen dar und ermöglicht andererseits, wie zuvor im Beispiel Modulvisualisierung gezeigt, auch Studierenden das freie Browsen in den Wissensbausteinen von movii. Demgegenüber orientiert sich der Zugang nach Lernpfaden am üblichen Organisationsmodell einer Hochschule. Den Fachgebieten sind hier Lernpfade für

konkrete Lehrveranstaltungen zugeordnet. Erst in einem Lernpfad werden Kerne zu einer didaktisch sinnvollen Reihenfolge im Kontext einer konkreten Lehrveranstaltung zusammengestellt. Ein Lernpfad kann dabei Kerne quer über Modulgrenzen hinweg referenzieren und interdisziplinäre Zusammenhänge aufzeigen. Beide Zugangsformen, nach MASKE und nach Lernpfaden, erschließen sich gleichberechtigt über das movii-Wissensportal.

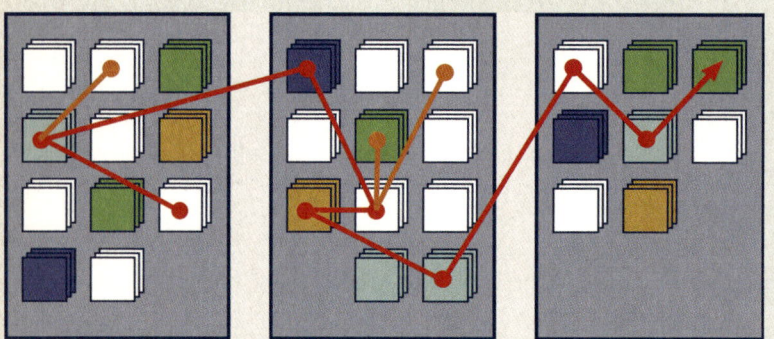

Ein Lernpfad kann sich über mehrere Module erstrecken.

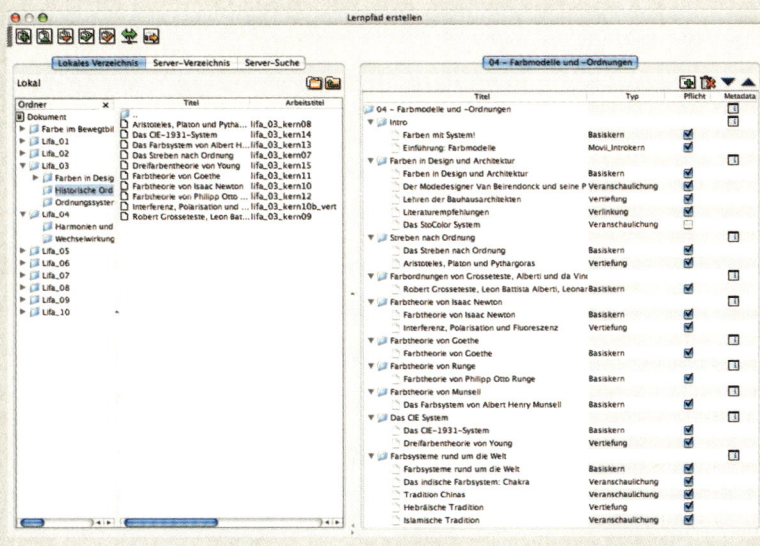

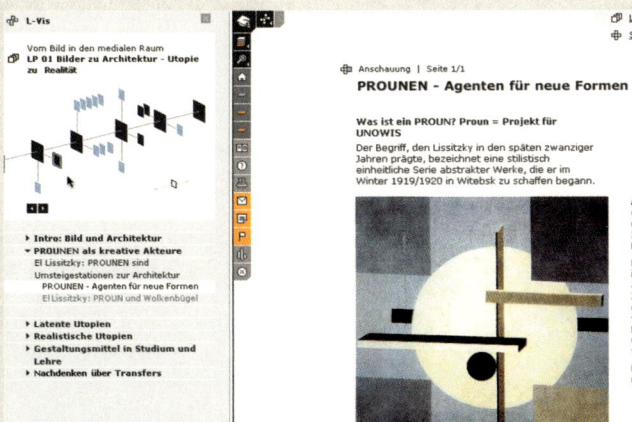

Lernpfadvisualisierung als Flash - Anwendung, 2003, Chris Maas, FH Trier, Fachbereich Kommunikationsdesign

Beispiel Lernpfadvisualisierung_Lernpfade lassen sich schnell und komfortabel in der Sequencer-Komponente des movii-Autorentools erstellen. Das Werkzeug steht Lehrenden wie Studierenden zur Entwicklung individueller Lernanwendungen zur Verfügung. Die linke Hälfte bietet Zugriff auf alle Dokumente des Wissensarchivs - lokal oder bereits auf dem Server angelegt. Diese Kerne werden per Drag & Drop in die rechte Seite zu einem Pfad mit gliedernden Sinnabschnitten zusammengestellt. Dabei werden optionale Verlinkungen und Metadaten angelegt.

Nach dem Transfer der Lernpfad-Datei auf den Server kann der Pfad in der Online-Lernplattform aufgerufen werden. Die untere Abbildung zeigt einen Ausschnitt eines Lernpfads zum Thema Medienräume. In der linken Spalte des Navigationsdesigns, oberhalb des Inhaltsverzeichnisses, ist eine interaktive Visualisierung des Lernpfads integriert. Diese Darstellung gibt dem Nutzer einen Überblick über die Struktur des Pfades mit seinen Sinnabschnitten, verschiedenen Kerntypen und optionalen Entfaltungen. Der Fensterausschnitt zeigt die aktuelle Position des Nutzers auf dem Lernpfad. Der Ausschnitt ist über Pfeiltasten navigierbar. Ein Klick auf eines der Quadrate ruft den dazugehörigen Kern in der rechten Seite auf. Die Lernpfadvisualisierung ist in Macromedia Flash realisiert. Diese Anwendung bezieht ihre Informationen zur Struktur eines Lernpfades dynamisch aus der XML-Datei, die der Sequencer beim Speichern des Pfads erzeugt. Eine Änderung des Pfads in dem Sequencer wird daher unmittelbar nach dem nächsten Aufruf des Pfads im Navigationsdesign sichtbar.

LOKALISIERUNG UND VERNETZUNG VON INHALTEN DURCH METADATEN

movii – Metadaten_Technisches „Bindeglied" für alle Bausteine in movii sind die Metadaten. Alle Medienelemente, die daraus zusammengesetzten Kerne, Lernpfade und übergeordneten Strukturen werden konsequent mit einem umfangreichen Katalog von Metadaten beschrieben. Naturgemäß haben diese Informationen primär die Funktion, Inhalte nach spezifischen Suchkriterien in der Lernplattform auffinden zu können. Weniger offensichtlich ist, dass aus den Metadaten auch Navigationselemente wie Inhaltsverzeichnisse, die Lernpfadvisualisierung, die Icons für die Dokumente, deren Eigenschaften und Verlinkungsmöglichkeiten generiert werden.

Um einen potenziellen Austausch von Modulen mit anderen Hochschulen, anderen Projekten und Lernplattformen zu gewährleisten, wurde für movii mit LOM (Learning Objects Metadata, http://www.imsglobal.org) ein internationaler Standard für die Auszeichnung der Inhalte und Hierarchien gewählt. Der LOM-Standard bietet in 9 Kategorien etwa 80 Beschreibungsmerkmale für Lernobjekte. Die internationalen Standardisierungsgremien verfolgen mit LOM den Ansatz, alle erdenklichen Medien im eLearning-Kontext umfassend zu beschreiben und mit dem übergeordneten Standard SCORM (Sharable Content Object Resource Model) allgemein gültige Verfahren für den Transfer von Inhalten zwischen verschiedenen Lernmanagementsystemen und für die Interaktion von Lernobjekten und Nutzer eines LMS zu entwickeln.
Zu kritisieren ist, dass LOM aufgrund des sehr allgemeinen Ansatzes der Spezifik verschiedener Lernumgebungen in Hypertextmedien nicht gerecht wird. Insbesondere können die didaktischen Orientierungen und die semantischen Beziehungen von Lernobjekten untereinander nur unzureichend beschrieben werden.

Einen anderen Ansatz verfolgen Ontologien als Verschlagwortungssysteme bzw. Metadaten-Systeme. Ontologie ist die Lehre vom „Sein", die das „Seiende" in seiner Wesensbestimmung beschreibt und ordnet.
In dem Projekt „L3 – LebensLangesLernen" ist unter der Leitung von Norbert Meder eine didaktische Ontologie für den Bildungsbereich entstanden. Darin werden vier verschiedene Wissensarten, Orientierungs-, Handlungs-, Erklärungs- und Quellenwissen unterschieden, die uns in vielfältigen Formen in Präsentations- und Kommunikationsmedien begegnen.
Die Ontologien nach Meder wurden im Projekt movii auf ihre Eignung als Metadatensystem untersucht. Die vergleichsweise grobe Klassifizierung der Kerne nach ihren didaktischen Intentionen (Basis, Vertiefung, Veranschaulichung, Übung und Vernetzung) stellt eine sehr vereinfachte Annäherung an die Theorien Norbert Meders dar. Insgesamt erschien die Anwendung der von Meder vorgeschlagenen Ontologien für den Bereich der Mediengestaltung jedoch als bereits zu differenziert. Eine eindeutige begriffliche Zuordnung von Wissensobjekten fällt hier zuweilen schwer. Beispielsweise assoziiert ein Medieninformatiker mit einem Begriff wie „Interaktion" die Bedienung einer „Mensch-Maschine-Schnittstelle", während ein Mediendramaturg die Beziehung von Figuren in medialen Handlungsräumen meint.

Für movii wurde ein vereinfachtes Klassifizierungssystem gesucht, das insbesondere die semantischen Beziehungen von Wissensobjekten und deren Mehrdeutigkeiten in den interdisziplinären Überschneidungen im Bereich der Medien aufzeigt. Gelingt es, für ein solches System einfache, interaktive Visualisierungsmodelle zu entwickeln, wird aus Lernen Entdecken und explorative Neugier.

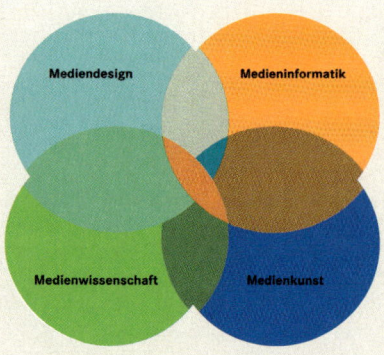

Auf der Lernplattform werden unterschiedliche Fachgebiete thematisiert und zueinander in Beziehung gesetzt.

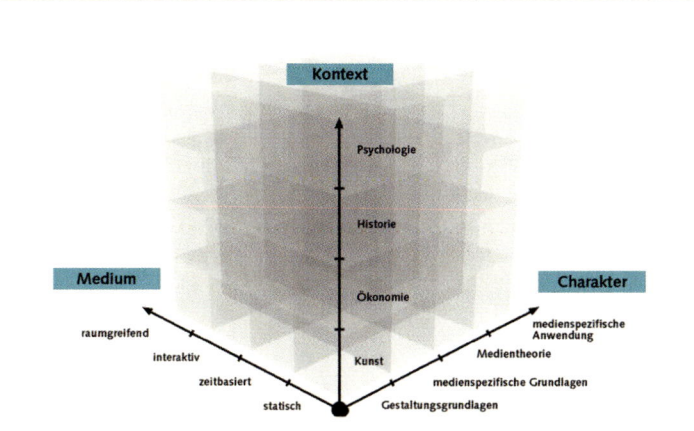

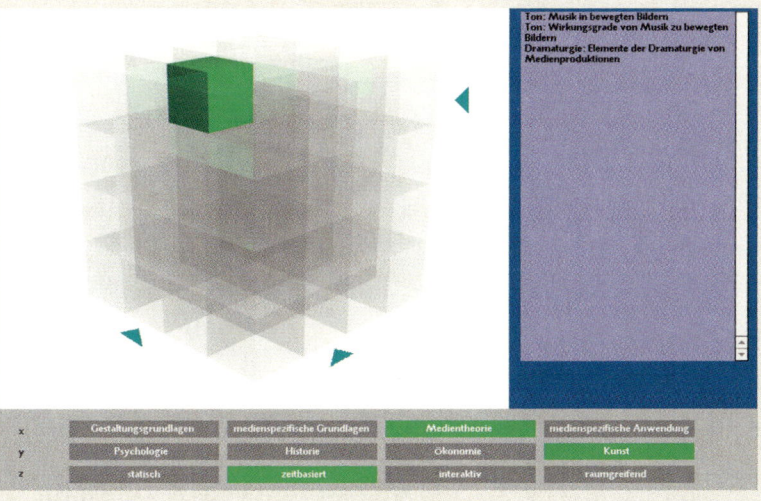

Die Abbildungen links zeigen einen Entwurf für ein Klassifizierungssystem, in dem Lernobjekte in drei Taxonomien – Medium, Kontext und Charakter – auf so genannten Taxonpfaden eingeordnet werden. Taxonomien, bekannt etwa aus Biologie oder Medizin, sind Klassifizierungsschemata, in denen Gruppen und Begriffe hierarchisch geordnet werden.

Die drei Taxonpfade werden hier als Achsen aufgefasst, die einen dreidimensionalen Wissensraum bilden. Durch die Unterteilung der Pfade in je vier Unterkategorien ergeben sich bereits 64 mögliche Relationen bzw. Raumkoordinaten zur Einordnung von Objekten.

In der mittleren Darstellung sieht man eine interaktive Studie des Modells. Über drei Schieberegler lässt sich der grüne Würfel im Raum steuern. Darunter wird die aktuelle Position auf den drei Achsen hervorgehoben. Je nach Position des Würfels werden in dem rechten Feld alle Lernobjekte aufgelistet, deren taxonomische Zuordnung der aktuellen Position entspricht. Die „Lokalisierung" der Lernobjekte wird von den Autoren bei der Metadateneingabe durch einfache Vergabe einer Koordinate auf den drei Achsen vorgenommen (untere Abbildung).

Auf diese Weise werden in der interaktiven Visualisierung für den Nutzer semantische Beziehungen und Überschneidungen von Inhalten erfahrbar, die so von den ursprünglichen Autoren nicht vorhergesehen werden können.

UNKLARE BEDIENUNG DURCH FALSCHE MODELLBILDUNG__Für ein einfaches System wie einen Dosenöffner oder eine Schere muss nicht erst ein mentales Modell entwickelt werden, um diese zu verstehen. Welche Bedeutung können aber mentale Modelle für das Verstehen oder Nichtverstehen von etwas komplexeren Systemen haben? In dem Buch *The Design of Everyday-Things* von dem Psychologen und Usability-Experten *Donald Norman* findet sich dazu ein interessantes und anschauliches Beispiel. Er stellte fest, dass ihm die Bedienung seines Kühlschrankes Probleme bereitete. Dieser Zwei-Komponenten-Kühlschrank bestand aus zwei Reglern, mit denen sich (scheinbar) unabhängig voneinander die Temperaturen für das separate Tiefkühlfach (Freezer) und den übrigen Kühlschrank (Fresh Food) einstellen ließen. Um seinen Lesern die Schwierigkeit eindringlich vor Augen zu führen, wurden sie gefragt, wie sie die Temperatur in dem Tiefkühlfach niedriger regeln würden, ohne dass sich dadurch die Temperatur in dem übrigen Kühlschrank verändert (siehe: Bedienoberfläche). Ein Hinweis (AND) innerhalb der beschrifteten Bedienoberflächen legt zwar die Vermutung nahe, dass beide Systeme miteinander gekoppelt sein könnten. Allerdings erzeugen die beiden separaten Regler des Kühlschranks das einfach strukturierte, mentale Systemmodell beim Anwender, dass es sich wahrscheinlich um zwei getrennte Regel- und Kühlsysteme handeln müsse. In der mittleren Darstellung mit dem korrekten und vollständigeren Systemmodell wird zwar das Abhängigkeitsverhältnis zwischen der Einstellung für das Gefrierfach und den übrigen Kühlschrank nachvollziehbar, dennoch bleiben viele Fragen offen. Denn die unintuitive, komplizierte Beschriftung behindert weiterhin das Systemverständnis.

DAS MENTALE MODELL UND DAS REALE SYSTEMMODELL

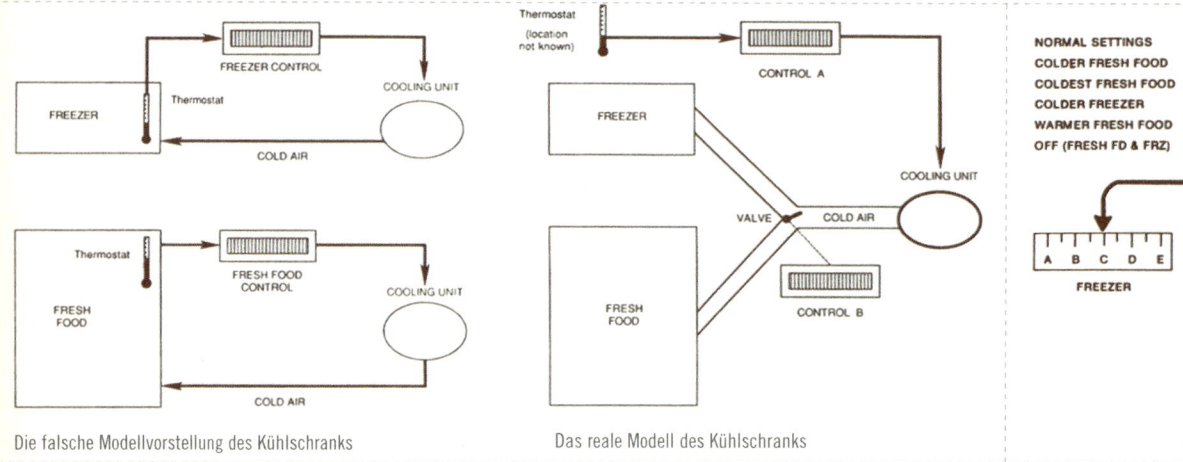

Die falsche Modellvorstellung des Kühlschranks   Das reale Modell des Kühlschranks

VISUALISIERUNG VON SYSTEMMODELLEN DURCH SITEMAP UND INTERFACE__
Informationssysteme im Internet werden in ihrer Struktur und ihrem Aufbau häufig durch Sitemaps veranschaulicht. In diesen werden die wichtigsten Informationsknoten und ihre grundsätzliche Form der Vernetzung aufgeführt. Besser wäre es, wenn bereits durch eine intuitive Gestaltung der Systemoberfläche bzw. des Interfaces der Systemaufbau transparent würde. Die Anzahl, Anordnung und Darstellung der Operatoren kann beispielsweise auch schon darüber Auskunft geben, wie groß die Informationstiefe ist und welche Form der Bedienung wohl zu erwarten ist.

Dabei spielt sich die Visualisierung des Systemaufbaus auch noch relativ „an der Oberfläche" ab, schließlich sagt sie nichts Genaues über die technische und programmiertechnische Basis aus. Dieses tiefer gehende Systemwissen ist für das Verständnis der Bedienung des Systems auch nicht nötig, während die Veranschaulichung des inhaltlichen und funktionalen Systemaufbaus für das Systemverständnis und die Systembedienung sehr hilfreich sein können.

technische und inhaltliche Systemmodelle

EINE EINFACHE TAXONOMIE DER MODELLBILDUNG__ Ein vom Systemaufbau zumeist getrennter Bereich ist der Inhalt. Dieser kann ebenfalls unter dem Aspekt betrachtet werden, ob es Möglichkeiten gibt, die Modellbildung zu unterstützen. Um den Überblick über die verschiedenen Möglicheiten der Modellierung und Visualisierung von Inhalten zu behalten, kann man folgende Bereiche unterscheiden:

1. Modelle für den gemeinsamen System- und Informationsaufbau: Es gibt Inhalte, die einen großen Einfluss auf den Systemaufbau ausüben. So finden sich Informationsanwendungen, die entlang einer Zeitmatrix organisiert sind, weil der Inhalt chronologisch gegliedert ist. Es gibt topografisch organisierte Systeme, weil sich der Inhalt geografisch darstellen lässt. In einem weiteren Fall könnte das System ausschließlich die semantischen Verbindungen der Inhalte präsentieren, sich also selbst als ein nach inhaltlichen Gesichtspunkten organisiertes Netz darstellen.

räumliche und zeitliche Systeme

2. Dynamische Modelle: Des Weiteren finden sich manchmal Inhalte, denen ein dynamisches Modell zugrunde liegt. Dies können beispielsweise ökonomische und ökologische Sachverhalte sein. Mit Hilfe eines dynamischen und direkt manipulierbaren Modells können Abhängigkeiten aufgezeigt und Schlüsse gezogen werden. Solche dynamischen und oftmals veränderbaren Modelle werden auch *Simulationen* genannt. Durch das Arbeiten mit Simulationen können Erkenntnisse über Wirkzusammenhänge in komplexen ökonomischen, ökologischen, technischen oder wie auch immer gearteten

Simulationen

Übereinstimmung von Entwickler-, System- und Anwendermodell
In der Softwareergonomie unterscheidet man terminologisch das Modell, das der Entwickler eines Systems im Kopf hat, von der Vorstellung, die sich der Anwender macht. Dazwischen befindet sich das reale System. Dieses sollte in der Lage sein, die Vorstellungen von Entwickler und Anwender in Übereinstimmung zu bringen.

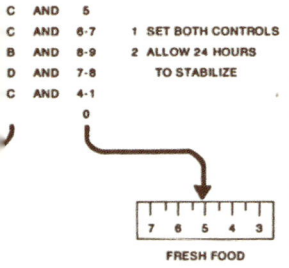

Die Bedienoberfläche, die eine falsche Modellvorstellung erzeugt.

Simulation und Komplexität

Systemen gewonnen werden. Simulationen können in sehr unterschiedlicher Komplexität vorkommen. Es gibt Simulationen von Verkehrssystemen oder Unternehmensprozessen, bei denen man eine ganze Reihe von Abhängigkeiten und Wirkzusammenhängen erkennen muss, um konstruktive Entscheidungen innerhalb des Systems fällen zu können. Es gibt aber auch Simulationen von eher eingeschränkten Sachverhalten, wie die Simulation des Ohm'schen Gesetzes oder des Focault'schen Pendels. In der Statistik finden sich oft Simulationen in Form einfacher, veränderbarer Graphen, die statistische Abhängigkeiten veranschaulichen. Nun sind dynamische Modelle eher selten. Ihre Entwicklung erfordert fast immer einen hohen technischen und wissenschaftlichen Aufwand.

Photoshop-Simulationen
Als Grafiker kann man sich verdeutlichen, wie hilfreich Simulationen und dynamische und veränderbare Modelle sein können, wenn man an die manipulierbaren Graphen in Photoshop denkt. Durch die Manipulation dieser Graphen kann man ein vertieftes Verständnis der Farbmodelle entwickeln, die den Bildschirm- und Druckfarben zugrunde liegen.

3. Inhaltsbezogene Modelle und Textmodelle: In dem Abschnitt über Schemata wurde dargestellt, dass man auch aus den ungeordneten Aussagen eines Textes eine Geschichtsstruktur rekonstruieren kann, soweit diese vorhanden ist. Es gibt aber auch bei Sachtexten in den verschiedenen Wissenschaften gängige Schemata, auf die zurückgegriffen werden kann. Ist man mit diesen vertraut, dann können sie einem dabei helfen, den Aufbau eines Textes nachzuvollziehen. Diese unterschiedlichen Bauformen von Texten könnte man als „statische Modelle oder Schemata" bezeichnen, da sie sich nicht so direkt manipulieren lassen.

Literatur und Sachtexte

Situationsmodell

Beim Lesen von Inhalten findet ein ständiges „Modellieren" statt. Beim Anhören einer Erzählung können Situationsmodelle dabei helfen, die Geschichte zu veranschaulichen. Bei der Rezeption von Sachtexten ist man aber vor allem darum bemüht, sich ein mehr abstraktes Modell von dem Textaufbau und der Argumentationsstruktur zu machen. Oft sucht man nach Thesen, Gegenthesen, Kernaussagen, Beispielen oder Belegen. Dies ist eine verhältnismäßig aufwendige Arbeit, die einem durch eine gegliederte Vorschau und eine strukturerhellende Gestaltung abgenommen werden kann.

Textmodell oder -schema

Erschließungshilfen

Die Veranschaulichung von Textmodellen kann listenartig wie ein Inhaltsverzeichnis oder als eine einführende inhaltliche Zusammenfassung konzipiert sein. Sie kann auch den ganzen Text umfassen, indem durch entsprechende Hinweise und Auszeichnungen am eigentlichen Textkorpus dessen Aufbau sichtbar wird.

Solche Erschließungshilfen bieten mehrere Vorteile: Man würde schneller erkennen können, ob der Text von Interesse ist und an welcher Stelle man hineinlesen muss, wenn man nach etwas Bestimmten sucht. Außerdem ersparen diese Möglichkeiten der Visualisierung dem Rezipienten die Arbeit einer Rekonstruktion des vom Autor konzipierten Textmodells.

DIE TECHNISCHE BASIS MODELLHAFTER UND SCHEMATISCHER INFORMATIONSPRÄSEN-TATION__Technologisch ist es längst möglich, einen Text nicht nur „als ein Ganzes" in einer Datenbank abzulegen, sondern ihn semantisch auszuzeichnen. Dies bedeutet, dass ein Text bereits hinsichtlich seiner Bestandteile und seines Aufbaus gekennzeichnet bzw. beschrieben ist. Dadurch wird es möglich, einzelne Sinnabschnitte odcr Absätze auf entsprechende Anfragen anzuzeigen. Man könnte sich beispielsweise nur alle Kernaussagen oder Einleitungen von Sachtexten anzeigen lassen. Ein solches System würde dann auch eine gewisse Dynamik aufweisen und könnte neue Zusammenhänge und Einsichten befördern.

KONVERGENZ VON TEXT UND DESIGN UNTER DEM ASPEKT STANDARDISIERUNG UND MODULARISIERUNG__Im Abschnitt über Wahrnehmung wurde darüber gesprochen, dass Design einen zunehmend modularen Charakter hat. Man entwickelt flexibel kombinierbare Bausteine, die sich immer wieder neu zusammensetzen lassen. Eine stärkere Modularisierung der Texte wäre im Sinne einer allgemeinen Tendenz zur Konvergenz von Bestandteilen eines Systems nur folgerichtig. Das System als Ganzes kann dadurch inhaltlich wie visuell flexibler auf die Intentionen des Systemnutzers reagieren. Ähnlich, wie sich eine allmähliche Auflösung fester, zusammenhängender Formationen im Design zeigt, werden auch die großen und fest gefügten Diskurse tendenziell in kleinere, modulare Textbausteine aufgelöst. Besonders [Textbausteine] im Kapitel über Handeln wird noch genauer darauf eingegangen, dass Standardisierung die notwendige Voraussetzung gestalterischer Freiheit ist. Aber auch die Standardisierung von Textstrukturen durch konventionalisierte Formen semantischer Auszeichnung ist [semantische] eine notwendige Voraussetzung, damit sich Texte untereinander [Auszeichnung] besser vergleichen und kombinieren lassen. Jedes System kann dabei bis zu einem gewissen Maße eigene Standards, eigene visuelle Sets, Auszeichnungssprachen und Textstrukturen entwickeln. Aber innerhalb des Systems ist ein wichtige Voraussetzung die Mobilität seiner Bestandteile, also dass diese miteinander kompatibel sind.

Modulare Elemente auf den Internetseiten von Nivea

MODULARITÄT UND VARIABILITÄT VON TEXT UND DESIGN

 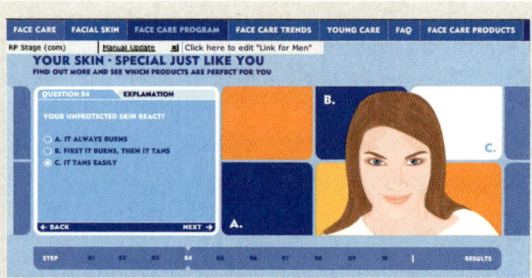 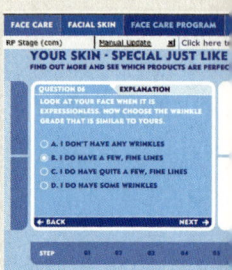

Die helle Leiste zeigt an, dass man sich als Redakteur im Editiermodus befindet.

Auch in diesem kleinen Gewinnspiel ist das Design so konzipiert und programmiert, dass es sich an veränderte Textlängen flexibel anpasst.

www.nivea.com

Digitale Hautberatung_Der Kunde muss zehn Fragen von seiner Faltendichte bis zu seiner Einstellung gegenüber kosmetischen Produkten beantworten. Anschließend erhält er eine detaillierte Auswertung und ihm werden zu seinem Hauttyp passende Produkte empfohlen.

Das System besteht in dem für die Kunden allein sichtbaren Frontend aus einer Flashanwendung. Dieses Frontend bezieht die Daten aus einer Datenbank. Die Daten können jederzeit von einem von Fork Unstable Media entwickelten Redaktionssystem verändert werden. Mit der Korrektur der Datenbankinhalte werden zugleich die Texte und Bilder der Flash-Anwendung aktualisiert.

Modulares Design_Im Unterschied zu HTML setzt Flash den gestalterischen Möglichkeiten kaum Grenzen. Dennoch ist das Design als ein Gefüge miteinander kompatibler Elemente angelegt. Diese bilden eine geometrisch-molekulare Struktur, in der jedes der Elemente farblich umkodiert, bedeckt oder mit Inhalt gefüllt werden kann. Diese „Adressierbarkeit" jedes Systemelementes macht die performante Wirkung der Oberfläche aus. Dies zeigt sich am besten im animierten Übergang von einem Systemzustand zum nächsten. Diese Wechsel erscheinen allerdings nicht durch einen äußeren Eingriff vollzogen, sondern eher wirkt es so, als ob sich das Interface entsprechend den veränderten Anforderungen immer wieder neu organisiert.

Modulares Textdesign_Nach ähnlichen Prinzipien wie das Design der visuellen Oberflächen sind auch die Texte aufgebaut.

Diese haben kein festes Gefüge, sondern sie setzen sich entsprechend dem ausgewerteten Hautprofil individuell zusammen. Dazu wurden einzelne Passagen des Quelltextes semantisch ausgezeichnet. Beim nebenstehenden Beispiel wird die Formulierung „neither greasy nor dry" explizit für Nutzer eingeschoben, die eine normale Haut haben, jedoch auch angegeben haben, dass ihre Haut manchmal glänzend (shiny) ist.

Interface-Design und Textdesign bedingen einander. Dies gilt für beide Richtungen, denn ein modularer und veränderlicher Text erfordert eine entsprechende visuelle Inszenierung.

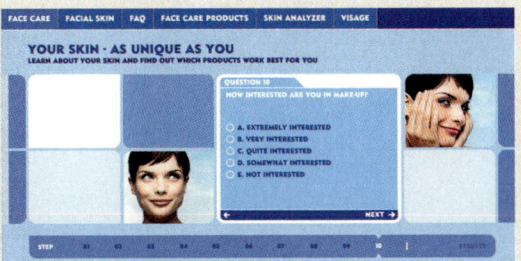

Die Leiste, die den Editiermodus kennzeichnet, ist
für Benutzer nicht sichtbar.

Produktempfehlungen nach der Auswertung
der zehn Fragen zum Hauttyp.

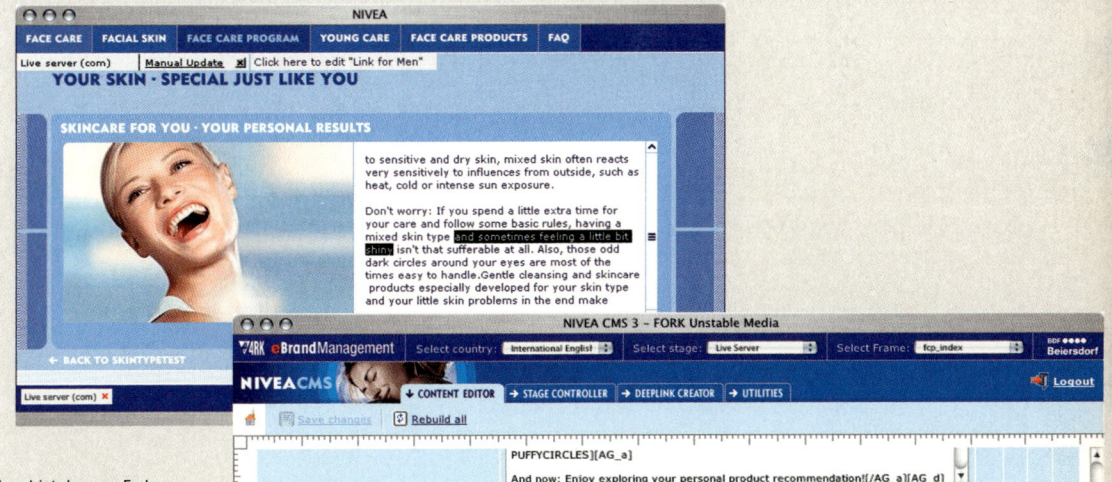

Nebenstehend ist das von Fork
Unstable Media entwickelte
Redaktionssystem abgebildet, in
dem einige der Textbausteine zu
sehen sind, auf welche während der
Auswertung zugegriffen wird.

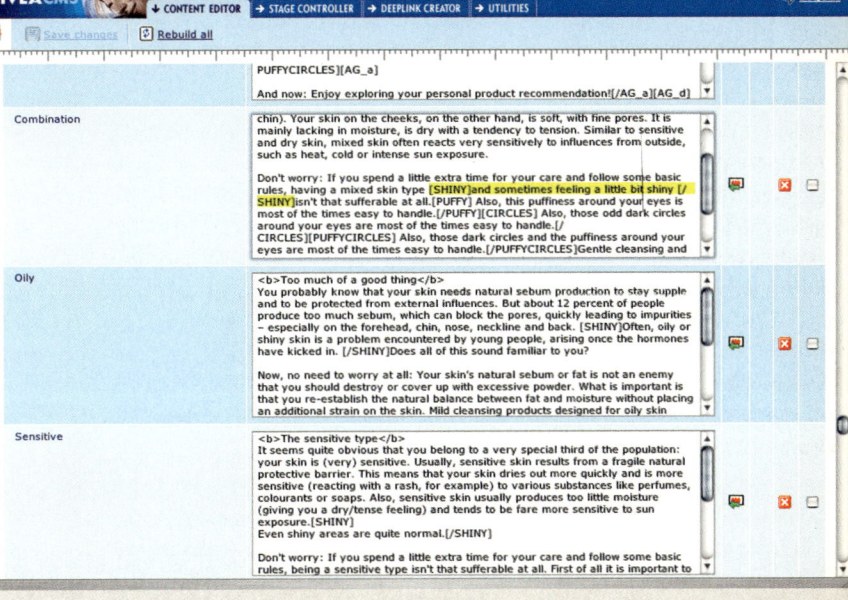

BESSERE KONFIGURIERBARKEIT DURCH MODULARISIERUNG

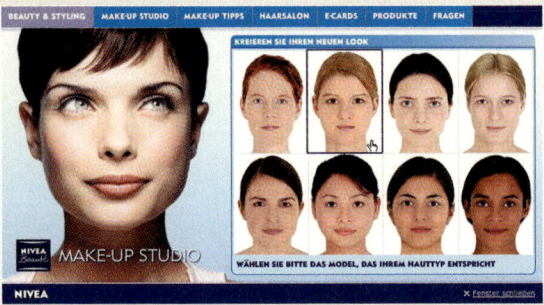 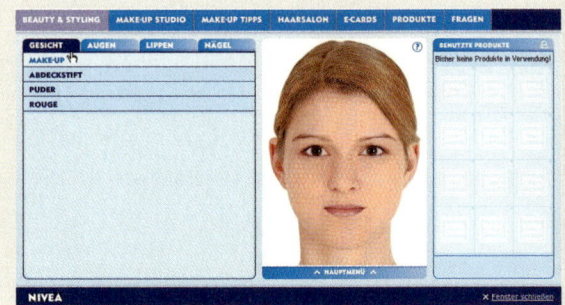

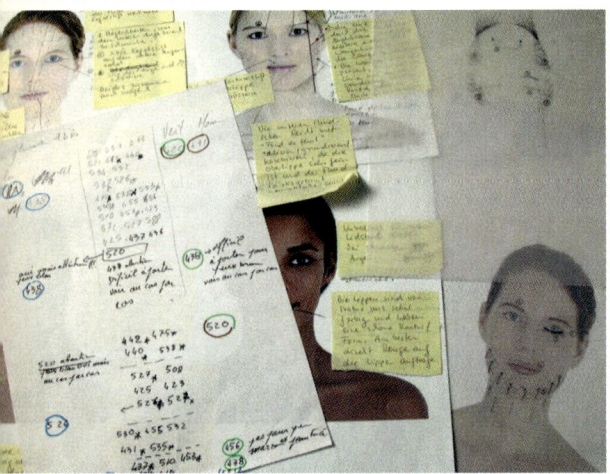 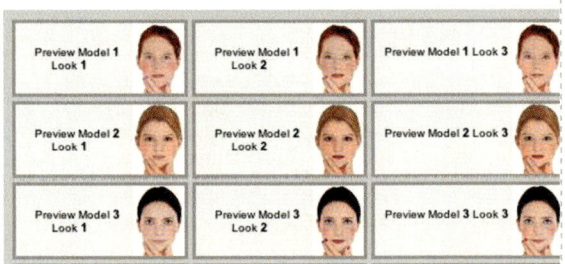

Das Schminkkonzept und das Farbsystem des Make-up-Artisten wurden zuerst auf unzähligen Blättern festgehalten.

In dem System kann eine Auswahl der für das jeweilige Land passenden Modelle und bestimmter Schminkvarianten vorgenommen werden.

Digtitales Schminkstudio_Wählen Sie Ihren Typ. Wählen Sie die Produkte, die Sie interessieren. Sehen Sie dann, wie Sie mit den Produkten aussehen, auch wenn Sie diese noch nicht gekauft haben. Dies ist so ungefähr die Grundidee vom Make-up-Studio.

Mit Hilfe des ausgewählten passenden Modells kann nicht nur gezeigt werden, wie das ausgewählte Produkt das eigene Antlitz verändert, zugleich zeigen die Modelle auch, wie das Make-up aufgetragen wird und wo Akzente gesetzt werden können. Make-up-Studio beruht auf einem ausgefeilten Schminkkonzept eines Pariser Make-up-Artisten. Dieser hat für verschiedene Frauentypen entsprechende Schminkvarianten

entwickelt, passende Farbsysteme festgelegt und dabei auch Abhängigkeiten von Farben und Produkten definiert.

Kundenseite__Für die verschiedenen Frauentypen hat der Make-up-Artist unterschiedliche Schminkstile entwickelt. Dann wurden aus Vorlagen mit Hilfe von Photoshop verschiedene Masken erzeugt. Für jedes Modell und für jede Schminkapplikation (z.B. Lippenstift) wurden spezielle Alphakanal-Masken entwickelt. Diese sind auf dem Server hinterlegt und werden bei Nutzeranfragen (z.B. Farbauswahl) entsprechend eingefärbt und per Compositing in das Bild eingerechnet, das dann als JPG in das Flash-

Frontend geladen wird. Die Wirkung verschiedener ausgewählter Produkte addiert sich dann durch die Anwendung mehrerer Masken auf das Gesicht des Modells. Als Kunde kann man so ein eigenes Set an Produkten zusammenstellen und sehen, wie es sich kombinieren lässt und wie man selbst wahrscheinlich aussehen würde. Die Produktauswahl lässt sich sichern und ausdrucken, kann aber auch über „Modell wechseln" auf ein anderes Gesicht angewendet werden.

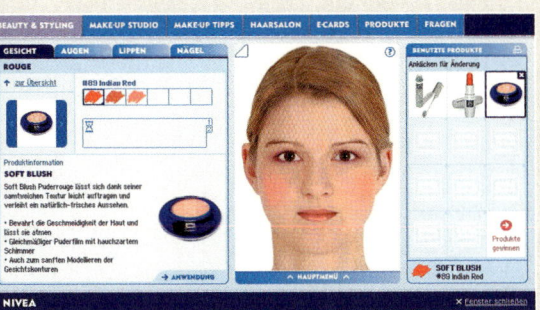

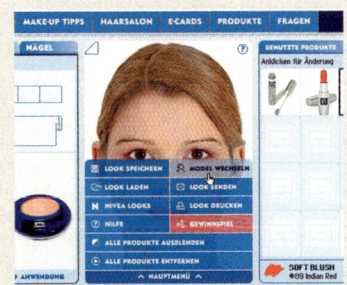

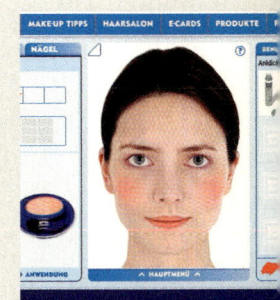

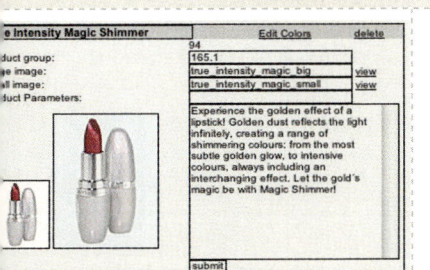

Color	Name	Active	Start Date	End Date	Date
	Frozen Violet	☑	0000 - 00 - 00	0000 - 00 - 00	
	Lilamania	☑	0000 - 00 - 00	0000 - 00 - 00	
	Pink Pleasure	☑	0000 - 00 - 00	0000 - 00 - 00	
	Cinderella	☑	0000 - 00 - 00	0000 - 00 - 00	
	Lilac Breeze	☑	0000 - 00 - 00	0000 - 00 - 00	
	Inspired Brown	☑	0000 - 00 - 00	0000 - 00 - 00	
	Creamy Nougat	☑	0000 - 00 - 00	0000 - 00 - 00	
	Cosy Rose	☑	0000 - 00 - 00	0000 - 00 - 00	

Über ein selbst entwickeltes
Redaktionssystem können Produktbilder
und -texte schnell aktualisiert werden.

NIVEA-Produktmanager können
entscheiden, welche Farben saison-
oder trendbedingt für den Kunden
verfügbar sein sollen.

www.nivea.com

Unternehmensseite__Auf der Seite des
Anbieters stehen ebenfalls viele Möglichkeiten
der Konfiguration im Rahmen des zugrunde
liegenden Make-up-Konzeptes zur Verfügung.
Produktmanager der verschiedenen Länder können
beispielsweise nur die Produkte und Farben auswählen, die für ihr Land in Frage kommen. Denn
nicht in allen Ländern sind alle Produktreihen
auf dem Markt, und es müssen auch nicht immer
alle Produkte bzw. Farben innerhalb einer Reihe
angeboten werden. Des Weiteren können jederzeit
alle zusätzlichen Informationen zum Produkt von
einem Produktmanager oder Redakteur verändert
werden.

System- und Designkonzept__Entsprechend dem
zugrunde liegenden Systementwurf weist das
Design die dafür benötigten Eigenschaften auf.
Einige Aspekte, wie Modularität, Variabilität und
die prinzipielle Adressierbarkeit der visuellen
Elemente, die ihre Inhalte von einer Datenbank
beziehen, wurden bereits im vorhergehenden
Beispiel besprochen. Bei diesem Beispiel kommt
noch hinzu, dass die Produktmanager die
jeweiligen Produktangebote selbst festlegen können. Die Kunden wiederum können daraus ihre
individuellen Produktauswahlen zusammenstellen. Dies bedeutet, dass das visuelle System
gleichermaßen im „leeren" wie im unterschiedlich
„gefüllten" Zustand optisch funktionieren muss.

Der wechselnde und nicht vorhersehbare Inhalt
wird sogar selbst Bestandteil eines erweiterten
Designkonzeptes, das durch die wechselnden
Produktkonfigurationen belebt wird.

Creative Director: Christophe Stoll
Konzeption: Arne Kittler
eBrandManagment: Dominik Dommick,
Beiersdorf AG

Agentur: Fork Unstable Media
www.fork.de

MODELLE KÖNNEN METAPHORISCH SEIN_Dietrich Dörner_ berichtet in seinem Buch _Die Logik des Misslingens_ von einem interessanten Fall. Einer seiner Studentinnen ist es gelungen, sich einem fremden Sachbereich zu nähern, indem sie auf ein einfaches, ihr bereits vertrautes Modell zurückgegriffen hat. Sie hatte die Aufgabe, mit Hilfe einer Simulationssoftware eine marode Uhrenfabrik zu sanieren. Zuerst wusste sie nicht, welche Entscheidungen sie in die Simulationsanwendung eingeben sollte, da sie keine Ahnung von den Abläufen in einer Uhrenproduktion hatte. Dann fiel ihr jedoch

Uhrenfabrik-Beispiel

ein: _„...Moment! – Uhrenfabrikation ist doch eine Art von Produktion. – Ich produziere Dinge; zum Beispiel drehe ich mir meine Zigaretten selbst! Was mache ich denn da? – Ich brauche Rohmaterial, nämlich Zigarettenpapierchen und Tabak, außerdem brauche ich noch Spucke. – Die Rohmaterialien werden in einer bestimmten Reihenfolge – also nach einem bestimmten Plan – zusammengefügt, und dazu braucht man Energie – nicht viel im Falle der Selbstgedrehten –, aber das kann unter anderen Umständen ja anders sein! – Also besteht ein Produktionsprozess aus der Umwandlung von Rohstoffen unter Energieaufwand nach einem bestimmten Plan in ein Fertigprodukt! – Also, welches sind die Rohstoffe der Uhrenfabrikation?..."_ Das Modell des Zigarettendrehens hat dabei auch eine metaphorische Funktion. Es unterstützt die Veranschaulichung einer zuerst noch unkonkreten und fremden Situation.

DIE URMETAPHER DES PERSONALCOMPUTERS_Anfang der achtziger Jahre wurde im Entwicklungszentrum der kalifornischen Firma Xerox nach einer besseren Bedienbarkeit von Computern geforscht. Die Interaktion von Maschine und Mensch beschränkte sich damals auf die Eingabe abstrakter Befehle. Ein entscheidender Schritt in die richtige Richtung bestand darin, den Rechner als einen virtuellen Schreibtisch

Schreibtischmetapher

zu betrachten. Die _Schreibtischmetapher_ war in der Lage, auch Laien anschaulich zu machen, welche Funktionen das System zur Verfügung stellt. Diese Metapher scheint bis heute das dominante Paradigma

Realitätsnähe von Metaphern

in der Visualisierung von Betriebssystemen zu sein. Allerdings stellt die Schreibtischmetapher weniger eine direkte Analogie als eine Annäherung an die Vorstellung von einer Schreibtischoberfläche dar. Auf keinem realen Schreibtisch lassen sich von selbst Ordner sortieren, Fenster öffnen, Menüs anwählen oder Alias-Dokumente erzeugen. Genau genommen handelt es sich bei dieser Metapher und überhaupt bei Visualisierungen im Interface in der Anlehnung an reale Gegenstände eher um viele und miteinander kombinierte Metaphern. Diese sind nur sehr indirekt mit den realen Objekten verwandt. So gibt es keine scrollbaren Menüs in unserer konkreten Lebensumwelt, und doch ist uns das Prinzip von Schiebereglern sehr vertraut.

Weitere Metaphern zum Web- und Interface-Design

Es ist aufschlussreich, wenn man einmal rekapituliert, für welche unterschiedlichen metaphorischen Auslegungen das Interface bereits einstehen musste. John Cato scheint noch in der „Gutenberg-Galaxie" ansässig, wenn er Internetseiten danach kategorisiert, ob sie sich eher an einem „Zeitungs- oder einem Illustriertenlayout" orientieren. Gegen Ende der neunziger Jahre sollten für David Siegel Webseiten der seinerzeit „dritten Generation" ähnlich wie ein „Restaurant" konzipiert sein. Man sollte einen größeren Internetauftritt durch eine Art Eingangsbereich betreten und erst nach dem Abruf einiger hinführender Seiten auf das eigentliche „Menü" zu steuern. Darin sah Siegel sein dramaturgisches Konzept der Hinführung, Vermittlung und obligatorischen Verabschiedung von virtuellen Kunden verwirklicht. Ein paar Jahre früher sollte sich für Brenda Laurel aus ebenfalls dramaturgischen Gründen ein Interface an der Metapher einer „Theaterbühne" orientieren. Auf dieser sollte der Systembenutzer mit den Systemkomponenten in klarer Rollenverteilung interagieren. Mit dem Aufkommen von Redaktionssystemen betrachten einige ein Interface bzw. eine Website auch als „Garten", der von der Agentur dem Kunden zur weiteren Pflege überlassen werden sollte.

Mit Metaphern sind einige Nachteile verbunden, so sind diese verhält- Nachteile
nismäßig starr und sie verdecken das eigentliche Systemkonzept, da
sie häufig zu falschen Annahmen über die Systemfunktionen führen.
Dieses Problem ist dort gegeben, wo sich ein Interfacekonzept zu
stark an eine bestimmte metaphorische Darstellung anlehnt.

Es scheint so zu sein, dass wir durchaus in der Lage sind, *multiple* kombinierte Modelle
*mentale Modell*e miteinander zu verbinden und verschiedene metaphorische Darstellungen in ein ganzheitliches Systemkonzept zu
integrieren. So lassen sich, ohne dass dies eine sonderlich irritierende
Wirkung auf den Anwender ausübt, Ordnerlisten scrollen, Dokumente
in tabellarischen Darstellungen verwalten und der Inhalt eines
Papierkorbs in einem neuen Fenster öffnen. Eine Systemoberfläche,
die uns noch nicht vollständig vertraut ist und nicht von Metaphern
verstellt wird, eröffnet außerdem die Chance, etwas Neues zu lernen
und ein besseres Verständnis der zugrunde liegenden Systemstruktur
zu entwickeln.

ÜBER DIE GUTENBERG-GALAXIE, DAS KAMERAAUGE UND MULTIPLE METAPHERN__ Nach
der Vorstellungen des Medienphilosophen Lev Manovich besitzt der
Computer zugleich ein „kulturelles Interface", in welches die großen
Kulturleistungen wie das Buch und der Film eingeschrieben worden
sind. Durch die textbasierte Darstellung und die Seitenmetapher, die
sich fast überall etabliert hat, sind viele Merkmale von Büchern in
jedem Interface gegenwärtig.

Lev Manovich sieht daneben den Film als einen zweiten wichtigen Interface als kulturelle
realen und metaphorischen Bestandteil jedes Interfaces an. Einen Metapher
besonders großen Einfluss hat dabei das Konzept einer mobilen Buchmetapher
Kamera. Diese mobile Kamera kommt nicht nur beim Explorieren von
virtuellen Räumen von Computerspielen und Architektursimulationen
zum Einsatz. Dort sind wir sehr gut in der Lage, in simulierten Filmmetapher
Fahrten und mit Hilfe von kameraspezifischen Operationen wie
Zoomen, Neigen und Schwenken mit der 3D-Welt zu interagieren.
Auch im textbasierten Interface kann man das Scrollen und Zoomen
innerhalb der präsentierten Informationen als den virtuellen Blick
durch ein Kameraauge interpretieren. Ein damit assoziiertes Konzept
ist das Frame-Konzept des Filmes, das sich auch im Interfacedesign
wiederfindet. Die Information stellt sich als Ausschnitt eines größeren
Kontinuums dar. Das, was als ein Ausschnitt gezeigt wird, kann eine
Seite sein, es kann aber auch eine *Sequenz* innerhalb einer Abfolge Frame-Konzept
von Bildern sein, die einen eher filmischen Charakter hat. Man könnte
nun die Schreibtischmetapher diesen beiden Vorstellungen zugrunde
legen. Dann ließe sich sagen, von einem virtuellen Schreibtisch aus
lassen sich Filme oder Bücher öffnen. Diese Separation würde allerdings der sehr viel stärkeren Verwobenheit dieser Modelle nicht

gerecht werden. Sie würde versuchen, etwas Neues über vertraute Analogien verstehbar zu machen. Das Interface ist aber all das zugleich, ohne dass dies als Stilbruch oder Widerspruch erfahren werden muss. Insofern ist es *ein Medium für multiple Metaphern*.

multiple Metaphern

DIE ROLLE VON METAPHERN INNERHALB EINES OFFENEN UND VARIABLEN INFORMATIONSDESIGNS__ Ein Interface kann für die diversen metaphorischen Auslegungen prinzipiell offen sein kann. Diese Offenheit scheint eine sehr spezifische Eigenschaft zu sein. Vor einigen Jahren waren noch Taxonomien beliebt, die bestimmte Metaphern für bestimmte Formen der Informationspräsentation vorschlugen. Eine dieser Taxonomien listete die Metaphern anhand der Freiräume auf, die sie dem Nutzer ließen. Die Liste erstreckte sich ausgehend vom Buch zur Story-, Reiseführer-, Museums-, Karteikartenmetapher bis hin zur Landschafts- und Weltraummetapher. Während man in einem Buch nur linear blättern kann, erlaubt die Storymetapher in Form eines Kassettenrecorders oder Filmprojektors innerhalb einer linearen Struktur ein schnelles Vor- und Zurückspulen. Die Reiseführermetapher suggeriert eine noch freiere Explorierbarkeit der Information durch selbst wählbare Rundgänge. Landschaften schienen grundsätzlich noch größere Freiheiten zur Exploration zu erlauben. Diese Metaphern werden in ihrer konkreten Ausführung dem eigentlichem „Phänomen" nicht gerecht. In einem offenen Interface können all diese bildhaften Modelle anklingen. Auf Metaphern kann für bestimmte Systemfunktionen zurückgegriffen werden. Man kann sie kombinieren, ohne dass dies beim Rezipienten zu kognitiven Dissonanzen führen muss: Aus einer Landkarte könnten Bücher, aus den Büchern könnten Filme, aus den Filmen könnten Informationsfenster geöffnet werden.

ZUSAMMENFASSUNG__ Zur genaueren Beschreibung geistiger Prozesse wurden unterschiedliche Konzepte entwickelt, die sich ergänzen und aufeinander aufbauen. Eine sehr grundlegende Vorstellung ist, dass wir einen Inhalt in einfachen Propositionen abspeichern, die miteinander zu komplexeren Aussagen verknüpft werden können (wie z.B.: Peter hat einen Hund. Der Hund hat krumme Beine). Damit wir wissen, was mit den einzelnen Aussageelementen gemeint ist, müssen wir entsprechende Definitionen zu diesen abrufen. Diese zugeordneten Merkmale zu einer Klasse oder zu einem Begriff sind sehr wahrscheinlich als hierarchisches Netz organisiert. Dies führt zu einer effizienten Form des Speicherns, da das, was einmal auf einer höheren Ebene festgehalten wurde, auf den unteren Ebenen auch verfügbar ist. Diese Theorie wurde allerdings durch einige Experimente widerlegt. In

Von Metaphern zu einer abstrakteren Informationsvisualiesierung__Modernere Interfacekonzepte, die für das Verstehen förderlich sind, sind eher abstrakt, transparent und variabel gestaltet. Sie übernehmen weniger Anleihen aus unserem Lebensumfeld, sondern orientieren sich in der Darstellung an dem zugrunde liegenden System- und Entwicklermodell. Sie bringen hierarchische Gliederungen, semantische Netze, Datenbankkonzepte oder sich überlagernde Strukturen zur Darstellung. Sie sind zunehmend modular aufgebaut und bestehen aus einer definierten Menge an miteinander kompatiblen Elementen. Sie geben inhaltliche Zusammenhänge gestalthaft wieder, und sie versuchen die Aufmerksamkeit durch eine sinnvolle Anordnung und die Anwendung der Aufmerksamkeitsgesetze zu steuern. In dem einen oder anderen Fall sind Metaphern zwar auch ein mögliches Instrument der Visualisierung, allerdings gibt es heute ein umfangreiches Repertoire an Darstellungsformen, die eher aus einem systemischen und ergonomischen Denken heraus entstanden sind. Zu diesem Repertoire gehört beispielsweise die Informationspräsentation in editierbaren Tabellen, in dynamischen Netzen und in automatisch erzeugten Topografien.

diesen zeigte es sich, dass wir viele der zentralen Merkmale zu einem Objekt in bestimmten Schemata speichern.

Mit Hilfe solcher Schemata können auch Handlungsabläufe organisiert werden. Diese werden Scripte genannt. Das Problem von Schemata ist, dass sie zwar Leerstellen besitzen, die mit neuen relevanten Informationen aufgefüllt werden können, aber dennoch prinzipiell als wenig flexibel gedacht sind. Denkvorgänge, die weniger an bestimmte Formen gebunden sind, lassen sich mit dem Konzept des Modells erklären. Dieses besagt, dass wir zur Lösung von Problemen und auch, um uns einen Überblick zu verschaffen, mentale Modelle entwickeln. Denken ist in vielen Fällen ein Modellbildungsprozess und damit zugleich auch ein kreativer Akt. Diese verschiedenen Konzepte des Denkens schließen sich nicht gegenseitig aus, sondern sie ergänzen sich. Sie dienen gemeinsam dazu, einen so komplexen Vorgang wie das Denken zu beschreiben.

Auf der visuellen Ebene entsprechen diesen Konzepten unterschiedliche Darstellungsformen: Zusammenfassungen und Merksätze rufen die wichtigen Propositionen nochmals in das Gedächtnis. Die hierarchisch gegliederte Gestaltung von Verweisen und Überschriften macht den hierarchisch-semantischen Aufbau sichtbar. Listenartige und tabellarische Darstellungen weisen auf Informationen hin, die vielleicht auch in ähnlicher Weise von uns gespeichert werden und die sich dadurch besser miteinander vergleichen lassen. Um uns noch wenig bekannte und verwickeltere Sachverhalte zu veranschaulichen, benutzen wir mental wie real Modelle.

Diesen „Denkformen" entsprechen also auch bestimmte Formen der Informations- und Interfacegestaltung. Design, welches sich diese Denkformen bewusst macht und anwendet, ist kognitives Design. Die variable und variierbare Kombination dieser verschiedenen Präsentationsformen ist eine Designaufgabe, die bereits mit der Konzeption beginnt. Dazu muss das Design von vornherein als ein System konzipiert werden, das Regeln zur Konfiguration und Anordnung bereitstellt. Ein derart virulentes System spiegelt dann zugleich die Agilität des Geistigen.

TEXT | BILD |

4___HANDELN

_4.1
Einheit von Denken, Handeln und Gestalt

Was sind Handlungen und wie setzen sie sich zusammen. Kriterien für befriedigende Handlungsabläufe. Am Nutzer orientierte Handlungskonzepte. Ein paar bekannte und systematisierte Beschreibungen hinsichtlich wichtiger Handlungsaspekte.

EIN KURZER ÜBERBLICK ZUM INHALTLICHEN AUFBAU DES KAPITELS__ Dieses Kapitel wird sich mit dem Thema Handeln beschäftigen. Denn ein Interface repräsentiert nicht nur Informationen, es ist auch eine Bedienoberfläche. Mit dieser wird handelnd umgegangen. Darin zeigt sich der größte Unterschied zum Printdesign. Es wird aber nicht Usability darum gehen zu beschreiben, wie man zu einer guten Usability kommt. Darüber sind schon unzählige und gute Bücher geschrieben worden. Aber die Normen der Softwareergonomie und die Regeln für eine gute Usability, die sich aus den handlungspsychologischen Überlegungen ableiten lassen, bilden selbst die idealen Voraussetzungen für ein systemisches Design, was in diesem Kapitel gezeigt werden soll.

Handlung und Der einführende Abschnitt in diesem Kapitel beschreibt den allge-Handlungselemente meinen Zusammenhang zwischen Denken, Handeln und Gestalt. Im Folgenden wird gefragt, was Handlungen charakterisiert und wie sie zusammengesetzt sind. Darauf wird die Terminologie auf Handlungen übertragen, die im Kontext von Bedienoberflächen stattfinden und die in diesem Zusammenhang auch als Interaktionen bezeichnet werden.

Bandbreite an Anschließend wird, um die Bandbreite von Handlungsmöglichkeiten Handlungsformen abzustecken, kurz auf Handlungabläufe eingegangen, die sich beim Einzelnen finden, die zielgruppenspezifisch sein können und die sich in Form von Rollenverteilungen in Arbeitsgemeinschaften finden. Es wird dabei deutlich, dass ein Interface auf vielfältige und sehr unterschiedliche Handlungskonzepte reagieren muss und dass es von daher gar nicht anders sein kann als modular und variabel.

Formalisierung von Für das Entwickeln von interaktiven Oberflächen ist manchmal eine Handlungen genauere Beschreibung von Handlungen notwendig. Dies hat zu verschiedenen Formalisierungen von Handlungsabläufen geführt, die diese anhand bestimmter und wiederkehrender Merkmale beschreiben. GOMS-Konzept schreiben. Beispielhaft werden in diesem Abschnitt das GOMS- und TOTE-Konzept das TOTE-Konzept herangezogen. Im GOMS-Konzept zeigt sich, wie Modell und Schemata auch auf der Handlungsebene ineinander greifen. Das TOTE-Konzept beschreibt, dass Handlungen zumindest auf der operativen Ebene immer auch durch Wahrnehmung und Denken kontrollierte Abläufe sind. Diese unterliegen allerdings nicht der bewussten, sondern eher der unbewussten Kontrolle. Gerade diese Automatisierung von Handlungen, vor allem auf ihrer operativen

Design-Usability
Bisher wird es eher so gesehen, dass Usability-Fachleute Designer gelegentlich zu Selbstbescheidung ermahnen müssen, damit diese das Design nicht mit Form und Farbe überfrachten. Designer wiederum erfahren die Standardisierungen als Beschränkung ihrer Gestaltungsmöglichkeiten.

Ebene, legt einen Entwurf von Oberflächen nahe, die keine bewusste Reflexion über ihren Gebrauch mehr erforderlich machen sollten. Dies ist auch einer der wesentlichen Gründe für die Forderung nach Konsistenz, Standardisierung und Normung.

Das OAI- und das Direct-Manipulation-Konzept beschreiben vor diesem Hintergrund, dass diese standardisierten Interface-Elemente im Handlungskontext am intuitivsten zu bedienen sind, wenn sie eine semantische Nähe zu realen Objekten aufweisen.

Im darauf folgenden Abschnitt rückt das konkrete Zusammenspiel von Handlung und dem Interface „als Handlungsraum" in den Vordergrund. In dem Entwurf der „sieben Aktionsstufen" von Donald Norman wird gezeigt, was ein Interface leisten muss, wenn Handlung als Systemoperation oder -interaktion mit diesem in Kontakt tritt. Es hat die kognitive Funktion, über den Systemzustand, die Möglichkeiten der Systemoperation und die darauf entstandene Veränderung des Systemzustandes Rückmeldungen zu liefern.

Aus diesem Zusammenspiel von Handlung und Interface und den Bedingungen, die dieses Zusammenspiel ermöglichen, lassen sich fast alle softwareergonomischen Leitsätze und Normen ableiten, was nur an einigen Beispielen gezeigt werden kann.

In den Styleguides zur Gestaltung komplexer Systemoberflächen werden, ausgehend von diesen Normen, die diversen und aufeinander abgestimmten Regeln für die variable Anordnung und das Systemverhalten der Objekte festgelegt. Diese ermöglichen aufgrund von Normung und ihrer systeminternen Konsistenz, dass sich ein System gut bedienen lässt. Wozu braucht man dann noch Design?

Ähnlich wie in der Typografie, bei welcher ein Regelwerk noch keinen guten Typografen macht, kommt man mit der Einhaltung der Normen und Anwendung der Regeln nicht sehr weit. Bereits die Festlegung von formalen Details verlangt zumeist ein kasuistisches Vorgehen, bei welchem von Fall zu Fall die Elemente mit visuellem Gespür optisch aufeinander abgestimmt werden müssen. Zugleich können die konkreten Ergebnisse psychologischer und ergonomischer Untersuchungen, die uns heute beispielsweise als etablierte Interaktionsinstrumente zur Verfügung stehen, dazu dienen, sich zu veranschaulichen, wie modulare Systemelemente konzipiert sein müssen. Paradigmen der Softwareergonomie wie Standardisierung oder eine konsequente Systemrückmeldung auf Nutzereingaben müssen dann nicht mehr als Einschränkung verstanden werden, sondern sie können in neue Kontexte schöpferisch transformiert werden. Dies zeigt sich vor allem in Bereichen, in denen es noch keine adaptierbaren Lösungen gibt. Als Beispiel werden dazu gegen Ende dieses Kapitels einige Projekte des Ubiquitous Computing angeführt.

Marginalien:

Automatisierung
Wie im vorherigen Kapitel beschrieben, beruhen Handlungen auf prozeduralem Wissen, und dieses vollzieht sich eher automatisch und unbewusst.

OAI-Konzept
Direct Manipulation

Interface als
Handlungsraum

Normen der
Softwareergonomie

Styleguides

Design?

Interaktionsinstrumente

Standardisierung
und Rückmeldung

Ubiquitous Computing

DENKEN, HANDELN UND GESTALT__ Im vorherigen Kapitel wurde auf den Zusammenhang von Denken und Design eingegangen. Einiges wird sich in diesem Abschnitt in anderer Form und aus einem etwas anderen Blickwinkel wiederholen, denn Denken und Handeln sind eng aufeinander bezogen. Im Handeln werden Gedanken ausagiert. Andernfalls wäre Handeln blinder Aktionismus. Das Denken wiederum kann manchmal Formen eines inneren Probehandelns annehmen, bei welchem die Handlungsschritte mental vorweggenommen werden. Die erfolgreich ausgeführten und bewährten Handlungsschritte werden in Form prozeduralen Wissens gespeichert. Prozedurales Wissen ist gespeichertes Handeln. Es leitet das Denken an, das die Handlungen führt. Somit schließt sich der Kreis, aber ein offensichtlicher Unterschied bleibt. Denken ist ein mentaler und das Handeln ein realer Prozess, denn zumindestens das Denken kann unabhängig vom Handeln vollzogen werden. Ich kann denken, ohne handeln zu müssen, allerdings kann ich kaum handeln, ohne daran auch denkend beteiligt zu sein.

Diese Einheit von Denken und Handeln wird in der Dramentheorie von *Aristoteles* zu einem Postulat erhoben, an dem sich die Gestalt des Dramas zu orientieren hat. Als besonders anschaulicher Beleg wird dafür der *Ödipus* von *Sophokles* herangezogen. Ödipus entdeckt allmählich seine schuldhafte Verstrickung am Mord seines Vaters. Im Zuge dieses Denk- oder Erkenntnisprozesses werden Handlungsschritte eingeleitet, die zu einer weiteren Aufdeckung der Umstände führen, bei welchen der tragische Vatermord offenbar wird. Die Gestalt des Dramas ergibt sich aus einem sich gemeinsam vollziehenden Erkenntnis- und Handlungsablauf. Der klassische Dramenaufbau setzt sich aus einer Reihung von in sich folgerichtigen und abgeschlossenen Handlungen zusammen, die auf den zuvor getroffenen Einsichten und Entscheidungen der Protagonisten beruhen. Dieser enge Zusammenhang von Gestalt, Denken und Handeln stellt sich auch als Herausforderung an das Informations- und Interfacedesign. Die Oberflächen dienen nicht nur der Darstellung von Informationen, sie sind zugleich Handlungsinstrumente, mit deren Hilfe wir Ziele erreichen. Sie müssen so gestaltet sein, dass sie verstanden, aber auch bedienbar sind. Beides hängt zusammen. Ihre Bedienbarkeit ergibt sich eben auch daraus, inwieweit sie unserem Denken über die ausführbaren Handlungen Aufschluss geben.

DIE KONSTITUIERENDEN ELEMENTE DES HANDELNS__ Um den Zusammenhang von Interfacedesign und Handeln genauer beleuchten zu können, ist es notwendig, erst einmal auf das einzugehen, was Handeln ist. Wir wollen dieses Phänomen genauer zu beschreiben versuchen, indem

Denken und Handeln

prozedurales Wissen

Dramentheorie

wir es auf seine wichtigsten Elemente hin betrachten. Also wie ist Handeln zusammengesetzt? Im Handeln werden, im Unterschied zum bloßen Verhalten, *Ziele* verfolgt. Handlungen werden geplant, wozu erst einmal ein Ziel gesetzt werden muss, denn mehr als ein Ziel lässt sich meistens nicht verfolgen. Man könnte auch sagen, jede Handlung hat einen Anfangs- und einen Endzustand. Der Endzustand stellt die Erreichung des Zieles dar.

Handlungsziele

Es ist jedoch nicht immer möglich, mit einer einzigen Aktion an das Ziel zu gelagen. Denn auch Menschenaffen scheinen zu wissen, dass sie sich in einigen Fällen erst einmal *Teilziele* setzen müssen und dass zur Erreichung dieser Teilziele manchmal Hilfsmittel gebraucht werden. Dazu müssen *Mittel-Ziel-Analysen* durchgeführt werden.

Teilziele

Mittel-Ziel-Analysen

Eines der aufschlussreichsten Experimente mit Menschenaffen, bei welchem die Befähigung zu strategischem und zielgerichtetem Handeln genauer erforscht wurde, stammt aus den zwanziger Jahren. In der Versuchsanordnung, die der bekannte Verhaltenspsychologe *Köhler* durchführte, wurden Bananen an die Decke des Affenkäfigs gehängt. Diese befanden sich für Köhlers Lieblingsaffen Sultan in unerreichbarer Höhe. Er erkannte, dass er einen längeren Gegenstand benötigte, um an die Bananen zu gelangen. Damit stand das Teilziel fest. Als Mittel zur Erreichung dieses Teilziels boten sich die Stöcke an, die sich im Käfig befanden. Sie ließen sich zusammenstecken, was Sultan bald bemerkte. Sultan führte also eine Art Mittel-Ziel-Analyse durch und fand heraus, dass die vorgefundenen Stöcke ein geeignetes Mittel sein könnten, um ein wichtiges Teilziel zu erreichen. Führen wir eine etwas komplexere Handlung aus, verfahren wir sehr ähnlich.

Experiment

Wollen wir beispielsweise an einen bestimmten Ort gelangen, machen wir uns Gedanken über die Mittel, etwa ob wir mit dem Auto, dem Bus oder zu Fuß dort hingelangen wollen. Im Falle des Autos könnten dann die nächsten Teilziele darin bestehen, das Auto erst einmal zu organisieren oder zu reparieren.

Abstandsminimierung und Hühner
Bei einfachen Lebewesen ist das Prinzip der Abstandsminimierung noch deutlicher ausgeprägt. Hühner neigen schon mal dazu, direkt gegen ein Hindernis zu laufen, das sich der Nahrung als ihrem vordringlich erstrebenswerten Ziel in den Weg stellt.

Damit ist ein weiterer wichtiger Aspekt des Handelns angesprochen, denn bisweilen gelangt man nur über Umwege an das Ziel. Die Teilziele mögen uns von dem eigentlichen Ziel erst einmal wegführen, aber eine wichtige Grundtendenz menschlichen Handelns ist seine Zielgerichtetheit. Zur Vergewisserung, ob wir unserem gesetzten Ziel näher gekommen sind, werden *Abstandskontrollen* ausgeführt. Das dahinterliegende Prinzip ist das *Prinzip der Abstandsminimierung.* Auch wenn bisweilen nur Umwege zum Ziel führen, werden sie eher ungern beschritten, und einen ganz unnötigen Umweg empfinden wir als ärgerlich. Zielgerichtetheit, Teilziele, Mittel-Ziel-Analysen und Abstandskontrollen sind Grundmerkmale menschlichen Handelns.

Zielgerichtetheit

Abstandskontrollen

MODELLE UND SCHEMATA ALS GRUNDLAGEN DES HANDLUNGSABLAUFS__ Um eine komplexere Handlung auszuführen, muss diese geplant werden. Handlungen liegt deshalb als weiteres wichtiges, konstituierendes Element eine Vorstellung vom Handlungsablauf bzw. ein *Handlungsmodell* zugrunde.

Handlungsmodell

Modell und Schema Der Begriff *Modell* wurde im vorhergehenden Kapitel eingeführt. Er betont, dass wir in bewusster und schöpferischer Form ein bestimmtes Vorgehen entwickeln. Komplexe Handlungen werden durch Vorgehensmodelle strukturiert. Der Begriff *Schema* hingegen betont den routinierten, konventionalisierten und stereotypen Ablauf einiger Handlungen. Die Abfolge einfacher Handlungsschritte kann auf Schemata beruhen. Beide Begriffe sind nicht nur wichtige Elemente des Denkens, sondern zwangsläufig auch des Handelns.

Die Grenze zwischen Modell und Schema ist nicht klar auszumachen, dennoch lassen sich beide Konzepte auf das bereits eingeführte Ebenen-Konzept anwenden. Auf der bewussten, strategischen Ebene spielen Modelle eine wichtige Rolle, auf der unbewussten Ebene werden eher Schemata aktiviert.

bewusste und unbewusste Ebene

Beispiel Wollen wir einen Brief schreiben, so werden wir folgendermaßen verfahren: Wir machen uns über Inhalt und Aufbau des Briefes Gedanken. Wir entwerfen eine Gliederung des Briefes. In diesem Zusammenhang könnte man auch von einem Plan oder Vorgehensmodell sprechen. Diese Gliederung legt fest, in welcher Reihenfolge was formuliert werden muss. Beim Formulieren fallen uns die Worte häufig wie von selber zu. Es sei denn, es kommt uns auf eine ganz bestimmte Wortwahl an. Das Formulieren findet meistens auf einer weniger bewusst vollzogenen Handlungsebene statt. Die eigentliche Schreibhandlung selbst ist am stärksten automatisiert. In diesem gelangen eingeübte Routinen und verinnerlichte Schemata zur Ausführung. Fehler auf dieser Ebene führen zu einem Innehalten. In dieser Situation werden die in den unbewussten Routinen gemachten Fehler auf die Ebene bewusster Kontrolle gehoben. Die Begriffe Modell und Schema werden uns in Verbindung mit Handlung noch etwas begleiten. Schemata können hinterfragt und neu modelliert werden. Modelle können, wenn sie sich bewährt haben, wie Schemata zum Einsatz kommen. Die Trennung ist fließend. Sie macht vor allem methodisch Sinn.

In dem Kapitel über das Denken als Informationsverarbeitungsprozess wurde an dem Beispiel des Verfassens eines Briefes darüber gesprochen, dass die Zerlegung eines Handlungsablaufs in verschiedene Ebenen für das Verständnis hilfreich sein kann.

Verhalten **HANDELN IM KONTEXT VON REIZ UND REAKTION__**Ein Handeln, das nicht auf eine bestimmte Zielsetzung hin strukturiert wird, sondern in hohem Maße von äußeren Umständen bestimmt wird, kann man als *Verhalten* bezeichnen. Historisch betrachtet, war die Verhaltensforschung auch der Ausgangspunkt der Handlungspsychologie.

Für die Verhaltensforscher (Behavioristen) war die Einsicht von großer Tragweite, dass jedes Verhalten auf *Reizen* beruht. Das ist erst einmal keine sonderlich originelle Feststellung. Sie gingen weiterhin davon aus, dass man durch entsprechende Konditionierungen Menschen wie Tiere dazu bringen kann, auf bestimmte Reize hin bestimmte Verhaltensweisen an den Tag zu legen.

Lässt sich das Erlernen einfacher Bewegungsabfolgen als Reiz-Reaktions-Schematismus definieren, so sieht es bei komplexeren und geistigeren Tätigkeiten schon etwas anders aus. Als die Behavioristen versuchten, auch geistigere Tätigkeiten, wie das Erlernen von Sprachen, als Reiz-Reaktions-Verhalten zu beschreiben, stießen sie schnell an ihre Grenzen. In der Folge dessen konnte einer ihrer bekanntesten Vertreter, *B. F. Skinner,* nachweisen, dass Verhalten sich viel besser durch die *Reaktionen* steuern lässt, die auf dieses folgen. Skinner machte folgende Feststellung: Erfahren wir auf eine bestimmte Verhaltensweise positive Reaktionen, so nimmt die Häufigkeit und die Ausprägung dieser Verhaltensweise zu.

Diese beiden Konzepte der Steuerung von Verhalten durch Auslösereize wie durch Reaktionen sind relevant im Hinblick auf das Interfacedesign, auch wenn sie erst einmal die starke Eigenständigkeit und Zielbestimmtheit des Handelns ignorieren. Reiz und Reaktion lassen sich als äußere Klammern betrachten, in denen Handeln eingebunden ist. Je stärker dieses Handeln durch Reize und Reaktionen von außen bestimmt wird und von Schemata von innen in unbewusster Weise geleitet wird, desto eher könnte man von einem Verhalten sprechen. Andererseits ist zielgerichtetes Handeln eingebunden in ein Reiz-Reaktions-Verhältnis. Reize sind nicht nur Auslöser, sie geben Aufschluss über den Systemstatus und die Systemfunktionalität. Sie sind unverzichtbar, da sich an ihnen die Planung von Handlungen orientiert. Ebenso können Reaktionen nicht nur als Verstärker verstanden werden. Sie liefern die notwendige *Rückmeldung* bei der Ausführung von Handlungskonzepten, sie bilden zusammen mit Reizen den Rahmen, an dem sich Handlung orientiert.

DIE ELEMENTE DER HANDLUNG UND ENTSPRECHUNGEN IM INTERFACEDESIGN__ Im Umgang mit Informationsangeboten verfolgen wir in der Regel bestimmte Ziele. Wir suchen nach einer bestimmten Information. Die Bedienelemente stellen dabei die Mittel zur Erreichung dieses Zieles dar. Manchmal müssen wir Mittel-Ziel-Analysen durchführen, um herauszufinden, welches Bedienelement als Mittel hilfreich sein könnte. Dabei gelangen wir zu unterschiedlichen Seiten und Statusmeldungen. Diese haben die Funktion von Teilzielen, wenn wir an ihnen erkennen, dass wir weiter gekommen sind. Bei jedem Aufruf einer weiteren Bildschirmseite kontrollieren wir im Sinne der Abstandsminimierung, ob wir uns unserem endgültigen Ziel nähern.

Marginalien (linke Spalte):

Wie Reaktionen das Verhalten steuern Versuchspersonen wurden Begriffe genannt, die sie wiedergeben sollten. Der Versuchsleiter wurde unmerklich freundlicher, wenn es sich bei diesen Begriffen um Adjektive handelte. Daraufhin gaben die Probanden nach einiger Zeit signifikant häufiger Adjektive als Verben oder Substantive wieder. Natürlich könnte man daraus auch schließen, dass sich Adjektive besser behalten lassen. Wahrscheinlicher ist aber, dass sich die Versuchspersonen in ihrem Verhalten unbewusst an die unterschwelligen Reaktionen des Versuchsleiters angepasst haben.

Marginalien (rechte Spalte):

Verhaltensforscher

Reize

Reaktionen

Verhaltenssteuerung durch Reize und Reaktionen

Ziele

Mittel-Ziel-Analysen

Teilziele

Reize und Reaktionen sind ein sehr wesentlicher Bestandteil eines Interfaces, da sie den äußeren Rahmen von Handlungen bilden. Reize geben im weitesten Sinne Aufschluss über die Systemfunktionalität. Reaktionen sind Rückmeldungen auf unsere Systemeingabe. Sie können unsere Handlungen aber auch in unterschiedlich hohem Maße beeinflussen. Dies ist letztendlich vom Handelnden selbst abhängig. Je weniger wir von klaren und festen Zielen geleitet werden, desto eher kann unsere Aufmerksamkeit und demzufolge auch unser Handeln von der Reiz-Reaktions-Konfiguration des Informationssystems beeinflusst werden. Aber auch bei klaren Zielsetzungen kann ein starker Reiz oder eine positive Systemrückmeldung die Wahrscheinlichkeit erhöhen, in einer bestimmten Weise fortzufahren oder eine bestimmte Handlung auszuführen.

Die Einsichten der Behavioristen hinsichtlich der äußeren Beeinflussbarkeit menschlichen Verhaltens haben von daher auch Gültigkeit für das Interfacedesign. Allerdings sind die zuvor genannten Handlungselemente, die eher an einer autonomen Handlungsgestaltung orientiert sind, wie Handlungsziele, Teilziele, Mittel-Ziel-Analysen und Abstandsminimierung von größerer Bedeutung für den Entwurf von Handlungskonzepten.

Man sollte beim Entwickeln eines Designs in jedem Fall versuchen, sich den Verlauf einer Handlung anhand dieser zentralen Begriffe bewusst zu machen. Erst wenn man sich eine Vorstellung vom Ablauf und den einzelnen Handlungsschritten gemacht hat, sollte man mit dem Entwerfen beginnen.

KRITERIEN BEI DER ENTWICKLUNG VON HANDLUNGSABLÄUFEN__ Als Nächstes sollten ein paar allgemeine Kriterien, die Handlungsabläufe an Bildschirmoberflächen erfüllen sollten, aufgeführt werden. Diese Kriterien sind so grundsätzlich, dass sie sich auf alle Handlungen beziehen lassen.

DER VERLAUF EINER HANDLUNG SOLLTE SICHTBAR SEIN__ Handlungen verfolgen Ziele. Zum Erreichen dieser Ziele muss ein Handlungsverlauf geplant werden, es sei denn, der Verlauf der Handlung zum Ziel ist bereits routiniert. Ein Plan verdeutlicht auch, wie weit der Weg zum Ziel ist bzw. wie viele Teilziele erreicht werden müssen, um das Endziel zu erreichen. Nun ist uns im Umgang mit Systemen nicht immer einsichtig, wie weit und verschlungen der Weg sein wird, der uns dem gewünschten Ziel näher bringen soll. Deshalb ist es für den Nutzer eines solchen Systems sehr hilfreich, wenn er einsehen kann, wie viele Schritte beim Buchen, Kaufen oder Finden einer Information nötig sind und an welcher Stelle dieses Prozesses er sich gerade befindet.

Reiz als Hinweis

Reaktion als Rückmeldung

behavioristischer Einfluss

DER VERLAUF EINER HANDLUNG SOLLTE PLAUSIBEL SEIN__ Aus dem täglichen Umgang mit Personen und Dingen sind uns viele Abläufe vertraut. Dies scheint in der Simulation innerhalb eines Interfaces nicht immer ganz so einfach zu sein. Soll der Benutzer noch einmal in seinen virtuellen Einkaufswagen schauen können, bevor er die Bestellung abschickt? Soll er seine Daten vor dem Kauf oder nach dem Kauf eingeben? Plausibel wäre es, die Daten dann einzugeben, wenn man sich auch sicher ist, dass man etwas kaufen möchte. Allerdings macht es bei kostenpflichtigen Angeboten Sinn, wenn man sich vorher registrieren muss. Wir empfinden einen Handlungsablauf als plausibel, wenn er vertrauten Vorgängen im Alltag entspricht oder weil er aus dem Zusammenhang heraus offensichtlich und schlüssig ist. Im ersteren Fall entspricht der Handlungsablauf einem vertrauten Ablaufschema, im zweiten Fall ist für uns das dahinterliegende Modell nachvollziehbar.

DER VERLAUF EINER HANDLUNG SOLLTE EFFEKTIV SEIN__ Wir machen ungern Umwege. Dieses Abstandsminimierungsprinzip gilt auch für Internetangebote. Genauso ungern machen wir etwas zweimal oder völlig umsonst. Um die Effektivität zu steigern, kann man Wege zur Information durch Pull-down-Menüs abkürzen und die Anzahl der Systemebenen verringern. Eine Suchmaschine ist in der Lage, die gewünschte Information sofort anzuzeigen, ohne dass man durch viele Unterkategorien eines Themas oder einer Produktgruppe klicken muss. Bei *Amazon* lässt sich das ausgewählte Buch mit einem Klick bestellen. Diese Option war so beängstigend effektiv, dass die Konkurrenz sofort dagegen geklagt hat, als Amazon sich diese Option patentieren lassen wollte.

Suchmaschine
Pull-down-Menüs

BEISPIELE FÜR SICHTBARE, PLAUSIBLE UND EFFEKTIVE HANDLUNGSABLÄUFE

189

DER ANWENDER ALS ZENTRALER BEZUGSPUNKT DER KONZEPTION__ Im angelsäch-
sischen Sprachraum hat sich dafür der Begriff *User Centered Design*
eingebürgert. Der Mensch als Anwender mit seinen Eigenarten
und Vorlieben steht im Zentrum der Systemkonzeption, nicht die
Maschine, aber auch nicht der Entwickler und auch nicht der
Auftraggeber. Denn wenn der Auftraggeber den Benutzer erreichen
will, muss er seine Sprache sprechen. Und der Entwickler darf in
der Konzeption und Umsetzung nicht von seinem umfangreichen
Vorverständnis ausgehen.

Eine etwas vereinfachte Rücksichtnahme im Hinblick auf den jeweiligen Kenntnisstand der Zielgruppe besteht darin, diese auf
den kleinsten gemeinsamen Nenner zu begrenzen. Schon etwas
weiter kommt man mit einer einfachen Anwendertaxonomie, welche
diese in *Experten, Fortgeschrittene und Anfänger* einteilt. „Experten"
oder „Power User" sind mit den Systemroutinen sehr vertraut, sie
wollen oft nur etwas ganz Bestimmtes wissen und suchen häufig
nach dem kürzesten Weg zum Ziel. Mit User Centered Design
wurden auch manche Auftraggeber konfrontiert, als sie lernen
mussten, dass unternehmensinterne Bezeichnungssysteme nicht
immer genügend Transparenz nach außen erzeugen. Ein anschauliches Beispiel für nach außen wenig brauchbare, so genannte „org
speak"-Labels inklusive Verbesserungsvorschlag liefert *Rosenberg*
in seinem Buch über *Informationsarchitektur.* Für ein Krankenhaus
wurde ein Benennungssystem eingeführt, das nicht von der internen
Organisationsstruktur des Krankenhauses ausgeht, sondern von differenzierbaren Interessenprofilen seiner Besucher.

Dieser Ansatz, den Anwender in den Mittelpunkt des forschen-
den Interesses zu stellen, wird auch in der darauf anschließenden Konzept- und Produktionsphase fortgesetzt. Die Entwicklung
komplexerer, funktionsreicher Systeme wird deshalb auch als ein
iterativer Prozess angelegt. Iterativ bedeutet, dass während des
Entstehungsprozesses ein System oder Systemkonzept immer wieder
anhand von Prototypen getestet wird. Dazu werden die potenziellen Anwender als Testpersonen einbezogen. Anschließend können
die Ergebnisse zu einer Korrektur der Konzeption führen und zu
einer schleifenartigen, deshalb eben „iterativen" Wiederholung der
bisherigen Produktionsschritte, allerdings dann hoffentlich auf einem
„höheren" Niveau.

DATENERHEBUNG UND ERZEUGUNG VON ANWENDER- UND HANDLUNGSPROFILEN__
Eine anwenderorientierte Systemgestaltung versucht ein genaues
Profil des Anwenders zu erstellen. John Cato beschreibt ein anschauli-
ches Beispiel, bei welchem eine ausführliche Erhebung zum Personen-

Margin notes:
- User Centered Design
- Anfänger, Fortgeschrittene, Experten
- Labeling
- iterative Produktionsprozesse

und Mediennutzungsprofil zu einem idealtypischen Anwender führt. Ausgangslage war die Konzeption eines webbasierten Tools zur Verwaltung eigener Aktienpakete. Die statistischen Daten zur Zielgruppenbefragung zeigten verschiedene signifikante Ausschläge. Diese Ergebnisse lieferten die Vorlage für die Kreation von William, 46, dem scheinbaren Idealtypus eines amerikanischen Besitzers von Anteilen an Aktienfonds: William sieht sich täglich die Kurse an, häufig auch an seinem Arbeitsplatz. Er besitzt ein Haus und hat drei Kinder. Er liest gelegentlich historische Novellen und beschäftigt sich nach einem harten Arbeitstag in seiner Freizeit mit Squash und einer Harley Davidson. Häufiger allerdings finden sich mehrere markante Anwenderprofile, die dann in der Systemkonzeption berücksichtigt werden müssen. In einigen Bereichen steht eine sinnvolle Anwenderprofilierung bereits fest, oder sie ergibt sich aus dem *desk research,* also aus der Einsicht in die dem Anbieter bereits vorliegenden Informationen. Für ein größeres produzierendes Unternehmen, welches beispielsweise an der Börse notiert ist, sind Nutzerprofile nahe liegend, wie Aktienbesitzer, Geschäftskunde, Privatkunde etc. Für Reiseanbieter ist eine Gliederung in Pauschalreisende, Last-Minute-Suchende, Geschäftsreisende, Erlebnisreisende etc. sinnvoll. Mit diesen differenzierbaren Anwenderprofilen sind unterschiedliche Nutzungskonzepte verbunden, und diese haben Konsequenzen für das Design von Angeboten.

Konzeption eines idealen Nutzers

Desk Research

Nutzungsprofile von Zielgruppen

USER CENTERED DESIGN AM BEISPIEL LABELING

Wenn man mit einem gesundheitlichen Problem auf die Webseiten der Berliner Charité geht, bekommt man ein weiteres Problem.
Dabei wäre es gar nicht so schwierig, eine bessere Orientierung durch ein alternatives, kundenorientiertes Labeling zu ermöglichen.

HIV, Depressionen, Arthritis...	**>Beschwerden, Krankheiten**
Herz, Niere, Wirbelsäule...	**>Organe, Körperteile**
Blutabnahme, Magenspiegelung...	**>Diagnose, Tests**
Kosten...	**>Gutachten, Aufenthaltskosten**
Yoga, Vorsorgeuntersuchungen...	**>Gesundheitsvorsorge**

Allgemein-, Viszeral- und Transplantationschirurgie (CVK)	Profil
Anästhesiologie und operative Intensivmedizin (CCM / CVK)	Profil
Anästhesiologie und operative Intensivmedizin (Fächergruppe operative Disziplinen, WE 24) (CBF)	
Audiologie und Phoniatrie, Klinik und Poliklinik für (Fächergruppe operative Disziplinen, WE 22) (CBF)	
Chirurgie und Chirurgische Onkologie (CCB)	Profil
Dermatologie, Klinik und Poliklinik für, am Zentrum für Innere Medizin (Fächergruppe Innere Medizin und Dermatologie, WE 30) (CBF)	

ZIELGRUPPENSPEZIFISCHE HANDLUNGSPROFILE__ Beim Verfassen von Dreh-
büchern ist folgende Methode, die sich auch auf das Interfacedesign
übertragen lässt, sehr gebräuchlich: Man versucht sich ein Bild von
den Personen zu machen, indem man einen passenden Lebenslauf
erfindet und möglicherweise sogar eine eigene Akte anlegt. In dieser
werden alle nennenswerten, prägenden Begebenheiten in dem Leben
dieser Person vermerkt. Anschließend kann man sich eine genauere
Vorstellung davon machen, wie diese Person in einer bestimmten
Profiling Situation reagieren würde. Man kennt ihre Handlungsstrategien und
weiß, welche sie anwenden würde. Auch in der Kriminalistik finden
sich ähnliche Methodeninventare, die unter dem Begriff „Profiling"
firmieren und die dabei helfen, zu einer genauen Beschreibung des
Täters und seines Verhaltens zu kommen.

Hat man sich ein Bild von den potenziellen Anwendern gemacht, so
geht man von diesen aus und überlegt sich, welche Informationen
in welcher Form diese in einem System benötigen werden. Dementsprechend könnten unterschiedliche Einstiegspfade angeboten
werden.

Beispiel Reiseanbieter Ein Reiseanbieter könnte neben einer Direktsuche Pauschalangebote
für Pauschalreisende konzipieren. Er könnte eine spezielle Rubrik
für Last-Minute-Reisende kreieren. Er könnte für weitere potenzielle
Nutzergruppen Abenteuer- oder Bildungsreisen anbieten.

Insgesamt führt ein Anwenderforum, das aus sehr unterschiedlichen
Anwenderprofilen besteht, zu einer Auffächerung des Angebots, zu
unterschiedlichen Einstiegspfaden und damit auf der visuellen Ebene
Information Clustering zu einem Phänomen, das im Englischen als „Clustering" bezeichnet
wird. Das Informationsangebot besteht aus mehreren voneinander
unabhängigen und visuell abgegrenzten Bereichen, die zu entsprechend unterschiedlichen Angeboten führen.

Zuordnung: Ein interessantes Mittel, um sich einen Überblick zu verschaffen,
Anwender und Angebot besteht im Anlegen einer zweidimensionalen Matrix. Auf der einen
Seite befinden sich die Anwenderprofile, wie Verbraucher, Investor,
Partner, Angestellter etc. Auf der anderen Seite werden die dazu pas-
senden Hauptkategorien des Informationsangebotes aufgeführt, wie
beispielsweise Referenzen, Produktinformationen, Händleradressen,
Partnerprogramme und Presseinformationen. In die Felder der
Matrix wird eingezeichnet, welche Anwendergruppe sich für welche
Information interessiert. Dies kann als Entscheidungshilfe hinsicht-
lich der Gewichtung und der eventuellen zielgruppenorientierten
Gruppierung der Information dienen.

ZIELGRUPPEN BEI REISEPORTALEN

Die relevanten Zielgruppen
Die Liste wäre erweiterbar. Wichtig
ist, ob die Zielgruppen unterschiedliche Einstiegsmöglichkeiten
benötigen.

Zuordnung von Systemoptionen zu
Zielgruppenprofilen
Ein weitere Steigerung von
zielgruppenspezifischen
Einstiegsmöglichkeiten wäre die
Personalisierung, bei welcher eine
Zielgruppe zuerst die Optionen
angeboten bekommt, die für sie
relevant sind.

Umsetzung von zielgruppenspezifischen Systemoptionen
In dem unten abgebildeten
Beispiel von Travelchannel
wurde versucht, differenzierte
Einstiegsmöglichkeiten für verschiedene Zielgruppen
anzubieten.

Last-Minute-Flieger
eher knappes Budget, sucht kurzfristig für bestimmten Zeitraum,
will sich schnell informieren

Pauschalreisender
relativ klare Vorstellungen von Reisezeit und Reiseziel, plant langfristig,
will sich genau über Freizeitmöglichkeiten etc. informieren

Individualreisender
hat oft bestimmte Vorstellungen, sucht nach Möglichkeiten, wo er
entsprechende Angebote finden könnte, hoher Beratungsbedarf

Geschäftsreisender
klare Vorstellungen von Reisezeit und Reiseziel, benötigt oft spezielle
Informationen zur Flughafenanbindung des Hotels, Abendprogramm etc.

Veranstaltungsreisender
sucht nicht nur nach Reisezielen sondern nach Veranstaltungsangeboten,
sehr spezifischer Informationsbedarf, zeitlich eher ungebunden

Erlebnisreisender
oft keine genauen Vorstellungen, besonderer Beratungsbedarf zur
besseren Entscheidungsfindung, plant eher kurzfristig

Clubreisender
zumeist ein gutes Budget, besonderer Informationsbedarf hinsichtlich der
Mitreisenden.

Last Minute Flieger
Pauschalreisender
Individualreisender
Geschäftsreisender
Veranstaltungsreisender
Erlebnisreisender
Clubreisender

Veranstaltungen · Mietwagen · Cluburlaub · Städtereisen · Magazin · Charterflüge · Linienflüge · Kreuzfahrten · Erlebnisreisen · Flugsuche · Last Minute

INDIVIDUELLE HANDLUNGSSTRATEGIEN__Die eigenen Strategien in der Informationssuche können wechseln. Sie hängen von der jeweiligen Befindlichkeit, der Interessenlage oder von den Umständen ab. Manchmal sucht man konzentriert und gezielt nach einem bestimmten Inhalt, ein andermal lässt man sich eher von einem eher vagen Interesse oder einer spontanen Laune leiten. Manchmal kennt man die Schlüsselbegriffe, mit der die Suchmaschine gefüttert werden will, ein andermal hat man nur eine ungefähre Vorstellung vom Thema. Für

zielgerichtet oder verweisorientiert diese große Spannbreite findet sich in der englischen Literatur die aufschlussreiche Unterscheidung zwischen *zielgerichteten* (goal-driven) und *verweisorientierten* (link-driven) *Suchstrategien*. Diese prinzipielle Unterscheidung kann allerdings noch etwas verfeinert werden. Als anschauliches Beispiel soll Amazon herangezogen werden. Bei

Zielstrategie der Suche nach einem bestimmten Buch kann man nämlich sehr unterschiedlich verfahren. Titel und Autor können direkt eingegeben werden. So kommt man am schnellsten an das Ziel. Diese Zielstrategie bietet sich immer dann an, wenn das Ziel und der kürzeste Weg

Bereichsstrategie dorthin eindeutig feststehen. Es gibt aber auch Anwender, die mit Vorliebe in den Rubriken stöbern, die sie am meisten interes-

Richtungsstrategie sieren (Bereichsstrategie). Andere verfahren nach einer bestimmten Methode oder schlagen eine bestimmte Suchrichtung ein. Sie arbeiten sich beispielsweise ausgehend von den Hauptrubriken in die subsumierten Rubriken vor (Richtungsstrategie).

Identifikationsstrategie Eine weitere Gruppe von Anwendern mag sich über das zu erstehende Buch noch überhaupt nicht im Klaren sein. Diese Anwendergruppe lässt sich vielleicht von der Bestsellerliste leiten oder sie studiert die Kommentare anderer Leser. Diese verweisorientierte Form der Suche (Identifikationsstrategie) bezieht die äußeren Umstände und die Möglichkeit, beeinflusst zu werden, bewusst mit ein.

LISTE UNTERSCHIEDLICHER INDIVIDUELLER HANDLUNGSSTRATEGIEN

Zielstrategie (goal-driven)
genaue Vorstellung vom Ziel, sucht nach dem kürzesten Weg

Identifikationsstrategie (link-driven)
keine genauen Zielvorstellungen, lässt sich lieber von Angeboten leiten

Richtungsstrategie
hat einen spezifischen Suchweg, z.B. von aktuell zu weniger aktuell

Bereichsstrategie
bestimmte Themen werden mehr oder weniger intensiv durchforscht

Eine Person kann verschiedene Handlungsstrategien auf sich vereinen. Sie kann auch zwischen diesen Strategien wechseln, etwa um Monotonie bei der Suche zu vermeiden.

ANGEBOTE UND FUNKTIONEN FÜR DIE IDENTIFIKATIONSSTRATEGIE

Ein einfache Suchanfrage (Schopenhauer) gibt eine kategorisierte Ergebnisliste und auch schon ein paar Vorschläge zurück, was einen noch interessieren könnte.

Einen ersten, unverbindlichen Eindruck über die Qualität des Buches bekommt man über die „durchschnittliche Kundenbewertung".

Und man erfährt, welche weiteren Bücher auch noch interessant sein könnten, obwohl sie einen ganz anderen Namen tragen.

Näheres zum ausgewählten Buch erfährt man über die Amazon-Rezension.

Oder man liest die Kommentare anderer Kunden. Zugleich kann man erkennen, was andere von diesen Kommentaren halten.

Bis zum Schluss wird man kontextsensitiv beraten.

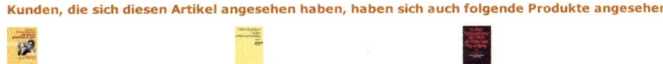

INTROSPEKTION UND „CARD SORTING" ZUR BESSEREN KONKRETISIERUNG DER HANDLUNGSSCHRITTE__ Verschiedene Anwenderprofile lassen verschiedene Handlungsstrategien vermuten, aber auch eine Person kann über ein Inventar sehr unterschiedlicher Vorgehensweisen verfügen. Die Schwierigkeit besteht darin, den genauen Handlungsablauf zu planen, der für das Finden einer Information, Kaufen eines Produktes, Buchen einer Reise oder, ganz allgemein, Lösung eines Problems sinnvoll ist. Dies ist manchmal einfacher, manchmal schwieriger. Stereotype Handlungsschritte sind leicht abzubilden. In einigen Fällen haben sie die Ausführenden sogar selbst ersetzt. Für einige „Routinetätigkeiten", wie man diese Form des stereotypen Handelns manchmal auch bezeichnet, gibt es heute Fahrkarten-, Montage- und Geldautomaten. In der Arbeitswelt finden sich viele Routinen bezüglich Kooperation und Aufgabenbewältigung, um die Effizienz zu steigern. Redaktionssysteme zum Beispiel simulieren die Arbeitsabläufe einer Redaktion in ihren programmierten Freigabezyklen. Der *Workflow* von der Dokumenterstellung, juristischen Begutachtung, Erst- und Zweitkorrektur bis zur Freigabe wird in der Software durch eine dezidierte Rechteverwaltung abgebildet.

Andere Systeme helfen sogar bei der Routinebildung von Handlungsabläufen, indem sie diese explizit darstellen und zu deren Benutzung auffordern. So werden in einem Lernsystem zur Diagnostik den angehenden Ärzten die vielen Handlungsschritte im Verfahrensweg von der Anamnese über eine erste Verdachtsdiagnose bis hin zum vorläufigen und endgültigen Befund vermittelt.

Marginalien:
Routinetätigkeiten
redaktioneller Workflow
Beispiel: Diagnose

Mind Mapping und Concept Mapping Einen theoretischen Hintergrund zum Card Sorting liefern kognitionswissenschaftliche Einsichten, die davon ausgehen, dass sich Kategorien und Beziehungen als visuell verteilte Systeme mit Hilfe von Karten darstellen lassen. Die Methode des Concept Mapping (Novak u. a., 1983) ist in diesem Zusammenhang interessant. Im Bereich der Kreativitätstechniken verfolgt die Mind-Mapping-Methode von Tony Buzan einen ähnlichen Ansatz.

VARIANTEN EINES REDAKTIONELLEN WORKFLOWS

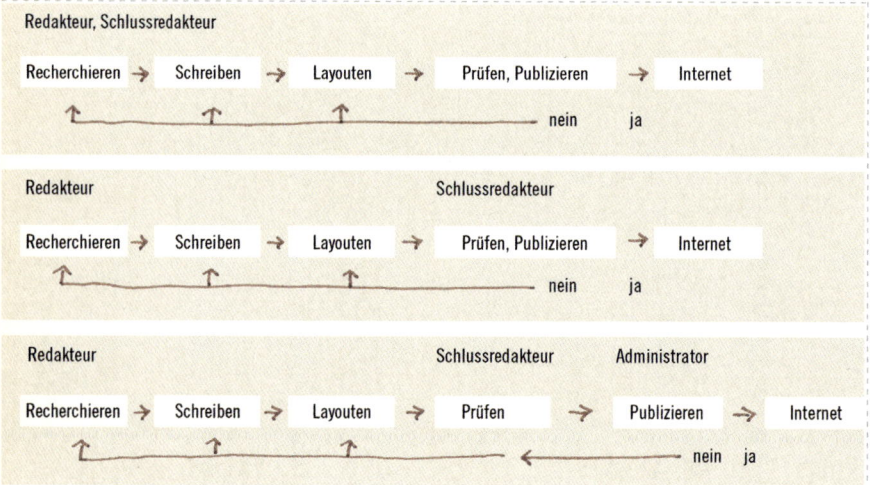

Teamorientierte Workflowkonzepte beruhen auf Rollenverteilungen. Im ersten Ablaufkonzept kann der Redakteur seine Artikel selbst veröffentlichen.
Im zweiten Workflowkonzept überprüft ein zweite Person in der Rolle eines Schlussredakteurs alle an ihn weitergeleiteten Artikel, bevor er sie ins Netz stellt.
Im letzten Konzept ist für die Publikation die weitere Rolle eines Administrators vorgesehen.

In internetbasierten Informationsangeboten ist man mit einer größeren Vielfalt an Handlungsmöglichkeiten konfrontiert. Dies hängt mit der Unterschiedlichkeit der Nutzer und ihren divergierenden Zielsetzungen zusammen. Zudem gibt es, anders als in den soeben beschriebenen Beispielen aus der Arbeitswelt, noch keine ausgebildeten Routinen, die adäquat abzubilden wären. Häufig muss man eine Vorstellung von einem idealen Handlungsablauf noch entwickeln, und dazu bieten sich zwei Möglichkeiten an.

Die *Introspektion* bemüht die eigene Vorstellungskraft, um zu einem Ergebnis zu kommen. Hat man sich ein Bild von dem Anwender gemacht, so wäre der nächste Schritt, zu versuchen, sich in ihn hineinzuversetzen. Die Fragestellung könnte dabei lauten: Was würde der Anwender in diesem oder jenem Fall tun? Welche Systemvoraussetzungen müssten erfüllt sein, damit er am schnellsten zu einer Lösung kommt? Welche Systemfunktionen wünscht er sich zur Lösung seines Problems? Bei dieser Methode der Introspektion – oder man könnte auch sagen der Imagination, da in Wirklichkeit das Objekt der Introspektion erst einmal imaginiert wird – geht es darum, sich ein möglichst vollständiges Bild von dem Handlungsablauf zu machen.

Ein sehr effektive Methode, die sich auch bei der Konzeption von Handlungsabläufen einsetzen lässt, ist das *Card Sorting*. Mit Hilfe dieser Methode schafft man sich erst einmal einen Überblick über alle Aspekte des Handlungsverlaufs, indem man alle relevanten Handlungsschritte auf Karteikarten festhält. Anschließend werden diese hinsichtlich ihrer inhaltlichen Zusammengehörigkeit und ihrer zeitlich-kausalen Abfolge gruppiert. Eine Handlung besteht aus einer Reihe von Handlungssequenzen. Eine *Handlungssequenz* besteht aus mehreren *Operationen*. So besteht die Handlungssequenz der Datensicherung aus den Operationen Namensgebung, Auswahl des Zielortes und der eigentlichen Sicherung. Der Vorteil dieser Methode besteht darin, dass die Kartenfolgen immer wieder umgruppiert, erweitert und gekürzt werden können. Damit ist es möglich, recht flexibel verschiedene Handlungsabläufe zu legen und zu diskutieren. Card Sorting kann von den Entwicklern eines Projektes vorgenommen werden; noch besser ist es, wenn auch die potenziellen Anwender an dieser Methode beteiligt werden. Weiterhin kann so ein Handlungsablauf Kriterien unterzogen werden, die nach seiner Plausibilität und Effektivität fragen. Im Hinblick auf die nun anstehende stärkere Systematisierung des Handlungsablaufs gibt es Theorien, die beschreiben, nach welchen grundlegenden Gesetzmäßigkeiten diese beschrieben werden kann. Dies soll uns zunächst beschäftigen.

Marginalien rechts:
Routinen im Internet

Introspektion

Fragen zur Introspektion

Card Sorting

Handlungssequenzen

Vorteile

Kriterien

Marginalie links:
Das Handlungsgefüge ließe sich danach betrachten, ob es einen vollständigen Handlungsablauf mit Anfang, Mitte und Ende abbildet, ob das Handlungsziel am Ende erreicht wird, wie viele Teilziele es gibt und welche Mittel dafür benötigt werden.

CARD SORTING UND WORKFLOW FÜR EIN WHITEBOARD MIT JAVA UND HTML

Workflow und Rollenverteilung 1

| Moderator legt Teilnehmer fest | → | Moderator lädt Bilder hoch | → | Moderator eröffnet Whiteboard | → | Moderator startet Archivierung | → | Moderator wählt Bild aus | → | Moderator lässt abstimmen | → |

Whiteboard_Im Rahmen eines Workshops sollten vier verschiedene Studentengruppen mit Hilfe von Card Sorting die Handlungsabläufe für ein Whiteboard definieren. Ein Whiteboard ist eine kollaborative und netzbasierte Arbeitsplattform. Es stellt den Teilnehmern üblicherweise eine „weiße Fläche" zur Verfügung, auf welcher diese Texte oder Notizen hinterlassen und gleichzeitig besprechen können.

In die gemeinsam genutzte Fläche können aber auch Bilder geladen werden. Insofern eignet sich ein Whiteboard auch als Präsentationswerkzeug. Die Teilnehmer können dort – ähnlich wie bei einer realen Präsentation – ihre Arbeiten zeigen und über Texteingabefelder miteinander kommunizieren.

Card Sorting_Die Handlungsabläufe während einer gemeinsamen Präsentation sind sehr vielfältig. Um sich einen besseren Überblick zu verschaffen, wurden deshalb die einzelnen Handlungsabschnitte auf separaten Karten festgehalten. In den oberen Abbildungen erkennt man, dass dabei sehr unterschiedliche Legesysteme gewählt werden können. Reihungen von Karten versuchen die lineare Abfolge von Arbeitsschritten zu beschreiben, Gruppierungen machen Handlungsmöglichkeiten sichtbar, die zusammengehören.

Workflow und Rollenverteilung_Nachdem die Handlungsmöglichkeiten und -abläufe erfasst worden sind, kann man überlegen, ob jeder Teilnehmer alle Systemoperationen ausführen darf oder ob es eventuell zu einer Verteilung von Kompetenzen und Aufgaben kommen sollte. Bei dem hier dokumentierten Beispiel wurden dem Moderator bzw. Dozenten die meisten Rechte eingeräumt. Er hat dadurch eine bessere Kontrolle über die Gruppenbildung und den Präsentationsablauf. Allerdings bedeutet dies auch ein Mehr an Arbeit, und die gemeinsame Präsentation hat womöglich einen weniger spontanen Verlauf.

Die Screens_Der Gesamtworkflow gliedert sich in zwei Phasen. Die erste Phase besteht aus den Vorbereitungen des Moderators. Dazu zählen das Einladen der Teilnehmer und das Hochladen und Sortieren der zu zeigenden Arbeiten.

Die wichtigere Phase beginnt mit dem Eröffnen des Whiteboards. Aus der vorsortierten Liste werden nun die Bilder zur Besprechung in das eigentliche Whiteboard geladen.
Durch das Anwählen von „mit Whiteboard" im Texteingabefenster können Notizen auf der hochgeladenen Arbeitsprobe mit dem Text im Textausgabefenster visuell verlinkt werden (Stiftsymbol). Im Textausgabefenster (Chat) werden alle Beiträge chronologisch angezeigt. Ein Besonderheit dieses HTML-basierten Whiteboards war, dass die Teilnehmer spontan über eine Arbeit abstimmen konnten. Dazu konnte der Moderator eine Frage eingeben und diese an alle Teilnehmer senden. Diese bekamen sodann die Möglichkeit, auf einer Skala von 1-6 abzustimmen. Die dahinterliegende Idee war, zu jeder Arbeit ein schnelles Feedback einholen zu können, das wiederum ein Anlass zu Diskussionen sein könnte.

Gruppenarbeit von Nils Schröder, Arndt Allmeling, Malte Hundorf, FH Wedel, 2004

Titel: Jade
Autor: Beatrice Reudeux
Hochgeladen: Prof. Freud
Beschreibung:
Eingereichte Fotografie

■ Umfrage:
noch keine Frage gestellt

Titel: Jade
Autor: Beatrice Reudeux
Hochgeladen: Prof. Freud
Beschreibung:
Eingereichte Fotografie

Umfrage:
[   ] senden

Titel: Jade
Autor: Beatrice Reudeux
Hochgeladen: Prof. Freud
Beschreibung:
Eingereichte Fotografie

Bewertung: Frisur?
○ 1 ○ 2 ○ 3 ○ 4 ○ 5

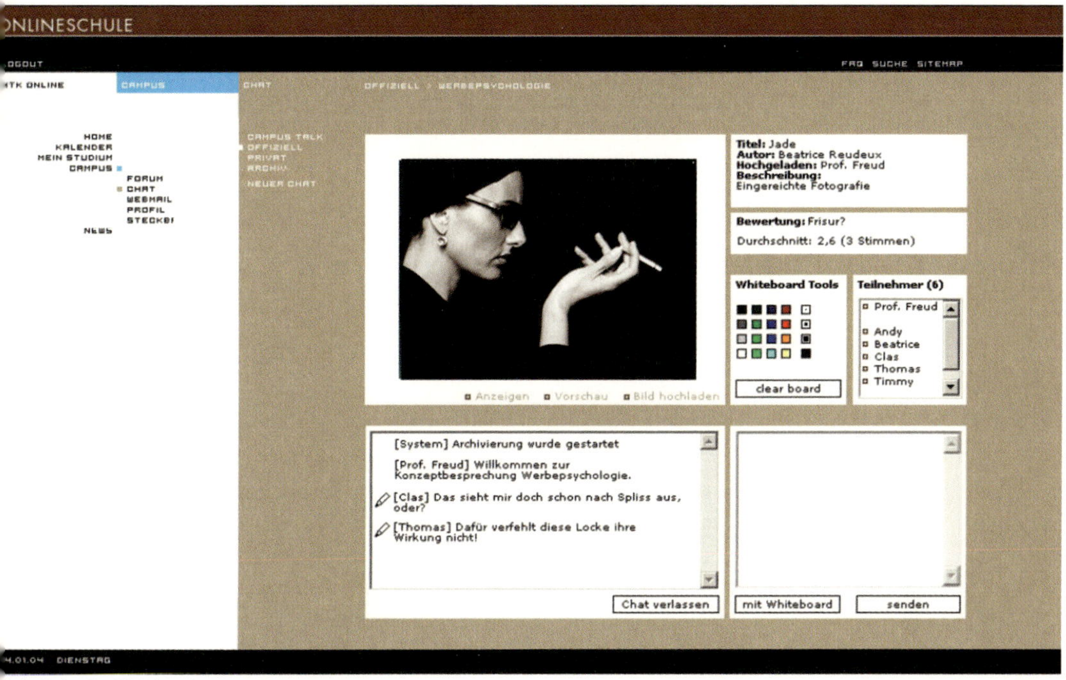

Das Bewertungstool

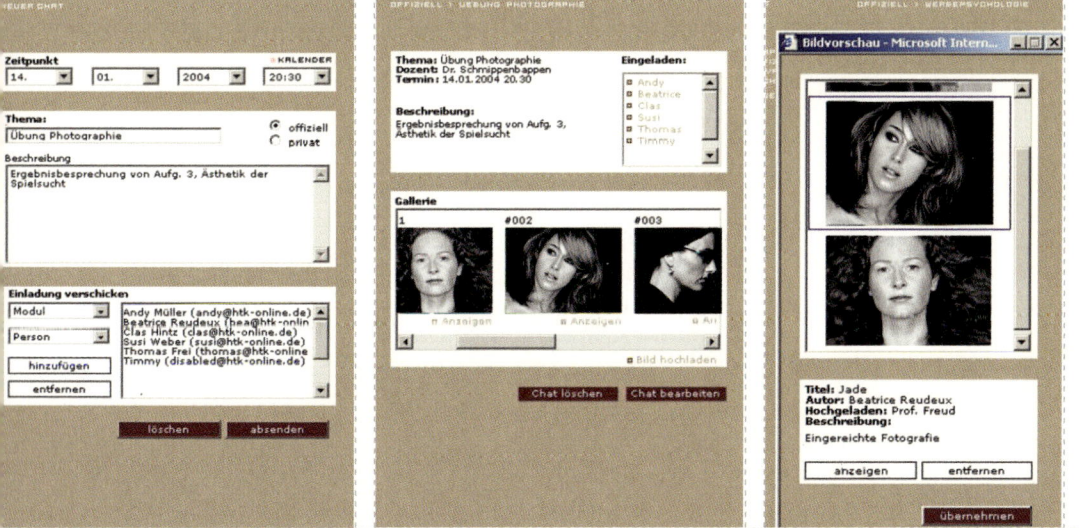

beitsfäche des Whiteboards

estlegen der Teilnehmer und Hochladen der Bilder. Anschließend kann ein Bild aus der vorsortierten Liste auf das Whiteboard gezogen werden.

Workflow und Rollenverteilung 2

| Moderator eröffnet Whiteboard | → | Teilnehmer melden sich an | → | Teilnehmer laden Bilder hoch | → | Moderator verteilt Rederecht | → | Moderator entzieht Rederecht | → |

Systembedingte Einschränkungen und Erweiterungsmöglichkeiten

DIe nebenstehende Tabelle gibt einen Überblick darüber, welche grundsätzlichen Einschränkungen bei kollaborativem Arbeiten im Netz zu erwarten sind.

Unterschiede zur Realsituation	Lösungsmöglichkeiten personell	systembasiert
Nachteile		
keine nonverbale Kommunikation		Emoticons
keine unmittelbare Resonanz	Moderation	Emoticons, Abstimmungstool
keine gruppeninterne Kommunikation	Moderation	privates Chatfenster
keine transparente Wissensbasis	Moderation	Steckbriefe, Teilnehmerliste
keine optimalen Präsentationsbedingungen		flexible Präsentationsmodi
Konsequenzen		
Tendenz sich nicht zu beteiligen	Moderation	
keine klare Gesprächsführung	Moderation	
längere Beiträge	Moderation	
kein Vertrautwerden, Gruppenbildung	Moderation	Steckbriefe
Vorteile		
Bezüge zwischen Beiträgen darstellbar		Texteinzüge
Textbezug zum Bild darstellbar		Farbkodierung
Archivierungsmöglichkeiten		Archivierungstool

HTML und FLASH_Im Interfacedesign sind die technologischen Rahmenbedingungen ein nicht unwesentlicher Faktor für die Konzeption von Systemen. Dies zeigt sich vor allem an den Unterschieden zwischen HMTL und FLASH. Das zuvor besprochene Whiteboard war an den Möglichkeiten von HTML orientiert. HTML gibt für die Inhalte eine mehr oder weniger feste Tabellenstruktur vor, in welche diese hineingeladen werden. Dies führt zu einem starren und sehr durchgegliederten Aufbau. In Flash ist es möglich, alle Elemente als eigenständige Objekte auf der Fläche frei zu platzieren, zu skalieren und zu verschieben. Dies hat besonders für die Präsentation der Arbeiten (als modifizierbare Objekte) einen unschätzbaren Vorteil.

Workflow und Systembedingungen_Idealerweise simuliert ein virtuelles System die realen Bedingungen und Handlungsabläufe in analoger Form. In einem virtuellen Whiteboard sind aber die Arbeits- und Kommunikationsbedingungen im Vergleich mit der realen Situation systembedingt sehr eingeschränkt.

Nachteile_In einer realen Gruppenpräsentation kommt der nonverbalen Kommunikation eine herausragende Bedeutung zu. Durch diese erhält man eine schnelle Rückmeldung auf die eigene Arbeit und die eigenen Beiträge und sie steuert ganz allgemein den Präsentationsverlauf. In der Realsituation finden auch ganz andere Gruppenprozesse statt. Man kommt sich näher und wird miteinander vertraut.

Konsequenzen_Eine grundsätzliche Konsequenz ist, dass die Teilnehmer in einem Whiteboard eher vorsichtig und unbeholfen agieren. Dem Moderator kommt damit eine tragende Rolle zu, da er in vielen Fällen durch eigene Beiträge, Fragen und Aufforderungen kompensierend eingreifen muss.

Systembasierte Lösungen_Um den Moderator zu entlasten und um die virtuellen Präsentationsbedingungen zu verbessern, wurde im Rahmen einer Diplomarbeit über zusätzliche Optionen nachgedacht. Die Arbeit wurde mit Hilfe von Flash, Actionscript und serverseitigen Programmierungen umgesetzt und ist auf allen Plattformen lauffähig.
Die Teilnehmer und die zu präsentierenden Arbeiten sind in zwei mobilen Fenstern zu sehen. Vom Teilnehmerfenster aus können Steckbriefe eingeblendet werden, die Information über deren Interessen liefern. Dies ist nicht unwichtig, um Beiträge einschätzen zu können. Um die Möglichkeit zu einer gruppeninternen, privaten Kommunikation (Chat) neben der offiziellen Arbeitsbesprechung (Talk) zu geben, gibt es zwei Fenster. Im Whiteboard kann dazu ein Teilnehmer angewählt werden. Anschließend kann man ihm eine private Nachricht schicken, welche die anderen nicht einsehen können.

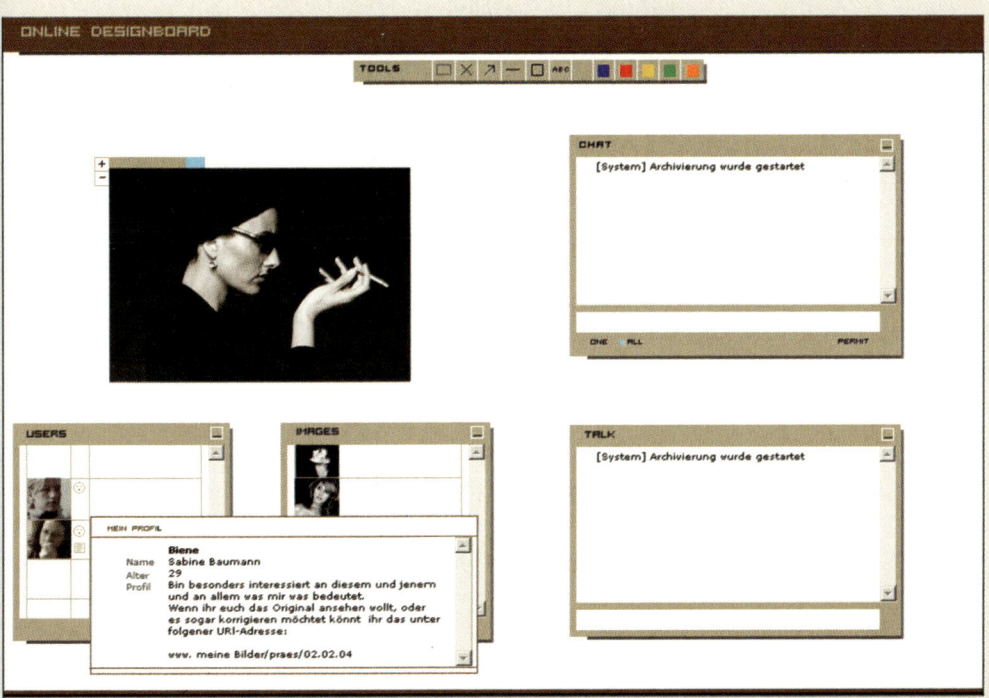

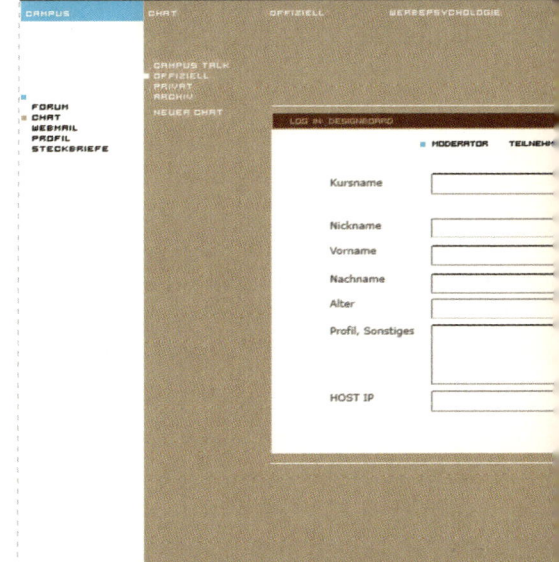

Arbeitsfläche des Whiteboards.
Mit der Tabtaste ist es möglich, alle
Paletten auszublenden, um die
Arbeit bildschirmfüllend anzuzeigen.

Im Unterschied zur vorhergehenden
Lösung können sich bei diesem
Whiteboard die Teilnehmer selbst als
Moderator oder einfacher Teilnehmer
einloggen.

Diplomarbeit von Thorsten Randel,
Online-Whiteboard, FH Wedel, 2004

HANDLUNGSTHEORIEN UND FORMALISIERUNGEN VON HANDLUNGEN__ Der Formalisierung von Handlungsabläufen können verschiedene Motive zugrunde liegen. Sie können über bestimmte sich wiederholende Figuren und Gesetzmäßigkeiten im Handlungsablauf Aufschluss geben. Ein selten genannter, aber sehr wesentlicher Aspekt ist, dass jedes Formalisierungssystem eine *neue Sicht* auf das Phänomen Multiperspektivität Handlung eröffnet. Gerade in der „Multiperspektivität" verschiedener Theorien erschließen sich Handlungs- und Interaktionsformen zwischen Mensch und Maschine in ihren vielen Facetten.

DAS TOTE-MODELL ODER DIE FORMALISIERUNG VON HANDLUNGSEINHEITEN__ Das von *Miller, Galager und Pribham* schon in den 60er Jahren entwickelte Modell ist noch heute uneingeschränkt auf den Ablauf von Handlungen anwendbar. Das TOTE-Modell besagt, dass jeder Handlungseinheit (Operation) eine Kontrollphase (Test) vorausgeht und dass sie von einer Kontrollphase abgeschlossen wird. Anschließend verlassen wir diese in sich abgeschlossene kleine Handlungseinheit (Exit), um die nächste Handlungseinheit zu beginnen, die wiederum denselben Aufbau besitzt.

Beispiel: Menü Rufen wir beispielsweise einen Menüeintrag, so kontrollieren wir zuvor, ob wir diesen Eintrag wirklich ausgewählt haben, und danach kontrollieren wir, ob sich das gewünschte Ergebnis zeigt. Anschließend können wir zu einer neuen Handlungseinheit wechseln.

Nutzen des Modells Das TOTE-Modell sensibilisiert dafür, dass Handlungsabläufe einer ständigen Kontrolle unterliegen, und sie macht deutlich, dass jedes funktionierende Interface uns eine ständige Rückmeldung, auch über kleinste Operationen, geben sollte.

Einige Operationen, wie die beschriebene Menüauswahl, vollziehen sich so schnell, dass wir uns der kurzen eingeschobenen Kontrollphasen kaum bewusst sind.

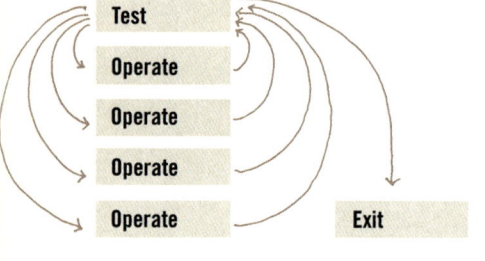

DAS TOTE-MODELL

Test: Nachricht, dass Gegenstand bei Ebay überboten
Operate: Ebay aufrufen
    1. Sequenz
        Test: Ist Browserfenster geöffnet
        Operate: Öffne Browser
        Test: Fenster erscheint klein auf Bildschirm
        Operate: Vergrößere Browserfenster
        Test: Fenster erscheint vergrößert
        Exit: Exit der ersten Handlungssequenz
    2. Sequenz
        Test: Ebay noch nicht im Fenster
        Operate: Gebe Ebay ein
        Test: Seite von Ebay erscheint im Browser
        Exit: Verlasse die Sequenz
    3. Sequenz
        Test: Gegenstand noch nicht gefunden
        ....
Test: Konkurrent wurde erfolgreich überboten
Exit: Verlasse die Sequenz

Goals Ziele und Teilziele, die der Anwender erreichen will	
	Goal: Korrigiere ein Manuskript
	Goal: Lokalisiere die zu korrigierende Textpassage
Operators Dies sind die kleinsten Handlungseinheiten	Hole das Manuskript
	Öffne das Manuskript
	Goal: Bearbeite die Textpassage
Methods Diverse, standardisierte Lösungswege (Sequenzen von Operatoren)	**Goal**: Positioniere Cursor auf der Zeile
	Select: Eine einfache Methode auswählen
	Method: Wort doppelklicken und mit der Löschtaste entfernen
Selection Rules Auswahlregeln zwischen verschiedenen Methoden	**Method**: Cursor vor Wort setzen und die Buchstaben einzeln löschen
	Method: Wort doppelklicken und entfernen durch den Menübefehl: Löschen
	Goal: Positioniere Cursor auf der nächsten Zeile
	Goal: Überprüfe die Textpassage
	Lies die Zeilen
	Vergleiche die Korrekturen mit den Vorgaben
DAS GOMS-MODELL	**Goal**: Beende die Korrektur des Manuskriptes

DAS GOMS-MODELL ODER DIE FORMALISIERUNG BEWUSSTER UND UNBEWUSSTER HANDLUNGSPHASEN__ Dieses Modell *(Moran, Nevell, 1983)* betrachtet Handlungen aus dem Gesichtspunkt von vier wesentlichen Merkmalen. Eine Handlung besteht aus Zielsetzungen (Goals), Operatoren (operators), Methoden (methods) und Auswahlkriterien zur Bestimmung bestimmter Methoden (selection rules).

Andere Begriffe, aber ähnliche Grundgedanken

Die Auswahlregeln sind mit Mittel-Ziel-Analysen vergleichbar.

Ein Ziel, wie beispielsweise einen Text editieren, kann aus verschiedenen Unterzielen, wie Editieren des ersten und aller weiteren Absätze bestehen. Diese werden sequenziell abgearbeitet.

Beispiel: Text editieren

Als *Operatoren* werden alle kognitiven, perzeptuellen oder physischen Handlungen verstanden. Die *Methoden* bringen die zentrale Idee hinter dieser Theorie zum Ausdruck. Sie stellen eine bestimmte Folge von Teilzielen und Operatoren dar, die der Anwender beherrscht und auf die er zurückgreifen kann. Methoden werden aber auch vom jeweiligen System zur Verfügung gestellt. Oft finden sich alternative Methoden, um ein Ziel zu erreichen, so kann man Wörter austauschen, indem man sie selber aufsucht und korrigiert oder alternativ einen Suchalgorithmus wie „Suchen und Ersetzen" bedient.

Operatoren

Methoden

Die Methoden beschreiben eher ein schematisches Wissen. Die möglichen Kombinationen solcher Methoden bzw. Schemata, mit Hilfe der Auswahlregeln, führt zu einer individuellen Gestaltung des Handlungsablaufs, also zu einem spezifischen Handlungsmodell.

In den *Auswahlkriterien* sind die Bedingungen formuliert, die zu der Auswahl einer bestimmten Methode führen. Eine Bedingung könnte beispielsweise lauten, dass ab einer bestimmten Anzahl gleicher Wörter in einem Text, die ausgetauscht werden müssen, ein automatischer Suchalgorithmus der manuellen Korrektur vorzuziehen ist. Das GOMS-Modell kann für die Zeitmessung von Handlungen eingesetzt werden. Durch die Trennung von Methoden und Selektionsregeln ist eine separate Messung der Zeiten für die Auswahl und die Durchführung der jeweiligen Methoden möglich.

Auswahlkriterien

Nutzen des Modells

_4.2
Das Interface als Handlungsraum

Das Interface als virtuelles Abbildungsmedium realer Objekte und Handlungen. Weshalb sich bei der Ausführung und Überwachung von Handlungen am Interface manchmal Brüche ergeben. Beispiele für direkt manipulative Handlungsräume.

DAS OAI-MODELL ODER DIE VIRTUALISIERUNG VON HANDLUNGEN IM INTERFACE__ Bei dem folgenden Modell wird im Unterschied zu den zuvor beschriebenen Theorien das Interface noch stärker als Instrument und Widerpart von Handlungen berücksichtigt. Die Aufgaben, die wir im realen Umfeld handelnd zu erledigen haben, werden von *Ben Shneiderman* dort als *Aufgabenobjekte* betrachtet. Diese stellen sich als eine zusammengesetzte Einheit von subsumierten Objekten sowie deren Operationen dar. So könnten etwa Börsenkurse als ein Objekt angesehen werden, welches sich allerdings in weitere, subsumierte Objekte, wie die Aktien und den Umgang mit Aktien, zerlegen lässt. Will man dieses Aufgabenobjekt in das Interface übertragen, so muss man es zuvor in seiner ganzen Komplexität und hierarchischen Struktur erfassen. Dabei ist die semantische Nähe wichtig. So sollte ein virtuelles Systemobjekt zur Beseitigung von Datenmüll eine semantische Nähe zu den uns vertrauten Objekten aufweisen, was ja bekanntermaßen auch der Fall ist.

Visuelle Datenstrukturen in Form von Ordnern und Dokumenten entsprechen ebenfalls mit Einschränkungen den uns vertrauten realen Objekten. Der Umgang mit diesen semantischen Präsentationen sollte so einfach wie möglich sein.

DAS OAI-MODELL UND DIE IDEE DER DIREKTEN MANIPULATION_ Aus diesem Grundkonzept haben sich Interaktionsformen mit diesen uns semantisch vertrauten Objekt-Repräsentationen entwickelt, die in den meisten Fällen lediglich aus Klicken, Doppelklicken, Ziehen und Loslassen bestehen. Heute erscheint uns dies selbstverständlich und vertraut. In älteren Systemen musste man aber in vielen Fällen komplexe Befehlseingaben vornehmen, um zu Ergebnissen zu kommen. In Bezug auf Handlungskonzepte legt das *Object-Action-Interface-Modell* (OAI-Modell) und das ebenfalls von Shneiderman propagierte Konzept der *direkten Manipulation* eine Vorgehensweise nahe, Handlungen aus möglichst einfachen, physikalisch anmutenden Operationen aufzubauen. Vor allem ist wichtig, dass die Interfacelemente als modulare und mobile Elemente angesehen werden, die in Form dieser direkten Manipulationen verändert, verschoben, gelöscht oder verdoppelt werden können. Eine Handlung

Aufgabenobjekte

Beispiel: Börsenkurs

Papierkorb

Ordner und Dokumente

direkte Manipulation

Ständige Präsenz der virtuellen Objekte zur besseren direkten Manipulation

Der Begriff Objekt ist in diesem Konzept sehr weit gefasst. Er beschreibt zum einen eine ganze Verzeichnisstruktur, wie beispielsweise die Aktienkurse. Aber auch einzelne Dateien werden als Objekte mit bestimmten Attributen wie Name, Erstellungsdatum etc. angesehen. Schnittstellenobjekte sollten ständig präsent sein und die Simulation physikalischer Aktionen, wie beispielsweise das Verschieben, erlauben. Dies ermöglicht einen spontanen, intuitiven und vor allem angstfreien Umgang, da diese Aktionen ebenso schnell wieder rückgängig gemacht werden können.

mag in ihrer Konzeption eine komplexe Lösungsstrategie verfolgen, in der Ausführung zeigt sie sich aber als eine Abfolge einfacher Aktionen nach dem TOTE(Test-Operate-Test-Exit)-Schema. Schließlich, so Shneiderman, fährt man ja auch nicht Auto, indem man das System über Steuerungsbefehle wie „30 Grad rechts" bedient. Unter dem Gesichtspunkt von Modell und Schema ist weiterhin interessant, dass durch die semantische Nähe der Schnittstellenobjekte zu den realen Aufgabenobjekten auch die dahinter liegenden Vorgehensmodelle transferiert werden. Der zumeist einfache Schematismus der Lösungsschritte kann, soweit er sich nicht schon von selbst versteht, aus diesen „lebensnahen" Modellen erschlossen werden. Will man beispielsweise mit einem Syntheziser einen neuen Sound erzeugen, müssen nur einfache Drag&Drop-Operationen ausgeführt werden. Der genaue Verlauf dieser einfachen Operationen kann aus dem intuitiven Systemverständnis, nämlich wenn sich das Interface an bekannten Modellen realer Systeme anlehnt, abgeleitet werden.

Modell und Schema

Vorgehensmodelle

Beispiel. Sampling

ENTWICKLUNGSSCHRITTE BEIM OBJEKT-ACTION-INTERFACE-MODELL

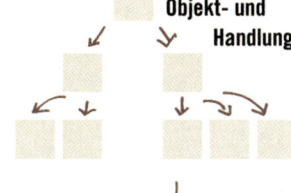

Objekt- und Handlungshierarchie

Präsentations-und Interaktionshierarchie

Hierarchie der Objekte in der Realwelt
Aus dem aufgabenrelevanten Ausschnitt der Realwelt wird ein hierarchisches Modell gebildet, das umfassende Objekte (z.B. Büro, Schreibtisch) und untergeordnete Objekte abbildet (z.B. Aktenschrank > Aktenordner > Dokument).

Hierarchie der Handlungsabläufe in der Realwelt
Entsprechend wird mit den Handlungen verfahren. Die Schrittfolge der Aufgabenbearbeitung wird hierarchisch bis in die subsumierten einzelnen Aktionen heruntergebrochen. Beide Modelle werden überprüft und aufeinander abgestimmt.

Hierarchie der Präsentationen im Interface
Es wird nach virtuellen Entsprechungen gesucht. Aus diesen wird ebenfalls ein hierarchisches und ähnlich komplexes Modell gebildet. Also beispielsweise: Computerschreibtisch > Ordner >Unterordner > Datei.

Hierarchie der Interaktionen mit dem Interface
Das Modell der Interaktionen ist direkt auf die virtuellen Präsentationen bezogen und in sich stimmig organisiert. Vereinfacht formuliert entsprechen z.B. den Objekten: Text, Taste und Menü die Aktionen: Eingabe, Klicken und Auswählen.

ÜBERWINDUNG DER KLUFT ZWISCHEN HANDLUNG UND INTERFACE__ Das TOTE-Modell beschreibt einen Kontrollmechanismus, in dem jede kleinste Handlungseinheit eingebettet ist. Und Ben Shneidermans Konzept der direkten Manipulation verlangt, dass die Schnittstellenobjekte durch Anwenderaktion direkt manipulierbar sein sollen. Dadurch gewinnt der Anwender jederzeit eine bessere Kontrolle über die Objekte sowie über den aktuellen Systemzustand. In dem nun zuletzt noch vorzustellenden Konzept der *Sieben Aktionsstufen* spielt die Möglichkeit der Kontrolle des eigenen Handelns durch korrespondierende Bildschirmanzeigen eine herausragende Rolle. Dabei ist das Betrachtungsblickfeld auf das Verhältnis von Handlung und Interface fokussiert.

Sieben Aktionsstufen

Anders als in den bisherigen Darstellungen wird in der *exekutiven Phase* stärker zwischen der *Zielsetzung* und der *Ausführung* differenziert. Denn zwischen diesen beiden bekannten Phasen findet noch die genauere, bewusste *Formulierung der Zielsetzung* und die *Spezifikation der Handlungsschritte* („forming an intention" und „specifying an action") statt. Dieses allgemeine Modell beschreibt einen idealen bzw. vollständigen Verlauf. Häufig beginnt man auch eine Handlung, ohne sich zuvor über seine Ziele und die einzelnen Handlungsschritte Rechenschaft abgegeben zu haben. Auch in einem solchen Fall hat dieses Modell seine Gültigkeit. Aufschlussreich ist, dass sich anhand des Phasenverlaufs zwischen Handlung und Interface darstellen lässt, an welchen Stellen es, in der Formulierung von D. Norman, zu einem Bruch oder zu einer *Kluft* (Gap) zwischen Anwender und System kommen kann.

exekutive Phase

Kluft

Im exekutiven Phasenverlauf kann die Kluft oder der Bruch darin bestehen, dass die Intentionen des Anwenders und vor allem seine Annahmen über die ausführbaren Aktionen nicht mit den Systemfunktionen übereinstimmen. Dies kann daran liegen, dass das System entweder keine oder nur eine falsche Interpretation seiner Funktionalität zulässt. Das Maß an Anstrengung, das nötig ist, um die Systemfunktionen zu begreifen und richtig einzuschätzen, drückt dann das Versagen des Systems in dieser Hinsicht aus. In der anschließenden *evaluativen Phase* entsteht eine Kluft, wenn der Anwender ein anderes Ergebnis vorfindet, als er intuitiv erwartet, oder wenn er verhältnismäßig viel Zeit benötigt, den veränderten Systemzustand zu erfassen und richtig zu interpretieren. Solche „Gaps" lassen sich vermeiden, wenn ein System so viel wie möglich in anschaulicher Form zur Darstellung bringt, auf plausiblen, nachvollziehbaren und konsistenten Konzepten beruht und immer aufschlussreiche und leicht interpretierbare Rückkopplungen zu jeder Systemeingabe liefert.

Gründe für eine Kluft

evaluative Phase

Anschaulich wird die Idee, den Objektaufbau in einer Objekthierarchie wiederzugeben, in dem intuitiven Interface des 3D-Modelling-Programms Houdini. Durch die grüne Aktivierungsfarbe ist auch sofort sichtbar, auf welcher Ebene der Anwender gerade arbeitet und welches Werte-Eingabefeld dort aktiviert wurde.

DAS KONZEPT DER SIEBEN AKTIONSSTUFEN

Steckt man sich ein bestimmtes Ziel, so ist damit noch nicht festgelegt, ob und in welcher Form dieses Ziel erreicht werden soll. Auf die Zielsetzung hin werden die Handlungsschritte antizipiert, bevor sie ausgeführt werden.

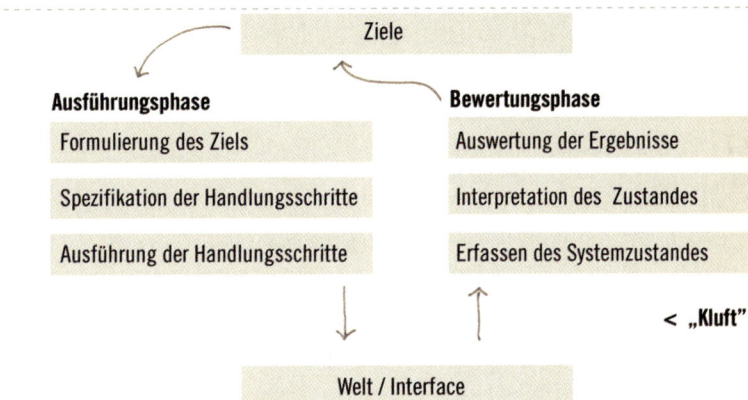

Ziele

Ausführungsphase
Formulierung des Ziels
Spezifikation der Handlungsschritte
Ausführung der Handlungsschritte

Bewertungsphase
Auswertung der Ergebnisse
Interpretation des Zustandes
Erfassen des Systemzustandes

< „Kluft"

Welt / Interface

INTERFACE MIT OBJEKTHIERARCHIE UND EINBLICK IN DEN SYSTEMSTATUS

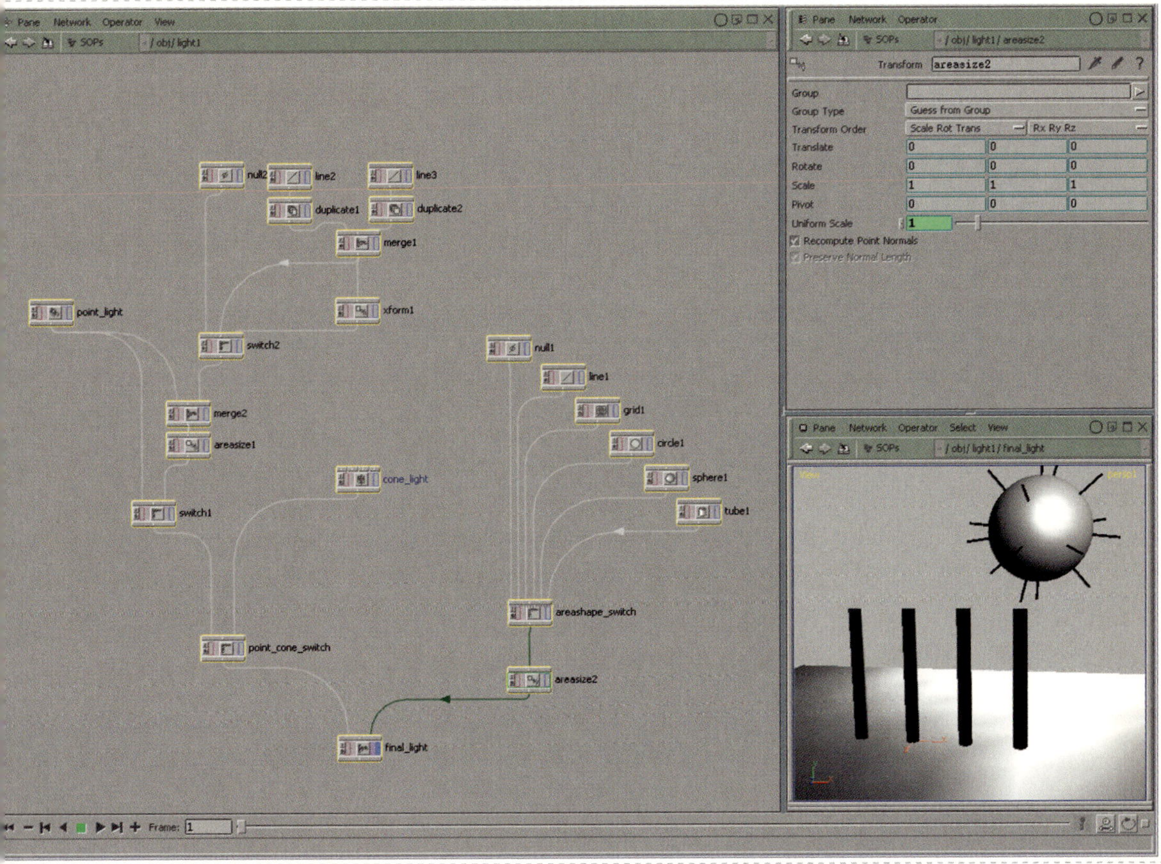

207

INFORMATIONSOBJEKTE UND DIREKTE MANIPULATION IM VIRTUELLEN RAUM

Immersionsmodus

Die Bedienung und Objektselektion durch Gesten mit der rechten Hand. Zusätzlich ist ein Datenhandschuh zur Rückmeldung von virtuellen Berührungen nötig.

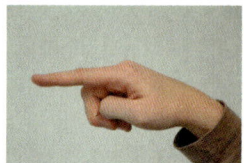

Auswählen und Auslösen

Aufgabenstellung_Die Arbeit entstand im Rahmen eines Workshops, der die Konzeption und visuelle Gestaltung eines Interfaces für Ingenieurarbeiten in einer virtuellen, dreidimensionalen Umgebung zum Thema hatte. Dem gingen anfänglich gemeinsame Überlegungen mit Mitarbeitern der European Aeronautic Defence and Space Company (EADS) voraus. Dort werden zwar bereits CAVEs und andere VR-Technologien zur Darstellung von Flugzeugkonstruktionen eingesetzt, jedoch fehlt für die Interaktion mit den gewaltigen Mengen an Daten bisher ein intuitives Interface.

Objekthierarchie und Objektgraph_Die Arbeit ist ein anschauliches Beispiel für das Arbeiten mit visuellen und direkt manipulierbaren Objekthierarchien. Ein Objektgraph bildet das zentrale Element der Navigation. Am Anfang

steht das Objekt als Ganzes. Möchte man ein Unterobjekt bearbeiten, kann man dieses mit Hilfe intuitiver Selektionsmechanismen aus dem Gesamtobjekt herausziehen. Das Unterobjekt rückt in den Vordergrund, behält aber einen sichtbaren Verweis zu seinem Ursprung im Vaterobjekt. Dies rückt in miniaturisierter Form in die rechte obere Ecke. Die unterste Ebene dieser Objekthierarchie bilden nicht mehr zerlegbare Objekte wie z.B. eine Schraube.

Programmbedienung, Objektselektion und Navigation_Die Bedienung und Selektion erfolgt durch Gesten mit der rechten Hand. Die Gesten unterscheiden sich in der Anzahl der verwendeten, d.h. ausgestreckten Finger. Die Bedienung der Programmfunktionen erfolgt mit dem Zeigefinger, während die restlichen Finger eingezogen bleiben: Wird der gekrümm-

te Zeigefinger erhoben, reagieren mögliche Schaltflächen mit einem leichten ‚Mouseover'-Effekt, sobald man in ihre Nähe gerät; der gestreckte Zeigefinger entspricht dem Auswählen dieser Schaltfläche bzw. dem Ausführen der Aktion.

Selektion_Die Selektion von Teilen eines Objekts erfolgt mit Greifgesten der rechten Hand, die jeweils einen unterschiedlichen Detaillierungsgrad bedeuten: Daumen + Zeigefinger bedeuten ein feines Detail; Daumen + Zeige- und Mittelfinger ein mittleres Detail; Daumen + alle vier Finger: ein grobes Detail wird ausgewählt. Die Detailstufen sind immer im Kontext des aktiven Objekts zu sehen: Je nach Komplexität dieses Objektes kann ein feines Detail einen einzelnen Geometriepunkt bedeuten oder einen kompletten Flugzeugsitz.

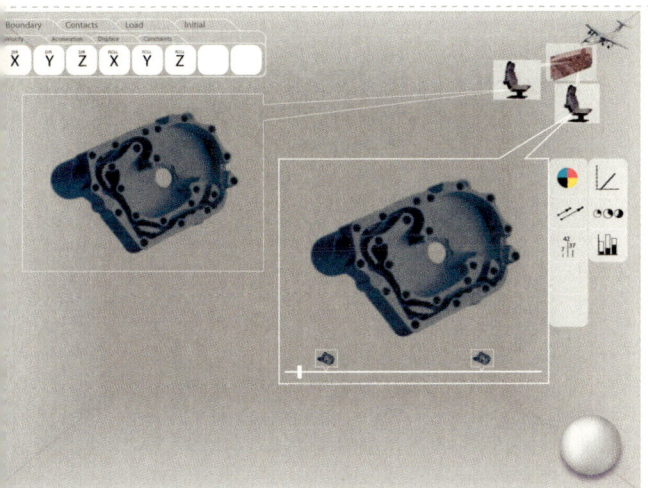

Emersionsmodus

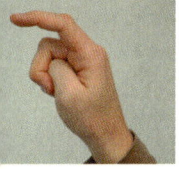

Anwahl und Rollover

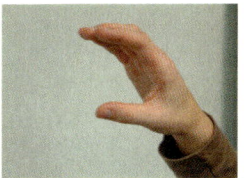

kleines Objekt wird gefasst

mittleres Objekt wird gefasst

gröberes Objekt wird gefasst

Navigation_Die Navigation im 3D-Raum erfolgt grundsätzlich durch die Bewegung des eigenen Körpers. Bewegt man sich mit dem eigenen Körper, so bleiben die betrachteten Objekte in den Objektfenstern an ihrem Platz, während sich die Interaktions- und Informationselemente mit dem Betrachter mitbewegen und sich also wie auf einer Glasscheibe, die fest am Betrachter fixiert ist, verhalten. Für jede darüber hinausgehende Navigation kommt das Navigations-Tool in der linken Hand zum Einsatz. Im Immersionsmodus dient die Navigation vor allem der Bewegung im Raum, während im Emersionsmodus die Transformation von Objekten, wie z.B. das Drehen oder Heranzoomen möglich ist.

Immersions- und Emersionsmodus_Der Immersionsmodus (Immersion = Eintauchen) dient der Betrachtung der Objekte im Kontext ihrer Umgebung. Dieser Modus nutzt den Realismuseffekt der VR-Umgebung aus. Der Betrachter befindet sich hierbei in der virtuellen Welt, ist umgeben von ihr. Das Programminterface wandert dabei mit dem Betrachter mit. Dieser Modus ist insbesondere für die Überprüfung des Raumgefühls sowie für Beleuchtungs- und Farbeinstellungen hilfreich.
Der Emersionsmodus (Emersion = Auftauchen) dient der losgelösten Behandlung einzelner Objekte. Die betrachteten Objekte schweben vor einem neutralen Hintergrund. Dieser Modus ist hilfreich bei der intensiven Auseinandersetzung mit dem einzelnen Objekt, beispielsweise bei Belastungstests oder Materialanalysen.

Die Arbeit zeigt, wie sich im Sinne von Shneidermans Konzept manipulativer Objekthierarchien interaktive Systeme konzipieren lassen. Darüber hinaus zeigt sie aber auch, dass die Loslösung von den bekannten Schnittstellen Bildschirm, Tastatur und Maus ganz neue Gestaltungsmöglichkeiten eröffnet.

Gruppenarbeit im Rahmen eines Workshops von Thomas Reisenweber, André Knörig, Juliane Dietsch, FH Wedel. 2004

_4.3

Regeln und Richtlinien

Ein paar kluge Ratschläge und sieben offizielle Ergonomie-Richtlinien,
die sich aus dem bisher Gesagten ergeben. Ihre konkrete Umsetzung als
Gestaltungsrichtlinien am Beispiel von Menüs. Die scheinbare Gefahr
der Gleichschaltung von Gestaltung und die Chancen, die sich daraus
ergeben.

ALLGEMEINE REGELN FÜR EIN ERGONOMISCHES INTERFACEDESIGN__ In der Literatur zum Thema Usability und in der Softwareergonomie finden sich viele Ratschläge zur Gestaltung von Bildschirmoberflächen. Einige dieser Ratschläge wurden in dem Normenkatalog zur

ISO-Normen Arbeitsplatzgestaltung schriftlich niedergelegt und zu Richtlinien erhoben. Andere, wie die *acht goldenen Regeln* von Ben Shneiderman, haben einen großen Bekanntheitsgrad erlangt. Vor dem Hintergrund der Einsichten zu Wahrnehmung, Denken und Handeln gewinnen viele dieser Ratschläge ihre Plausibilität.

So leitet Bernhard Preim seine Regeln, die größtenteils in

Preims Regeln Übereinstimmung mit den DIN-Normen stehen, aus dem *Modell der sieben Aktionsstufen* von *Donald Norman* ab. Einige der Regeln, die er aufstellt, beziehen sich auf die exekutive Phase von Norman. So besagt seine erste Regel, dass besonders in dieser Phase der aktuelle Systemzustand sichtbar sein soll, und die zweite Regel verlangt nach einer Verdeutlichung aller im System möglichen Aktionen. Nach der dritten Regel sollte dafür ein möglichst gut strukturiertes Interface als Voraussetzung vorhanden sein.

Die acht goldenen Regeln von Shneiderman beruhen auf empirischen

Shneidermans Erfahrungen. Andere von ihm aufgestellte Regeln werden von allge-
„goldene Regeln" meingültigen Grundprinzipien abgeleitet. So ist ein Grundprinzip, das für alle Schnittstellen gilt (gleichgültig ob es sich um eine Informationsanwendung oder eine Software handelt), dass Fehler des

Fehlervermeidung Anwenders vermieden werden sollten. Eine der von diesem Prinzip abgeleiteten Regeln verlangt deshalb auch die Bildung vollständiger Sequenzen. Dies bedeutet, dass komplexere, sich wiederholende Befehlsfolgen zusammengefasst werden sollten. Dadurch können Auslassungen oder Fehler in Teilhandlungen vermieden werden. Ein Beispiel für diese Regel sind *Macros*, die komplexe Prozeduren wie ein

Macros und Menüs Benutzer-Login oder eine Textformatierung auf eine Aktion zusammen-
menfassen. Eine andere von diesem Prinzip abgeleitete Regel besagt, dass ein System nur korrekte Eingaben zulassen soll. In der Konsequenz führt dies zu Fehlervermeidungen durch konkrete Lösungen, wie die automatische Vervollständigung von Befehlseingaben, oder zu ihrer Ersetzung durch anwählbare Menüeinträge.

Regeln für die evaluative Phase
In Bezug auf die „evaluative Phase" stellt Preim fest, dass Normans Forderung nach einem schnellen Verstehen des veränderten Systemzustandes ebenfalls die Einhaltung bestimmter Regeln erfordert. So verlangt eine seiner Regeln, dass in dieser Phase eine erkennbare Rückkopplung des Systems hergestellt werden muss. Eine weitere Regel fordert, dass die Fehlererkennung und -behebung leicht fallen sollte, wenn der Systemzustand nicht dem ursprünglichen Ziel entspricht.

SIEBEN NORMEN FÜR EIN BENUTZERFREUNDLICHES INTERFACE

Aufgabenangemessenheit
Ein Dialog ist aufgabenangemessen, wenn er den Benutzer unterstützt, seine Arbeitsaufgabe effektiv und effizient zu erledigen.

Erwartungskonformität
Ein Dialog ist erwartungskonform, wenn er konsistent ist und den Merkmalen des Benutzers entspricht, z.B. seinen Kenntnissen aus dem Arbeitsgebiet, seiner Ausbildung und seiner Erfahrung, sowie den allgemein anerkannten Konventionen.

Lernförderlichkeit
Ein Dialog ist lernförderlich, wenn er den Benutzer beim Erlernen des Dialogsystems unterstützt und anleitet.

Selbstbeschreibungsfähigkeit
Ein Dialog ist selbstbeschreibungsfähig, wenn jeder einzelne Dialogschritt durch Rückmeldung des Dialogsystems unmittelbar verständlich ist oder dem Benutzer auf Anfrage erklärt wird.

Fehlertoleranz
Ein Dialog ist fehlertolerant, wenn das beabsichtige Arbeitsergebnis trotz erkennbar fehlerhafter Eingaben entweder mit keinem oder mit minimalem Korrekturaufwand seitens des Benutzers erreicht werden kann.

Steuerbarkeit
Ein Dialog ist steuerbar, wenn der Benutzer in der Lage ist, den Dialogablauf zu starten sowie seine Richtung und Geschwindigkeit zu beeinflussen, bis das Ziel erreicht ist.

Individualisierbarkeit
Ein Dialog ist individualisierbar, wenn das Dialogsystem Anpassungen an die Erfordernisse der Arbeitsaufgabe, sowie an die individuellen Fähigkeiten und Vorlieben des Benutzers zulässt.

ISO 9241 Teil 10__Eine große Verbreitung haben die softwareergonomischen Richtlinien erfahren, die in der Bildschirmarbeitsplatzverordnung ISO 9241 Teil 10–17 festgehalten worden sind. Für das Interfacedesign ist dabei Teil 10 besonders relevant. In diesem Abschnitt werden die Richtlinien bzw. Normen formuliert, die eine ergonomisch gestaltete Software oder ein funktionales Webinterface erfüllen müssen.

Parallelen zu vielen anderen Grundsätzen, Richtlinien und Checklisten_Mit den von Preim, Shneiderman, Norman (aber auch mit denen vieler anderer Autoren) aufgestellten Regeln zu einer guten Usability gibt es naturgemäß viele Überschneidungen mit den ISO-Normen. In der Norm Fehlertoleranz kommt noch einmal Sheidermans Prinzip der Fehlervermeidung zum Ausdruck. Es wird in der ISO-Norm aber noch hinzugefügt, dass einmal gemachte Fehler „mit keinem oder minimalem Korrekturaufwand"

korrigierbar sein sollten. Dies entspricht Preims Regel, erkannte Fehler in der evaluativen Phase möglichst schnell rückgängig machen zu können. Die ISO-Norm „Selbstbeschreibungsfähigkeit" hilft im Sinne von Normans Aktionsstufenmodell bei der Planung und Bewertung von Handlungsschritten. Sie entspricht beispielsweise wiederum in etwa Preims Forderung nach ständiger Sichtbarkeit und Verständlichkeit des Systemzustandes und aller ausführbaren Aktionen.

SOFTWAREERGONOMISCHE REGELN UND STANDARDISIERUNG__ In vielen Abhandlungen zur ergonomischen Gestaltung von Bildschirmoberflächen finden sich explizite Forderungen danach, Systeme stärker zu standardisieren. *Standardisierung* hat viele Vorteile: Sie erleichtert den *Transfer der Prozeduren* von einem realen in ein virtuelles System. Beispielsweise ist der Transfer von bereits vertrauten Handlungen oder Prozeduren einfacher, wenn sich ein virtuelles Reitersystem in seiner Gestaltung und seinem Verhalten an einem realen Reitersystem orientiert. Standardisierung erleichtert vor allem den Transfer von Prozeduren von einer Anwendung auf eine andere: Unterliegen beide Systeme denselben Regeln, muss man die Regeln und Prozeduren eben nur einmal lernen: Kenne ich einen Texteditor, kann ich mich aufgrund der Ähnlichkeiten in Aufbau und Bedienung auch in andere Editoren schneller einarbeiten.

Erwartungskonformität Diese Tendenz zu Standardisierung und Vereinheitlichung kommt in der DIN-Norm zur Erwartungskonformität zum Ausdruck: *„Ein Dialog ist erwartungskonform, wenn er konsistent ist und den Merkmalen des Benutzers entspricht, z.B. seinen Kenntnissen aus dem Arbeitsgebiet, seiner Ausbildung und seiner Erfahrung, sowie den allgemein anerkannten Konventionen."*

Standards bieten viele Vorteile für den Anwender, aber sie erleichtern auch den Produktionsprozess, weil Interaktionselemente nicht mehr neu erfunden werden müssen. Jedes der Interaktionselemente hat zudem Vor- und Nachteile (siehe gegenüberliegendes Beispiel).

Beispiel: Menüs Mit Hilfe von übersichtlichen *Taxonomien von Interaktionselementen* und von *Auswahlregeln* kann man beispielsweise schnell entscheiden, welches Menü für welchen Zweck am besten geeignet ist.

Individualisierung und Lernförderlichkeit Allerdings gibt es auch in der DIN-Norm Forderungen, wie die nach Individualisierung und vor allem nach Lernförderlichkeit, die berücksichtigen, dass es nicht nur Standards geben kann, die für jede Aufgabe und jedes System adaptierbar sind. Nicht für alle Inhalte und Ziele steht ein etablierter Auswahlalgorithmus oder Interaktions-Schematismus zur Verfügung. Zudem ist die Einarbeitung in ein neues System und der damit begonnene *Lernprozess* durchaus erwünscht. Gestaltungslösungen in dieser Richtung direkt zu unterstützen, sind die Regelwerke aber von sich aus nicht in der Lage, dass sie eher auf Sanktion von etablierten Formen ausgelegt sind als auf die Förderung *Modell und Schema* neuer Modelle. Die *Dialektik von Modell und Schema* äußert sich in den softwareergonomischen Normen und ihrem scheinbaren Widerspruch zwischen der Forderung nach *Erwartungskonformität* und nach *Lernförderlichkeit*. Ein Interface soll Gewohnheiten bedienen, aber zugleich das Erlernen neuer Methoden und das Entwickeln individueller Lösungswege ermöglichen.

Systeminterne Konsistenz
Die konsistente Gestaltung innerhalb einer Anwendung wiederum erleichtert den systeminternen Transfer von Prozeduren. Habe ich also beispielsweise die grundsätzliche Abfolge von Handlungsschritten in Photoshop begriffen, wie Auswählen des Objektes, Anwählen einer Funktion, Definition spezifischer Optionen zu der Funktion in einem separaten Fenster etc., dann kann ich davon ausgehen, dass andere Objektmanipulationen in ähnlicher Weise ablaufen.

BEISPIEL: MENÜTYPEN, MENÜEIGENSCHAFTEN UND AUSWAHLKRITERIEN

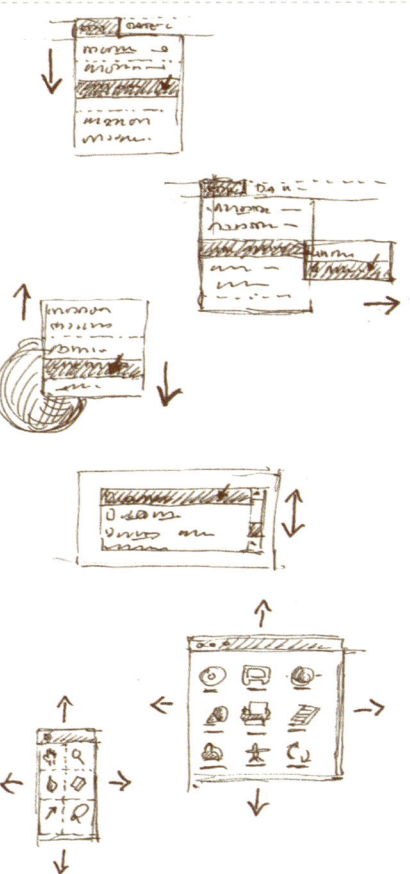

1. Pull-down-Menü

2. Kaskadierendes Pull-down-Menü

3. Pop-up-Menü

4. Listen-Memü

5. Icon-Menü

6. Werkzeug-Menü

Vor- und Nachteile von Menüs als Interaktionsinstrument

Vorteile
Menüs haben sich in vielen Bereichen gegenüber den ehemals weit verbreiteten Kommandosprachen durchgesetzt. Die Vorteile sind:
- Sie entlasten das Arbeitsgedächtnis durch die Präsenz vieler Optionen.
- Eingabefehler sind nicht mehr möglich.
- Sie zeigen, wie eine Anwendung aufgebaut ist, und erleichtern damit das Lernen.
- Sie sind effektiv, da sie oft mehrere Systemeingaben in einer Option bündeln.

Nachteile
Es gibt allerdings auch Nachteile gegenüber der Sprach- oder Tastatureingabe:
- Die vielen Navigationswege mit der Maus sind eine nicht unerhebliche Belastung.
- Viele Menüs können den Bildschirm stark belegen.
- Experten können mit Befehlskürzeln ein System oft schneller bedienen.

Eigenschaften und Verwendung verschiedener Menüformen

Pull-down-Menüs
Eignen sich für häufig verwendete Optionen, die zum festen Repertoire der Anwendung gehören. Sie lassen sich von daher selten erweitern oder editieren.

Pop-up-Menüs
Da diese kontextabhängig sind, eignen sie sich vor allem für Optionen, die nur für ein bestimmtes Objekt zur Verfügung stehen.

Listen-Menüs
Werden oft in einem separaten Fenster geöffnet(=nicht permanent sichtbar) und können bequem gescrollt werden. Sie sind für lange und editierbare Listen geeignet.

Icon-Menüs
Eignen sich für virtuelle Objekte, die gut darstellbar sind. Dies können Informations-jekte, Programme oder eine Bündelung von Optionen, z.B. Netzeinstellungen sein.

Werkzeug-Menüs
Eignen sich für virtuelle Objekte mit Werkzeugcharakter, die sich gut darstellen lassen. Mit ihnen sind oft konkrete Operationen verbunden, wie Malen, Radieren.

Menütypen und -taxonomien

In der Menügestaltung haben sich bestimmte Formen etabliert. In Handbüchern zur Systemgestaltung und zur Softwarergonomie werden sie in ihrer Funktionaliät, Gestaltung sowie in ihrem Verwendungszweck genau beschrieben.

Auswahlkriterien

Auswahlkriterien zur Wahl der richtigen Menüform beschreiben, unter welchen Bedingungen beispielsweise ein Listen-Menü angebracht wäre. Dies ist dann der Fall, wenn es sich um einen längeren und veränderlichen Menütext handelt. Für die Produktlisten eines

Pizza-Services wäre demnach ein Listen-Menü ein sinnvolle Option. Ein Pop-up-Menü wäre in einem solchen Fall eher unangebracht.

UMSETZUNG SOFTWAREERGONOMISCHER GRUNDSÄTZE DURCH INTERAKTIONS- UND DESIGNGUIDES__ Handlungspsychologische Einsichten und Modelle liegen den Ratschlägen und Normen der Softwareergonomie zugrunde. Diese definiert auch die verschiedenen Kategorien von Interaktionselementen, wie Formulare, Fenster, Paletten und Menüs etc. und stellt Taxonomien auf, nach denen man etwa Fenstertypen und Palettentypen voneinander unterscheiden kann. Für diese wiederum gibt es Beschreibungen darüber, welches die Vor- und Nachteile des jeweiligen Interaktionstyps sind und für welche Zwecke er sich am besten einsetzen lässt. Ebenfalls wird in softwareergonomisch motivierten *Styleguides* festgelegt, wie die Gestaltung und die Funktionsweise dieser Interaktionstypen aussieht.

Taxonomien

Styleguides

Besonders ausführlich wird dies in den Styleguides zur Gestaltung und Bedienung von Interaktionselementen von Betriebssystemen gemacht. *Apple* hatte schon früh damit begonnen festzulegen, wie die Interaktionselemente gestaltet sein müssen, wenn etwa eine Softwarefirma ein Programm für den Apple Macintosh entwickeln wollte. Dies hatte den positiven Effekt, dass sich die Programme unter dem *Macintosh* in vielen Punkten ähnlich bedienen ließen. Sie waren in sich und auch untereinander konsistent. Bestimmte Optionen, wie z.B. die Grundoptionen „Kopieren, Löschen, Ausschneiden und Einfügen", finden sich auch heute noch in fast allen Programmen unter dem Menütitel „Bearbeiten" an derselben Stelle in der Programmleiste.Dies erscheint uns heute selbstverständlich. Dies war aber vor ein paar Jahren noch keineswegs so normal.

Apple Macintosh

Da man als Gestalter so viel in einem so wichtigen Punkt wie dem Interaktionsdesign anders bzw. falsch machen kann, wird jedes Detail sehr genau beschrieben. Auf der nebenstehenden Seite sind zur besseren Veranschaulichung ein paar Auszüge zur Gestaltung von Pop-up-Menüs aus dem *Apple Styleguide für Entwickler* aus dem Jahr 1992 abgedruckt worden. In den wesentlichen Punkten hat sich bis heute kaum etwas verändert. Schaut man heute in diesen Styleguide, so wirkt er kaum wie ein Nachschlagewerk, das ausschließlich für Techniker und Programmierer verfasst worden ist. Jeder kann die Spezifikationen verstehen. In kurzen Kommentaren werden die Gestaltungsregeln begründet und erläutert. Dieselben positiven Erfahrungen haben dann auch die Bediener dieses Betriebssystems gemacht, das auf diesen Styleguides basiert. Und diese waren in vielen Fällen überhaupt nicht „computeraffin". Dahinter stand ein positiver, didaktisch motivierter und am Menschen orientierter Geist, der technische Systeme für den Menschen machen wollte und nicht umgekehrt.

Apple Styleguide

AUSZÜGE AUS GESTALTUNGSRICHTLINIEN FÜR POP-UP-MENÜS

Figure 4-48   Correct and incorrect use of fonts in pop-up menus

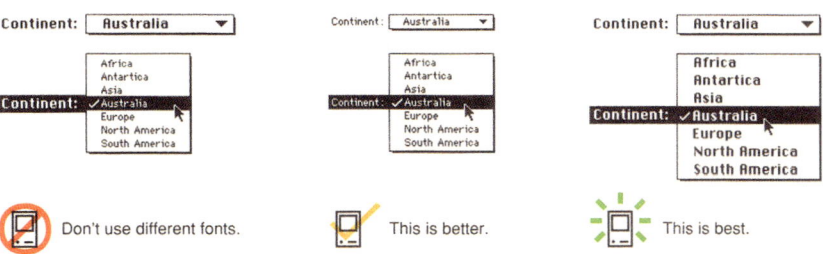

Figure 4-49   Pop-up menu behavior

Ein paar Auszüge aus dem einige Seiten umfassenden Kapitel zur Gestaltung von Pop-up-Menüs. Im Styleguide von Apple sind zusätzlich kurze Erläuterungen und Begründungen zu den hier abgebildeten Schaubildern hinzugefügt worden. Allerdings sind diese kleinen kommentierten Grafiken, softwareergonomisch formuliert, auch so schon ziemlich selbstbeschreibungsfähig.

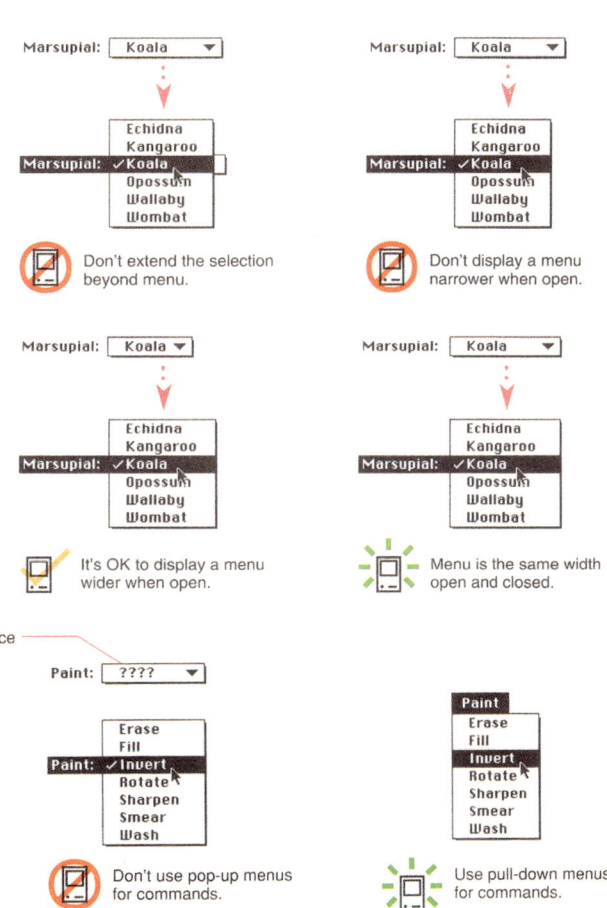

EINFLUSS PSYCHOLOGISCHER UND ERGONOMISCHER KONZEPTE AM BEISPIEL VON MENÜS__Da wir nun mal Menüs als ein Beispiel gewählt haben, um zu zeigen, wie sich die Einsichten der Psychologie bzw. die davon abgeleiteten softwareergonomischen Vorgaben in deren Gestaltung konkretisieren, sollen diese nun auch für eine umfassende Rekapitulation zur Anschauung dienen:

Handlungselemente
Im Hinblick auf den allgemeinen Ablauf und die konstituierenden Elemente einer Handlung stellen Menüs Operatoren dar. Sie sind dabei ein sehr effizientes Mittel, um Ziele zu erreichen.

TOTE-Modell
Das TOTE-Modell beschreibt, wie jede Handlung einer bewussten oder unbewussten Kontrolle unterliegt. Menüs liefern bei jeder Operation ein kurzes Feedback für die anschließende, obligatorische Testphase. (Also: Menütitel angewählt = Menütitel aktiviert, Menüeintrag angewählt = Menüeintrag aktiviert, Menüeintrag wurde ausgewählt = Menüeintrag blinkt und es wird ein Häkchen gesetzt).

GOMS-Modell
Nach der Sichtweise des GOMS-Modells stellen Menüs Methoden dar. Ein Menü ist eine Methode neben zumeist alternativen Methoden (z.B. Tastenkürzel, Befehlseingabe), zwischen denen man selektieren kann. Softwareergonomisch gesehen stellen Menüs sehr brauchbare Methoden

direkte Manipulationen
dar. Denn sie lasssen direkte Manipulationen zu, fassen mehrere Schritte (anders als Kommandosprachen) zu wenigen Schritten zusammen, und es passieren in der Regel weniger Fehler (z.B. falsche Taste gewählt, Schreibfehler).

Sieben-Stufen-Modell
Nach dem Sieben-Stufen-Modell von Donald Norman erfüllen Menüs zwei wesentliche Eigenschaften: Sie zeigen in der Ausführungsphase, welche Operationen möglich sind (aktivierbare Menüeinträge), und geben ein unmittelbares Feedback hinsichtlich des veränderten Systemzustandes (z.B. Häkchen).

OAI-Modell
Das OAI-Modell beschrieb, dass Systemobjekte eine semantische Nähe zu realen Objekten aufweisen sollten. Menüs erinnern uns an vertraute Auswahllisten, die uns auch in unserem Alltag begegnen. Einige von ihnen können einen wechselnden Inhalt haben, und sie können somit variabel für die Darstellung hierarchischer und komplexer Informationsobjekte eingesetzt werden. So können beispielsweise innerhalb der virtuellen Objekthierarchie eines virtuellen Aktenschrankes Menüs nur den Inhalt der aktuell angewählten Akte sichtbar machen. Aber auch kognitionspsychologisch betrachtet sind Menüs eine interes-

kognitionspsycholo-
gische Aspekte
sante Erfindung. Sie entlasten das Kurzzeitgedächtnis durch die auf der Anwahl präsente Darstellung aller möglichen Optionen. Diese muss man also nicht im Kopf behalten. Weiterhin stellen kaskadierende Menüs eine interessante Kombination aus hierarchischen Strukturen und Listen dar.

Wahrnehmungspsychologisch sind sie ebenfalls ein aufschlussreicher Untersuchungsgegenstand. Sie sind gestaltpsychologisch eindeutig durch ihre zusätzlichen Rahmungen gruppiert. Sie sind modular, d.h. sie lassen sich an verschiedenen Stellen in verschiedenen Kombinationen einsetzen. Sie tragen damit beispielsweise dem Umstand Rechnung, dass ein Interface mit einem abfrage- und zielgruppenorientierten Informationskonzept keine festes Gefüge haben muss. Menüs sind aufgrund ihres eigenständigen Verhaltens mehr als nur variable Module. Es sind Objekte, die in Shneidermans OAI-Modell zugleich die visuelle Repräsentation von Informationsobjekten in Objekthierarchien sein können.

Bezüglich Wahrnehmung und Kontext veranschaulichen Pop-up-Menüs, dass kontextbedingte Veränderungen von Bedeutung und Form nicht nur ein wahrnehmungspsychologisches Phänomen sein müssen, das man berücksichtigen sollte. Vielmehr kann Kontextabhängigkeit auch eine programmierbares Konzept sein, das mit Hilfe von kontextsensitiven Menüs beschreibt, wie sich Information kontextsensitiv abrufen lässt.

Sie sind weiterhin ein schönes Beispiel für das Intensitätsgesetz. Denn in ihnen sind nicht aktivierbare von aktivierbaren oder aktivierten Menüoptionen durch einen jeweils stärkeren Kontrast unterschieden. In der Systematik und Konsequenz der Verwendung dieser auszeichnenden Mittel sind sie ebenfalls ein funktionierender Beleg für den Einsatz von Aufmerksamkeitssprachen.

Nicht zuletzt sind sie ein anschaulicher Beleg dafür, dass Objekte durch die Zusammensetzung ihrer elementaren Merkmale von uns unterschieden und in ihren funktionalen Eigenschaften erkannt werden. So identifizieren wir ein Pop-up-Menü am fehlenden Menütitel, ein Listen-Menü anhand der Anwesenheit eines Scrollbalkens. Diese analytische Wahrnehmung von Objekten legte die visuelle Konzeption von Systemobjekten nahe, die aus wiederkehrenden identifizierbaren und systematisierten Grundbausteinen bestehen können. Biederman nennt solche Grundbausteine, wie im ersten Teil über Wahrnehmung beschrieben, Geone.

Es wird also schwer werden, Menüs durch ein ganz neues Interaktionsinstrument zu ersetzen. Aber da sie so eine ideale Realisation verschiedener Einsichten darstellen, sind sie weniger ein Einschränkung als eine Art „Blaupause". Sie zeigen, wie visuelles Denken und Design in den neuen Medien sein könnte. Softwareergonomie ist insofern auch keine Einschränkung, sondern sie ist lediglich eine Voraussetzung, sie eröffnet dem visuellen Gestalten einen neuen Raum an Möglichkeiten.

Gestalt-Wahrnehmung

Kontext-Wahrnehmung

aufmerksame Wahrnehmung

analytische Wahrnehmung

Blaupause für Design

EINSATZ VON MOCK-UPS UND STANDARDISIERTEN ELEMENTEN

Mock-ups_Wenn ein Kunde eine Agentur beauftragt, dann müssen erst einmal die Anforderungen des Kunden erfasst werden. Für diese kundenseitigen Wünsche müssen dann die Funktionalitäten und Inhalte definiert werden, die diesen entsprechen. An dieser Stelle kommen Mock-ups ins Spiel. Mock-ups sind Prototypen aus Papier, anhand deren man zeigen kann, wie eine Webseite später funktionieren wird. Sie setzen sich aus standardisierten und vereinfacht dargestellten Informations- und Bedienelementen zusammen. Diese repräsentieren die benötigten Funktionalitäten. Mit dem Kunden kann anhand dieser Attrappen besprochen werden, welche Features er erwarten kann oder welche eventuell noch fehlen.

Im agenturseitigen Produktionsprozess stellen sie eine gemeinsame Basis für sehr verschiedene Arbeiten dar. Dem Konzeptioner dienen sie dazu, festzustellen, ob die Navigationsabläufe schlüssig sind und ob alle Anforderungen erfüllt werden. Der Designer erkennt, welche Elemente er gestalten muss. Der Datenbankprogrammierer sieht, für welche Bereiche eine Datenbank aufgesetzt werden muss. Der HTML-Programmierer kann die grundsätzliche Verlinkung und Strukturierung der Seiten nachvollziehen, und er kann schon beginnen, HTML-Dummys zu bauen.

Mock-ups ermöglichen es, „abstrakt" zu denken, da konkrete Inhalte oder ein konkretes Design noch keine Rolle spielen. Standardisierung ist dafür eine Voraussetzung, da dadurch eine einheitliche und allen verständliche visuelle Sprache zur Verfügung gestellt wird.

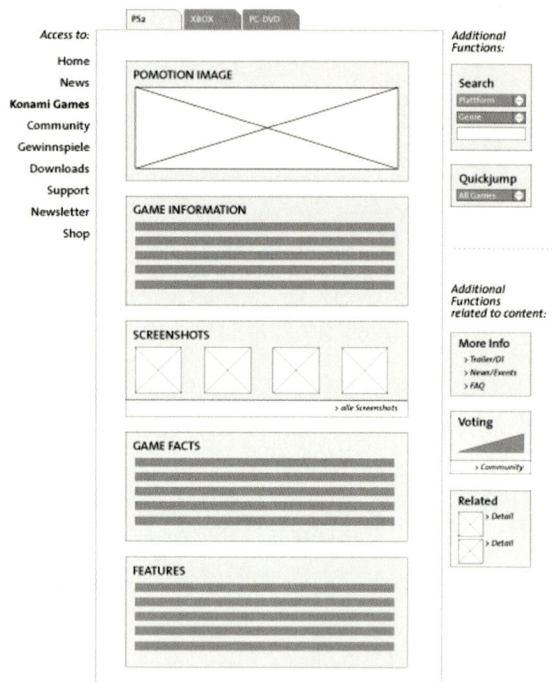

Anhand standardisierter Elemente lassen sich Mock-ups von Neteye nach dem Baukastenprinzip erstellen.
Dieses sehr grundsätzliche Gestaltungsprinzip kann auch auf individuelle Formen übertragen werden.

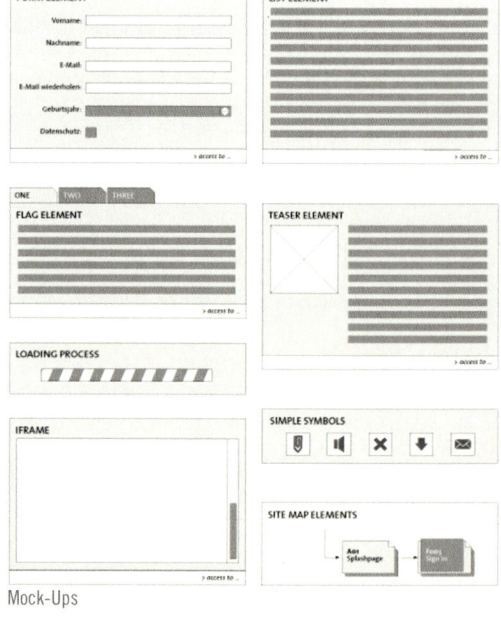

Mock-Ups

www.konami.de

Portalseite von Silent Hill 4

Redaktionssystem zur Portalseite

Das Redaktionssystem_Das Redaktionssystem, das von Neteye entwickelt wurde, ist flexibel und offen konzipiert. Es kann nicht nur an den jeweiligen Workflow einer Redaktion angepasst werden, sondern der Aufbau der redaktionell zu betreuenden Site lässt sich direkt abbilden. Dadurch kann der Redakteur die Zusammenhänge zwischen Redaktionssystem und Website besser überblicken.

Die fertige Website_Die fertige Website am Beispiel der Detailseite Silent Hill 4 der europäischen Portalseite des Videospieleherstellers Konami. Die Inhalte und Funktionalitäten wurden anhand ergonomischer und ästhetischer Prinzipien neu geordnet und es wurde ein Corporate Design entwickelt, an das alle Elemente angepasst wurden. Zur prononcierten High-Tech-Ästhetik

der Oberflächen passt auch die Performanz der Site. Die Bedienung der Site löst gleitende, quasi-hydraulische Bewegungsabläufe aus, die in der Anmutung technischer Perfektion zum Produktversprechen von Konami passen.

NON-USABILITY UND DRAMATURGISCHE ANSÄTZE

Wie erzeugt man Spannung? Dies ist ein noch mehr oder weniger ungelöstes Thema in den interaktiven Medien. Es hängt sicher auch damit zusammen, dass klassische Dramaturgie an linearen Abläufen orientiert ist. Deshalb sind etwa filmbasierte Methoden, die mit einer zunehmenden Steigerung des Konfliktes oder mit nicht mehr mehr harmonisch auflösbaren Verwicklungen arbeiten, die dann zum unausweichlichen und dramatischen Ende führen, wenig hilfreich.
Einige Konzepte lassen sich allerdings übertragen: So ist beispielsweise Konfrontation ein Prinzip, das sich in Form von permanenten Kampfsituationen in Computerspielen adaptieren lässt. Das subtilere Prinzip der dramatischen Auswegslosigkeit findet eine gewisse Entsprechung im nonlinearen Prinzip der Desorientierung und des ständigen Bedrohtseins.
Non-Usability_Softwareergonomisch betrachtet, ist Desorientieurng = Non-Usabilty. Genau dies ist auch der Ansatz von Neteye, das Spiel Silent Hill 4 von Konami noch anders als über die externen Produktinformationen zugänglich zu machen. Silent Hill lebt von der beklemmenden Angst und den bedrohlichen Situationen, in die man als Protagonist hineingerät. Um den Interessierten davon einen Vorgeschmack zu geben, wurde ein Navigationssystem mit drei Startpunkten entwickelt, um welche die explorierbaren Filmausschnitte herumgelegt wurden. Neben diesem mehr emotionalen Zugang ist aber weiterhin auch ein hierarchischer Zugriff auf die einzelnen Spielabschnitte möglich, um unnötige Frustrationen bei den Zielgruppen zu vermeiden, die sich schnell über das Spiel informieren möchten.

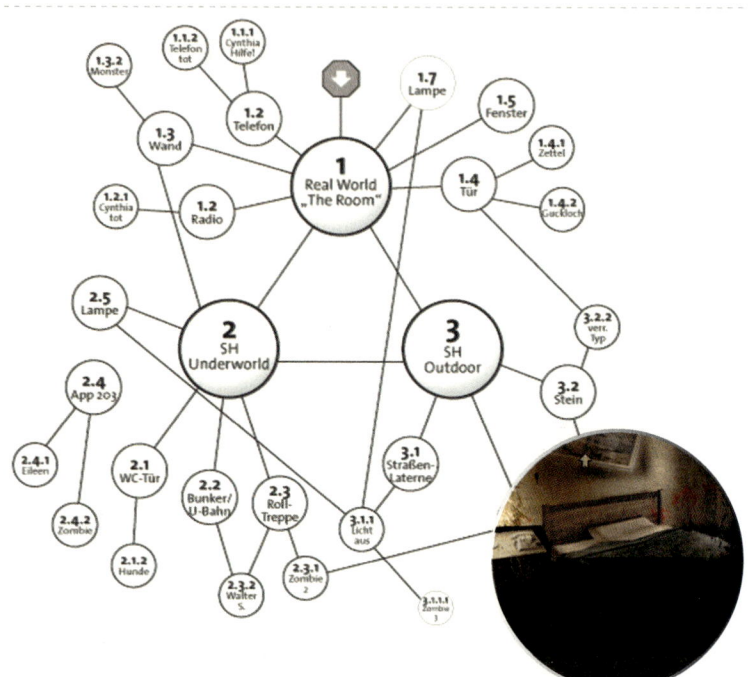

Um die beklemmende Atmosphäre des Spiels auf der Website zu transportieren, werden die explorierbaren Filmsequenzen in runden Ausschnitten auf einem schwarzen Hintergrund abgespielt, der keine weiteren Orientierungsmöglichkeiten bietet.

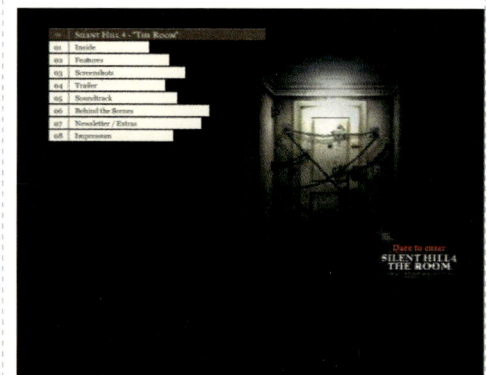

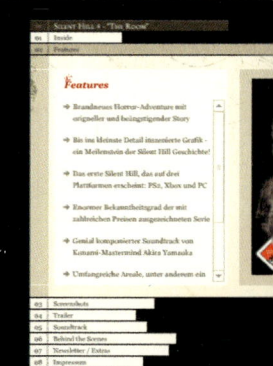

Damn ... she's got numbers

Der alternative Zugang für mehr
zielorientierte und weniger explo-
rativ aufgelegte Zielgruppen ist
hierarchisch organisiert und liefert
einen schnellen Überblick über
Aufbau, Ästhetik und Atmosphäre
des Spiels.

www.konami.de

Agentur: Neteye GmbH,
Technischer Leiter: Jannik Sültz,
Creative Director: Björne Vernunft

4.4
Schöpferische Transformation

Über den Abschied von bisher gebräuchlichen Ein- und Ausgabe-
schnittstellen zu einem allgegenwärtigen Interface. Und über den Ab-
schied von Festplatten zu einem allgegenwärtigen Informationskon-
tinuum. Und über den Abschied von handgemachten Sachen zu einem
algorithmisierten Design.

ENTKOPPLUNG VON NORM UND FESTEN GRÖSSEN__ Wenn man die vielen
Einsichten und Modelle hinsichtlich eines benutzerfreundlichen
Interfaces betrachtet, so scheint ein gemeinsames Merkmal oder eine
gemeinsame Tendenz zu sein, dass sie sich kaum mit Oberflächen
realisieren lassen, die von statischen und festen Ansichten der
Information und Interaktion ausgehen.

Medium oder Werkzeug
Dem tragen auch die häufigen Äußerungen Rechnung, dass ein
Computer als ein *Medium* verstanden werden müsse und nicht als ein
Werkzeug. Denn ein Medium ist prinzipiell offen für verschiedene
Werkzeuge und die Kombination und Symbiose von Werkzeugen
und Informationen. Es müsste transparent werden für die dahin-
terliegenden Informations- und Interaktionshierarchien bzw. die
inhaltlichen und technischen Modelle. Diese sind zugleich entweder
direkt manipulierbar, zumindest aber generativ, dynamisch und
prinzipiell veränderbar. Oberflächen müssten von daher weniger für
eine Aufsicht als für eine „Durchsicht" konzipiert werden.

Bildschirm und Design
Ein Bildschirm suggeriert, dass es sich bei einem Interface um eine
Fläche handeln sollte, und die Tradition, in der das Design von
Information steht, war auch immer an der Fläche orientiert. An
statischen Flächen, die gerade aus ihrer Dauer ihren kulturellen Wert
beziehen und deren Statik immerhin auch eine gewisse Sicherheit
und Verlässlichkeit vermittelt. Ein Missverständnis gegenüber
Designern ist, dass diese ein Interface oftmals visuell überfrachten
würden. Aber die Probleme entstehen nicht mit der Überfrachtung,
sondern damit, dass die visuelle Fracht schwer und träge ist. Das
Missverständnis ist, dass ein Interface immer noch eher am Tafelbild
als am Möglichkeitsraum orientiert ist.

Ein Bildschirm fördert dieses Missverständnis. Denn ein Bildschirm
ist immer auch ein Fläche. So eine Fläche bietet auch viele Vorteile,
denn sie ist überschaubar und begrenzt. Aber für ein handlungs- und
aufgabenorientiertes, kognitives Design ist eine Fläche nicht immer
die beste Lösung. Besser wäre es manchmal, wenn es sich von der
Fläche befreien und in den realen Raum treten würde, um dort die

ubiquitäres Interface
Inhalte räumlich und lebensnah zu organisieren. Solche und ähnliche
Überlegungen haben vor einigen Jahren zu Konzepten und Projekten
geführt, die ein Interface als *ubiquitär*, als „allgegenwärtig" betrachten.

Das bedeutet, es sollte von der Fläche bzw. dem Computerbildschirm befreit zu einem selbstverständlichen Bestandteil des alltäglichen Lebens außerhalb des Bildschirmarbeitsplatzes werden.

Informationen könnten dort eingeblendet werden, wo sie lebensnah benötigt werden. *Ambient Display*s könnten Wetternachrichten am Fenster einblenden. Oder die Verkehrsverbindungen erscheinen beim Verlassen der Wohnung in der Nähe der Ausgangstür. — Ambient Displays

Auch Interaktionen wären in vielen Fällen im Realraum intuitiver. So gibt es mittlerweile realisierte Projekte, die das gemeinsame Arbeiten von Städteplanern oder Architekten an einem Interface ermöglichen. Dieses *Tangible Interface* besteht aus kleinen Modellgebäuden, deren Schattenwürfe und Strömungsverhältnisse auf die Oberfläche des Tisches projiziert werden. Die anfassbaren, tangiblen Objekte können direkt verschoben und kombiniert werden. Das System hat eine wesentlich bessere *Usability* als ein System, das nur mit einer Computermaus manipulierbar ist. — Beispiel: Stadtplanung / Tangible Interface

Ein anderes Projekt hat verschiedene Versuchsanordnungen zur Lenkung und Messung von Laserstrahlen in einem verkleinerten interaktiven Modell realisiert, das aus verschiedenen einfachen Klötzen besteht. Diese repräsentieren die wesentlich komplexeren, empfindlichen und teuren Geräte. Ein Kamerasystem erkennt die Klötze, deren Konstellation und Drehung und berechnet daraus die Richtung, Ablenkung und Brechung des Laserstrahls, der als leuchtender Streifen direkt zu den Klötzen auf die Tischfläche zurückprojiziert wird. Diese Installation ist nicht nur viel handhabbarer, sie macht unmittelbar und sehr anschaulich die Modelle zum optimalen Aufbau von Lasern sichtbar. — Beispiel: Laserlicht

Projekte, die sich mit *Augmented Reality* beschäftigen, bedienen sich in der Regel semitransparenter Flächen, die zumeist an Brillen montiert sind. Sieht man durch die Brille in die Realwelt, so werden auf der Brille zugleich die relevanten Daten zu den Realobjekten eingeblendet. Die Realität wird mit Information „angereichert" (augmentiert), dort wo sie sinnvoll ist. Damit wäre in einigen Fällen die *Accessibility,* also die Verfügbarkeit der Information, in idealer Weise realisiert. Anstatt beispielsweise umständlich in einem Reiseführer nachzuschlagen, wird die Information sofort vor dem Objekt des kulturhistorischen oder touristischen Interesses eingeblendet. — Augmented Reality / Beispiel: Reiseführer

Diese Entkopplung des Designs von seinen bisherigen Bezugsgrößen Bildschirm, Tastatur und Maus ermöglicht nicht nur neue Gestaltungsweisen, sondern gibt Designern auch die Gelegenheit, die Prinzipien eines handlungsorientierten, ergonomischen Interfaces in diesem erweiterten Konzept schöpferisch zu transformieren.

Urban Planning Tool
Für Wind und Sonneneinstrahlung werden Objekte als Stellvertreter auf das Planungsfeld gelegt. Die Schatten und Windverhältnisse werden errechnet und projiziert.

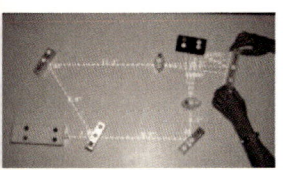

Illuminating Light
Aus der Position der Objekte wird die Ablenkung und Brechung eines Laserstrahls berechnet und in die Versuchsanordnung zurückprojiziert.

UBIQUITÄRES COMPUTING (LAURITZ LIPP)

Ambient Displays blenden dort Informationen ein, wo sie erwartet werden. So macht es Sinn, die Wetternachrichten in der Nähe eines Fensters zu platzieren. Auch ein Wetterhahn ist ein Ambient Display.

DREI ANWENDUNGSGEBIETE DES UBICOMP

Ambient Display, AD

Alternative Konzepte für Computerschnittstellen bieten drei Entwicklungslinien, wobei Ambient Displays in der Regel am einfachsten zu realisieren sind. Ambient Displays sind Apparate bzw. Instrumente, die etwas anzeigen: Uhren, Thermometer, Computerbildschirme etc. Ambient Displays integrieren sich meist unauffällig in die Umwelt, sie müssen nicht unmittelbar als solche erkennbar sein. Sie stehen für stets präsente Information, sind für bestimmte Sinne und Aufmerksamkeitsstufen aufbereitet und erscheinen in unterschiedlichen Vokabularen. Ambient Displays ermöglichen so Information auch an der Peripherie der Wahrnehmung.

Tangible User Interface, TUI (greifbare Benutzerschnittstelle)

Interfaces sind Schnittstellen zwischen zwei Elementen. So sind Bildschirm und Tastatur Interfaces zwischen Computer und Benutzer. Tangible Interfaces sind berührbare, „erfahrbare" Schnittstellen, ein non-tangible Interface ist dagegen z.B. die Sprache. Anders als beim Ambient Display wird nicht nur eine bestimmte neue Situation als Information angezeigt, sondern durch Berührung wird gleichzeitig eine neue (Steuerungs-)Information erzeugt. Repräsentation und Interaktion finden auf einer gemeinsamen physikalischen Ebene statt.

Augmented Reality, AR (angereicherte Realität)

Man spricht von Augmented Reality, wenn das, was der Benutzer für die Realität hält, mit technisch vermittelten Informationen angereichert wird. Ein Realitätsmodell im Computer bietet die Grundlage für diese Ergänzung. Dabei kann kontext- und ortsbezogene Information Teile des Modells als Text, Ton, Bild, Video, Temperatur etc. in der Realität repräsentieren. Im Vergleich zur Virtual Reality, in der versucht wird, die Wahrnehmung des Menschen in eine künstliche Realität einzuschließen, wird bei der Augmented Reality die Wahrnehmung der Umwelt des Benutzers mit zusätzlicher Information durch Modelle der Realität in Computern angereichert, die im gleichen Raumgefüge wie die reale Welt koexistiert.

KOGNITIVE ASPEKTE BEIM UBICOMP

Um in unserer Umwelt zu interagieren, brauchen wir ein Wissen darüber, wie alles zu bedienen ist, von der Tür über den Lichtschalter bis zu Information Appliances im Ubiquitous Computing. Wie aber müssen Letztere geschaffen sein, um intuitiven Umgang — wie bei Tür und Lichtschalter - mit digitaler Information außerhalb des Computers zu ermöglichen?

Mentale Modelle

Jeder Mensch hat in einem gewissen Maße seine eigenen mentalen Modelle, geformt durch Erfahrung, Training und Anleitung.
Sieht man einen Gegenstand, so rufen die sichtbare Struktur und die daraus ableitbaren Interaktionsmöglichkeiten automatisch ein imaginäres Interaktionsfeld hervor.
Wenn dieses das falsche mentale Modell evoziert, kann der Benutzer nicht gut oder überhaupt nicht mit dem Objekt interagieren. Passen mentale Modelle und vorgestelltes Interaktionsfeld zusammen, so gelingt die Kommunikation zwischen Mensch und Gegenstand.
Ein gutes Beispiel sind Türen, die durch gutes Design die mögliche Öffnungsart und -richtung mitteilen, oder Lichtschalter, die analog zur räumlichen Position der Lichtquellen angeordnet und an der Schnittstelle zwischen Hell und Dunkel platziert sind.

Konzeptuelle Modelle

Bei Conceptual Models, einem Begriff aus dem Marketing-Bereich des Designs, geht es darum, dass Design eine Kommunikation zwischen Gegenstand und Benutzer bewirkt. Die Kommunikation soll sich dabei allein aus der Erscheinung des Gegenstandes ergeben. Er muss sich selbst erklären. Dieses soll auch der damit verbundene Begriff des Natural Mapping ausdrücken. Natural Mapping beinhaltet vor allem zwei wichtige Aspekte, den der Rückkopplung (Feedback), der bedeutet, dass jede Vorgabe mit einer Reaktion beantwortet werden muss, und den der Einschränkung (Constraint), der besagt, dass die Aktionsmöglichkeiten im Optimalfall auf die korrekten Möglichkeiten eingeschränkt werden, wie ein einfaches Beispiel zeigt: die 3,5-Zoll-Diskette hat 8 theoretische Möglichkeiten, eingeschoben zu werden, aber nur eine ist mechanisch möglich, was man sehr schnell erfährt. Physikalische Grundkenntnisse auszunutzen ist Grundlage, und dabei spielt das Feedback eine entscheidende Rolle. Erfahrungen, die jeder schon einmal gemacht hat, beweisen dies: Mit jemandem zu sprechen, ohne sich selbst zu hören, oder ein Bild mit einem Stift zu malen, der keine Spur hinterlässt, ist extrem problematisch. Ohne Feedback sind wir in unserem Handeln oft sehr eingeschränkt.

AFFORDANCES AND CONSTRAINTS

„MUSIC BOTTLES", Prof. Hiroshi Ishii
u.a. Beim Abnehmen der Verschlüsse
entweicht eine Trio für Klavier, Cello
und Violine. Jede Flasche steht für ein
anderes Instrument.

Affordances and Constraints
Das Wort Affordances wird zusammengesetzt aus
afford und allowance – die Möglichkeiten, die ein
Objekt scheinbar bietet, um mit ihm zu interagie-
ren. Die Affordances einer Flasche: Öffnen und
Verschließen, Drehen und Kippen, Einfüllen und
Ausgießen, Zerschlagen, Werfen...
Das Beschränken (Constraints) auf bestimm-
te Interaktionsmöglichkeiten ermöglicht oft
erst den richtigen und sinnvollen Gebrauch.
Einschränkungen gibt es auf verschiedenen
Ebenen:

Semantische Einschränkungen
Der Einblick in den Teil- oder Gesamtzusammenhang der Situation hilft bei der Interpretation.
Das Wissen über ähnliche Vorgänge
oder den Kontext erleichtert das Finden der richtigen Anwendung. (In einem Auto sitzt der Fahrer in
Fahrtrichtung, dies schränkt die Benutzung vieler
Bedienelemente auf die passenden Interaktionsmöglichkeiten ein).

BEISPIEL FÜR EIN TANGIBLE USER INTERFACE

Hauptmerkmal von Tangible User Interface-
Anwendungen ist, dass physikalische Objekte
mit digitalen Repräsentationen verbunden sind.
Dabei handelt es sich um Repräsentationen im
Sinne von mathematischen und physikalischen
Modellen, Datenbanken oder Regelkreisen.
Eine Änderung im physikalischen Arrangement
wird vom System wahrgenommen, interpretiert
und lässt darauf reagieren. Repräsentationsebene
und Aktionsebene fallen zusammen. Der Benutzer
interagiert im Interface. Räumliche Anordnung,
Bewegungsgeschwindigkeit, Reihenfolge der
Aktionen, akustische Signale - alle können mit-
einbezogen werden. Die Unterscheidung zwischen
Eingabe- und Ausgabemedium entfällt im
Optimalfall, so wie in diesem Beispiel:

Illuminating Light – Simulation der Hologramm-
belichtung Tangible User Interface
Für die Erstellung eines Hologramms ist ein sehr
empfindlicher Aufbau nötig. Erst langjährige
Erfahrung garantiert einen fehlerfreien Ablauf.
Diese Zeit kann man mit Simulationen verkürzen.
Um möglichst realitätsnah zu üben, reicht eine
Simulation am Bildschirm nicht aus. Was ein
echter Flugsimulator für das Fliegen ist, soll diese
Anwendung für die Hologrammerstellung sein.
Das haptische, also physikalische Element wird
hinzugezogen.
Maßstabsgetreu wird die Versuchsanordnung
aufgebaut. Der große Unterschied: Alle Elemente
wie Laseremittent, Spiegel, Linsen etc. sind
Nachbildungen aus Karton. Diese installiert
man auf einer Arbeitsfläche und installiert
darüber Kamera und Projektor. Die Kamera kann
die Objekte lokalisieren, der Projektor fügt den
fiktiven Laserstrahl sowie diverse Messwerte
hinzu. Bewegt man nun die Objekte, verlaufen
die Laserstrahlen so, wie sie es auch in der
realen Versuchsanordnung tun würden. Neben der

mathematisch exakten Position der Lichtstrahlen
werden zusätzlich, und das ist das Interessante,
weitere erklärende Daten wie Brechungswinkel
und Entfernungen projiziert.

Welche Vorteile rechtfertigen den Einsatz eines
Tangible User Interface ?
01_ Real World Knowledge kann trainiert
werden, hier: haptische Fertigkeiten.

02_ Es bietet Vorteile in der Gruppenarbeit
(Kooperation und Koproduktion).

03_ Bestehende haptische Fertigkeiten helfen,
komplexe Probleme zu lösen oder schneller
zu arbeiten, z.B. zweihändig.

04_ Multimodale Interaktion unter Ausnutzung
des kinästhetischen Gedächtnisses hilft
Zusammenhänge besser zu verstehen und
dauerhaft zu speichern.

Physikalische Einschränkungen

Physikalische Objekte sind per se voller Einschränkungen. Bei manchen Objekten sind sie direkt optisch erkennbar, bei anderen werden sie erst durch Benutzung offensichtlich. Gute Sichtbarkeit und Interpretierbarkeit erhöhen die Effektivität. Manipulationsmöglichkeiten ergeben sich teilweise aus der Beschaffenheit des Objekts.

Ein Ausprobieren sollte ausschließlich die richtige Funktionsweise zulassen. Ein schlechtes Design ließe z.B. einen Schlüssel auch verkehrt herum einschieben, jedoch nicht umdrehen.

Kulturelle Einschränkungen

Jede Kultur bringt eine Vielzahl von künstlichen Einschränkungen und Verhaltensweisen hervor. Man spricht von Scripten, die eine Verhaltenskette einleiten. Auch diese fließen in die Bedienung und das Verständnis von technischen Sachverhalten ein.

Logische Einschränkungen

Im Idealfall ist kein fachspezifisches Vorwissen nötig. Sind z.B. zwei Lichtschalter vorhanden, die zwei Lampen steuern, so ist nach der Bedienung des ersten klar, welche Lampe der zweite Schalter steuern wird.

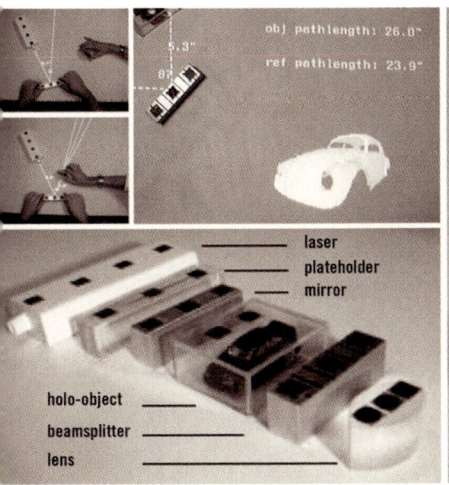

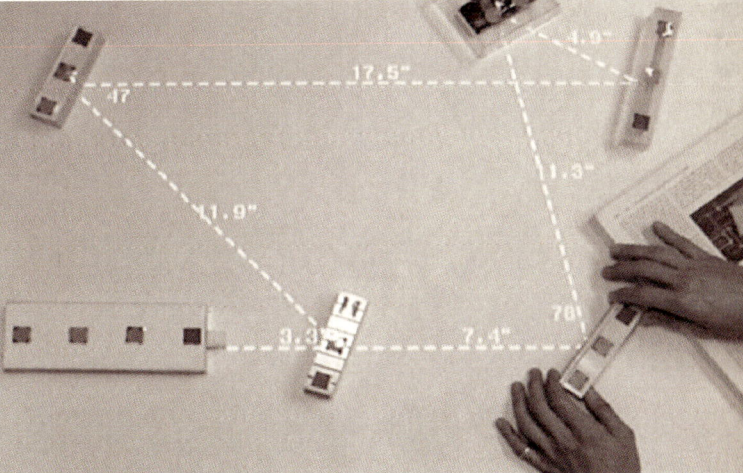

ILLUMINATING LIGHT. DIe richtige Anordnung der Elemente erzeugt ein Hologramm, das auf den Tisch projiziert wird.

BEISPIEL EINER ANWENDUNG ALS AUGMENTED REALITY

  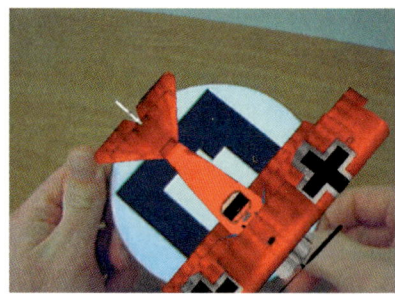

Ein beliebiges Objekt kann auf eine Pappkarte projiziert werden. Es verschwindet, wenn die Hand die Karte zudeckt.

 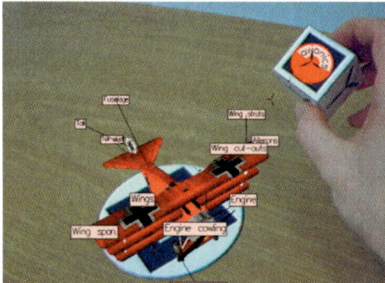 

Die Menge und Art der Information kann durch virtuelle Streuer dosiert werden.

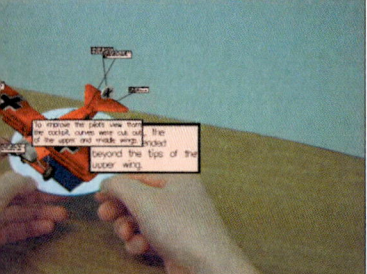  

Die Textfenster springen auf, sobald die Marker auf den Betrachter zeigen. Holt man das Flugzeug näher heran, wird auch die Information detaillierter.

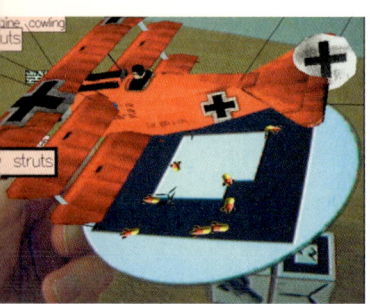  

Nicht mehr benötigte Information kann einfach abgeschüttelt werden.

Salt and Pepper_Eine Salt and Pepper genannte Arbeit überzeugt mit der konsequenten Entwicklung eines neuartigen Interfaces zur haptischen, kontextsensitiven Informationsnavigation. Im Vergleich zum vorherigen Beispiel trägt der Benutzer hier ein brillenartiges Head Mounted Display inkl. Kamera. Auf dieser sieht er ein Videobild der realen Umgebung, welchem die virtuellen 3D-Bilder passgenau eingefügt werden. Als Interaktionselemente stehen Pappkarten (Markercards) und Pappwürfel (Spice Marker) mit barcodeähnlicher Bedruckung zur Verfügung. Jede Pappkarte repräsentiert ein bestimmtes Flugzeug, jeder Pappwürfel eine bestimmte Informationskategorie. Affordances und Metaphern aus dem täglichen Leben dienen als Grundlagen für das Konzept der Interaktionen. Sobald eine der Markercards in das Sichtfeld der Kamera gelangt, wird die 3D-Ansicht des entsprechenden Flugzeuges auf der Markercard platziert. Durch Bewegen der Karte kann man sich das Flugzeug von allen Seiten anschauen – dabei bleibt das Flugzeug immer mit den Rädern direkt auf der Karte. Das zweite Interaktionselement, der Spice Marker, wird verwendet, um erläuternde Texte hinzuzufügen. Nimmt man z.B. den Spice Marker für technische Daten und benutzt ihn wie einen Salzstreuer, so erscheinen mehr und mehr Erläuterungen. Je näher die Texte am Auge des Betrachters sind, desto größer werden sie abgebildet. Möchte man nun die Beschriftung zum Fahrwerk lesen, so dreht man das Flugzeug einfach entsprechend. Um den Detaillierungsgrad wieder herabzusetzen oder die Texte gänzlich zu entfernen, muss man einfach nur die Markercard schütteln. Nach und nach schüttelt man die Informationen wieder ab. Dies war nur ein kleiner Ausschnitt aus dem Interaktionsvokabular dieser Anwendung.

Verwendet wurde hier unter anderem das ARToolKit Es ermöglicht die Erkennung von visuellen Markern aus einem Videobild. Mit dem Wissen über Größe, Form und Symbolik des Markers kann das ARToolKit die relative Transformation zwischen Kamera und Marker ermitteln und das virtuelle Objekt mit der Perspektive der realen Kamera berechnen. Im letzten Schritt wird das Umgebungsvideo mit dem virtuellen Objekt zu einem Augmented Reality Video verschmolzen.

Fazit

Es ist an der Zeit, aus diesen Elementen intelligente Interfaces zu entwickeln, die die neuen Möglichkeiten der Externalisierung sinnvoll umsetzen und die Interaktion mit der Informationstechnologie ohne Maus und Tastatur ermöglichen. UbiComp heißt nicht, die GUI auf diverse „Kleinstcomputer" zu portieren.

VOM OBLIGATORISCHEN FEEDBACK ZU SENSIBLER RESONANZ__ Wenn man zwei Menschen zusieht, die miteinander tanzen, so besteht ein besonderer Reiz darin, die unglaublich schnelle, intuitive Koordination und Synchronisation der Bewegungen zu verfolgen. Man kann nicht gemeinsam tanzen, ohne nicht zugleich sich mit allen Sinnen auf die Bewegungen des anderen abzustimmen. Die Bewegungen in ihrer gestischen Kommunikation und ihrem teilweise partiellen Gleichklang sind so vielgestaltig und bedeutungsreich, dass selbst ein Interface, das nach allen Regeln der Softwareergonomie realisiert ist, dagegen arm in seinen Feedback-Möglichkeiten wirkt.

Tastatur und Maus Ein wesentliches Problem lag bisher immer auch in der Eindimensionalität der Eingabe. Mausklicken ist so eindimensional, dass ein am Computer arbeitender Mensch bei längerer Betrachtung einen eher deprimierenden Eindruck hinterlässt, wenn man einmal seine geistige Interaktion mit dem System außer Acht lässt.

Interface im Raum Mausklicken bedeutet, in Sprache übersetzt, immer nur ja oder nein sagen. Es provoziert ein dementsprechendes Antwortverhalten des Systems. Mit den Möglichkeiten, ein Interface im Raum zu installieren, gehen Möglichkeiten einher, die Worte, Bewegungen und Gesten von Menschen aufzuzeichnen, auszuwerten und unterschiedlich

Feedback und Resonanz zu interpretieren. Das Konzept eines konsequenten, unmittelbaren und verständlichen Feedbacks ist eine der wichtigen Einsichten und Forderungen der Softwareergonomie. Ein Design, das auf diesem Paradigma aufbaut, aber über Detektionssysteme die Möglichkeiten der akustischen und körperlichen Interaktion mit einbezieht, kann auch ein Feedback sehr viel schöpferischer, künstlerischer und sensibler gestalten. So entstehen heute noch an der Grenze zwischen Interaktionsdesign und Medienkunst viele Projekte, die von dieser Option Gebrauch machen. Das obligatorische Feedback transformiert sich zu atmosphärisch konzipierten Feedbacksystemen und zu Installationen, die wie ein Resonanzkörper sehr empfindlich und überraschend auf ihre Umgebung reagieren.

ALGORITHMISIERUNG DER GESTALTUNG__ Ende der neunziger Jahre hatte das Buch *Design by Numbers* von *John Maeda* ziemliches Aufsehen erregt,

programmierbares da es sehr anschaulich zeigte, dass interessante visuelle Lösungen aus-

Design schließlich auf Programmierung beruhen können. Zum Berechnen seiner Bilder hatte er eine eigene Programmierumgebung DBN (Design By Numbers) entwickelt, die noch heute jedem zum Download zur Verfügung steht. Während es Maeda vor allem um die Entwicklung einer auf Mathematik beruhenden digitalen Ästhetik ging, die sich nicht durch die fertigen Werkzeuge von Softwareherstellern wie *Adobe* bestimmte Gestaltungsweisen vorschreiben lassen wollte, forschte

Robotic Drawing, John Maeda
Die Arbeit entstand für eine Galerie-Ausstellung, 2003.

Anemone, Benjamin Fry
Die Grafik expandiert, indem sie
Nutzeraktivitäten errechnet und
visuell darstellt.

einer seiner Kollegen am MIT, nämlich *Benjamin Fry*, danach, inwieweit ein algorithmisiertes und an organischen Entwicklungsprozessen orientiertes Design dafür dienlich sein kann, komplexere und vor allem dynamische Informations- und Interaktionsprozesse zu veranschaulichen. Die Ergebnisse waren bemerkenswert. Eines seiner bekannteren und im Internet gut dokumentierten Projekte *Anemone* rechnet in diesem Sinne das Navigationsverhalten und die Frequentierung von Webseiten in ein scheinbar organisch expandierendes Gebilde um. Dieses Gebilde hat dieselbe kognitive Funktion wie eine Informationsgrafik. Für Benjamin Fry ist die mathematische Beschreibung von dynamischen Zusammenhängen und die Implementierung einer programmierten Visualisierungslogik unumgänglich, um überhaupt noch adäquat Datenströme und sich entwickelnde informelle Zusammenhänge darstellen zu können. Mittlerweile haben sich neben bekannten Programmiersprachen eine Reihe neuer Programmierumgebungen wie *Processing* und *Python* entwickelt, die im Hinblick auf Visualisierung recht schnell anschauliche Ergebnisse liefern.

Während bei Maeda und Fry die Visualisierungen komplett gerechnet werden, hat ein Interfacedesign in der Regel die Aufgabe, bestehende Informationen zugänglich und nutzbar zu machen. Aber je komplexer und dynamischer diese Informationen werden, desto mehr wird ein Designer auf Prozeduren zurückgreifen, welche diese Elemente entsprechend den Anforderungen generieren und neu kombinieren. Die Kompatibilität aller Elemente muss dann hinsichtlich der zuvor definierten Kombinationsmöglichkeiten gewährleistet sein. Jedes Element muss als Systemelement, das sich entsprechend bestimmten Regeln verhält, mit anderen Systemelementen harmonieren und im besten Falle sogar Möglichkeiten einer dynamischen *visuellen Rhetorik* bereitstellen. Das heißt, die Kombinatorik der Elemente oder Objekte erzeugt interessante visuelle Ereignisse, die potenziell im System angelegt sind und wahrscheinlich zuvor in großen Teilen vom Designer antizipiert wurden. Dieses trifft umso mehr auf Konzepte zu, die den Raum selbst als ein erweitertes Interface bespielbar machen wollen. Zwei auf den folgenden Seiten dokumentierte Beispiele zeigen, wie so etwas aussehen kann: Für das alljährlich in Hannover stattfindende Literaturfestival *Poetic on the Road* hat *Boris Müller* mit Hilfe der Programmierumgebung Python Graphiken entwickelt, die über verschiedene Algorithmen Texte in Bilder umwandelt. Und zur interaktiven Erkundung der vielfältigen Bedeutung von Zahlen wurde von *Joachim Sauter* bei *Art+Com* eine raumgreifende Installation konzipiert, die aus einem dynamischen, mit Java generierten Kontinuum von Zeichen Informationen zugleich zufallsgesteuert und interaktiv verfügbar macht.

programmierbare
Informationsdarstellung

Processing und Python

Programmierung im
Informationsdesign

Kompatibilität

visuelle Rhetorik

Beispiele

GENERISCHES DESIGN MIT HILFE DER PROGRAMMIERSPRACHE PYTHON

Python_Python ist eine Programmiersprache mit einer einfach zu erlernenden Syntax.
Da es auf modernen Programmierkonzepten wie Objektorientierung und Modularisierung im Scriptaufbau beruht, kommt man schnell zu Ergebnissen. Vor allem muss man kein gelernter Programmierer sein, um das Arbeiten mit dem Programm zu erlernen.

Die Idee_Die nebenstehenden Plakate von Boris Müller sind für das internationale Literaturfestival „Poetry on the Road" entwickelt worden. Das alljährlich in Bremen stattfindende Festival hat jedes Mal eine andere Thematik, aber die Gestaltung der Plakate beruht auf einem durchgehenden Konzept: Die grafischen Elemente der Plakate werden über die auf Python basierende Software „Visual Poetry" direkt aus den Texten generiert. Über ein leicht bedienbares Interface, das im Internet zur Verfügung gestellt wird, kann jeder Interessierte das Entstehungsprinzip der Plakate nachvollziehen.

Poetry 02_In dem Plakat Poetry 02 wurde jeweils ein Text der vortragenden Dichter in ein dynamisches Muster transformiert. Jede der sich wiederholenden Formen bezieht sich auf einen Buchstaben. Hat man das Zuordnungssystem durchschaut, könnte man theoretisch alle Gedichte auf dem Plakat entziffern.

Poetry 04_In Poetry 04 wird jedes Gedicht als eine Bündelung von Polygonen visualisiert. Jedes Polygon repräsentiert ein einzelnes Wort. Die Umrisse der Polygone ergeben sich aus der statistischen Verteilung von Buchstaben innerhalb der verwendeten Sprache. Wenn ein Buchstabe besonders häufig vorkommt, ist sein Einfluss auf die Form der Polygone entsprechend höher.

Team 2002: Prof. Boris Müller, Friederike Lambert, Florian Pfeffer

Team 2004: Prof. Boris Müller, Petra Michel, Florian Pfeffer

www. esono.com

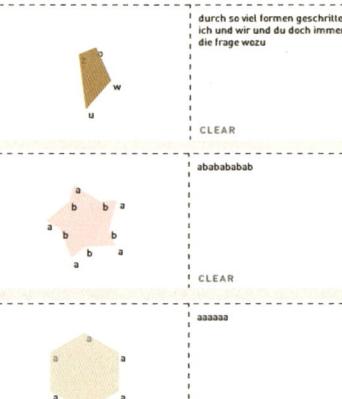

UMKODIERUNG VON BILDERN IN DYNAMISCHE STRUKTUREN MIT PROCESSING

http://processing.org/learning/examples/linear_image.html

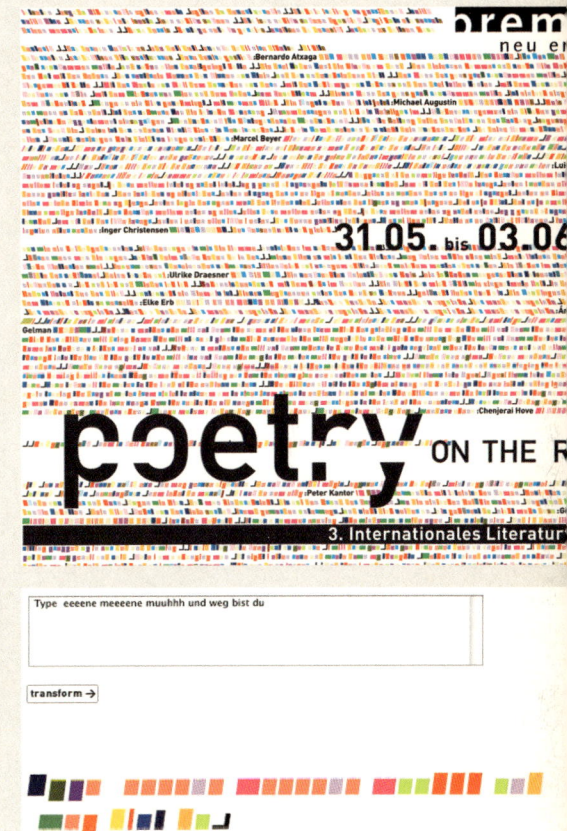

```
BImage a;
boolean onetime = true;
int[] aPixels = new int[200*200];
int direction = 1;
float signal;
 void setup()
{
  size(200, 200);
  stroke(255);
  a = loadImage("florence03.jpg");
  for(int i=0; i<width*height; i++) {
    aPixels[i] = a.pixels[i];
  }
}
 void loop()
```

Processing_Die Programmierumgebung Processing wurde von Benjamin Fry und Casey Reas speziell für visuell arbeitende Grafiker, Künstler, Architekten etc. entwickelt. Dabei ist sie so konzipiert, dass auch dem Laien grund-sätzliche Programmierkonzepte durch die visuelle Ausrichtung der Software anschaulich werden sollen.

Linear Image_Die links stehenden Beispiele werden mit einem kleinen Script, das zirka zwanzig Zeilen lang ist, generiert. Aus einem Bild (Florence0.jpg), das in dieses Programm geladen wurde, werden von oben nach unten die

Bildzeilen ausgelesen. Diese werden zu vertikalen Streifen verlängert. Die aktuelle Mausposition wird dabei mitberücksichtigt, d.h. beim Anklicken des sich unentwegt wandelnden Streifenmusters werden aus der aktuellen Mausposition die nächs-ten Streifenmuster erzeugt.

Die Beispiele beruhen auf einem ähnlichen Grundprinzip. Einfache, algorithmisierbare Regeln führen durch Permutation und Kombination der vorgegebenen Elemente zu einem sich wandelnden und veränderlichen Design.

EIN TISCH ZUR INTERAKTIVEN ERKUNDUNG PROGRAMMIERTER ZAHLENWELTEN

Floating Numbers_Im Auftrag des Jüdischen Museums in Berlin wurde das Projekt „Floating Numbers" realisiert. Ein zehn Meter langer Tisch ist zentrales Element dieser Installation. Ein Kontinuum von Zahlen strömt auf seiner Oberfläche durch den Ausstellungsraum. Nach dem Zufallsprinzip treten einzelne Ziffern an die Oberfläche des Datenstroms. Sobald die Besucher sie berühren, geben sie ihr Geheimnis in Form von Bildern, Texten und Animationen preis. Die Bedeutungen der Zahlen werden aus den unterschiedlichen Perspektiven von Wissenschaft, Religion, Kunst und Alltagsverständnis entfaltet. Die Erkundung der Zahlenwelten durch die Besucher ist spielerisch und magisch zugleich.

Umsetzung_Die Installation besteht aus einer Großprojektion mit sechs Beamern und einer sensitiven Oberfläche, deren neuartige Sensorik von ART+COM selbst entwickelt wurde. Das Strömungs- und Bewegungsverhalten der Ziffern wurde in Java programmiert. Die unterschiedlichen Bewegungsmuster der Buchstaben, wie Treiben, Drehen, Auseinanderdriften und Zusammenziehen beruhen auf verschiedenen Java-Applets. Diese erzeugen zusammen sich komplex verhaltende und authentisch wirkende Gebilde.

Auch in diesem Beispiel erzeugt die Algorithmisierung aller Elemente und die Loslösung von klassischen Computer-Schnittstellen eine faszinierende, explorierbare Ausstellungsinstallation.

www.artcom.de

```
FLOATING.NUMBERS

'CLICK' TO ATTRACT VEHICLE TO SURFACE
'R' AND 'R'+SHIFT TO SWITCH SHAPE
'Q' TO RESET VIEW
ARROW KEYS FOR NAVIGATION
```

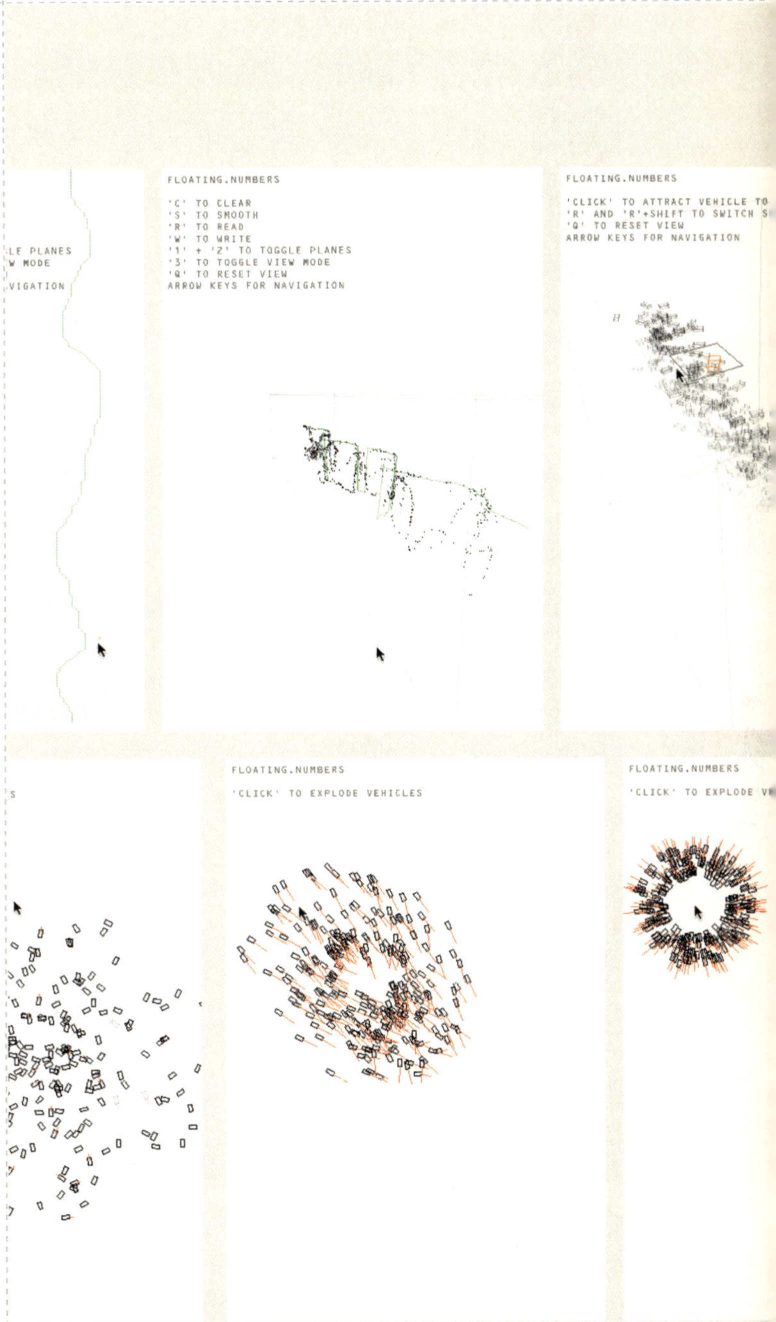

```
FLOATING.NUMBERS

'C' TO CLEAR
'S' TO SMOOTH
'R' TO READ
'W' TO WRITE
'1' + '2' TO TOGGLE PLANES
'3' TO TOGGLE VIEW MODE
'Q' TO RESET VIEW
ARROW KEYS FOR NAVIGATION
```

```
FLOATING.NUMBERS

'CLICK' TO ATTRACT VEHICLE TO
'R' AND 'R'+SHIFT TO SWITCH S
'Q' TO RESET VIEW
ARROW KEYS FOR NAVIGATION
```

```
LE PLANES
W MODE

VIGATION
```

```
FLOATING.NUMBERS

'CLICK' TO EXPLODE VEHICLES
```

```
FLOATING.NUMBERS

'CLICK' TO EXPLODE VE
```

Aus der virtuellen Tiefe des bewegten Zahlenstroms tauchen die Ziffern auf und geben bei Berührung Informationen zu verschiedenen Aspekten preis.

Installation zu einer Sonderausstellung, „10+5 = Gott. Die Macht der Zeichen" 2004, Jüdisches Museum Berlin

Realisierung: ART+COM Berlin
Gestaltung und Computational Design:
Jakob Lehr, Patrik Kochlink
Dennis Paul , Prof. Joachim Sauter
Idee, Inhalt: Hürlimann + Lepp

MEDIALE INSZENIERUNG ÜBER EINE PARTITUR ARCHITEKTONISCHER ELEMENTE

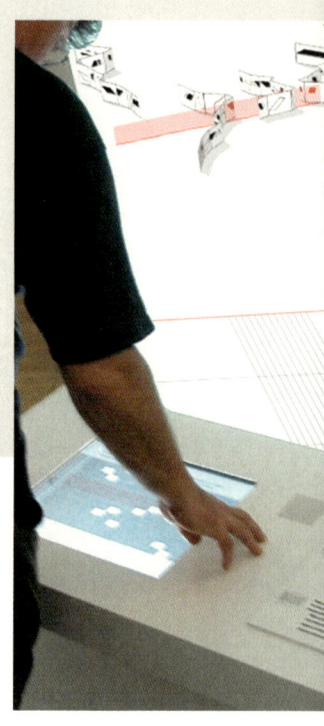

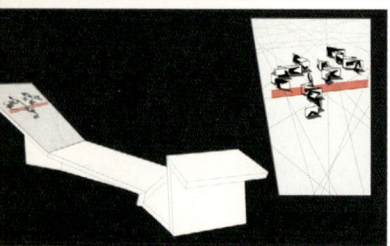

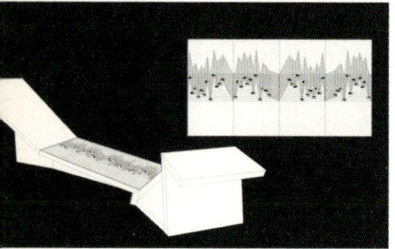

Entwurf der Ausstellungsinstallation
„Composing the Lines" mit einem
Touchscreen-Interface und einer
Projektionsfläche.

3D-Modell der Ausstellungsinstallation
„Behind the Lines"

Für die Ausstellung „Kontrapunkt: Die Architektur von Daniel Libeskind" hat ART+COM zwei mediale Installationen realisiert. Sie erlauben den Besuchern eine interaktive Auseinandersetzung mit der Architektur des Jüdischen Museums Berlin. Die Installation „Behind the Lines" zeigt Konzepte und Assoziationen, auf denen die Museumsarchitektur beruht. In einem dreidimensionalen Modell bewegt sich der Besucher virtuell zu ausgewählten Orten aus der Bild- und Gedankenwelt des Architekten Daniel Libeskind.

Die zweite interaktive Inszenierung „Composing the Lines" wird hier als Beispiel aufgeführt, da ihr ein generisches Designkonzept zugrunde liegt, das auf Elementen und Regeln beruht, die das Komponieren von visuellen und musikalischen Sequenzen ermöglichen.

„Composing the Lines" thematisiert dabei zugleich die inspirative Beziehung von Architektur und Musik. Nach den Prinzipien der Zwölftonmusik können die Besucher dabei eine Tonfolge aus architektonischen Elementen von Daniel Libeskind komponieren. Aus den entstehenden Sequenzen werden räumliche Strukturen generiert, die als Projektion den Bezug der Architekturentwürfe Libeskinds zur Oper „Moses und Aron" von Arnold Schönberg sichtbar machen.

Die Konzeption, Projektleitung, Mediengestaltung, Grafikdesign, Screendesign und Programmierung wurden von ART+COM übernommen.

Die Auswahl der Elemente erzeugt eine Partitur, nach welcher zusammen mit der Zwölftonmusik der selbst komponierte Film abläuft.

Agentur: ART+COM
Creative Director: Prof. Joachim Sauter

www.artcom.de

DAS ALLGEGENWÄRTIGE UND INTELLIGENTE KONTINUUM DER INFORMATION__ Ein weiterer Aspekt soll in diesem Kapitel abschließend eine kurze Erwähnung finden, da dieser mehr die Zukunft betrifft und in seiner Komplexität im Rahmen dieses Buches nicht angemessen gewürdigt werden kann. Dies betrifft eine Entwicklung, die mit den Möglichkeiten zur semantischen Auszeichnung von Information durch XML verbunden ist und die das Design beeinflussen wird.

XML oder Extensible Markup Language kann als eine Ergänzung oder Erweiterung der im Internet weit verbreiteten Sprache HTML betrachtet werden. Im Unterschied zu HTML ist mit XML eine genauere semantische Beschreibung der Inhalte möglich. In der Konsequenz wird es Suchmaschinen nicht nur möglich sein, Texte nach bestimmten Schlagwörtern zu durchsuchen, sondern der Aufbau von Texten und die Bedeutung der Textelemente wird durch XML und darauf aufbauende Technologien, wie RDF (Ressource Description Frameworks) etc. transparent werden. Es wird möglich werden, dass inhaltliche Beziehungen zwischen Dokumenten von Programmen oder Such-Agenten erkannt werden. Und es wird möglich werden, dass sich aus den Beziehungen Rückschlüsse ziehen lassen.

XML, HTML (margin note)

RDF (margin note)

VERGLEICH ZWISCHEN HTML UND XML

```
<h1>weitere Informationen unter:</h1>
<p>
Hotel Vier Jahreszeiten <br>
An der Alster 14<br>
20097 Berlin<br>
</p>
<p>
EZ: <b>350,- DM</b>
</p>
```

```
<hotel>
<name>Hotel Vier Jahreszeiten</name>
<adresse>
<strasse>An der Alster 14</strasse>
<PLZ>22097</PLZ>
<ort>Hamburg</ort>
</adresse>
<preis>350,- DM</preis>
</hotel>
```

HTML beschreibt in dem ersten Beispiel, wo eine Überschrift (h1), wo ein Absatz beginnt (p) und wo die Zeilen umbrochen werden(br). Mit XML kann auch die Bedeutung der Information beschrieben werden.

Such-Agent (margin note)

Bei einer allgemein verbindlichen semantischen Auszeichnung kann eine Suchmaschine oder ein Such-Agent erkennen, ob es sich um eine Telefonnummer, ein Geburtsdatum oder einen Betrag handelt. So könnte ein Such-Agent beispielsweise die günstigen Hotelangebote in einer Stadt bis zu einem definierten Preislimit durchsuchen und diese Preise als strukturierte Liste mit den Namen und Adressen von Hotels ausgeben. Das oben stehende Beispiel aus einer Studienarbeit macht den Unterschied zwischen HTML und XML etwas deutlicher.

Wenn Informationen genau beschrieben werden können und Beschreibungen wiederum durch so genannte *Ontologien* und Taxonomien zueinander in Beziehung gesetzt werden können, dann ist es möglich, weitere oder fehlende Informationen zu generieren.

Beispiel aus einer Studienarbeit von Arne Zingel, Informationsdesign und XML im Internet, FH Wedel, 2000

ERWEITERUNGEN ZU XML: RDF, ONTOLOGIEN UND TAXONOMIEN

```
<this_article> <some_ns:is-about> <w3:TheSemanticWeb>
<bsp:Angelika> <fam:has-daughter> <#Susi> .
```

Ein RDF stellt Beziehungen zwischen Objekt, Subjekt und Prädikat auf.

```
<rdfs:Class rdf:ID=\Child">
<rdfs:comment> Basedefinition of class Child </rdfs:comment>
</rdfs:Class>
<rdfs:Class rdf:ID=\Son">
<rdfs:subClassOf rdf:resource=\#Child"/>
</rdfs:Class>

<rdfs:Class rdf:ID=\Daughter">
<rdfs:subClassOf rdf:resource=\#Child"/>
<rdfs:disjointWith rdf:resource=\#Son"/>
</rdfs:Class>
```

Eine Ontologie setzt Aussagereihen (Taxonomien) in eine Beziehung zueinander. Aus diesen wird deutlich, welche Dinge oder Informationen anderen zu- bzw. untergeordnet sind. Im nebenstehenden Beispiel sind Sohn und Tochter Unterklassen von Kind. Tochter ist aber nicht der Klasse Sohn untergeordnet.

Beispiel aus einer Seminararbeit von Matthias Klein, Das Semantische Web, FH Wedel, 2002

Ein Agent könnte beispielsweise aus der vorhandenen Information schließen, an welcher Stelle er noch weiter recherchieren könnte, wenn er weiß, wie Orte, Adressen und Postleitzahlen zueinander in Beziehung stehen:

"...Beispielsweise könnte in einer US-Taxonomie für Briefzustellung eine Adresse vom Typ Ort definiert sein, und Postleitzahlen könnten nur auf Adressen angewendet werden, und so weiter. Diese Unterklassenbildung, ähnlich der Klassendefinition objektorientierter Programmiersprachen, ist ein mächtiges Werkzeug zur Beschreibung von Dingen. Eine große Zahl von Relationen lässt sich durch das Bilden von Klassen und Unterklassen und das Erben von Eigenschaften beschreiben. Wenn Postleitzahlen (city codes) von Städten (cities) erben, und Städte generell eine Website haben, dann lässt sich direkt von der Postleitzahl auf die Website schließen, ohne dass es eine explizite Verlinkung gäbe." (Matthias Klein)

Beispiel:Briefzustellung

Für zukünftige Designkonzepte wird deutlich, dass diese in vielen Fällen formale Lösungen für nicht vorhersagbare Information werden entwickeln müssen und dass diese Informationen hochstrukturiert sein werden. Auf der Seite der Visualisierung wird dem eine Darstellung entsprechen, welche die kognitive Aufgabe hat, diese Beziehungen sichtbar zu machen, und die dafür entsprechende Regeln der Darstellung verwendet. Diese Regeln werden nicht in Handarbeit umgesetzt, sondern sie werden mit ziemlicher Sicherheit einem Visualisierungsalgorithmus als Grundlage dienen.

Designkonzepte in Zukunft

ZUSAMMENFASSUNG__Handeln lässt sich als eine Form des ausagierenden Denkens verstehen. Es besteht aus verschiedenen, es konstituierenden und immer wiederkehrenden Elementen. Dazu gehören eine bestimmte Zielsetzung, Teilziele, Mittel-Ziel-Analysen und Abstandskontrollen. Als kontrollierter und selbstbestimmter Vorgang bleibt es dennoch auch eingebunden in einen Zusammenhang, der in Form von Reizen und Reaktionen einen gewissen Einfluss auf dieses ausüben kann.

Am Interface werden ebenfalls Handlungen vollzogen. Die konkreten Operationen mit Systemelementen werden dabei Interaktionen genannt. Sie sind oft ein Teil komplexerer Handlungspläne.

Wenn im Interface Handlungsabläufe entworfen und dem Anwender vorgegeben werden, so können diese ganz allgemein hinsichtlich ihrer Brauchbarkeit beurteilt werden. Dabei sollte vor allem nach Anschaulichkeit, Plausibilität und Effektivität gefragt werden. Ein grundsätzliches Kriterium ist, ob diese realen Handlungsabläufen entsprechen. Allerdings sind reale Handlungsabläufe nicht immer im Interface vollständig abbildbar.

Die jeweiligen Zielgruppen verfolgen oft spezifische Handlungskonzepte, auch kann ein Einzelner verschiedene Handlungsstrategien anwenden. Ein auf den Anwender bezogener Gestaltungsprozess versucht deshalb über verschiedene Methoden, wie Befragung oder Introspektion, sich eine genauere Vorstellung von den Handlungsstrategien, die im Interfacedesign eine Entsprechung finden sollen, zu machen.

Um zu einer besseren Beschreibung und Überprüfung von Handlungsabläufen zu gelangen, gibt es Ansätze, diese in formalisierter Form zu beschreiben, wie das TOTE- oder das GOMS-Modell. Diese beleuchten zugleich bestimmte Aspekte von Handlungen, wie deren kognitive Kontrolle und den Wechsel von Entscheidungsphasen und Routinen. Ein weiteres Modell ist das OAI-Modell von Ben Shneiderman, welches besonders auf die Virtualisierung lebensnaher Handlungen im Interface abzielt. Das Sieben-Stufen-Modell von Donald Norman zeigt in diesem Zusammenhang, an welchen Stellen ein Interface besonders gefordert ist.

In allen Modellen zeigt sich, dass das Handeln vor allem als ein vom Denken gesteuerter, kontrollierter Prozess begriffen werden muss. Ein Interface hat dementsprechend nicht nur die Aufgabe, einen Handlungsablauf in plausibler und effektiver Form zu ermöglichen. Es muss an den richtigen Stellen Informationen bereitstellen. Dies sind Informationen über den aktuellen Stand des Handlungsverlaufs, über die bisherige Historie und die Distanz zum Ziel. Aber auch Informationen über den Systemaufbau und den aktuellen Systemzustand sowie Informationen über alle Optionen und Alternativen, die ein System zur Verfügung stellt.

Nicht zuletzt um den Anwender kognitiv zu entlasten, hat dies in der Softwareergonomie zu Bestrebungen geführt, die Systemgestaltung, besonders aber die funktionalen Elemente zunehmend zu standardisieren. So stehen einem als Designer für alle grundsätzlichen Interaktionen modularisierte und standardisierte Systemelemente zur Verfügung. Die Aufgabe eines Interfacedesigners besteht in diesem Zusammenhang darin, die vorhandenen Objekte entsprechend der jeweiligen Aufgabenstellung durch eigene Objekte zu ergänzen, um beides zum Bestandteil eines erweiterten visuellen Repertoires zu machen. Design und Softwareergonomie stehen dabei nicht im Widerspruch zueinander, sondern Design kann dort schöpferisch ansetzen, wo das Instrumentarium und das Regelsystem der Softwareergonomie von sich aus nicht in der Lage sind, für neue Aufgaben und Herausforderungen adäquate Lösungen zu finden. Dies zeigt sich vor allem in Konzepten, die das Interface nicht mit den bisherigen Ein- und Ausgabeinstrumenten enden lassen.

TEXT | BILD |

5__FAZIT

_5.1
Merkmale systemischen Informationsdesigns

Was ist ein System und weshalb ist Design systemisch, gerade wenn es Systemdesign ist. Wie geht man methodisch vor, und weshalb Gestaltung der Erkenntnis dienen sollte.

INTERAKTIVES INFORMATIONSDESIGN IST SYSTEMDESIGN__Ein System zeichnet sich dadurch aus, dass sich in diesem Elemente vorfinden, die durch bestimmte Regeln miteinander verbunden sind. Jedes der Systemelemente wird durch seine kausale oder logische Verbindung mit den anderen Elementen zu einem notwendigen Bestandteil des Systems. Das Entfernen eines dieser Elemente würde dazu führen, dass dieses System nicht mehr in derselben Weise funktioniert. In diesem Sinne ist ein Sandhaufen nicht unbedingt ein System, da das Entfernen einer Menge Sand keine besondere Auswirkung hätte. Würde man allerdings von einem Stuhl ein Bein entfernen, so würde der Systemzustand ein anderer werden. Das Stuhlbein ist ein notwendiger Bestandteil des Systems Stuhl.

Definition System

Jedes System erfüllt bestimmte Zwecke. So auch ein Stuhl. Jedes System besitzt eine Systemgrenze. Je nach Durchlässigkeit dieser Systemgrenze spricht man von einem offenen oder geschlossenen System. Ein Stuhl ist ein ziemlich abgeschlossenes System. Eine Population lässt sich zwar auch einigermaßen gut in einer Petrischale isolieren, aber dessen Gesetzmäßigkeiten kann man manchmal erst dann am besten verstehen, wenn man es als ein Subsystem innerhalb eines anderen, umfassenderen Systems begreift. Insofern sind manche Systeme Systemausschnitte innerhalb komplexerer Systeme.

Systemgrenze und -zweck

Auch das Design einer interaktiven Informationsanwendung kann als System aufgefasst werden. Es ist kein einmaliger, künstlerischer Entwurf, in welchem die Elemente innerhalb der vielleicht vollkommenen, grafischen oder typografischen Komposition eingefangen bleiben. Es ist auch etwas völlig anderes als eine konzentrierte Bild-Text-Idee, die dazu dient, eine unverwechselbare Botschaft zu transportieren, wie dies vom Werbedesign erwartet wird. Der visuellen Gestaltung in einem Informationssystem geht die Konzeption desselben, die Definition seiner Elemente und die Entwicklung seiner Regeln voraus.

Design als System
Grafikdesign

Werbedesign

Das visuelle System macht diese Elemente und Regeln transparent, es ist selbst ein Teil des Informationssystems. Es verhält sich wie dieses. Wenn das Informationssystem sehr veränderbar oder erweiterbar ist, dann muss sich dies auch im visuellen System spiegeln. Ein wichtiges Kriterium der Systemelemente ist deshalb ihre visuelle Kompatibilität.

Elemente und Regeln

Weshalb ist Design systemisch? Der Begriff „systemisch" ist in Verbindung mit Design bisher noch nicht verwendet worden. Er findet sich in einigen anderen Bereichen, wie in der Psychologie, Philosophie und sogar in der Informatik. In der systemischen Psychologie beschreibt er einen Ansatz, nicht nur die individuelle Biografie, sondern das ganze soziale Umfeld in die Analyse und Therapie mit einzubeziehen. Eine Einstellungs- und Verhaltensänderung des Patienten führt zu einer Neuorganisation des ganzen Systems, in das er eingebunden ist.

In der Philosophie wird mit „systemisch" vor allem der Name Niklas Luhmann verbunden. Ein System ist nach außen durch eine klare Grenze definiert. Nach innen hin ist es selbstreferenziell und kybernetisch organisiert.

Gerade die beiden Aspekte, nämlich dass jedes Element im System-Zusammenhang gesehen werden muss und dass sich dieser Zusammenhang in kybernetischen Wechselbeziehungen neu organisieren kann, waren für die Wahl des Namens ausschlaggebend.

Dies kann in vielen Fällen bedeuten – muss es aber nicht –, dass diese aus ähnlichen formalen Grundelementen zusammengesetzt sind oder wie in der Piktogrammgestaltung auf einem einheitlichen Gestaltungsraster aufbauen.

Der Systemgedanke findet sich auch auf der Ebene bewusster, gesteuerter Aufmerksamkeit. Größere Informationssysteme besitzen in der Regel in sich konsistente und systematisierte Aufmerksamkeitssprachen.   *Aufmerksamkeitssprachen*

Verdeutlichung inhaltlicher Strukturen Weiterhin ist die Verdeutlichung der inhaltlichen und technischen Strukturen ein weitere wichtige Aufgabe. Wie ist ein System aufgebaut? Wie kann man dieses zur Darstellung bringen? Auf dieser kognitiven Ebene werden Fragen nach einer aufschlussreichen Kombination und Anordnung zwischen den Elementen gestellt.

Gestaltungsregeln sollten nicht willkürlich, sondern immer auch inhaltlich motiviert sein.

Beispielsweise könnte eine Regel besagen, dass ein kommentierender Text zu einem Haupttext in einem speziell dafür entworfenen Fenster geöffnet wird. Begriffserklärungen zum Haupttext bzw. das Glossar werden in einem anderen Fenstertyp aufgerufen. Solche Gestalten und Regeln geben also Auskunft, um was für einen Texttyp es sich handelt.

Zuletzt geht es um die Erprobung des visuellen Systems durch konkrete Operationen. Operationen verlangen nach einer Veränderung des Systems und des Designs. Im Hinblick auf die Gestaltung bedeutet dies, dass Toleranzen festgelegt werden, innerhalb deren das   *Definition von Toleranzen* Systemdesign manipuliert werden kann. Wie sehen beispielswise die Ober- und Untergrenzen innerhalb der Datenakkumulation am Bildschirm aus? Dürfen mehr als zehn Fenster gleichzeitig geöffnet werden, müssen mindestens drei Menüpunkte angezeigt werden, etc. Diese Spielräume beruhen auf Regeln. Je besser aufeinander   *Regeln* abgestimmt und komplexer die Regeln sind, desto mehr Möglichkeiten hat man üblicherweise, in ein System einzugreifen und es zu verändern.

In einem System, in dem alles auf Regeln beruht, muss nichts von   *Beispiel* vornherein in statischer Form festgelegt sein. Besagt beispielsweise eine Regel, dass die Überschrift immer in einem bestimmten Verhältnis zum Lesetext steht, so kann diese regelbasierte Informationsanordnung zu einer Nutzeranfrage generiert und auch wieder gelöscht werden. Beschreibt ein weiteres Set von Regeln, inwieweit der Anwender diese Darstellung eigenständig verändern kann, so erweitern sich dadurch die Möglichkeiten des Anwenders. In einem intelligenten Informationssystem können sich beispielsweise die Informationen selbst aus einer großen Anzahl an semantischen Regeln generieren. Diese Regeln könnten beschreiben, wie ein Begriff mit anderen Begriffen verbunden ist. Die Herausforderung besteht darin, in einem solchen System die Regeln transparent zu machen, nach denen es funktioniert. Diese sind entweder von vornherein einsehbar, oder sie offenbaren sich im Gebrauch. Das Design selbst entfaltet sich im Gebrauch. Es steht nicht fest, es ist nicht von vornherein existent. Es ist potenziell vorhanden. Das Design verschiebt sich, ontologisch formuliert, vom Modus der *Existenz* in den Modus der *Potenz*.

UNTERSCHIEDE UND ABHÄNGIGKEITEN ZWISCHEN VERSCHIEDENEN GESTALTUNGS-EBENEN__Ein solches visuelles System entsteht nicht in einem Entwurf, nicht in einem einzigen gestalterisch-kreativen Akt. Die Designentscheidungen sind die logische Konsequenz der vorausgegangenen konzeptionellen Phasen. In diesen werden die Inhalte definiert, ihre Gliederung und Benennung vorangetrieben, ihre gegenseitige Vernetzung entwickelt und der Interaktionsstil festgelegt. Die Designentscheidungen finden auf verschiedenen Ebenen statt, und es macht Sinn, diese Ebenen voneinander methodisch zu trennen, um einen besseren Überblick zu behalten.

verschiedene Ebenen

Gestaltebene Eine sehr elementare Ebene, auf welcher richtungsweisende Entscheidungen fallen, ist die Gestaltebene. Hier findet eine grundsätzliche Gruppierung von Elementen statt, je nachdem ob sie zusammengehören oder nicht.

Ebene der Aufmerksamkeits-steuerung Die Steuerung der Aufmerksamkeit kann als ein Problemkreis für sich betrachtet werden. Auf dieser Ebene besteht die Aufgabe darin, ein in sich abgestuftes visuelles System zu entwickeln, bei welchem die wichtigen Elemente auffällig genug sein müssen, um die Aufmerksamkeit zu wecken und zu führen.

Ebene der Rastergestaltung Auf einer weiteren Ebene können die Raster entwickelt werden, die konstant oder variabel, durchgehend oder partiell sind. Ein solches Rastersystem kann zu Anfang separat entwickelt werden, um dann entsprechend den Anforderungen justiert zu werden.

Modellebene Die Möglichkeiten, inhaltliche Beziehungen zu verdeutlichen, sollen wiederum für sich betrachtet werden. Zu diesem Zweck sind typografische Mittel sehr geeignet, aber auch darüber hinausgehende semantische Auszeichnungen und semantische Verweise spielen ein Rolle. Auf einer weiteren Ebene können die Elemente und Mittel, die den grundsätzlichen Systemaufbau transparent machen, konzipiert und sortiert werden. Dies sind einmal die globalen und semiglobalen Navigationselemente, die Aufschluss über die Breite und Tiefe des Angebots geben. Aber auch alle weiteren Interaktionselemente, die durch ihre Anordnung und Darstellung die Funktionalität und die technische Basis eines Systems sichtbar machen, sind dazu geeignet.

Corporate Design Die Entwicklung eines einheitlichen Corporate Designs, welches sich beispielsweise über eine bestimmte Farbwahl und Stilistik in der Icon- und Bildgestaltung darstellen ließe, kann ebenfalls als eine gesonderte Aufgabe aufgefasst werden. Denn nur durch die Eingrenzung der Aufgabenstellung kann man zu einer kontrollierten Lösungsfindung gelangen.

Nach J. J. Garrett (siehe Seite 15) fallen visuelle Entscheidungen erst in der letzten Phase eines Produktionsprozesses. Allerdings sind visuelle Aspekte für das Systemverständnis so grundsätzlich, dass dies bereits in der konzeptionellen Phase stattfinden sollte.

Wird innerhalb einer Ebene des visuellen System gearbeitet, so müssen allerdings die anderen Ebenen mitberücksichtigt werden. So könnte sich beispielsweise die Entwicklung eines Rastersystems an den bereits getroffenen, vorläufigen Entscheidungen zur Text- und Bildgestaltung orientieren. Die letzte Phase bei der Entwicklung des visuellen Gestaltungssystems besteht darin, alle Ebenen aufeinander abzustimmen und zu einem einheitlichen Gesamtsystem zusammenzuführen.

Gegenseitige Abhängigkeit

In allen Gestaltungsbereichen finden sich schematische Formen, die einen unmittelbaren und intuitiven Zugang ermöglichen. Anscheinend haben wir innere Bilder, die über korrespondierende Abbildungen sofort aktiviert werden. In der Werbung spielen beispielsweise Schlüsselbilder wie das Kindchenschema als ein emotionales und suggestives Mittel ein besondere Rolle. Aber im Interfacedesign ist dieses Konzept der Schemaerkennung zur Verbesserung des Systemverständnisses besonders elaboriert. Eine ähnliche kognitive Funktion kommt der Modellbildung zu.

SCHEMA-BEISPIELE

Buchstaben als Schema

Layoutschema

Kindchenschema

Bedienung als Schema

SYSTEMISCHES DESIGN ALS KOGNITIVES DESIGN__ Nach der in diesem Buch verwendeten Definition des Begriffs Modell ist mit diesem vor allem ein mentales Modell gemeint. Dabei wurde in den Bereichen Wahrnehmung, Kognition und Handlung der Begriff *Modell* von dem Begriff *Schema* abgegrenzt. Um zu einem besseren Systemverständnis zu gelangen, ist es wichtig, das dahinterliegende Systemmodell zu begreifen. Dies kann durch ein entsprechendes, verständnisförderndes Oberflächendesign geschehen. Zugleich ist jedes System auf das Vorwissen angewiesen, das ein Anwender bereits mitbringt. Dies gelingt, wenn man sich in der Konzeption an bekannten Konzepten, Routinen und Schemata, über die nicht mehr nachgedacht werden muss, orientiert. Insofern soll ein Interface nur dann zum Nachdenken anregen, wo dies notwendig ist. Im anderen Fall gilt die Grundregel, dass das Systemverständnis nie unnötig erschwert werden und auf bekannte Schemata zurückgegriffen werden sollte. Dieses Abwägen zwischen *Lernförderlichkeit* und *Erwartungskonformität* ist eine besondere Herausforderung, die von Fall zu Fall immer wieder anders gelöst werden muss. In jedem Fall aber ist dieses Bemühen um die Entwicklung und die gleichzeitige Entlastung der kognitiven Fähigkeiten ein zentraler Parameter im systemischen Designdenken. Da sich das systemische Design darum bemüht, das technische und inhaltliche Verständnis bereits auf der visuellen Ebene zu erhöhen, ist es kognitives Design. Dies ist das wesentliche Ziel eines modernen visuellen Gestaltungssystems.

Modell und Schema

Lernförderlichkeit und Erwartungskonformität

Ästhetik und System

*Ähnlichkeiten von Sprache und digitalem Design und die Idee einer
visuellen Rhetorik. Anhand bestimmter Merkmale wird zusammengefasst, worin sich Interfacedesign von Printdesign unterscheidet. Zuletzt
geht es um Auflösung fester Formen um die Potenzialität zu erhöhen.*

MÖGLICHKEITEN VISUELLER RHETORIK IM INFORMATIONSDESIGN__ Besitzt ein
Informationssystem viele Inhalte und stellt es viele Funktionen zur
Verfügung, dann scheint es so, dass für das Design der Spielraum
sehr eng wird. Für ein solches System werden standardisierte
Formen verwendet, um die Einarbeitungszeit zu verringern und
Standardisierung das Systemverständnis zu beschleunigen. Konventionalisierung und
Standardisierung sind mithin Forderungen der Softwareergonomie.
Sie hat zwangsläufig die Tendenz, da sie zum Teil auch verbindli-
che Regeln zur Gestaltung aufzustellen versucht, das Design von
visuelle Intelligenz Informationsanwendungen zu egalisieren.

Zur Definition dieses Systemdesigns, das in sich stimmig sein muss
und die Inhalte transparent machen soll, bedarf es visueller Intelligenz.
Dies kann nur ein kreatives, visuelles Denken leisten, das sich nicht aus
allgemeinen Vorschriften ableiten lässt. Mit Hilfe von Formverständnis
und Formsensibilität können so aus den konkreten Anforderungen
Originalität neue Lösungen entwickelt werden. Kognitives Design hat immer auch
eine „Designfunktion". Es sollte interessant sein und gefallen. Dabei
spielt *Originalität* eine herausragende Rolle. Im Grafikdesign ist es
die Originalität bei der Formfindung oder der Erzeugung grafischer
Reize, im Werbedesign ist es das Finden aufmerksamkeitsstarker
visuelle Sprache Bildideen. Gibt es etwas Vergleichbares im Systemdesign?

Wie bereits mehrfach angesprochen, beruht Systemdesign auf
Elementen und Regeln, die eine eigene visuelle Sprache erzeugen.
Diese hat eine gewisse Ähnlichkeit mit unseren gesprochenen Sprache,
die auf Begriffen beruht und die eine Grammatik besitzt, in der auch
durch Regeln die mögliche Anordnung von Begriffen festgelegt wird.
Die Kunst, aus unserer natürlichen, gesprochenen Sprache besonders
interessante, überzeugende, wirkungsvolle Sprachfiguren zu erzeugen,
Rhetorik wird dabei als *Rhetorik* bezeichnet.

Die Rhetorik hat eine lange Geschichte und sie untergliedert sich
in verschiedene Bereiche, die an dieser Stelle nicht genau beschrieben werden können. Zu ihren Bereichen zählen Methoden
zum Sammeln und Memorieren des Materials sowie Heuristiken zur
Anordnung des gesammelten Materials. Dazu gehören beispielsweise
Überlegungen zum sinnvollen Ablauf einer Rede in Einleitung,
Darlegung des Sachverhalts, Argumentation und Redeschluss. Ein

rhetorische Figuren

zentraler Bestandteil der Rhetorik sind aber ihre Vorschriften und Empfehlungen zur wirkungsvollen stilistischen Formulierung des zuvor strukturierten Materials. Diese sind auch als *rhetorische Figuren* bekannt. Was eine rhetorische Figur auszeichnet, ist ihre Abweichung vom herkömmlichen Sprachgebrauch. Eine solche rhetorische Figur ist beispielsweise auf der semantischen Ebene die „Metonymie". Bei dieser wird ein Begriff durch eine zeitliche, räumliche oder ursächliche Assoziation ersetzt. „Shakespeare lesen" wäre ein Beispiel, wobei Shakespeares Werke durch deren Verfasser ersetzt wird.

Metonymie

Rhetorik als Ars und Doctrina
Als Theorie und Praxis menschlicher Beredsamkeit versucht die Rhetorik, die empirisch gemachten Erfahrungen, wie man mit Sprache, Mimik und Gestik überzeugend wirken kann, zu einem System zu erheben, welches sich praktisch anwenden lässt. Allerdings verlangt die praktische Anwendung ihrer Methoden und Regeln zugleich nach einer kreativen, künstlerischen Ausgestaltung. Insofern ist die Rhetorik „Ars" und „Doctrina", Kunst und Wissenschaft zugleich

Was hat dies mit visueller Gestaltung zu tun? In einem Kapitel seines Buches *Interface* beschreibt *Gui Bonsiepe*, dass die Mittel der sprachlichen Rhetorik sich auch auf das visuelle Design anwenden lassen. *„Für das Graphikdesign kann es nützlich sein, eine Brücke zwischen verbaler Rhetorik und visueller Rhetorik zu schlagen; denn bei der Gestaltung von Informationen (...) treten die verbalen und visuellen Komponenten in Wechselwirkung."* In dem daran anschließenden Abschnitt seines Kapitels über „visuell-verbale Rhetorik" listet er sodann einige dieser visuell-verbalen Figuren auf, die vor allem im Werbedesign Verwendung finden, da sie dort zu aufmerksamkeitsstarken und originellen Bildwirkungen führen. Eine sehr ausführliche Fortführung zum Thema visueller Rhetorik findet sich in dem Buch *Prickeln im Kopf* von *Mario Pricken*. Mario Pricken zeigt sehr anschaulich, dass effektive Bildkommunikation auf bestimmten Methoden beruht, die in hohem Maße rhetorischen Regeln und Figuren ähneln. Allerdings spielen sich die visuell-rhetorischen Wirkungen bei den von Bonsiepe und Pricken gezeigten Beispielen vor allem auf der semantischen Ebene ab. Es handelt sich bei diesen häufig um originelle Bedeutungsverschiebungen zwischen Text und Bild. Das Designsystem im Interfacedesign ist aber in erster Linie ein formales System. Es ist eine Sprache aus Formelementen und möglichen Formkombinationen, die auf Regeln beruhen. Nun wäre allerdings ein System, das zur Gewährleistung größtmöglicher Kompatibilität auf immer gleiche sehr einfache Formen – wie etwa ausschließlich Quadrate – zurückgreift, auf die Dauer monoton und ermüdend. Also muss man Kombinationen finden, die nicht nur kognitiv, sondern auch rhetorisch wirksam sind. Dies könnten reizvolle Reihungen, Variationen und Kontraste sein, oder auch zusammengesetzte visuell interessante Figuren. Kognitives Design hat eben auch eine Designfunktion. Im Mediendesign bedeutet Originalität, ein visuelles System so zu konzipieren, dass man bei seinem Gebrauch zu interessanten und überraschenden, eben originellen visuellen Darstellungen gelangt. Sie liegt weniger im Eigensinn seines Gestalters als in der Bandbreite und Intelligenz des Systems.

visuell-verbale Rhetorik im Printdesign

aktuelle visuelle Werbe-Rhetorik

Besonderheiten des Interfacedesigns

Rhetorische Figuren
Eine weitere, recht ähnliche semantisch-rhetorische Figur wäre die „Synekdoche". Bei dieser wird das Ganze durch einen Ausschnitt bzw. einen Teil des Ganzen beschrieben, wie beispielsweise in der Formulierung „Let´s count noses". Als eine weitere unter den vielen rhetorischen Figuren soll auf der phonetischen Ebene noch die Alliteration genannt sein. Diese beschreibt den rhetorisch wirkungsvollen Gleichklang von mehreren Begriffen, wie etwa in einer Gedichtzeile von Georg Trakl „Die Wolke wandert übern Weiherspiegel".

INTEGRIERTES INTERFACE-SYSTEM ALS BAUKASTEN FÜR DESIGN UND INTERAKTION

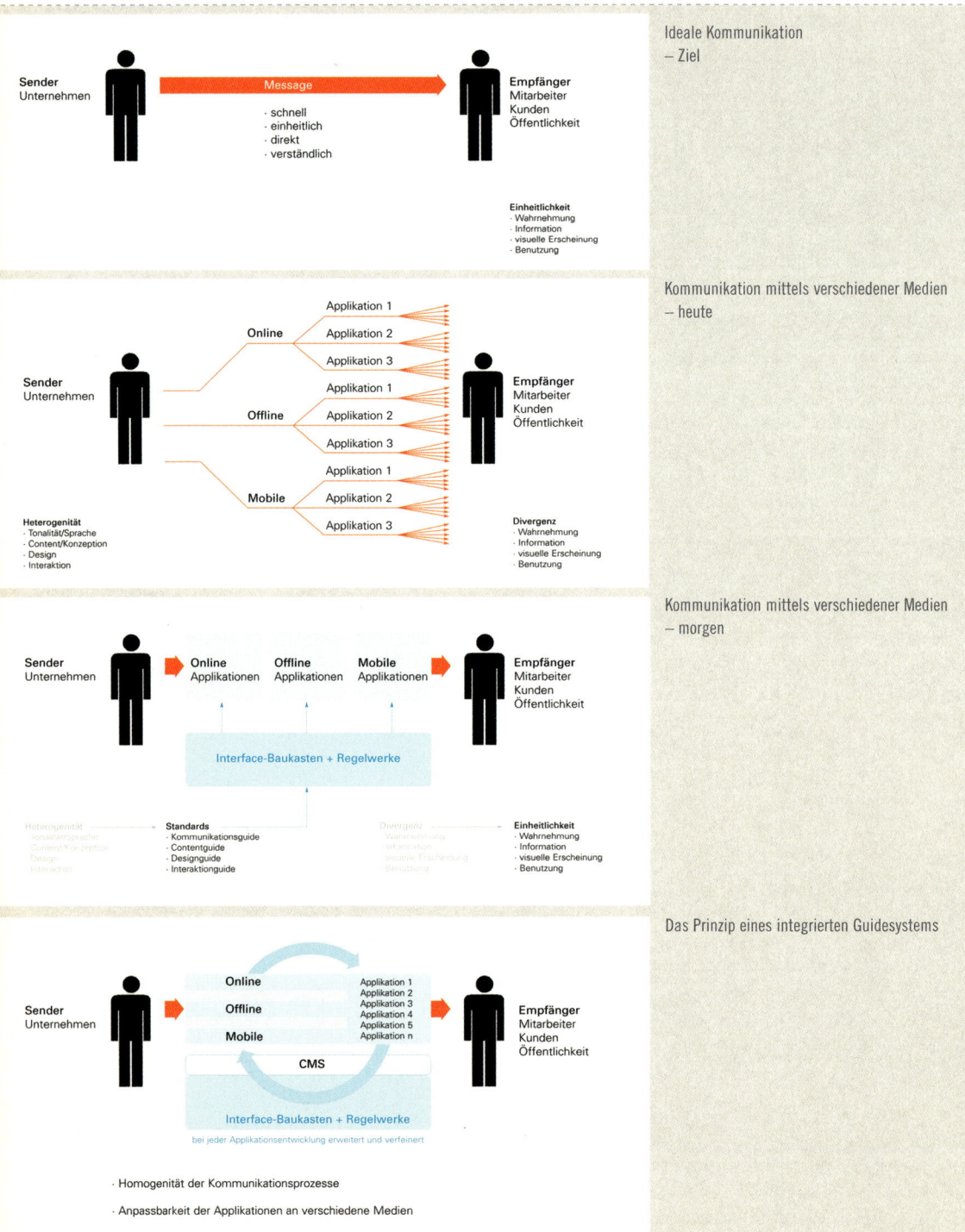

Ideale Kommunikation
– Ziel

Kommunikation mittels verschiedener Medien
– heute

Kommunikation mittels verschiedener Medien
– morgen

Das Prinzip eines integrierten Guidesystems

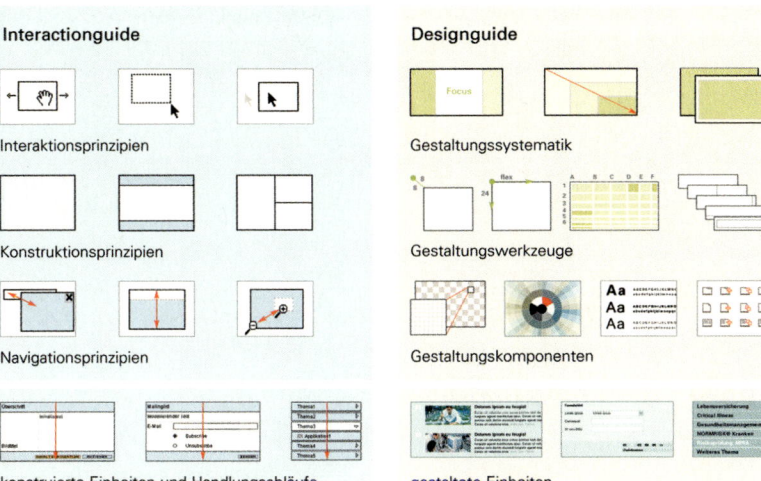

Vorgaben und Regeln für Interaktion und Design

Interactionguide

Interaktionsprinzipien

Konstruktionsprinzipien

Navigationsprinzipien

konstruierte Einheiten und Handlungsabläufe

Designguide

Gestaltungssystematik

Gestaltungswerkzeuge

Gestaltungskomponenten

gestaltete Einheiten

Das Berliner Gestaltungsbüro pReview digital design entwickelte ein Verfahren namens „Integriertes Interface-System", das die Konstruktion, Organisation, Gestaltung, Pflege und Benutzung von User-Interfaces für Online-, Offline- und mobile Anwendungen optimiert und standardisiert. Erstmals wurde das „Integrierte Interface-System" für die Münchener Rück Versicherungsgesellschaft AG angewandt. Das „Integrierte Interface-System" beinhaltet ein Prinzip des Interface-Engineerings und des Interface-Designs, das es Unternehmen ermöglicht, strukturiert, einheitlich und systematisch zahlreiche neue Applikationen zu konstruieren oder bestehende zu ändern. Diesem System liegt eine Modularisierung verschiedener Komponenten digitaler Benutzeroberflächen wie Navigation, Inhalte und Funktionen und die Definition intelligenter Regelwerke, die das Zusammenspiel dieser Komponenten steuern, zugrunde. Die Komponenten und Regelwerke des Systems werden zu einem Baukasten für User-Interfaces zusammengefasst. Basis des Baukastens ist ein aus Interactionguide und Designguide bestehendes Guidesystem, das elementare Grundprinzipien zur benutzerfreundlichen Gestaltung enthält. Der Interface-Baukasten kann mit individuell auf das Unternehmen zugeschnittenen

visuellen und strukturellen Vorgaben sowie funktionalen und inhaltlichen Einzelbausteinen und Baugruppen bestückt werden. Wesentliche Merkmale sind die Trennung von Form und Funktion, die Modularisierung und die Vernetzung aller Komponenten.

Seperation von Design und Interaktion_Design und Interaktion im Mensch-Maschine-Dialog voneinander zu trennen hat zum Ziel, die optische Wahrnehmung einer Anwendung (Interfacedesign) unabhängig von ihrer Bedienung (Interface-Engineering) entwickeln bzw. modifizieren zu können. Dies ermöglicht eine größere Flexibilität und Unabhängigkeit in der Entwicklungsphase.

Modularität und Variabilität_Die Modularität des Systems ermöglicht die Kombination einzelner User-Interface-Elemente zu größeren funktionalen bzw. inhaltlichen Einheiten. Dabei werden nach vorgegebenen Regeln die jeweils kleineren Einheiten in die größeren integriert. Das modulare System enthält eine strukturelle Logik, die vom Einzelnen zum Ganzen und umgekehrt wirkt und dafür sorgt, dass User-Interface-Elemente auf allen Levels flexibel, den Regelwerken folgend, ausgetauscht werden können.

System an Regelwerken_Kernbestandteil des Verfahrens „Integriertes Interface-System" ist ein vernetztes System von Regelwerken, das dafür sorgt, dass sich die Modifikation einzelner Parameter auf alle relevanten Bezüge auswirkt. Alles hängt mit allem zusammen – und kann doch unabhängig voneinander sowohl in konzeptioneller als auch in gestalterischer Hinsicht den applikationsspezifischen Anforderungen angepasst werden. Auf diese Weise können unterschiedlichste Inhalte und Funktionalitäten in Online-, Offline- und mobilen Applikationen adäquat und trotzdem erkennbar einheitlich präsentiert werden.

INTERACTIONGUIDE: REGELWERK DEFINIERT DIE KONSTRUKTION VON APPLIKATIONEN

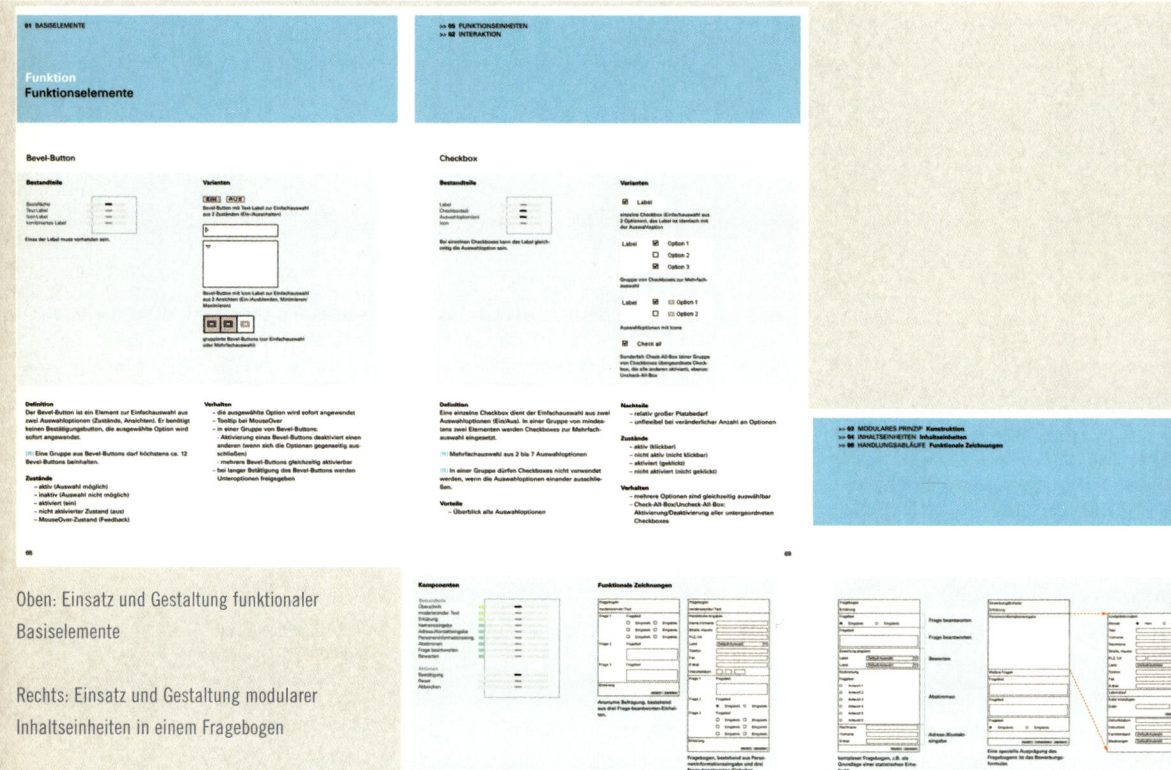

Oben: Einsatz und Gestaltung funktionaler Basiselemente

Rechts: Einsatz und Gestaltung modularer Inhaltseinheiten in einem Fragebogen

Der Interactionguide_Der Interactionguide hat zur Aufgabe, die Konstruktion, Organisation und Benutzung von Applikationen in Online-Medien zu ordnen, zu optimieren und zu standardisieren. Ziel ist es, eine effiziente und einheitliche Bedien- und Kommunikationsform zu gewährleisten, um Nutzungssynergien über Anwendungen hinweg zu generieren und Information, Kommunikation und Transaktion in den Vordergrund zu stellen. Der Interactionguide ist neben dem Designguide das wichtigste Instrument zur Steuerung standardisierter Produktionsprozesse im Interface-Engineering.

Nutzen für die systematische Entwicklung neuer Applikationen_Der Interactionguide ist ein Regelwerk zur Optimierung und Standardisierung der Konstruktion, Organisation, Pflege und Benutzung von Online-, Offline- und mobilen Applikationen. Kernbestandteil ist ein Prinzip des Interface-Engineerings, das es ermöglicht, strukturiert und systematisch neue Applikationen zu entwickeln oder bestehende zu ändern. Es macht sich das Zusammenwirken der Komponenten zunutze und bietet durch einen modularen Aufbau die Möglichkeit, auf jeder Ebene und von jeder Komponente einer interaktiven Anwendung ausgehend rekursive Eingriffe vorzunehmen.

Flexibilität innerhalb definierter Regelwerke_Der Interactionguide beinhaltet parametrisierbare Vorgaben zur Konzeption von Online-, Offline- und mobilen Applikationen, die Konsistenz in Struktur, Inhalt, Funktion und Handlungsabläufen – und damit eine wesentliche Grundlage für deren Benutzerfreundlichkeit (Usability) – sicherstellen. Er definiert Regelwerke, die sowohl bestimmte Kriterien festlegen als auch Freiheiten für unterschiedlichste Anforderungen lassen, und gewährleistet damit ein hohes Maß an Flexibilität.

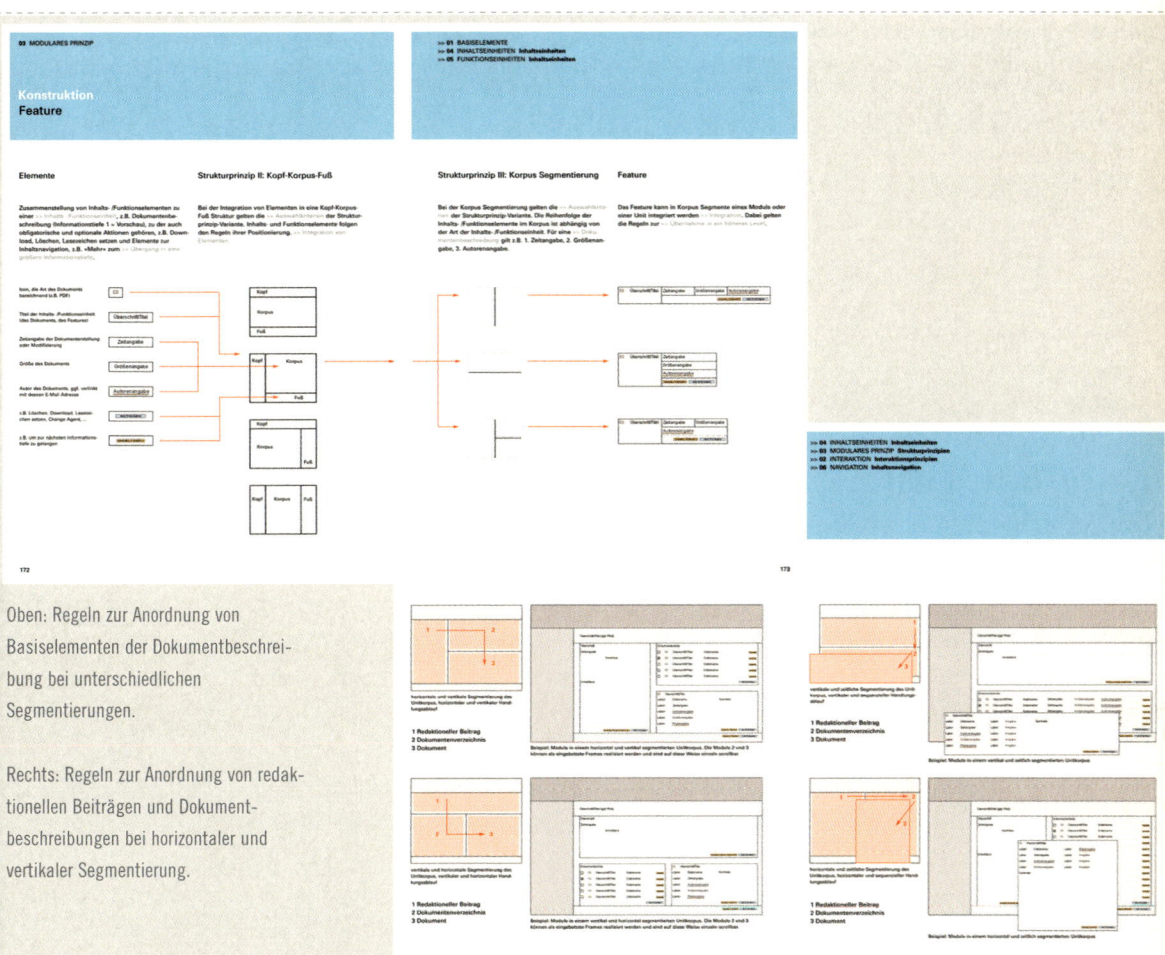

Oben: Regeln zur Anordnung von Basiselementen der Dokumentbeschreibung bei unterschiedlichen Segmentierungen.

Rechts: Regeln zur Anordnung von redaktionellen Beiträgen und Dokumentbeschreibungen bei horizontaler und vertikaler Segmentierung.

Baukasten standardisierter Interface-Elemente_ Der Interactionguide definiert speziell für den Auftraggeber standardisierte User-Interface-Elemente und Regeln dafür, wie diese in Funktion, Inhalt und Struktur kombiniert sowie zielgerichtet – und unabhängig von ihrer Gestaltung – eingesetzt werden können. Nach einem Baukastenprinzip können vielfältige User-Interface-Varianten mit wiedererkennbarem Charakter der Benutzung zusammengestellt werden. Er stellt konstruierte User-Interface-Elemente und daraus zusammengesetzte größere Einheiten vor und beschreibt Prinzipien und Regeln zur Konstruktion oder Modifikation.

Bessere Konsistenz in Transaktion und Kommunikation_Der Einsatz des generischen User-Interface-Systems bewirkt Konsistenz in Aufbau, Funktion und Bedienung von Online-, Offline- und mobilen Applikationen. Die dadurch entstehenden Nutzungssynergien über verschiedene Applikationen und Applikationstypen hinweg verbessern deren Erlernbarkeit und Benutzerfreundlichkeit – Information, Kommunikation und Transaktion treten in den Vordergrund, die Bedienung der Applikation tritt in den Hintergrund.

Schnellerer Transport von Image, Information und Funktion_Der Interactionguide ist ein leistungsfähiges Werkzeug zur Steigerung der Effizienz bei der Entwicklung und Modifikation von Online-, Offline- und mobilen Applikationen. Er beschleunigt den Transport von Image, Information oder Funktion durch standardisierte Vorgaben. Mittels der drei Grundprinzipien ist er flexibel gegenüber unterschiedlichsten Anforderungen und hat eine langfristige, in die Zukunft gerichtete Wirkung. Die Gliederung des Interactionguide ist entsprechend dem Entwicklungsprozess einer neuen Anwendung – vom Einzelnen zum Ganzen – konzipiert.

DESIGNGUIDE: KONSISTENTES VOKABULAR FÜR EIN GENERISCHES VISUELLES SYSTEM

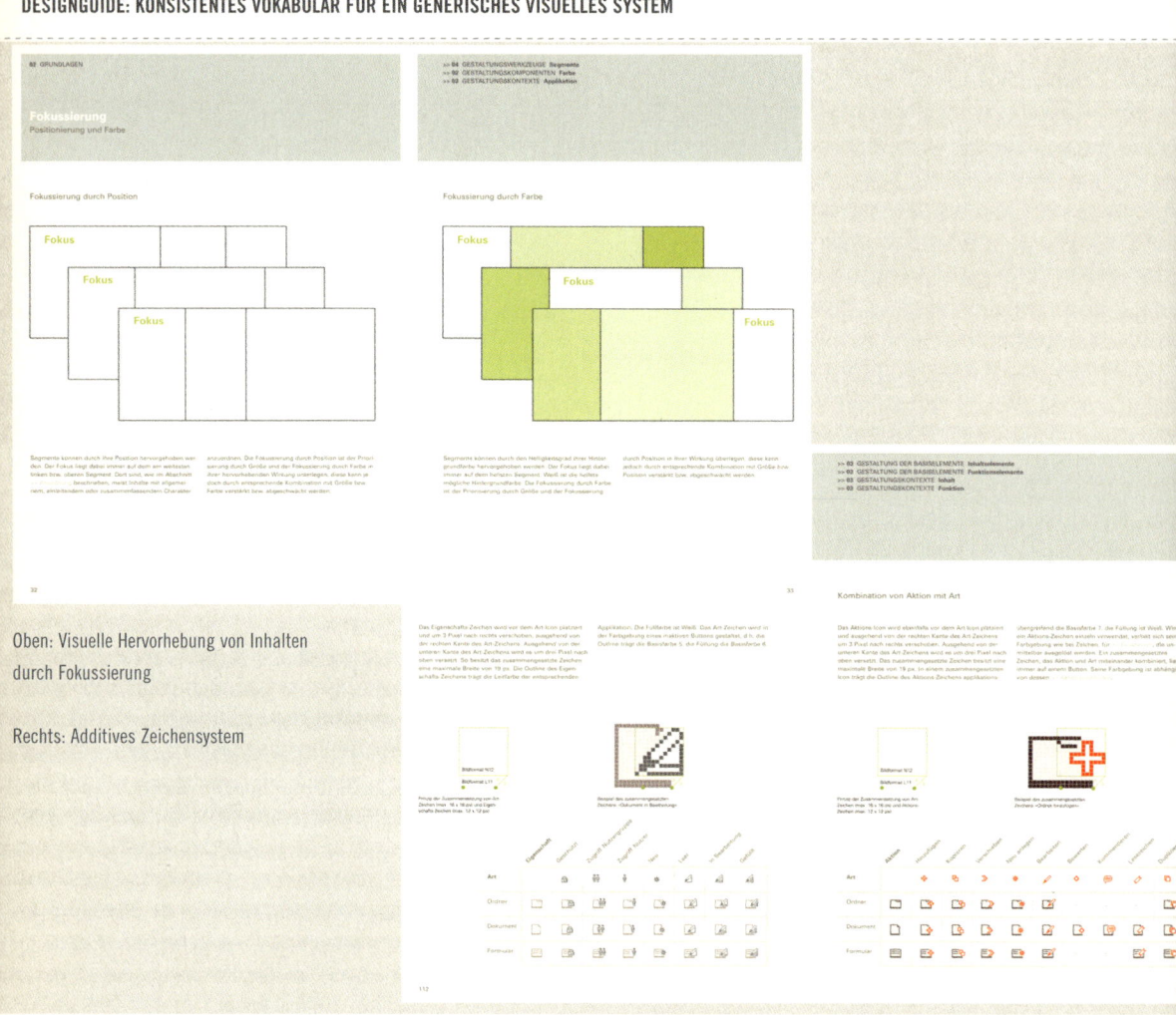

Oben: Visuelle Hervorhebung von Inhalten durch Fokussierung

Rechts: Additives Zeichensystem

Der Designguide_Der Designguide hat als wichtiges Steuerungsinstrument neben dem Interactionguide zur Aufgabe, die visuellen Grundlagen und Vorgaben zur einheitlichen, benutzerfreundlichen Gestaltung zu definieren, die sich zugleich an den Vorgaben des Unternehmens orientiert.
Der Designguide baut direkt auf den Ergebnissen des Interactionguides auf und formuliert ein modulares Gestaltungssystem, das einerseits eine effiziente Gestaltung bzw. Modifizierung von Applikationen verschiedener Ausprägung und andererseits eine einfache Anpassung der Vorgaben zulässt. Das logische, immanente

und am Nutzer orientierte Zusammenwirken aller Gestaltungskomponenten ergibt sich automatisch durch das geschaffene Regelwerk. Der Designguide gibt damit eine flexible, jedoch kontrollierte Richtlinie vor.

Generisches Gestaltungssystem auf Grundlage des Interactionguides_Der Designguide baut auf den Ergebnissen des Interactionguides auf und formuliert ein generisches Gestaltungssystem, das Grundlagen und Regeln zur Optimierung und Standardisierung der Gestaltung von Online-, Offline- und mobilen Applikationen definiert.

Parametergesteuerte Designvorgaben für ein einheitliches Erscheinungsbild_Der Designguide beinhaltet parametrisierbare Vorgaben zur Gestaltung von Online-, Offline- und mobilen Applikationen, die eine homogene und adäquate visuelle Erscheinung sowie eine optimale Usability sicherstellen. Das generische Gestaltungssystem gewährleistet einerseits eine effiziente Gestaltung bzw. Modifizierung von Applikationen und andererseits eine einfache und flexible Anpassung der gestalterischen Vorgaben an unterschiedlichste Anforderungen.

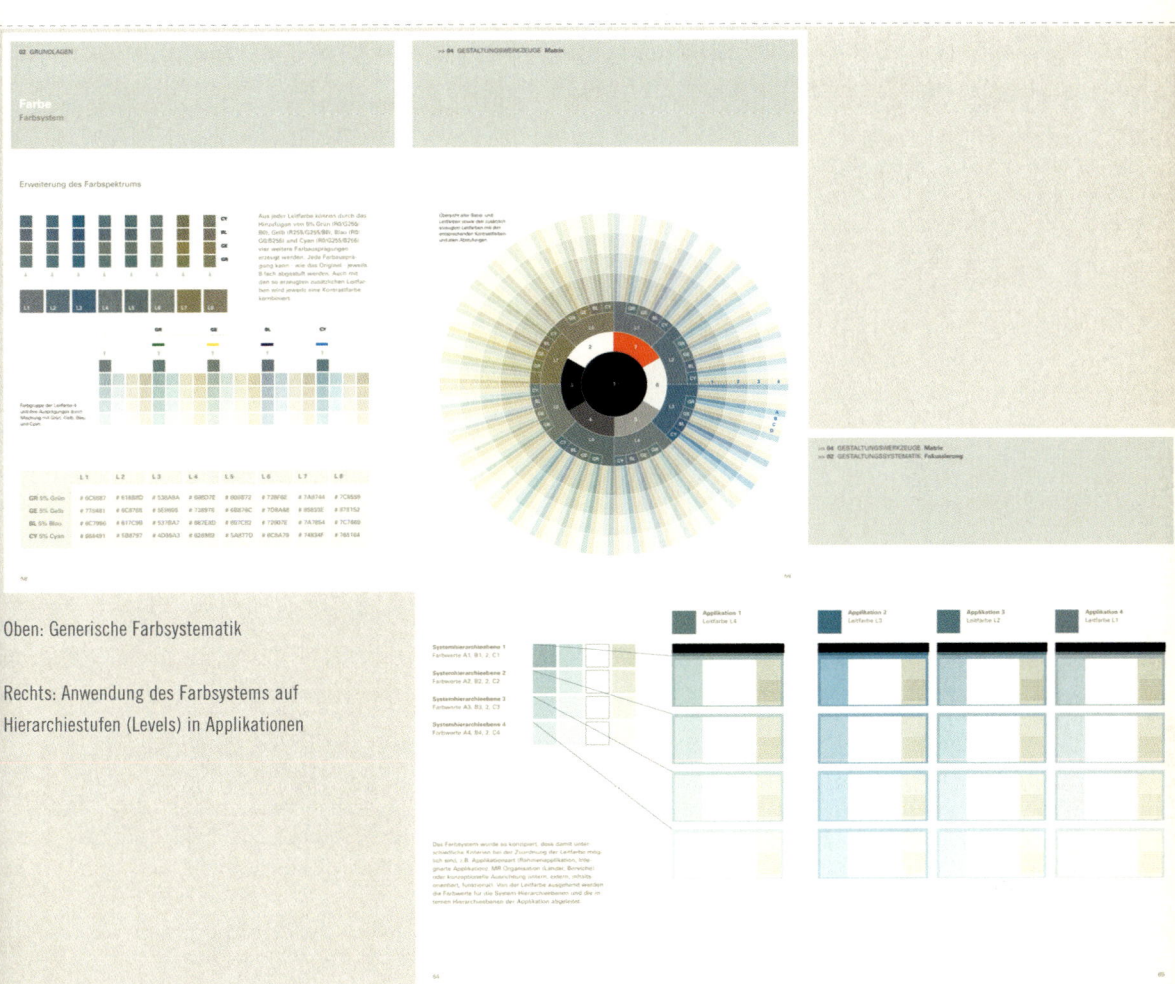

Oben: Generische Farbsystematik

Rechts: Anwendung des Farbsystems auf
Hierarchiestufen (Levels) in Applikationen

Baukasten standardisierter Designelemente_
Der Designguide beschreibt ein generisches
Gestaltungssystem, mit dessen Hilfe nach dem
Baukastenprinzip vielfältige User-Interface-
Varianten mit wiedererkennbarem visuellem
Charakter zusammengestellt werden können.
Er stellt gestaltete User-Interface-Elemente und
daraus zusammengesetzte größere Einheiten
vor und beschreibt Prinzipien, Vorgehensweisen
und Regeln zur Gestaltung, Modifikation oder
zum Redesign von Online-, Offline- und mobilen
Applikationen bzw. deren Bestandteilen.

Bessere Erkennbarkeit, Erinnerbarkeit und
Benutzerfreundlichkeit durch konsistentes Design_
Der Einsatz des generischen Gestaltungssystems
bewirkt eine klare, konsistente und der redaktionell bestimmten Priorität des Inhalts entsprechende visuelle Erscheinung von Online-, Offline-
und mobilen Applikationen. Daraus resultierende
Wiedererkennung und Aufmerksamkeitssteuerung
verbessern Erkennbarkeit, Erinnerbarkeit
und Benutzerfreundlichkeit – Information,
Kommunikation und Transaktion treten in den
Vordergrund, die Bedienung der Anwendung tritt
in den Hintergrund.

Effizientere Gestaltung_Der Designguide ist ein
leistungsfähiges Werkzeug zur Steigerung der
Effizienz bei der Gestaltung, Modifikation oder
dem Redesign von Online-, Offline- und mobilen
Applikationen. Er beschleunigt die Perzeption und
damit die Übermittlung von Image, Information
oder Funktion durch standardisierte Vorgaben.
Er ist flexibel gegenüber unterschiedlichsten
Anforderungen und hat eine langfristige, in die
Zukunft gerichtete Wirkung.

Interface-Generator_Der Designguide bildet
zusammen mit dem Interactionguide die Grundlage zur Entwicklung eines Interface-Generators.

KOMBINIERTES GUIDE-SYSTEM FÜR VIELFÄLTIGE ANWENDUNGSMÖGLICHKEITEN

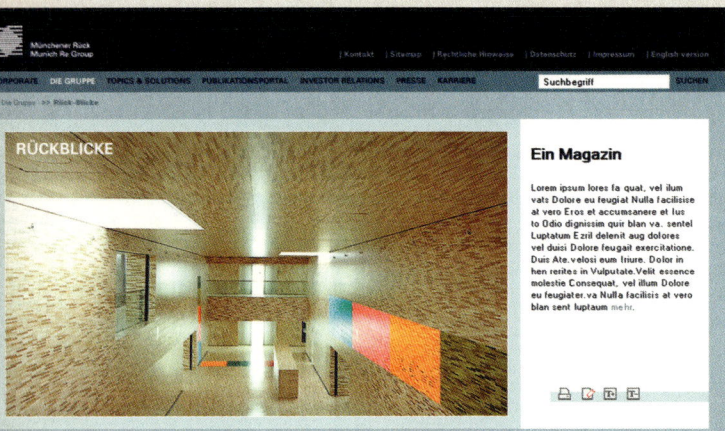

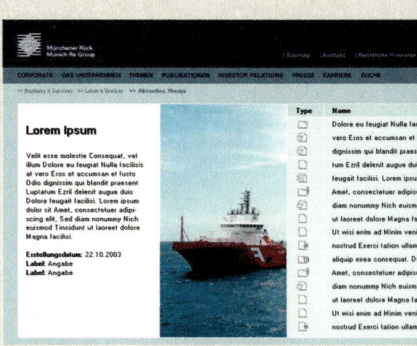

Die regelbasierte Kombinatorik der Systemelemente für die inhaltliche Kommunikation ermöglicht im Sinne einer visuellen Rhetorik vielfältige Gestaltungsmöglichkeiten.

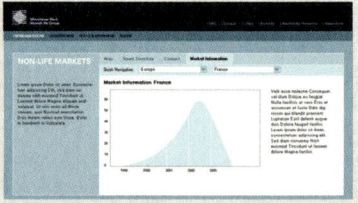

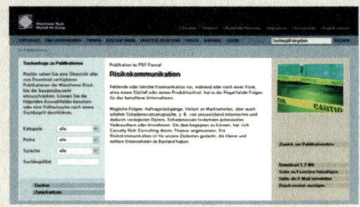

Layoutvarianten für die Onlinepräsenz der Münchener Rück AG

Das Potenzial des „Integrierten Interface-Systems"_Das Potenzial eines solchen Systems zeigt sich deutlich in der Vielfalt der Anwendungsmöglichkeiten. Das kombinierte Guide-System, bestehend aus Interaction- und Designguide, hält auch für zukünftige, unbekannte Anforderungen Lösungen parat. Basierend auf der Separation von Funktion und Form, der Modularität und der strukturierten Vernetzung aller Interface- und Gestaltungskomponenten, können schnell und flexibel neue Kombinationen von Inhalts-, Funktions- und Navigationseinheiten konstruiert und gestaltet werden. Mit dem „Integrierten Interface-System" ist sowohl eine stark imageorientierte als auch eine hoch-funktionale Ausprägung von Applikationen möglich. Systemimmanent ist das Steuern der Aufmerksamkeit des Nutzers mittels inte-grierter visueller Logik und die Bildung von Nutzungssynergien durch applikationsübergrei-fend übersichtlich und konsistent angeordnete Bedienelemente. Eine konsequente Klarheit in Form und Funktion sowie in Wahrnehmung und Bedienung der Applikationen ist das Ergebnis.

Die konsistente Gestaltung der
Interaktionselemente erleichtert
im Sinne eines kognitiven Designs
die Systembenutzung und das
Systemverständnis.

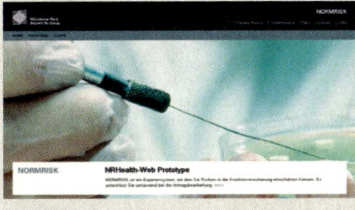
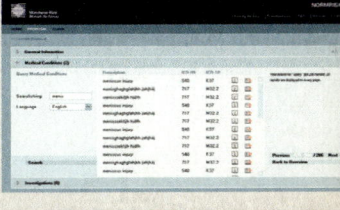
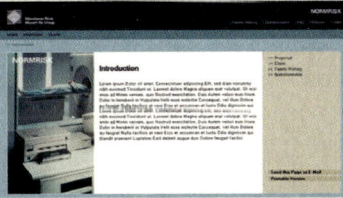
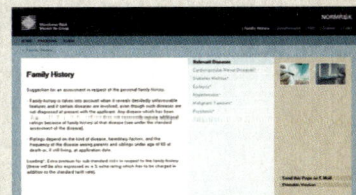

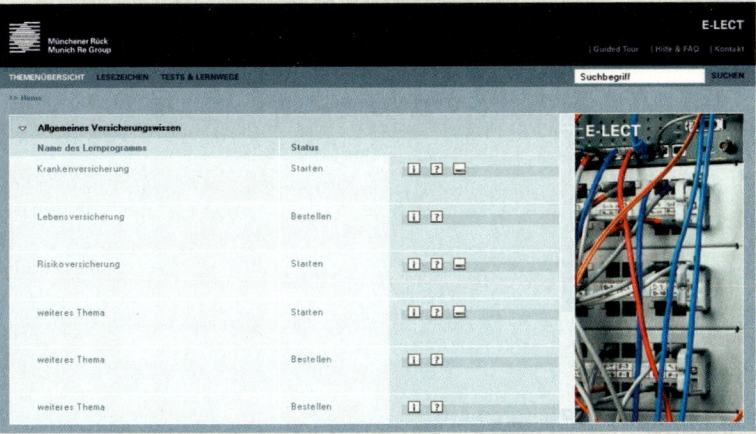
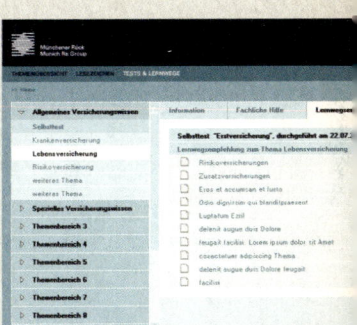

E-LECT Lernplattform, Online

Das „Integrierte Interface-System" wurde von
den Berliner Interfacespezialisten pReview digital
design GmbH unter Leitung von Prof. Tanja
Diezmann entwickelt und erstmals im Jahr 2002–
2005 für die Münchener Rück AG angewendet.

GESTALTUNGSKRITERIEN IN UNTERSCHIEDLICHEN ANWENDUNGSBEREICHEN__ Auf dem Gebiet der Gestaltung haben sich bestimmte Arbeitsfelder herausgebildet. So gibt es Typografie, Grafikdesign, Werbedesign und Interfacedesign als mehr oder weniger voneinander unabhängige Berufsbilder. Die Arbeiten innerhalb dieser verschiedenen Bereiche zeichnen sich durch bestimmte Merkmale aus.

Diese voneinander unterscheidbaren Bereiche lassen sich auch historisch betrachten. In der historischen Betrachtung, die hier nur kurz angerissen werden kann, zeigt sich, dass die Disziplinen aufeinander aufbauen und dass jeder Entwicklungsschritt zu Erweiterung der visuellen Merkmale führt, die im Gestaltungsprozess dann Beachtung finden. Unter diesem Gesichtspunkt stellt sich die Typografie als die

geschichtlicher Überblick erste ausgebildete Disziplin dar. Der klassischen Typografie ging es besonders um die *Harmonie* und *Lesbarkeit* der Buchseite. Alle traditionellen typografischen Regeln haben diese Wirkabsicht.

In den zwanziger Jahren des letzten Jahrhunderts kamen vor allem aufgrund künstlerischer Einflüsse Gestaltungstechniken hinzu, die zu dem führten, was man heute im Allgemeinen Grafikdesign nennt. Vor

Typografie allem durch die künstlerischen Einflüsse kam es zu einer Befreiung der Typografie von ihrer bisherigen achsensymmetrischen und am Satzspiegel orientierten Gebundenheit.

Layout Diese neue Gestaltung zeichnete sich gegenüber dem Buchsatz durch eine stärkere Betonung des künstlerischen Ausdrucks aus. *Spannung* und Dynamik wurden wichtige Merkmale einer künstlerisch gelungenen und anspruchsvollen Seitengestaltung. Andererseits forderten die gestiegenen Anforderungen bei den in sich sehr heterogenen Massenpublikationen wie Zeitschrift und Zeitung eine Gestaltungsweise, die zugleich den Kriterien *Funktionalität* und Effizienz einen hohen Stellenwert einräumt.

Ende des Zweiten Weltkrieges waren die Techniken dieser „neuen Typografie" nicht mehr ausreichend, um den Anforderungen moderner Kommunikation gerecht zu werden. Die Gestaltung musste sich nun immer mehr an langfristigen und strategischen Unternehmensentscheidungen orientieren. Gleichzeitig wurde der Markt enger, die Konkurrenz stärker, die Aufmerksamkeitsressourcen knapper.

Werbedesign Gestaltung musste also auch stärker auffallen und besser behalten werden. In Verbindung mit markenstrategischen und werbepsychologischen Überlegungen entstand das, was man heute als Werbedesign oder Anzeigengestaltung bezeichnet. Kriterien waren jetzt vor allem auch *Angemessenheit* und Schlüssigkeit gegenüber der Marken- und Kommunikationsstrategie sowie Aufmerksamkeitsstärke bzw. *Originalität* und Erinnerbarkeit, besonders im Hinblick auf die Visualisierung dieser Strategie.

Näheres zu der Entwicklung spezifischer Gestaltungskriterien in den Printmedien findet man im Kapitel „Vom Typo- zum Werbedesign", 366–383, Crashkurs Typo und Layout, Rowohlt, 2005

Seit Mitte der neunziger Jahre ist das Interfacedesign als eine weitere Disziplin entstanden, in welcher wiederum neue Anforderungen und ein neuer Kontext zu einer Veränderung der Prioritäten und zu einer Erweiterung der visuellen Merkmale geführt haben. Zu diesem Kontext gehören vor allem die Softwareergonomie und neuerdings auch die Informationsarchitektur. Dahinter wiederum stehen grundlegende psychologische Einsichten zu menschlichem Wahrnehmen, Denken und Handeln, wie sie auch Thema dieses Buches sind. Diese dienen dazu, das Verstehen und Bedienen des Interfaces durch eine entsprechende Gestaltung zu erleichtern. Nun sind solche Gestaltungen eher semantische Aggregate. Sie sind nicht mehr aus einem Guss. Sie sind interaktiv modifizierbar, individuell konfigurierbar. Sie bestehen aus vielen modularen, teilweise intelligenten Objekten, die sich gerade aufgrund ihrer Standardisierung und *Konsistenz* nach bestimmten Regeln kombinieren lassen. Deshalb sind zwei weitere zentrale Merkmale ihre *Modularität* und *Variabilität*, wobei das zweite Merkmal das erste voraussetzt. Auf der phänomenologischen Ebene drücken diese Merkmale die Erscheinungsweise von Systemen aus, die auf wiederkehrenden Elementen und Regeln beruhen. Im Hinblick auf den im vorhergehenden Kapitel eingeführten Begriff der „visuellen Rhetorik" können diese Systeme mit ihren Objekten und Regeln auch als visuelle Sprachsysteme verstanden werden. Durch die Konzeption von visuellen Sprachen und Gestaltungsbandbreiten ist es möglich, auf eine neue Art zu visuell interessanten Lösungen zu kommen.

Interfacedesign

Modularität und Variabilität

visuelle Rhetorik

EXISTENZIALITÄT UND POTENZIALITÄT__Bei nüchterner Betrachtung ist ein Computer ein technisches Gerät wie jedes andere technische Gerät, ein profanes Ding, so wie ein Mixer oder eine Waschmaschine. Es besitzt eine oft aufwendig entwickelte Schnittstelle, aber auch Fernseher oder Videorecorder besitzen ambitioniert gestaltete Bedienoberflächen.
Die Geschichte des Computers ist aber auch die Geschichte von Theorien, die bisweilen einen utopischen Charakter angenommen haben. Ein Computer sollte mehr sein als einfach nur ein Gerät, das einem eine Menge Arbeit abnehmen kann. In einigen Theorien, wie etwa in Hypertexttheorien, sprach man ihm die Fähigkeit zu, menschliches Sozialverhalten und Denken verändern zu können. Das Problem dieser Theorien war, dass sie sich selten ganz erfüllten, gleichgültig ob sie sich auf Gesellschaften oder vielversprechende technische Geräte bezogen. Im Falle von besonders vielversprechenden technischen Geräten, wie eben Computern, beginnt beispielsweise eine Differenz von Theorie und Praxis bereits im Akt der Umsetzung. Sie besteht

Interface-Philosophie

bereits darin, dass jede Materialisation von etwas Geistigem oder Gedachtem diesem den Schwung und das Schillernde nimmt. Ein Bedienelement in einem Interface ist etwas Konkretes. Es hat einen definierten Umfang, es besteht aus elektronischen Pixeln. Es ist so drastisch wie eine nackte Tatsache und es hat nichts von der eingebildeten Schönheit, die man ihm in der Theorie und im Geiste zukommen ließ.

Theorie und Praxis

Allerdings, wenn auch sich die Idee in ihrer Realisation verschüttet, so lebt sie doch auf eine schwer fassbare Art im manifest Gewordenen fort: Meine erste Begegnung mit einem Computer, einem Apple Macintosh II, der bereits einen Farbbildschirm besaß, fand in einem kleinen Grafikbüro statt. Auf dem Bildschirm war ein blauer Schreibtischhintergrund zu sehen. Dieses eigentümlich wie von innen leuchtende Blau schien eine Tiefe zu besitzen, die nicht von irgendeiner Zentral- oder Luftperspektive herrührte. Es war wie ein Raum an Möglichkeiten, der sich eröffnete, aus dem Dinge emportauchen und wieder verschwinden können. Ein völlig neues Konzept. Und wenn ein Ding endgültig verschwinden sollte, dann musste man es auf diesen Mülleimer ziehen, der aussah wie aus einem Marvel-Underground-Comic, nur dass er nicht verbeult war. Die Vision, mit der in Kalifornien ein paar Freaks nach etwas geforscht haben, das absolut einfach, positiv und doch effektiv sein sollte, war in diesem immateriell leuchtenden Interface zwar nicht gerade greifbar, aber in einer flüchtigen Form doch gegenwärtig. Auch wenn es sich in diesem Fall um ein Betriebssystem handelte, nicht um ein Informationsdesign, was ja das Thema dieses Buches ist, so war erfahrbar, dass Designkonzepte im Interface nicht einmalige Gestalten sind, sondern dass sie sich erst aus der Totalität ihrer möglichen Zustandsformen ergeben.

Beispiel: Apple Macintosh II

Dieser Gedanke, dass es mehr die „Potenzialität" ist, weniger die eine oder andere, einmalige Realisierung, hat auch in der Medienphilosophie zu verschiedenen Theorien geführt.

Bei Lev Manovich wird der Bildschirm in seiner entgrenzten Potenzialität zugleich zu einem „kulturellen" Interface. In diesem kommt unsere moderne Kultur angemessen und zeitgemäß zum Ausdruck. Das Potenzial des Interfaces umfasst die großen kulturellen Errungenschaften des Buches und des Films. Es kann Buchseite und Ausschnitt einer Filmkamera in einem sein. In Verbindung mit seinen spezifischen Eigenschaften, etwa ein variabel modifizierbares Datenkontinuum zu sein, entsteht nach seiner Meinung zugleich etwas völlig Neues, das genauso bedeutsam werden wird wie das Buch und der Film. Dabei interessiert sich Lev Manovich allerdings weniger für einzelne Systeme als für das Computerinterface als solches.

kulturelles Interface

Buch und Film

Computertheorien oder auch Utopien sind nicht überflüssig. Sie können manchmal in das Zentrum der Motivation führen. Sie haben initiatorische Kraft und sind eine Quelle der Inspiration. Denn selten studiert jemand Grafikdesign, um in Rekordzeit Zeitungsseiten zusammenzuhauen. Kaum jemand studiert Werbedesign, um mit dem Form- und Farbvokabular einer Marke die Köpfe der Betrachter zu besetzen. Kaum jemand studiert Interfacedesign, um dem Nutzer den schnellsten Weg zum Bestellbutton zu bahnen. Am Ende ist dies leider die Realität, in der sich die meisten Designer wiederfinden.

initiatorische Utopien

Potenzial zur freien Imagination? Bei dem Philosophen Lambert Wiesing führt die Steuerbarkeit computergenerierter Bilder dazu, dass sie dem Anwender die Darstellung der eigenen Imagination erlauben. Waren bisher in der bildenden Kunst die Bilder fertige Imaginationen, in die man sich betrachtend hineinbegeben konnte, so besitzt ein digitales Interface zumindest theoretisch das „Potenzial", um zum virtuellen Abbildungsmedium der eigenen Fantasie zu werden.

Hinter der vordergründigen Motivation, auch diese Aufgaben zu lösen, gibt es eine hintergründige Motivation, die eben auch mitunter durch Theorie und Utopie gespeist wird. Es ist eine Motivation, der es darum geht, das Metier selbst voranzutreiben. Diese Weiterentwicklung des Metiers zeigt sich vor allem in Versuchen der Ausweitung seines Vokabulars und seines Selbstverständnisses. Fast alle interessanten Interfacekonzepte und -theorien zielen auf Erweiterung und Entgrenzung ab. So beschäftigen sich die Hypertexttheorien von Vannaver Bush, Ted Nelson, Doug Engelbart oder Tim Berners-Lee im Allgemeinen damit, Wissensbestände durch gegenseitige semantische Bezüge zu einer Art Wissenskontinuum auf der Metaebene auszubauen. Doug Engelbarts bekannte Hypertextimplementierung „Augment", benannt nach dem lateinischen „augere" – „vermehren", versuchte zu Beginn der sechziger Jahre Texte entsprechend der assoziativen, sprunghaften Denkweise des Menschen nonlinear und assoziativ miteinander zu verbinden. Diese Texte sollten sich zudem im Kollektiv fortschreiben und neu verknüpfen lassen. Dieses Konzept der Entgrenzung durch Vernetzung wurde später auf komplexere Systeme ausgeweitet. Aber erst zu Beginn der neunziger Jahre gelang es Tim Berners-Lee mit seiner „Hypertext Markup Language", die Informationen auch weltumspannend zu verbinden. In seiner konkreten Form vermittelt das heutige Internet zuerst einmal nur wenig von den anfänglichen Visionen, wie der eines vernetzten, demokratisch verwalteten, kollektiv erzeugten Weltgedächtnisses. In den Vordergrund schiebt sich das Bild eines Marktplatzes mit verschiedenen voneinander sich abgrenzenden Angeboten.

Repertoire-Erweiterung

Hypertexttheorien

Augment

HTML

Ein anderes Konzept war von vornherein sehr pragmatisch angelegt. Es hat weniger visionären Charakter, und doch ist es von seiner Grundidee her genauso revolutionär wie die Hypertextidee. Dieses Konzept der „objektorientierten Programmierung" geht davon aus, dass in den einzelnen Interaktions- und Informationsobjekten die benötigten Funktionen und Informationen bereits enthalten sein sollten. Funktion und Information werden zum immanenten Teil des

objektorientierte Programmierung

Objektes. Diese bilden zugleich die „Eigenschaften" des Objektes. Sie sind nach einer objektorientierten Redewendung in dieses „eingeboren", und sie gehen auch dementsprechend mit diesem Objekt gemeinsam zugrunde. Dies hat sehr pragmatische Vorteile. Ein solches Objekt hat eine bessere Performance, da diesem die benötigten Informationen sofort – weil eingeboren – zur Verfügung stehen. Hier ist nicht der Platz, die genauen technischen Konzepte dieser Idee auszuführen, aber die Idee zu Ende zu denken ist aufschlussreich.

Sie besagt, dass nicht wie beim Hypertext sich etwas durch seine Verweise in das Umfeld erweitert, sondern dass dieses Umfeld bei Bedarf auch in das Objekt hineingenommen werden kann. Zusätzliche Informationen und Funktionen könnten erst durch dessen Gebrauch sichtbar werden. Ein solches Objekt hat das Potenzial, auf unterschiedliche Weise auf sein Umfeld zu reagieren. In seiner entwickelten Form müsste in einem solchen System jedes Objekt ein hohes Maß an Möglichkeiten der Entfaltung in sich tragen, und damit ist zugleich auch ein hohes Maß an unterschiedlichen Verbindungen zu anderen Objekten gegeben. In seiner radikalsten – wohl nur denkbaren – Form ist in jedem Objekt alles eingeboren, und in dem System wäre zugleich jede Konstellation möglich.

Konvergenz von Netz- und Objektkonzepten

Konsequenzen Ein solches System hätte in seiner letzten Konsequenz keine klaren internen Systemgrenzen mehr, da Objekt und System zusammenfallen. Ein solches System dürfte prinzipiell auf der visuellen Ebene auch keine Gestalt mehr haben. Denn nur dann könnte es alle möglichen Konfigurationen mit ihrer spezifischen Semantik auf entsprechende Anfragen darstellen, ohne durch formale Festlegungen gehindert zu werden. Zu Ende gedacht würde dies bedeuten: Jedes Objekt ist ein Teil des Ganzen. Es ist eingebunden in das Ganze. In jedem Objekt ist zugleich das Ganze enthalten. Die Erfahrung des Ganzen ist die des erfüllten und formlosen Nichts, das als solches alle Möglichkeiten in sich birgt. In diesen Formulierungen äußert sich vielleicht auch ein verdecktes Motiv, eine unbewusste Triebkraft von Gestaltung. Denn interessanterweise regt diese Utopie der Entgrenzung und Vereinigung die Vorstellung an, man könne durch sie in einen freieren und beglückenderen Zustand übergehen. Allerdings wird diese Utopie in den realisierten Projekten nur erahnbar bleiben. Denn profan betrachtet, vermehrt sich im systemischen Design lediglich die Anzahl seiner möglichen visuellen Zustandsformen. Anders betrachtet, kann in dem Überwechseln von der Existenz einer bestimmten Gestalt in die Potenz verschiedener möglicher Gestalten im systemischen Design auch eine qualitative Veränderung wahrgenommen werden.

Altmann, Gerry T. (1999). *The ascent of Babel. An exploration of language, mind and unterstanding,* Oxford University Press, Oxford u.a.

Anderson, John R. (1974). Verbatim and propositional repräsentation of sentences in immediate and long-term Memory, *Journal of verbal learning and Verbal Behavior, 13,* 149-162.

Anderson, John R. (2000). *Learning and memory: An Integrated Approach,* John Wiley & Sons, New York.

Anderson, John R. (2001). *Kognitive Psychologie,* Spektrum Akademischer Verlag.

Baddeley, Alan D. (1995). *Working memory,* Clarendon Press, Oxford u.a.

Baddeley, Alan D. (1999). *Essentials of human memory,* Psychology Press, Hove.

Ballstaedt, S. P., Mandl, H., Schnotz, W., Tergan, S. O. (1981). *Textverständlichkeit, Textverstehen,* Forschungsberichte, DIFF. Tübingen.

Bente, G., Mangold, R., Vorderer P. (2004). *Lehrbuch der Medienpsychologie,* Hogrefe.

Beyer, Hugh & Holtzblatt, Karen (1997). *Contextual Design. Defining Customer Centered Systems,* Morgan Kaufmann Publishers.

Biederman, Irving (1987). Recognition by Components: A Theory of human image understanding. *Psychological Review, 94,* 115-147.

Biederman, Irving, Glass, A. L. & Stacy, E. W. (1973). Searching for objects in real world scenes, *Journal of Experimental Psychology, 97,* 22-27

Bransford, J. D. & Franks, J. J. (1971). The abstraction of linguistic ideas. *Cognitive Psychology, 2,* 331-380.

Braun, Gerhard (1993). *Grundlagen der visuellen Kommunikation,* Reihe Novum Press, Bruckmann Verlag, München.

Broadbent, D. E. (1958). *Perception and communication,* Pergamon Press, London.

Bruner, J. S., Goodow, J. X., Austin, G. (1956). *A study of thinking,* John Wiley & Sons, New York.

Bruinsma, Max (2003). *Deep Sites, Intelligent Innovation in Contemporary Web Design,* Thames & Hudson.

Bonsiepe, Gui (1996). *Interface. Design neu begreifen,* Bollmann.

Buzan, Tony (2002). *Das Mind Map Buch,* Moderne Verlagsgesellschaft.

Card, S. K., Moran T. P., Newell, A. (1983). *The Psychology of human-computer-interaction,* Lawrence-Erlbaum Associates, New York.

Cato, John (2001). *User Centered Web Design,* Addison-Wesley.

Cooper, Alan & Reimann, Norbert (2003). *About Face 2.0. The Essentials of Interaction Design,* Wiley Publishing, Inc.

Damasio, Antonio R. (2004). *Descartes´ Irrtum, Fühlen, Denken und das menschliche Gehirn,* List-Taschenbuch-Verlag (Ullstein).

Deutsch, J. A. & Deutsch, D. (1963). Attention: Some theoretical considerations. *Psychological Review, 70,* 80-90.

Dittler, Ullrich (2003*). E-Learning. Einsatzkonzept und Erfolgsfaktoren des Lernens mit interaktiven Medien,* Oldenbourg.

Diezmann, Tanja & Gremmler, Tobias (2003). *Grids for the dynamic Web,* AVA Publishing SA Switzerland.

Eberleh, E., Oberquelle, H., Oppermann, R., (Hrsg.), (1994). *Einführung in die Softwareergonomie,* Walter de Gruyter, Berlin

Emil, Ruder, (1996) (1. Aufl. 1967). *Typografie,* Niggli Verlag AG.

Eysenck, Michael W. & Keane, Mark T. (2000). *Cognitive Psychology: A Student´s Handbook,* (4. Aufl.), Psychology Press.

Findlay, John M. & Gilchchrist, Ian D. (2004). *Active Vision: The Psychology of looking and seeing,* Oxford University Press, Oxford u.a.

Fleming, Jennifer (1998). *Web-Navigation. Designing the User Experience,* O´Reilly.

Friederici, Angela D. (Hrsg.) (1999). *Enzyklopädie der Psychologie,* Bd. 2, Sprache, Hogrefe-Verlag, Göttingen.

Frutiger, Adrian (9. Aufl., 2004). *Der Mensch und seine Zeichen: Schriften, Symbole, Signets, Signale,* Marixverlag, Wiesbaden.

Gehlen, Arnold (2003). *Der Mensch. Seine Natur und seine Stellung in der Welt,* Aula-Verlag.

Geroimenko, Vladimir & Chen, Chaomei (Hrsg.) (2002). *Visualizing the Semantic Web, XML-based Internet and Information Visualization,* Springer.

Glowalla, Ulrich (Hrsg.) (1992). *Hypertext und Multimedia: Neue Wege in der computergestützten Aus- und Weiterbildung,* Springer.

Glowalla, U., Rinck, M., Fezzardi, G. (1993) Integration von Wissen über ein Sachgebiet, *Zeitschrift für pädagogische Psychologie, 7,* 111-24.

Goldstein, Bruce E. (1996). *Wahrnehmungspsychologie, Eine Einführung,* Spektrum Akademischer Verlag.

Gray. J. H. & Wedderburn, A. I. (1960). Grouping strategies with simultaneous stimuli. *Quarterly Journal of Experimental Psychology 12,* 180-184.

Gudehus, Juli (1997). *Genesis,* Lars Müller Publishers, Baden.

Hasebrook, Joachim (1995). *Multimediapsychologie,* Spektrum Akademischer Verlag, Heidelberg u.a.

Hoffman, Donald D. (2000). *Visuelle Intelligenz. Wie die Welt in unserem Kopf entsteht,* Klett-Kotta.

Hofmann, Armin, (2004), (1. Aufl. 1965). *Methodik der Form- und Bildgestaltung,* Niggli.

Heinsen, Sven & Vogt, Petra (2003). *Usability praktisch umsetzen,* Hanser -Fachbuchverlag.

Jacobsen, Jens (2004). *Website-Konzeption. Erfolgreich Web- und Multimedia-Anwendungen entwickeln,* Addison-Wesley-DPI.

Johnson-Laird, P. N. & Byrne, R. M. J. (1991). *Deduction,* Erlbaum, Hove.

Johnson, Jeff (2000). *Gui Bloopers, Don´ts and Do´s for Software Developers and Web Designers,* Morgan Kaufmann Publishers.

Kerres, Michael (2001). *Multimediale und Telemediale Lernumgebungen,* Oldenbourg.

Khazaeli, Cyrus D. (2005). *Crashkurs. Typo und Layout,* Rowohlt.

Khazaeli, Cyrus D., Terstegge, Christian (2004). *Multimedia mit Director,* Rowohlt.

Kluwe, R. H. (1992). Gedächtnis und Wissen, Spada, H. (Hrsg.) *Lehrbuch Allgemeine Psychologie,* 2. Aufl., Bern, 115-187.

Kosslyn, S. M., Ball, T. M., Reiser, B. J. (1978). Visual images preserve metric spatial Information: Evidence from studies of image scanning. *Journal of Experimental Psychology: Human Perception and Performance, 4,* 47-60

Kosslyn, Stephen M. (1980). *Image and mind,* Harvard University Press, Cambridge u.a.

Kosslyn, Stephen M. (1994). *Image and brain. The resolution of the imagery debate,* MIT Press, Cambridge u.a.

Krug, Steve (2002). *Don´t make me think! Web Usability – Das intuitive Web,* mitp-Verlag.

Lindsay, Peter H. & Norman, Donald A. (1981). *Einführung in die Psychologie. Informationsaufnahme und -verarbeitung beim Menschen,* Springer, Berlin.

Lipp, Lauritz (2004). *Interaktion zwischen Mensch und Computer im Ubiquitous Computing,* LIT.

Lenk, Hans (2001). *Das Denken und sein Gehalt,* Oldenbourg, München.

Levine, Michael W. (2001). *Fundamentals of sensation and perception,* Oxford University Press, Oxford.

Machate, Joachim & Burmester, Michael (Hrsg.) (2003). *User Interface Tuning, Benutzerschnittstellen menschlich gestalten*, Software & Support-Verlag.

Maeda, John (1999). *Design by Numbers*, MIT-Press, Cambridge u.a.

Mandl, Theo (1997). *The Elements of User Interface Design*, John Wiley & Sons.

Mandler J. M. & Ritchie G. H. (1977). Longterm memory for pictures, *Journal of Experimental Psychology: Human Learning and Memory, 3*, 386-396.

Manhartsberger, Martina & Musil, Sabine (2001). *Web Usability – Das Prinzip des Vertrauens. Website-Konzeption – Von der Idee zum Storyboard*, Galileo Press.

Manovich, Lev (2001). *The Language of New Media*, MIT-Press, Cambridge u.a.

Massaro, D. W. (1979). Letter information and orthographic context in word perception. *Journal of Experimental Psychology: Human Perception and Performance, 5*, 595-609.

Mayer, Richard E. (1992). *Thinking, problem solving, cognition*, Freeman, New York.

Mullet, Kevin & Sano, Darrell (1995). *Designing Visual Interfaces*, Prentice Hall PTR.

Müsseler, Jochen & Prinz, Wolfgang (Hrsg.) (2002). *Allgemeine Psychologie*, Spektrum Akademischer Verlag, Heidelberg u.a.

Neath, Ian (1998). *Human Memory. An introduction to research, data, and theory*, Pacific Grove.

Neumann, O. & Sanders, A. F. (Hrsg.) (1996). Aufmerksamkeit, *Enzyklopädie der Psychologie, Bd. 2*, Hogrefe, Göttingen.

Newell, Allen & Simon, Herbert A. (1972). *Human Problem Solving*, Englewood Cliffs, New Jersey: Prentice Hall.

Norman, Donald (2002). *The Design of Everyday Things*, Basic Books.

Novak, J. D., Gowin, D. B., Jonassen, T. J. (1983). The use of concept mapping and knowledge mapping with Junior High School students, *Science, Education, 67*, 625-645.

Opwis, Klaus (1992). *Kognitive Modellierung: Zur Verwendung wissensbasierter Systeme in der psychologischen Theoriebildung*, Huber, Bern u.a.

Paivio, Allan (1971). *Imagery and verbal processes*, Rinehard & Winston, New York.

Paivio, Allan (1990). *Mental repräsentations: a dual coding approach*, Oxford University Press, Oxford.

Palmer, S. E. (1975). The effects of contextual scenes on the identification of objects, *Memory & Cognition 3*, 519-526.

Pashler, Harold (1998). *The Psychology of Attention*, MIT Press.

Plass, Johannes & Paravicini, Heinrich (2001). *Lingua Grafika*, Die Gestalten Verlag, Berlin.

Preece, Jenny (Hrsg.) (1994). *Human Computer Interaction*, Addison-Wesley.

Preim, Bernhard (1999). *Entwicklung interaktiver Systeme: Grundlagen, Fallbeispiele und innovative Anwendungsfelder*, Springer-Verlag.

Pricken, Mario (2004). *Kribbeln im Kopf*, Schmidt, Mainz.

Pylyshyn, Zenon W. (1973). The imagery debate: Analogue media versus tacit knowledge, *Psychological Review, 88*, 16-45.

Pylyshyn, Zenon W. (1984). *Computation and cognition*, MIT Press, Cambridge u.a.

Pylyshyn, Zenon, W. (2003). *Seeing and Visualizing: it's not what you think*, MIT Press, Cambridge u.a.

Raskin, Jef (2001). *Das intelligente Interface, Neue Ansätze für die Entwicklung interaktiver Benutzerschnittstellen*, Addison-Wesley.

Rasmussen, Jens (1986). *Information Processing and Human-Machine-Interaction. An approach to Cognitive Engineering*, Elsevier Science Ltd.

Rasmussen, J., Goodstein L. P., Pejtersen A. M., (1994), *Cognitive Systems Engineering,* John Wiley & Sons Inc.

Rock, Irving (1998). *Wahrnehmung: Vom visuellen Reiz zum Sehen und Erkennen,* Spektrum Akademischer Verlag, Heidelberg u.a.

Rosenbaum, David A. (1991). *Human motor control,* Academic Press, San Diego.

Rosenfeld, Louis & Morville, Peter, (1998). *Information Architecture,* O'Reilly.

Rost, Detlev H. (1977). *Raumvorstellung: psychologische und pädagogische Aspekte,* Beltz, Weinheim.

Roth, Gerhard & Prinz, Wolfgang (Hrsg.) (1996). *Kopf-Arbeit, Gehirnfunktionen und kognitive Leistungen,* Spektrum Akademischer Verlag, Heidelberg.

Roth, Gerhard, (2003). *Fühlen, Denken, Handeln,* Suhrkamp-Verlag.

Rothfuss, Gunther & Ried, Christian (2000). *Content Management mit XML,* Springer.

Santa, J. L. (1977). Spatial transformations of words and pictures. *Journal of Experimental Psychology; Human Learning and Memory, 3,* 418-427.

Schulmeister, Rolf (2002). *Grundlagen hypermedialer Lernsysteme,* Oldenbourg.

Seel, Norbert M. (1991). *Weltwissen und mentale Modelle,* Hogrefe. Göttingen u.a.

Shepard, Roger N. (1967). Recognition memory for words, sentences, and pictures, *Journal of Verbal Learning and Verbal Behavior, 6,* 156-163.

Shepard, Roger N. & Metzler, J. (1971). Mental rotation of three-dimensional objects, *Science, 171,* 701-703.

Shneiderman, Ben (2005). *Designing the user interface: strategies for effective human-computer interaction, (4.Aufl.),* Addison-Wesley, Boston u.a.

Siegel, David (1998). *Das Geheimnis erfolgreicher Web Sites,* Focus Online.

Singer, Wolf, (2002). *Der Beobachter im Gehirn,* Suhrkamp-Verlag.

Sternberg, Stephen (1969). Memory scanning: Mental processes revealed by reaction time Experiments, *American Scientist, 57,* 421–457.

Tergan, Sigmar O. (1986). *Strukturen der Wissenspräsentation: Grundlagen qualitativer Wissensdiagnostik,* Westdeutscher Verlag, Opladen.

Thissen, Frank (2003). *Kompendium Screen-Design, Effektiv informieren und kommunizieren mit Multimedia,* Springer-Verlag.

Treisman, Ann M. (1960). Monitoring and storage of irrelevant messages and selective attention, *Quarterly Journal of Verbal Learning and Verbal Behavior, 3,* 449–459.

Tulving, Endel & Thompson, D. M. (1973). Encoding specificity and retrieval processes in epicodic memory, *Psychological Review, 80,* 352-373

Tulving, E., Mandler, G. & Baumal, R. (1964). Interaction of two sources of Information in tachistoscopic word recognition, *Canadian Journal of Psychology, 18,* 107–141.

Urban, Dieter, (1996). *Bruckmann's Brainstormer,* Stiebner Verlag.

Weidenmann, Bernd (1988). *Psychische Prozesse beim Verstehen von Bildern,* Huber, Bern.

Weisberg, Robert W. (1989). *Kreativität und Begabung: Was wir mit Mozart, Einstein und Picasso gemeinsam haben,* Spektrum der Wissenschaft, Heidelberg.

Wiesing, Lambert (2000). *Phänomene im Bild,* Fink-Verlag.

Wilkin, Charles (2003). *Index-A,* Die Gestalten Verlag, Berlin.

Wirth, Thomas (2002). *Missing Links. Über gutes Webdesign,* Hanser-Verlag.

Wolff, Michael (1998). *Goldrausch,* Econ Verlag.